교원 임용시험 대

KB060399

제2판
전면개정판

AK

임용 경제학
기출 길라잡이

허역 편저

박영사

머리말
PREFACE

이번 개정판에 반영된 주요 특징을 간단히 정리해 봅니다.

1. 2023년 11월 18일에 실시되었던 시험에서 출제된 2024학년도 기출문제에 대한 분석을 새롭게 수록했습니다.
2. 기출문제와의 연관성을 좀 더 높이기 위해 기존의 응용 TEST 문제 약 40문항 정도를 새로운 문제로 교체했습니다.
3. 기존 교재의 오타 및 오류를 바로 잡았습니다.
4. 질문빈도가 높은 기출문제에 대한 분석을 보다 자세하고 쉽게 설명했습니다.
5. 이러한 이유 등으로 20쪽 정도 분량이 늘어나게 되었습니다.

본 교재 출간의 소중한 기회를 제공해 주신 안종만 회장님, 안상준 대표님, 조성호 출판이사님께 감사함을 전합니다. 그리고 이번 개정작업을 위해 세심한 정성을 쏟아주신 김경수 편집과장님과 기존 교재 출간부터 계속해서 소중한 조언을 아끼지 않은 고촌고등학교 이다영 선생님께 감사드립니다.

끝으로 영원한 응원군인 가족 민향과 준서 그리고 쪼꼬에게도 변함없는 사랑을 전합니다.

2024년

허역

※ QR코드를 촬영하시면 정오사항 및 도서정보 업데이트를 확인하실 수 있습니다.

엄청난 부담감과 압박감을 누르고 교재를 출간합니다.

과거 객관식으로 출제되었던 문제들은 교원 임용시험 주관기관인 한국교육과정평가원에서 정답을 발표하였습니다. 그런데 현재 출제되고 있는 주관식 문제들에 대해서는 전혀 정답발표가 이루어지고 있지 않습니다. 이러한 이유로 기출 교재에서 제시된 답안들이 과연 출제된 문제를 확실하게 담보할 수 있는가 하는 부담감과 압박감은 상상 이상으로 무거웠습니다.

그럼에도 불구하고 오랜 기간 동안 강의 중간 중간에 계속된 수강생들의 강력한 요청과 바람을 등에 업고, 가능한 범위 내에서 많은 기출문제가 수록된 기출 교재를 출간해 보자라는 용기를 냈습니다.

이후 기출문제에 대한 답만을 제시하는 단순한 교재구성으로 과연 수험생들의 바람을 충족시킬 수 있는가 하는 새로운 고민이 시작되었습니다. 이에 대한 결론은 부분적인 이론정리를 할 수 있는 여지와 함께 기출문제와 유사한 주제가 담긴 다른 문제(비록 객관식 문제이지만)를 통해 기존 기출문제에서 다룬 주제를 확실하게 숙지할 수 있는 교재를 구성해 보자는 것이었습니다.

앞에서 밝힌 방향을 전제로 3단계로 구성된 본 교재의 특성을 살펴보겠습니다.

우선 지난 30여 년간 출제되었던 〈기출문제〉들을 가능한 범위 내에서 모두 수록하여 전면에 제시하였습니다.
1단계 : 전면에서 제시한 기출문제 해결을 위해 필요한 〈개념-이론 정리〉 부분을 통해 문제해결을 위한 사전연습을 하도록 하였습니다.
2단계 : 전면에서 제시한 기출문제에 대한 자세한 〈기출분석〉을 하였습니다.
3단계 : 전면에서 제시한 기출문제와 유사한 주제가 담긴 문제를 통해 반복학습의 기회를 얻을 수 있는 〈응용 Test〉 문제를 제시하였습니다.
그리고 문제해결과 관련된 수험생 자신만의 노하우가 담긴 필기를 할 수 있는 충분한 여백을 마련해 두었습니다.

이러한 구성을 활용함으로써 개별 기출문제를 해결할 때 단순히 문제에 대한 답만 도출하는 것이 아니라, 문제에서 다룬 다양한 개념과 이론을 다시 한 번 확인할 수 있는 기회를 갖도록 하였습니다. 더 나아가 유사 문제를 다시 한 번 다루어봄으로써 동일한 주제를 다루는 문제가 반복하여 출제되는 상황에 대비할 수 있도록 하였습니다.

물론 정답은 출제하신 교수님들만 아실 것이므로 본 교재에서 제시한 답이 틀릴 수도 있습니다. 그래서 함께 해 주시는 예비 교사들께 부탁이 있습니다. 본 교재를 통해 함께 수업하면서 보다 완벽한 답을 도출하기 위해서 멋진 의견을 주시길 바랍니다. 이러한 소통을 통해 완벽한 답을 도출해 나아가다 보면 자연스럽게 한 단계 도약하는 기회를 얻을 수 있다고 생각합니다. 아무쪼록 본 교재가 합격을 위해 조금이라도 도움이 되기를 간절히 소원해 봅니다.

본 교재를 출간하기 위해 도움을 주신 분들에게 지면을 빌어 감사의 말씀을 드립니다. 기본 이론서인 〈AK 임용 경제학 길라잡이〉에 이어서 본 교재 출간의 소중한 기회를 제공해 주신 안종만 회장님, 안상준 대표님, 조성호 출판이사님께 감사함을 전합니다. 그리고 결코 충분한 시간이 아님에도 불구하고 마지막까지 온갖 정성을 쏟아주신 김선민 편집이사님, 김경수 편집과장님께도 고마움을 전합니다. 또한 필자가 속해 있는 일반사회팀의 수업을 통해 경기도에서 2020학년도 수석합격을 하고 현재 고촌 고등학교에서 경제과목을 강의 중인 이다영 선생님께도 감사함을 전합니다. 이다영 선생님은 과거 수험생활 경험을 기초로 수험생의 입장에서 필요한 부분에 대한 소중한 조언과 방향을 제시해 주었습니다.

끝으로 영원한 응원군인 가족 민향과 준서 그리고 쪼꼬에게도 변함없는 사랑을 전합니다.

2023년 우면산을 바라보며,

허역

※ QR코드를 촬영하시면 정오사항 및 도서정보 업데이트를 확인하실 수 있습니다.

차 례
CONTENTS

PART

01

미시경제학

AK

**임용 경제학
기출 길라잡이**

01 | 경제학 일반론

01 • 1999년

다음은 사회과 수업시간에 어떤 경제개념을 설명하기 위해 교사가 준비한 상례이다. 이와 관련된 다음의 질문에 답하시오.

> 가. 불황기에도 불구하고 대학생들의 휴학률은 오히려 줄었다.
> 나. 화폐에 대한 수요는 이자율에 반비례한다.
> 다. 전업주부들의 경제적 가치는 호황기일수록 더 크다.
> 라. 10대 인기 연예인들의 대학진학에 대한 선호율이 줄어들고 있다.

1) 위 사례로써 이 교사가 설명하고자 한 경제개념은?

2) 위 사례 중 두 개를 선택하여, 그러한 현상이 나타나게 된 이유를 1)의 경제개념을 적용하여 설명하시오.

📈 개념-이론 정리 | 기회비용(opportunity cost)

① 한 경제에서의 선택은 반드시 어떤 것을 포기함을 수반한다. ⇒ 경제적 선택의 결과로 포기되는 여러 대안의 가치 중에서 가장 경제적 가치가 큰 대안(the next best alternative)이 바로 기회비용

② 어떤 선택을 하는 경우에 선택된 것의 가치와 포기해야 하는 대안의 가치는 모두 선택 당사자만 알 수 있는 것이므로 기회비용은 주관적 개념이다. 같은 이유로 동일한 선택을 하였다 하더라도 선택 상황에 따라 기회비용의 크기는 서로 다를 수 있는 것이다.

③ 경제학에서의 비용은 모두 이러한 기회비용으로 이해된다.

💲 기출분석

1) **경제개념 : 기회비용**
2) **현상 발생 이유**

가. 취업하기 용이한 호황기에 비해 불황기에는 취업이 용이하지 않기 때문에 학업을 계속하려는 선택을 위해 포기해야 하는 대개(기회비용 : 취업을 하는 경우 얻을 수 있는 수입 등)가 호황기에 비해 상대적으로 작다. 즉 학업을 계속하기 위해 포기해야 하는 기회비용이 호황기일 때보다 불황기일 때가 더 작다. 이에 따라 호황기에 비해 불황기에 휴학률은 떨어지게 된다.

나. 화폐 보유를 위해서는 같은 기간 동안 화폐를 은행에 예금하는 경우 얻을 수 있는 이자 수입(기회비용)을 포기해야 한다. 이에 따라 이자율이 상승할수록 화폐 보유에 따른 기회비용이 커지게 된다. 결과적으로 이자율이 상승할수록 커지는 기회비용을 고려하여 화폐 보유를 줄이게 된다.

다. 주부들이 가사노동에 전념하기 위해서는 구직을 하는 경우 얻을 수 있는 수입(기회비용)을 포기해야 한다. 그런

데 호황기일수록 상대적으로 구직이 용이해지므로 주부들이 가사노동에 전념하기 위한 대가가 더 커지게 된다. 이것은 곧 주부들이 전념하는 가사노동의 경제적 가치는 호황기일수록 더 크다는 것을 의미한다.

라. 인기 있는 연예인들이 연예활동을 포기하고 대학에 진학하게 되면 연예활동을 하는 경우 얻을 수 있는 수입을 포기해야 한다. 이에 따라 막대한 수입을 얻고 있는 10대 인기 연예인들이 이러한 수입을 포기하고 대학에 진학한다는 것은 그만큼 희생(기회비용)이 커진다는 것을 의미한다. 이러한 이유로 10대 인기 연예인들의 대학진학에 대한 선호율이 줄어들고 있다는 것이 설명될 수 있다.

응용 TEST 1 🖎

甲 국장은 다음과 같은 〈상황〉에서 10억 원의 예산을 경제학적 원리에 따라 지출하여 순편익(총편익 – 총비용)을 극대화하고자 한다. 〈보기〉에서 옳은 것을 모두 고르면?

상 황

• 신규 프로젝트인 A 프로젝트의 총비용은 10억 원이며 총편익은 25억 원이다.
• B 프로젝트에는 이미 20억 원이 투자되었으며, 프로젝트를 완성하기 위해서는 추가적으로 10억 원의 예산이 필요하다. 더 이상 예산을 투자하지 않으면 10억 원의 금액을 회수할 수 있다. 프로젝트가 완성되면 30억 원의 총편익이 발생한다.
• 모든 비용과 편익은 현재가치로 환산한 액수이며, 다른 상황은 전혀 고려하지 않는다.

보 기

가. 10억 원을 A 프로젝트에 투자할 때의 기회비용은 15억 원이다.
나. 추가로 10억 원을 B 프로젝트에 투자할 때의 기회비용은 25억 원이다.
다. B 프로젝트의 매몰비용은 10억 원이다.
라. 甲 국장은 B 프로젝트에 예산 10억 원을 투자한다.

MEMO

02 ● 2005년

다음 글을 읽고, 합리적 의사결정은 어떤 경제 원리에 입각해야 하는지, 또 그릇된 의사결정은 어떤 경제 개념에 집착하기 때문인지를 각각 쓰시오.

> 오늘날 우리는 위험(risk)와 불확실성(uncertainty)의 시대를 살아가고 있다. 이러한 시대적 상황 속에서 합리적 의사결정을 통하여 살아간다는 것은 대단히 중요하다. '영화관에 가서 영화가 재미없을 때 영화를 끝까지 보는 게 경제적일까, 아니면 중간에 나오는 게 경제적일까?', '주식투자? 아니야, 이번엔 대출을 받아 땅을 조금 사 볼까?', '집을 지금 사는 게 경제적일까? 아니면 나중에 사는 게 경제적일까?' 이러한 경우 각 경제주체들은 자신의 의사결정 과정에서 비합리적 의사결정을 함으로써 큰 손실을 입거나 그릇된 의사결정을 하고 난 후에야 후회를 하는 경우도 자주 있다.

• 경제 원리 :

• 경제 개념 :

📉 개념-이론 정리 | **합리적 선택(rational choice)**

기회비용을 고려하여 희생은 최소화하고 만족은 극대화시키는 선택하는 것을 말하며, 그렇게 자원을 사용하려는 의지를 경제 하려는 의지(will to economize)라 한다.

📉 개념-이론 정리 | **매몰비용(sunk cost)**

어떠한 경제적 선택을 하던지 회수가 불가능한 비용을 의미하며, 극장에서 영화를 관람하기 전에 안타깝게 잃어버린 표 구입비용이 대표적인 예이다. 경제적 선택에 있어 항상 고려해야 할 기회비용과 달리 매몰비용은 고려되어서는 안 된다.

💲 기출분석

- **경제 원리** : 효율성 ⇒ 합리적 의사결정은 기회비용을 고려하면서 비용(희생)은 최소화하고 만족(편익)은 극대화하는 선택에서 비롯된다.
- **경제 개념** : 매몰비용 ⇒ 이미 지출된 비용 중 현재 시점에서 어떠한 선택을 하더라도 회수 불가능한 비용이므로 이에 집착하는 것은 비합리적 의사결정을 초래한다.

응용 TEST 2 📝

민주는 영화를 관람하는 데 20,000원의 가치를 느낀다. 영화 관람권을 10,000원에 구입하였지만 영화관에 들어가기 전에 분실하였다. 이에 따라 민주는 영화 관람권을 10,000원에 다시 구입하고자 한다. 이 시점에서의 매몰비용과 기회비용은 각각 얼마인가? (단, 분실된 영화 관람권의 재발급이나 환불은 불가능하다)

03 • 2000년

다음 글은 '18세기 기계의 발명 및 기술의 혁신'과 관련된 내용이다. 이 글을 읽고 물음에 답하시오.

> 기계의 발명과 기술의 혁신이 근대 사회 형성에 결정적인 영향을 미쳤으며, 이로 인해 인류는 과거와 크게 다른 정치·경제·사회적 환경을 맞이하게 되었다. 특히 경제적 측면에서 기존의 상업 자본주의는 ① (새로운 형태의 자본주의)로 전환되었고, 스미스(Smith, A.)는 각 개인이 자신의 이익을 추구할 때 ② ('보이지 않는 손')의 인도를 받아 공익이 증진되며 사회가 조화를 이루면서 발전한다고 주장하였다. 또한 그는 ③ (정부가 개인의 자유로운 경제 활동을 보장해주는 법 질서를 마련하는 일에만 힘을 쏟고, 개인의 경제 활동을 규제해서는 안 된다)고 하였다.

위 글에서 ① "새로운 형태의 자본주의"는 무엇인지 쓰고 ② "보이지 않는 손"이 가지는 경제적 의미가 무엇인지 쓰고, ③과 같은 정부의 역할에 대한 관점을 무엇이라 하는지 쓰시오.

📈 개념–이론 정리 | **자본주의 변천 과정**

1. **상업자본주의** : 15세기 중엽~18세기 중엽 시기에 귀금속 보유 중시, 국가의 경제 개입, 보호무역주의를 주창했던 중앙집권적 중상주의를 말한다.
2. **산업자본주의** : 18세기 초~19세기 중엽 시기에 가치 창출의 원천을 생산 자체라고 인식하고, 시장가격 기구의 "보이지 않는 손"에 의한 경제문제 해결을 신뢰하여 자유방임주의를 주창하고 정부 개입을 반대하는 주장을 했다.
3. **독점자본주의**
   ① 19세기 후반~제2차 세계대전 시기에 자본주의 경제의 팽창에 따른 자본의 집중 및 집적, 독과점 산업자본과 금융자본의 결합으로 소수의 대자본이 형성되면서 성립했다.
   ② 과잉생산과 과잉자본축적을 해결하기 위한 해외 식민지 개척을 위한 군사력·경제력에 의한 대외 팽창정책으로 이어져 제국주의 탄생을 가져오게 되었고, 이로 인해 제1차 세계대전의 발발을 가져오게 되었으며 후에 세계 대공황의 원인을 제공했다.
4. **수정자본주의**
   ① 1930년대 세계 대공황에 대응하면서 등장했다.
   ② 유효 수요 증대, 실업 구제 등의 정부 역할을 강조하여 혼합 경제 체제가 성립했다.
5. **신자유주의**
   ① 1970년대를 전후하여 정부의 지나친 시장 개입으로 효율성이 오히려 떨어지는 문제를 해결하기 위해 등장했다.
   ② 공기업의 민영화, 노동 시장의 유연화, 복지 축소 등을 주요 내용을 한다.

💲 기출분석

> ① : 산업자본주의 ⇒ 상업자본주의(중상주의)를 반대하고 경제활동의 자율성 보장을 주장하였다.
> ② : 가격기구의 자동조절 기능 ⇒ 시장에 대한 개입이 없어도 가격기구에 의한 자원의 효율적인 배분이 이루어진다.
> ③ : 작은정부론, 소극국가론, 야경국가론 ⇒ 정부는 경제주체들의 대내외적인 안전만 책임지고, 경제 활동은 경제주체들의 자유로운 의사결정에 맡기자는 주장이다.

다음은 자본주의 경제의 발전과정에서 나타난 현상을 등장 순서와 관계없이 나열한 것이다. 등장 순서에 따라 바르게 나열하시오.

㉮ 정부규제를 줄이고 복지를 축소하는 방향으로의 정책적 전환이 이루어졌다.

㉯ 경제성장의 요인으로 공급보다는 수요를 더 중시하게 되었다.

㉰ 정부의 비개입주의를 기초로 하는 대규모 제조업이 발달하였다.

㉱ 공급과잉의 문제를 해결하기 위한 기업 간 연합이 다양하게 나타나게 되었다.

㉲ 유통과 무역을 통해 부를 축적한 부르주아가 등장하였다.

MEMO

CHAPTER
02 | 소비자이론

01 • 1996년

한계효용이론의 효용에 대한 가정으로 적합한 것은?

① 기수적 효용 측정이 가능하다.
② 기수적 효용 측정은 불가능하나 서수적 효용 측정은 가능하다.
③ 기수적 효용이나 서수적 효용 측정 모두 불가능하다.
④ 재화의 종류에 따라 효용의 측정 가능성이 다르다.

📈 개념-이론 정리 | **기수적 효용(cardinal utility)과 서수적 효용(ordinal utility)**

1. **기수적 효용**
   ① 효용의 크기를 소득이나 부 그리고 무게나 길이와 같이 절대적인 크기로 계량화해서 측정 ⇒ 효용 크기의 차이에 의미를 부여한다.
   ② 재화의 소비로부터 얻는 만족의 크기는 독립적이며 가산성(加算性)이 인정된다.

2. **서수적 효용**
   ① 효용의 크기를 계량화할 수는 없고 다만 효용간의 상대적인 크기의 대소만을 비교함으로써 순서를 정할 수 있는 효용을 말한다.
   ② 서열성 : 모든 상품묶음은 A>B 또는 A<B 또는 A=B로 구분이 가능하다.

💲 기출분석

한계효용이론은 기수적 효용 개념을 전제로 전개된다. 이러한 기수적 효용 측정이 가능하면 서수적 효용 측정도 가능해진다. 효용 측정의 가능성은 재화의 종류에 따라 달라지는 것이 아니고, 그 재화를 소비하는 소비자가 누구냐에 따라 달라진다. 따라서 동일한 재화, 동일한 수량임에도 불구하고 소비자에 따라 서로 다른 크기의 효용이 측정될 수 있다.

[정답 | ①]

응용 TEST 1 📝

주어진 예산을 여러 재화의 소비에 나누어 지출하는 어떤 소비자가 합리적 선택을 한 경우에 대한 다음의 설명 중 옳은 것은?

① 각 재화에 지출되는 금액 단위당 한계효용은 같아진다.
② 각 재화의 한계효용이 극대화된다.
③ 각 재화에 대한 수요의 가격탄력성이 1이 된다.
④ 가격이 낮은 재화일수록 소비량은 더 크다.
⑤ 각 재화에 대한 지출금액은 동일하다.

02 • 1992년

재화의 단위당 가격과 총효용이 다음 〈표〉와 같을 때, 16원을 가진 사람이 합리적인 소비를 한다면 C재의 소비량은? (단, 각 재화 1단위 가격은 A재 : 1원, B재 : 2원, C재 : 3원이다.)

단위 \ 재화	1	2	3	4	5
A재	10	19	26	30	32
B재	16	28	36	40	40
C재	15	27	36	42	45

① 2단위 　　　　② 3단위 　　　　③ 4단위 　　　　④ 5단위

📈 개념-이론 정리 | **한계효용 균등의 법칙(law of equimarginal utility : Gossen의 제2법칙)**

상품가격이 각각 다를 때, 화폐 한 단위당 한계효용(MU)이 균등하게 되도록 재화를 소비하면 극대의 총효용을 얻을 수 있다.

🔍 기출분석

- 주어진 〈표〉를 각 재화의 한계효용으로 나타내면 다음과 같다.

재화 \ 단위	1	2	3	4	5
A재	10	9	7	4	2
B재	16	12	8	4	0
C재	15	12	9	6	3

- 앞의 〈표〉를 다시 각 재화의 가격으로 나누어 1원어치 당 한계효용으로 나타내면 다음과 같다.

재화 \ 단위	1	2	3	4	5
A재	10	9	7	4	2
B재	8	6	4	2	0
C재	5	4	3	2	1

- 이에 따라 1원어치 당 한계효용이 높은 순서대로 16원을 모두 지출할 때까지 소비하면 된다. 따라서 A재 4단위, B재 3단위, C재 2단위를 소비할 때 가장 높은 효용을 얻을 수 있다. [정답 | ①]

응용 TEST 2 📝

월 소득이 33,000원인 A가 1편의 가격이 6,000원인 영화와 1곡의 가격이 3,000원인 음악을 소비하려 한다. 영화와 음악으로부터 A가 누리는 한계효용이 다음 〈표〉와 같을 때, A의 효용을 극대화하는 영화와 음악의 월소비량은?

수량	1	2	3	4	5	6	7
영화	1,080	1,020	960	900	840	780	720
음악	600	570	540	510	480	450	420

03 • 1993년

다음 〈표〉에서 현재 X, Y재를 각각 5단위와 13단위씩 소비하는 사람이 X재 소비를 1원 늘리고 Y재 소비를 1원 줄인다면 총효용은 어떻게 변화하는가? (단, X재 가격 : 50원, Y재 가격 : 10원, 두 재화는 분할 가능함)

X재 소비량	1	2	3	4	5	6
X재 한계효용	700	600	500	400	300	200
Y재 소비량	10	11	12	13	14	15
Y재 한계효용	70	60	50	40	30	20

① 1만큼 감소한다.　　② 4만큼 증가한다.　　③ 2만큼 감소한다.　　④ 변함없다.

📈 개념-이론 정리 | **소비자 균형을 위한 조정과정**

일반적으로 두 재화의 화폐 단위당 한계효용이 서로 다른 경우에는 화폐 단위당 한계효용이 큰 재화의 소비를 늘리고 작은 재화의 소비를 감소시키면 이전에 비해 더 높은 효용 수준에 도달할 수 있다.

$\dfrac{MU_X}{P_X} > \dfrac{MU_Y}{P_Y}$ 인 경우	$\dfrac{MUU_X}{P_X} = \dfrac{MUU_Y}{P_Y}$ 인 경우	$\dfrac{MUU_X}{P_X} < \dfrac{MUU_Y}{P_Y}$ 인 경우
• X재 소비↑ → MU_X↓ • Y재 소비↓ → MU_Y↑	• 효용극대화가 충족된 균형 상태	• X재 소비↓ → MU_X↑ • Y재 소비↑ → MU_Y↓

💲 기출분석

현재 5단위를 소비하고 있는 X재를 1단위 더 소비(5 → 6)하게 되면 200만큼의 효용이 증가한다. 그런데 X재 가격이 단위당 50원이므로 현재 5단위에서 1원어치만큼 소비를 늘리면 효용의 증가분은 $4(= \dfrac{200}{50})$가 된다. 한편 현재 13단위를 소비하고 있는 Y재를 1단위 덜 소비(13 → 12)하게 되면 40만큼의 효용이 감소한다. 그런데 Y재 가격이 10원이므로 현재 13단위에서 1원어치만큼 소비를 줄이면 효용의 감소분은 $4(= \dfrac{40}{10})$가 된다.

결국 현재 X, Y재를 각각 5단위와 13단위씩 소비하는 사람이 X재 소비를 1원 늘리고 Y재 소비를 1원 줄인다면, 증가하는 효용과 감소하는 효용이 서로 상쇄되면서 기존의 효용 크기에서 변화가 없게 된다. [정답 | ④]

응용 TEST 3 ✏️

甲은 주어진 돈을 모두 X재와 Y재 소비에 지출하여 효용을 최대화하고 있으며, X재의 가격은 100원이고 Y재의 가격은 50원이다. 이때 X재의 마지막 1단위의 한계효용이 200이라면 Y재의 마지막 1단위의 한계효용은?

다음과 같은 역설을 설명할 수 있는 이론은?

> 물과 금강석의 문제는 아담 스미스가 제기한 이율배반적인 현상이다. 물의 사용가치는 크나 교환가치는 작고, 금강석의 사용가치는 낮으나 교환가치는 높다. 이것을 가치의 역설이라 한다.

① 한계효용   ② 한계비용   ③ 한계생산   ④ 한계자본

📈 개념-이론 정리 | **가치의 역설(paradox of value = Smith's Paradox)**

1. **의미** : 물이나 공기같이 사용가치(어떤 재화가 인간에게 만족감을 주는 능력 : 총효용)가 큰 재화의 교환가치(다른 재화를 구매할 수 있는 능력 : 가격)가 다이아몬드와 같이 사용가치가 거의 없는 재화의 교환가치보다 오히려 작은 현상 ⇒ 사용가치와 교환가치 간에 존재하는 괴리현상을 말한다.

구분	사용가치	교환가치
물	크다	작다
다이아몬드	작다	크다

2. **한계효용학파적 설명**
   ① 존재량이 같을 때, 물은 다이아몬드보다 인간 생활에 더 유용하기 때문에 물의 한계효용(MU_W)은 다이아몬드의 한계효용(MU_D)보다 항상 위에 위치하게 된다.
   ② 한계효용이론에 따르면 재화의 가격(교환가치)은 그 재화의 총효용(사용가치)이 아니라 그 재화의 한계효용과 비례하며 재화의 한계효용은 소비량 혹은 존재량이 증가함에 따라 체감하게 된다.
   ③ 현실적으로, 물의 존재량(OW)은 무한대에 가까움에 따라 그 한계효용은 0에 가깝게 되고, 반면에 다이아몬드의 존재량(OD)은 극히 적어 그 한계효용은 매우 크다.
   ④ 따라서 상품가격에 영향을 미치는 것이 총효용(다이아몬드의 총효용 : $ODCF$, 물의 총효용 : $OWEG$)이 아닌 한계효용인 한

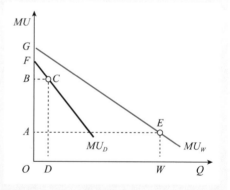

다이아몬드의 가격이 물의 가격보다 비싼 것은 결코 역설적 현상이 아닌 합리적 현상인 것이다.

📝 **기출분석**

한계효용학파는 가격은 한계효용의 크기에 의해서 결정된다고 주장하며, 한계효용 개념을 이용하여 '가치의 역설'을 설명한다.

[정답 | ①]

응용 TEST 4 ✏️

'가치의 역설'을 설명하는 내용 중에서 '사용가치'와 '교환가치'에 해당하는 효용 개념을 각각 짝지워 제시하시오.

05 • 1996년

〈그림〉과 같이 가격선과 효용 무차별곡선이 A점에서 접하고 있다고 가정할 때, A점에 대한 설명으로 잘못된 것은?

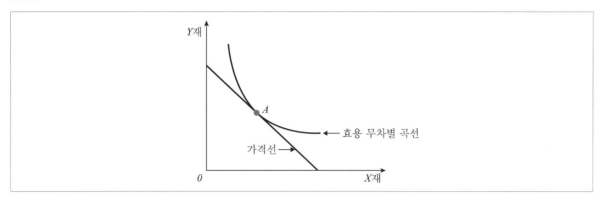

① 주어진 소득으로 욕망 충족을 얻을 수 있는 소비방법을 나타내고 있다.
② X, Y 두 재화의 가격의 비와 한계대체율의 비가 동일하다.
③ X, Y 두 재화의 화폐 1단위의 한계효용이 동일하다.
④ X, Y 두 재화의 한계효용의 비와 총효용의 비가 동일하다.

📈 개념-이론 정리 | **소비자 균형**

1. **개념** : 주어진 소득과 재화의 시장가격하에서 소비자에게 극대 만족을 주는 상태를 말한다.
2. **도해적 설명(일반적인 경우)**

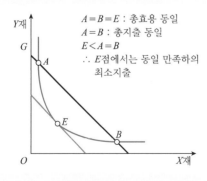

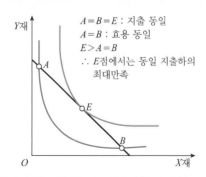

① 무차별 곡선과 예산선이 접하는 점에서 소비자 균형이 이루어진다.
② 소비자의 주관적 만족수준을 의미하는 무차별곡선의 기울기(한계대체율 $= MRS_{XY}$)와 시장에서의 객관적 현실조 건을 의미하는 예산선의 기울기(상대가격 $= \dfrac{P_X}{P_Y}$)가 일치하는 수준에서 균형이 이루어진다.

$$\left(MRS_{XY} = \frac{P_X}{P_Y}\right)$$

③ 만약 현재의 소비점이 A라면 $MRS_{XY} > \frac{P_X}{P_Y}$가 성립되어 주관적 교환비율이 객관적 교환비율보다 커진다. 이에 따라 합리적 소비자는 X재 소비량을 늘리고, Y재 소비량을 줄인다.

기출분석

- 그림의 A점은 무차별곡선과 예산선이 접하고 있는 상태이다. 이에 따라 무차별곡선의 기울기인 한계대체율(MRS_{XY})과 예산선의 기울기인 상대가격($\frac{P_X}{P_Y}$)이 같아져 소비자 균형에 도달하게 된다(①, ②).

- 한계대체율은 두 재화의 한계효용의 비와 동일하므로 소비자 균형점인 A점에서는 다음과 같은 조건이 충족되고 있다.

$$\cdot\ MRS_{XY} = \frac{MU_X}{MU_Y}$$

$$\cdot\ MRS_{XY} = \frac{P_X}{P_Y} \Rightarrow \frac{MU_X}{MU_Y} = \frac{P_X}{P_Y} \Rightarrow \frac{MU_X}{P_X} = \frac{MU_Y}{P_Y}$$

이에 따라 X, Y 두 재화의 화폐 1단위당 한계효용이 동일해지는 '한계효용균등의 법칙'을 충족하게 된다.

[정답 | ④]

응용 TEST 5

다음 〈그림〉은 소비자 甲의 예산선 및 무차별곡선을 나타내고 있다. 이 〈그림〉에 대한 설명으로 옳지 않은 것은? (단, 한계대체율은 $-\frac{\Delta Y}{\Delta X}$로 정의한다.)

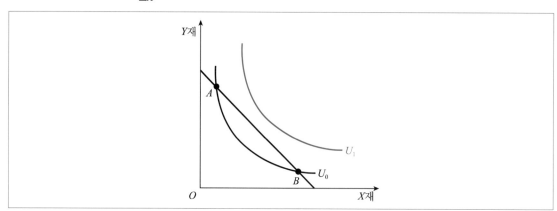

① 한계대체율은 A점이 B점보다 크다.
② 무차별곡선은 U_0에서의 상품묶음이 무차별곡선 U_1에서의 어떤 상품묶음보다도 효용이 작다.
③ 소비자 甲이 B점에서 소비하는 경우, 효용을 극대화하기 위해서는 X재의 소비를 감소시키고 Y재의 소비를 증가시켜야 한다.
④ A점에서 X재의 1원당 한계효용은 Y재의 1원당 한계효용보다 작다.

06 • 2012년

다음 〈표〉는 상품 '가'와 '나'에 대한 갑의 한 무차별 곡선과 상품 '다'와 '라'에 대한 을의 한 무차별 곡선 위에 있는 일부 상품묶음을 나타낸 것이다. 이에 대한 분석으로 옳지 않은 것은?

〈갑〉의 상품묶음	상품 '가'	상품 '나'
A	2	14
B	3	8
C	6	4
D	7	3

〈을〉의 상품묶음	상품 '다'	상품 '라'
a	3	0
b	2	1
c	1	2
d	0	3

① 갑이 상품 '가'와 '나'를 각각 3개, 9개 소비한다면 효용은 A에서보다 증가한다.
② 갑에게 B와 C의 상품묶음이 주는 효용이 동일하다.
③ 갑은 상품 '가' 한 단위를 포기하는 대가로 D에서보다 B에서 상품 '나'를 더 많이 요구할 것이다.
④ 을에게 상품 '다'와 '라'는 완전 대체재이다.
⑤ 을의 예산선과 무차별 곡선이 일치할 경우 그의 최적 선택점은 1개이다.

📈 개념-이론 정리 | **일반적인 경우 소비자 균형**

1. **개념** : 주어진 소득과 재화의 시장가격하에서 소비자에게 극대 만족을 주는 상태를 말한다.
2. **도해적 설명(일반적인 경우)**

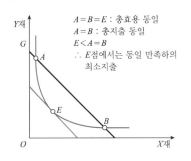

$A=B=E$: 총효용 동일
$A=B$: 총지출 동일
$E<A=B$
∴ E점에서는 동일 만족하의 최소지출

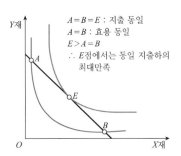

$A=B=E$: 지출 동일
$A=B$: 효용 동일
$E>A=B$
∴ E점에서는 동일 지출의 최대만족

① 무차별 곡선과 예산선이 접하는 점에서 소비자 균형이 이루어진다.
② 소비자의 주관적 만족수준을 의미하는 무차별곡선의 기울기(한계대체율 $= MRS_{XY}$)와 시장에서의 객관적 현실조건을 의미하는 예산선의 기울기(상대가격 $= \dfrac{P_X}{P_Y}$)가 일치하는 수준에서 균형이 이루어진다.

$$\left(MRS_{XY} = \frac{P_X}{P_Y}\right)$$

③ 만약 현재의 소비점이 A라면 $MRS_{XY} > \dfrac{P_X}{P_Y}$가 성립되어 주관적 교환비율이 객관적 교환비율보다 커진다. 이에 따라 합리적 소비자는 X재 소비량을 늘리고, Y재 소비량을 줄인다.

📈 개념-이론 정리 | 완전대체인 경우 소비자 균형

효용함수가 선형함수(= 직선)로 주어지면 소비자 균형은 한계대체율(MRS_{XY})과 상대가격($\dfrac{P_X}{P_Y}$)의 크기에 따라 다음과 같이 결정된다.

- $MRS_{XY} > \dfrac{P_X}{P_Y}$: 오직 X재만 소비하는 구석해 존재 ········ (a)

- $MRS_{XY} = \dfrac{P_X}{P_Y}$: 예산선상의 모든 점이 소비자 균형점 ······ (b)

- $MRS_{XY} < \dfrac{P_X}{P_Y}$: 오직 Y재만 소비하는 구석해 존재 ········ (c)

여기서 MRS_{XY}와 $\dfrac{P_X}{P_Y}$는 모두 절대치이다.

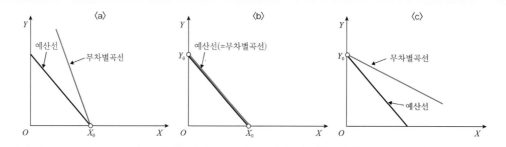

💲 기출분석

① 주어진 〈표〉는 모두 동일한 무차별곡선 상의 두 상품의 묶음을 나타낸다. 따라서 소비자들은 모든 점에서 동일한 효용을 얻게 되어 상품묶음 A와 B는 갑에게 서로 동일한 효용을 준다. 한편 한 상품의 소비량이 불변인 경우, 다른 상품의 소비량이 증가하면 소비자가 얻는 효용은 이전에 비해 증가하게 된다(∵ 강단조성의 가정). 따라서 이러한 강단조성의 가정에 의해 갑이 상품 '가'와 '나'를 각각 3개, 9개 소비한다면, 효용은 상품묶음 B보다 증가하며 상품묶음 B와 동일한 효용 수준인 A보다도 증가하게 된다.
② B와 C의 상품묶음은 동일한 무차별곡선 상에 존재하므로 두 묶음이 주는 효용이 동일하다.
③ D에서 갑은 상품 '나'를 한 단위 증가(3 → 4)할 때 상품 '가' 한 단위를 포기(7 → 6)해도 동일한 만족을 유지할 수 있지만, B에서는 상품 '나'를 6단위만큼 증가(8 → 14)해야 상품 '가' 한 단위를 포기(3 → 2)해도 동일한 만족이 유지될 수 있게 된다.
④ 상품 '라'를 한 단위 씩 증가시킬 때, 동일한 만족을 유지하기 위해 필요한 상품 '다'의 감소분 역시 항상 한 단위씩으로 일정한 값을 갖는다. 즉 한계대체율이 '1'이다. 따라서 을에게 상품 '다'와 '라'는 완전 대체재이다.
⑤ 을에게 상품 '다'와 '라'는 완전대체재이다. 따라서 을의 예산선과 무차별 곡선이 일치할 경우, 예산선의 모든 점에서 소비자 균형이 달성될 수 있다. 즉 을의 최적 선택점은 무수히 많게 된다.

[정답 | ⑤]

X재와 Y재 두 가지 재화만을 소비하는 어떤 소비자의 효용함수는 $U(X, Y) = X + Y$이다. 이 소비자의 효용함수와 최적소비량에 대한 다음 설명으로 옳은 것은? (단, X와 Y는 각각 X재와 Y재의 소비량을 의미하며, 수평축에 X재의 수량을, 수직축에 Y재의 수량을 표시한다.)

① 효용함수의 한계대체율(MRS_{XY})을 정의할 수 없다.

② 만약 $\dfrac{P_X}{P_Y} < MRS_{XY}$라면, Y재만을 소비한다.

③ $MRS_{XY} = \dfrac{Y}{X}$이다.

④ 만약 X재의 가격이 Y재의 가격보다 낮다면, 소득이 증가해도 X재만을 소비한다.

MEMO

철수와 영희는 이자율 정책이 소비지출에 미치는 영향을 탐구하려고 한다. 다음의 대화를 읽고 ㉠, ㉡과 관련된 경제학 용어를 쓰시오.

> 철수 : 이자율이 올라가면 소비지출이 증가할까, 감소할까?
>
> 영희 : ㉠ 이자율이 오르면 내가 현재 소비하지 않고 저축하는 것이 미래에 더 많이 소비할 수 있게 하지. 그러면 현재의 소비가 줄어들 거야.
>
> 철수 : 아니야. ㉡ 이자율이 오르면 나의 저축으로 인한 이자수입이 증가할 거야. 그러면 그 수입 증가로 소비가 늘어날 거야.

- ㉠ :

- ㉡ :

📈 개념-이론 정리 | **대체효과(substitution effect)**

다른 조건이 일정하다는 가정하에서 한 상품가격의 하락으로 상대가격이 변하여 상대적으로 싸진 재화를 더 많이 소비하고, 상대적으로 비싸진 재화를 더 적게 소비하게 되는 현상을 말한다.

$$P_X \downarrow \Rightarrow X재의 \ 상대가격 \downarrow, \ Y재의 \ 상대가격 \uparrow \Rightarrow X재 \ 소비량 \uparrow, \ Y재 \ 소비량 \downarrow$$

대체효과는 동일한 무차별곡선상에서 상대가격이 내린 상품을 보다 많이 소비하여 소비지출액을 줄이고자 하는 목적으로 이루어지는 소비자 균형점의 이동이며 이때 성질의 부호는 항상 부(−) ⇒ (상대)가격이 하락하면 소비량은 증가하고 (상대)가격이 상승하면 소비량은 감소한다.

📈 개념-이론 정리 | **소득효과(income effect)**

다른 조건이 일정하다는 가정 하에서 한 상품가격의 하락으로 인한 실질소득의 증가로 수요량에 변화가 생기는 현상을 말한다. 소비자의 실질소득의 변화에 따라 가격선이 동일한 기울기로 평행이동하게 되고, 이에 따라 소비자 균형점이 이동하게 되는 효과가 나타난다.

$$P_X \downarrow \Rightarrow 실질소득 \uparrow \Rightarrow X재 \ 소비량 \uparrow (정상재인 \ 경우) \ or \ X재 \ 소비량 \downarrow (열등재인 \ 경우)$$

💲 기출분석

- ㉠ : 대체효과(☞ 이자율은 현재소비에 따른 기회비용 즉 상대가격이다. 따라서 이자율이 상승하게 되면 현재소비의 상대가격이 상승하여 현재소비가 감소하고, 미래소비(=저축)가 증가하는 소비선택의 변화가 나타난다.)
- ㉡ : 소득효과(☞ 이자율이 상승하면 저축자(=대부자)는 이자수입의 증가로 실질소득이 증가하게 된다. 이에 따라 현재소비와 미래소비 모두 이전에 비해 증가하게 된다. 물론 이것은 현재소비와 미래소비는 모두 정상재라고 가정하는 경우이다.)

정상재에 대한 설명으로 옳은 것만을 〈보기〉에서 모두 고르면?

보 기

ㄱ. 소득과 소비량 간에 정(+)의 관계가 존재한다.

ㄴ. 가격 상승 시 대체효과는 소비량을 증가시킨다.

ㄷ. 가격 하락 시 소득효과는 소비량을 증가시킨다.

ㄹ. 가격 변화 시 소득효과와 대체효과가 반대방향으로 작용한다.

MEMO

08 • 1993년

기펜(Giffen)재의 경우, 가격 변화와 수요량 변화에 대한 설명으로 옳은 것은?

① 대체효과 면에서는 둘 다 같은 방향으로 움직인다.

② 가격효과 면에서는 서로 다른 방향으로 움직인다.

③ 소득효과 면에서는 둘 다 같은 방향으로 움직인다.

④ 대체효과가 소득효과보다 더 크다.

개념-이론 정리 | 재화 종류에 따른 가격효과

다른 조건이 일정할 때 가격하락에 따른 수요량의 변화는 재화에 따라 다르게 나타난다.

상품	대체효과	소득효과	가격효과
정상재	−	−	−
열등재	−	+	−
Giffen재	−	+	+

"+": 가격과 수요량의 변동방향이 같은 것을 뜻함

"−": 가격과 수요량의 변동방향이 다른 것을 뜻함 → 수요의 법칙, 우하향의 수요곡선

기출분석

기펜재인 경우 가격의 상승(하락)은 대체효과 측면에서는 수요량을 감소(증가)시키고, 소득효과 측면에서는 수요량을 증가(감소)시킨다. 이때 대체효과가 소득효과보다 크게 나타나는 '일반적인 열등재'와 달리 '특수한 열등재'인 기펜재는 소득효과가 대체효과보다 크게 나타나게 되어 가격의 변화 방향과 수요량의 변화 방향이 일치하게 된다. [정답 | ③]

응용 TEST 8

재화 X는 가격이 상승할 때 수요량이 증가하는 재화이다. 재화 X에 대한 설명으로 옳은 것은?

① 재화 X는 정상재이다.

② 재화 X의 수요의 소득탄력성은 0보다 크다.

③ 재화 X는 대체효과와 가격효과가 동일한 방향으로 나타난다.

④ 재화 X의 가격 변화에 따른 소득효과는 대체효과보다 더 크다.

09 • 2020년

다음 글에서 괄호 안의 ㉠과 ㉡에 들어갈 숫자를 순서대로 쓰시오.

> 소비자 갑은 두 재화 A와 B만을 소비하여 효용을 얻고 있으며, A재 2단위는 B재 3단위와 완전히 대체될 수 있다. 갑의 소득은 12원, A재 가격은 2원, B재의 가격은 1원이다. 만약 A재의 가격이 1원으로 하락한다면 효용을 극대화하는 A재의 소비량은 (㉠)단위만큼 늘어나고, 이 중에서 대체효과는 (㉡)단위이다.

📈 개념–이론 정리 | **일반적인 경우 소비자 균형**

1. **개념** : 주어진 소득과 재화의 시장가격하에서 소비자에게 극대 만족을 주는 상태를 말한다.
2. **도해적 설명(일반적인 경우)**

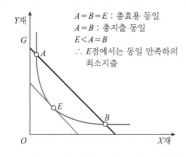 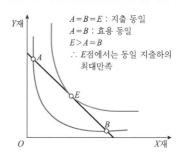

① 무차별 곡선과 예산선이 접하는 점에서 소비자 균형이 이루어진다.

② 소비자의 주관적 만족수준을 의미하는 무차별곡선의 기울기(한계대체율 $= MRS_{XY}$)와 시장에서의 객관적 현실조건을 의미하는 예산선의 기울기(상대가격 $= \dfrac{P_X}{P_Y}$)가 일치하는 수준에서 균형이 이루어진다.

$$\left(MRS_{XY} = \dfrac{P_X}{P_Y} \right)$$

③ 만약 현재의 소비점이 A라면 $MRS_{XY} > \dfrac{P_X}{P_Y}$가 성립되어 주관적 교환비율이 객관적 교환비율보다 커진다. 이에 따라 합리적 소비자는 X재 소비량을 늘리고, Y재 소비량을 줄인다.

📈 개념–이론 정리 | **완전대체인 경우 소비자 균형**

효용함수가 선형함수(＝직선)로 주어지면 소비자 균형은 한계대체율(MRS_{XY})과 상대가격($\dfrac{P_X}{P_Y}$)의 크기에 따라 다음과 같이 결정된다.

> • $MRS_{XY} > \dfrac{P_X}{P_Y}$: 오직 X재만 소비하는 구석해 존재 ……… (a)
>
> • $MRS_{XY} = \dfrac{P_X}{P_Y}$: 예산선상의 모든 점이 소비자 균형점 …… (b)

- $MRS_{XY} < \dfrac{P_X}{P_Y}$: 오직 Y재만 소비하는 구석해 존재 ········· (c)

여기서 MRS_{XY}와 $\dfrac{P_X}{P_Y}$는 모두 절대치이다.

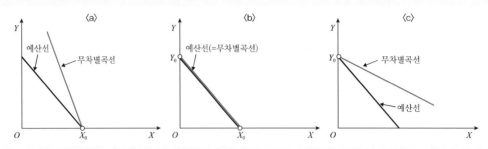

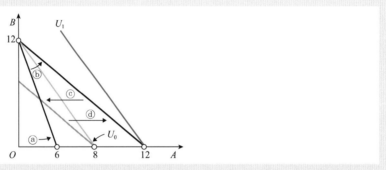

- A재 2단위는 B재 3단위와 완전히 대체 ⇒ 소비자 갑의 효용함수(=무차별곡선)는 A재와 B재의 한계대체율(MRS_{AB})이 '$\dfrac{3}{2}$'인 선형함수임을 의미한다. 이에 따라 효용함수는 기울기가 '$\dfrac{3}{2}$'인 우하향하는 모습을 보인다(그림에서 U_0).
- 갑의 소득은 12원, A재 가격은 2원, B재의 가격은 1원 ⇒ 소비자 갑의 예산선은 다음과 같다.

> - $I = P_A \times A + P_B \times B \;\to\; B = \dfrac{I}{P_B} - \dfrac{P_A}{P_B} \times A \;\to\; B = 12 - 2A$
>
>   (여기서 I는 소득, P_A와 P_B는 각각 A재와 B재의 가격, A와 B는 A재와 B재의 수량이다.)

이에 따라 소비자 갑의 예산선은 기울기(=상대가격)가 '2'인 우하향하는 직선의 모습을 보인다(그림에서 ⓐ).

- 소비자 갑의 효용함수가 선형함수이고, '$MRS_{AB}(=\dfrac{3}{2})<$상대가격($=2$)'인 관계가 성립하므로 오직 B재 12단위만 소비하는 '구석해'가 성립하게 된다.
- 만약 A재의 가격이 1원으로 하락한다면, 새로운 예산선은 〈그림〉에서 ⓑ와 같이 바깥으로 회전이동을 하게 된다. 이때 예산선의 기울기는 '1'이 되어 '$MRS_{AB}(=\dfrac{3}{2})>$상대가격($=1$)'인 관계가 성립하므로, 이번에는 오직 A재 12단위만 소비하는 '구석해'가 성립하게 된다.
- 이제 A재 가격 하락에 따른 대체효과를 구하기 위해서 '보상 변화'를 분석해야 한다. 여기서 '보상 변화'란 상대가격이 '1'인 새로운 가격체계하에서 이전의 효용수준을 유지하기 위해 필요한 실질소득의 변화를 의미한다. 이를 구하기 위해서는 A재 가격 하락에 따른 새로운 예산선을 평행이동시켜 기존의 효용을 누릴 수 있는 균형점을 찾아야 한

다(J.R.Hick의 보상 개념을 전제). 이것이 〈그림〉에서 ⓒ의 변화이다. 이에 따라 기존의 상대가격(=2) 하에서 소비량이 0단위였던 A재 소비량이 8단위로 증가하게 된다. 이 크기가 A재 가격 하락에 따른 대체효과의 크기이다.

- 한편 A재 가격 하락에 따른 소득효과를 구하기 위해서 실질소득의 변화에 따른 A재 소비량의 변화를 분석해야 한다. 새로운 가격체계하에서의 실질소득이 증가하면, 예산선은 ⓓ와 같이 바깥으로 평행이동하게 되고, 이에 따라 새로운 균형점에서의 A재 소비량은 12단위가 되고, 이중에서 대체효과의 크기인 8단위를 뺀 나머지 4단위가 소득효과가 된다.

응용 TEST 9

효용함수가 $U(X, Y) = X + Y$인 소비자가 있다. $P_X = 2$, $P_Y = 3$일 때, 이 소비자의 소득-소비곡선(income-consumption curve)을 도출하면?

MEMO

10 ● 2011년

다음은 가격효과에 관한 글이다. 이에 부합하는 판단으로 옳은 것을 〈보기〉에서 고른 것은?

> 재화의 가격이 변화할 때 그 재화의 수요량이 변화하는 가격효과는, 다른 재화에 대하여 상대가격이 싸지거나 비싸져서 그 재화의 수요량이 늘거나 줄어드는 대체효과와 가격 변화가 실질소득의 변화를 야기해서 이로 인해 수요량이 변화하는 소득효과의 합으로 구성된다.

보 기

ㄱ. 과거 아일랜드의 감자 흉년으로 발생한 기펜재(Giffen goods) 현상은 그 재화의 가격이 상승할 때만 발생할 수 있다.

ㄴ. 복권이 당첨된 경우의 노동 공급 변화를 해석하는 소득−여가 분석에서 대체효과는 0이다.

ㄷ. 소비자의 소득이 증가할 때 재화에 대한 수요가 감소하지 않는다면, 재화의 가격이 상승할 때 그 재화에 대한 수요는 분명히 감소한다.

ㄹ. 저축증대를 위하여 이자소득과 같은 금융소득에 대해 조세를 낮춰야 한다는 주장을 하는 경제학자는 이자율 변화에 대한 저축의 소득효과가 대체효과보다 크다고 한다.

① ㄱ, ㄴ   ② ㄱ, ㄷ   ③ ㄴ, ㄷ   ④ ㄴ, ㄹ   ⑤ ㄷ, ㄹ

📈 개념–이론 정리 | **기펜재 & 대체효과 & 소득효과**

- **기펜재** : 가격의 변화 방향과 수요량의 변화 방향이 일치하여 수요의 법칙에 예외가 되는 재화
- **대체효과** : 상대가격 변화에 따른 소비 조합의 변화
- **소득효과** : 실질소득 변화에 따른 소비 조합의 변화

🔍 기출분석

ㄱ. 한 재화가 가격이 하락할 때 수요량이 감소한다면 그 재화 역시 기펜재가 된다.

ㄴ. 복권이 당첨된 경우에는 임금 불변으로 인해 여가의 상대가격 변화가 없고, 복권 당첨금 수령으로 인한 실질소득 증가만이 이루지게 되므로 대체효과는 '0'이 된다.

ㄷ. 소비자의 소득이 증가할 때 재화에 대한 수요가 감소하지 않는다면, 그 재화는 열등재가 아니므로 또한 기펜재도 아니다. 따라서 항상 수요의 법칙이 성립하게 되므로 재화의 가격이 상승할 때 수요량은 반드시 감소한다.

ㄹ. 두 가지 측면에서 접근할 수 있다.
먼저 이자소득과 같은 금융소득에 대해 조세를 낮추게 되면 '실질이자율'이 상승하게 된다. 따라서 "저축증대를 위하여 이자소득과 같은 금융소득에 대해 조세를 낮춰야 한다"는 것은 저축이 (실질)이자율의 증가함수라고 이해하고 있다는 것을 의미한다. 한편 (실질)이자율이 상승하면 대체효과 측면에서는 화폐보유의 상대가격(=이자)이 커져 저축이 증가하고, 소득효과 측면에서는 실질소득이 증가하여 저축이 증가하게 된다. 따라서 이자율이 상승할 때 저축은 반드시 증가하지만, 이것이 대체효과와 소득효과 중에서 어느 것이 더 큰 것 때문인지는 알 수 없다.
또한 이자소득과 같은 금융소득에 대해 조세를 낮추게 되면 실질소득이 증가하게 된다. 따라서 "저축증대를 위하여 이자소득과 같은 금융소득에 대해 조세를 낮춰야 한다"는 것은 저축이 (실질)소득의 증가함수라고 이해한다는 것을

의미한다. 이 견해에 따르면 이자율 변화에 따른 실질소득의 변화에만 관심을 가지게 되므로 이자율 변화에 따른 저축 증가 여부를 판단할 때는 소득효과만을 분석하면 되고 대체효과는 분석할 필요가 없게 된다.　[정답 | ③]

응용 TEST 10 📝

어떤 재화의 가격 – 소비곡선이 수평선일 때 그 재화의 수요곡선의 형태는?

MEMO

㉠과 ㉡에 나타난 개념에 해당하는 부분을 그래프상의 기호로 표시하고, 철수가 동호의 '㉡ 제의를 받아들일 때의 헬스 이용 빈도'와 '공짜로 회원 대우를 받을 때의 이용 빈도'를 그래프상의 구간을 기호로 쓰시오.

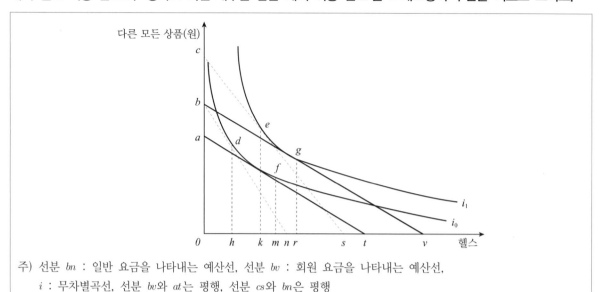

주) 선분 *bn* : 일반 요금을 나타내는 예산선, 선분 *bv* : 회원 요금을 나타내는 예산선,
　　i : 무차별곡선, 선분 *bv*와 *at*는 평행, 선분 *cs*와 *bn*은 평행

철수는 친구인 동호가 대규모 헬스장을 개업했다는 말을 듣고 찾아갔다. 동호의 헬스장은 가입비를 납부한 회원에게는 회원 요금을, 회원이 아닌 사람에게는 그보다 비싼 일반 요금을 받고 있었다.

철수 : 동호야. 개업을 축하한다. 그런데 회원 가입비는 얼마냐? 그리고 회원 요금은 얼마나 받니?
동호 : 회원 가입비는 백만 원인데, 회원은 일반 요금의 1/3만 내면 돼. 왜, 너도 회원 가입하게?
철수 : 가입비가 좀 비싸다. 나한테는 싸게 해줄 수 없니?
동호 : 그래? ㉠ 그럼 네가 회원 가입비로 최대 얼마까지 낼 용의가 있는지 정직하게 말해 봐.
철수 : 그걸 말하자니 좀 그렇다. 나한테는 회원 가입비 없이 그냥 회원 요금만 받으면 안 되겠니?
동호 : 그래도 그렇지. 회원도 아니면서 회원 요금을 내면 직원들이 뭐라 그러겠어? 대신 ㉡ 내가 너한테 얼마를 보조해 줄 테니까, 헬스장에 와서는 그냥 일반 요금 내고 이용해라. 얼마면 회원 대우해주는 셈이 되겠니?

• ㉠ :

• ㉡ :

• ㉡ 제의를 받아들일 때의 이용 빈도 :

• 공짜로 회원 대우를 받을 때의 이용 빈도 :

📈 개념-이론 정리 | **보상변화(compensation variation)**

소비자의 효용을 가격 변화가 일어나기 이전의 효용 수준으로 되돌려 놓기 위해 필요한 소득의 변화를 의미한다. ⇒ 가격 변화로 인한 후생상의 변화

📈 개념-이론 정리 | **대등변화(equivalent variation)**

상품의 가격이 하락하지 않아도 그것과 동일한 효용을 얻을 수 있기 위해 필요한 소득의 크기가 얼마인가 하는 문제이다.

📘 **기출분석**

- ㉠ : ab
  - 철수는 기존의 효용수준인 i_0와 회원들이 누리는 효용수준인 i_1의 차이보다 가입비가 크지 않아야 가입할 것이다. 그런데 i_0를 누리기 위해서는 Oa만큼의 예산이 필요하고, i_1을 누리기 위해서는 Ob만큼의 예산이 필요하다. 따라서 철수가 낼 용의가 있는 최대 금액은 두 예산의 차이인 ab가 된다.
- ㉡ : bc
  - 회원이 되지 않으면서도 회원들이 누리는 효용 수준과 동일한 효용을 얻기 위해서는 철수의 예산선이 bn에서 cs까지 평행이동을 해야 한다. 따라서 bc만큼의 금액 지원이 필요하다. ⇒ 대등변화
- ㉢ 제의를 받아들일 때의 이용 빈도 : Ok
  - 철수가 동호의 제의를 받아들이면 cs의 예산으로 무차별곡선 i_1과 접하는 e점 수준에서 소비를 하게 된다.
- 공짜로 회원 대우를 받을 때의 이용 빈도 : Or
  - 공짜로 회원 대우를 받는다는 것은 헬스장에 대한 가격할인을 받은 경우와 동일한 효과가 발생한다. 이에 따라 철수는 bv의 예산선과 무차별곡선 i_1과 접하는 g점 수준에서 소비를 하게 된다.

응용 TEST 11 📝

앞의 기출문제에서 헬스장 이용 요금의 인하로 예산선이 bn에서 bv로 이동했다고 가정하는 경우, 보상변화를 제시하시오.

MEMO

12 • 1996년

임금이 일정 수준 이상으로 상승하면 오히려 노동 공급이 감소되어 노동 공급곡선이 후방 굴절되기도 한다. 후방 굴절되는 이유로 옳은 것은?

① 소득효과는 노동 공급을 증가시키지만 대체효과는 노동 공급을 감소시키기 때문이다.
② 노동 공급을 증가시키는 대체효과보다 노동 공급을 감소시키는 소득효과가 더 크기 때문이다.
③ 소득효과와 대체효과 모두 노동 공급을 감소시키기 때문이다.
④ 소득효과나 대체효과 모두 노동 공급에 영향을 미치지 못하기 때문이다.

📊 개념-이론 정리 | **임금 상승에 따른 대체효과와 소득효과(일반적인 효과)**

① 대체효과 : 임금이 상승하게 되면 이에 따라 여가의 상대가격이 상승하게 되고 이는 여가의 소비 감소를 초래 ⇒ 노동 공급 증가
② 소득효과 : 임금의 상승은 곧 실질소득의 상승 ⇒ 여가는 일반적으로 정상재의 성격을 가지므로 여가의 소비는 증가 ⇒ 노동 공급 감소
③ 임금상승에 따른 노동공급의 증가 여부는 결국 대체효과와 소득효과의 상대적 크기에 달려 있다.

📊 개념-이론 정리 | **대체효과와 소득효과의 크기에 따른 노동공급곡선**

① 임금상승 → 대체효과＞소득효과 → 노동공급곡선 우상향
② 임금상승 → 대체효과＜소득효과 → 노동공급곡선 후방굴절

💲 기출분석

임금이 일정 수준 이상으로 상승하면 임금 상승이 노동 공급을 증가시키는 대체효과에 비해 노동 공급을 감소시키는 소득효과가 더 크게 나타난다. 이에 따라 임금이 일정 수준 이상으로 상승할 때부터는 임금 상승함에 따라 노동공급량은 오히려 감소하게 되어 노동공급곡선은 일정한 임금 수준에서부터는 노동공급곡선 방향이 좌상방을 향하게 되어 후방굴절하는 모습을 보이게 된다.

[정답 | ②]

아래의 그림은 가계의 노동소득과 여가 사이의 관계를 나타낸 것이다. 가로축(L)은 여가, 세로축(M)은 노동소득이며, 총가용시간(하루 24시간)에서 여가를 제외한 나머지 시간은 노동으로 사용한다. 아래 그림에서 가계의 노동소득과 여가 사이의 관계가 A에서 B로 변화할 경우, 이에 관한 설명으로 옳지 않은 것은?

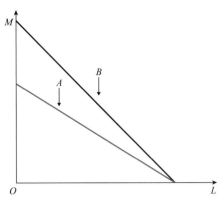

① A보다 B의 경우에 시장임금률이 더 높다.
② A에서 B로 변화할 경우 노동시간은 더 줄어들 수도 있다.
③ A에서 B로 변화할 경우 여가와 노동소득이 동시에 증가할 수도 있다.
④ A에서 B로 변화할 경우 노동시간이 감소할 뿐 가계의 효용은 불변이다.

MEMO

다음 그래프는 갑의 노동 공급곡선을 나타낸다. 실질임금이 w^* 이상인 경우 실질임금이 상승함에 따라 노동 시간이 감소한다. 그 이유를 대체효과와 소득효과를 이용하여 설명하시오.

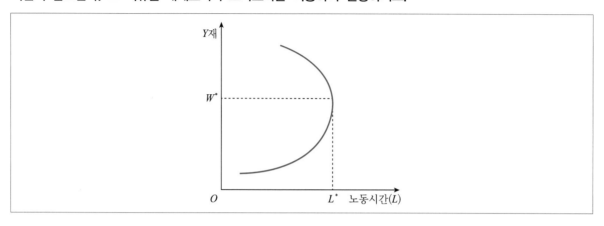

📈 개념-이론 정리 | **임금 상승에 따른 대체효과와 소득효과(일반적인 효과)**

① 대체효과 : 임금이 상승하게 되면 이에 따라 여가의 상대가격이 상승하게 되고 이는 여가의 소비감소를 초래 ⇒ 노동 공급 증가

② 소득효과 : 임금의 상승은 곧 실질소득의 상승 ⇒ 여가는 일반적으로 정상재의 성격을 가지므로 여가의 소비는 증가 ⇒ 노동 공급 감소

③ 임금상승에 따른 노동공급의 증가 여부는 결국 대체효과와 소득효과의 상대적 크기에 달려 있다.

📈 개념-이론 정리 | **대체효과와 소득효과의 크기에 따른 노동공급곡선**

① 임금상승 → 대체효과 > 소득효과 → 노동공급곡선 우상향
② 임금상승 → 대체효과 < 소득효과 → 노동공급곡선 후방굴절

📋 기출분석

임금이 일정 수준 이상으로 상승하면 임금 상승이 노동 공급을 증가시키는 대체효과에 비해 노동 공급을 감소시키는 소득효과가 더 크게 나타난다. 이에 따라 임금이 일정 수준 이상으로 상승할 때부터는 임금 상승함에 따라 노동공급량 은 오히려 감소하게 되는 것이다.

응용 TEST 13 ✏️

다음 ( ) 안의 용어를 순서대로 올바르게 채우면?

후방굴절하는 노동공급곡선은 여가-소득 선택모형에서 임금률의 변화에 따라 도출되는 (ㄱ)소비곡선에서 유도되고, 소득효과와 대체효과를 비교할 경우 노동공급곡선의 좌상향하는 구간에서는 (ㄴ)효과가 더 크다.

14 • 2021년

다음은 여가수요와 노동공급에 대한 자료이다. 〈작성 방법〉에 따라 서술하시오.

갑은 하루 24시간 중 여가(L)로 l시간을 즐기고 $(24-l)$시간만큼 일한다. 여가는 식사, 수면, 오락 등 모든 비노동 활동을 포함한다. 시간당 임금이 w일 때 하루 소득은 $w(24-l)$이 되고 전액을 복합재(Y) 구매에 사용하여 y만큼 소비한다. 여가의 가격(P_L)은 w이고 복합재의 가격(P_Y)은 1이다. 여가와 복합재 소비에 대한 갑의 효용과 한계 효용은 다음과 같다.

- 효용 : $U(l, y) = (l-4)y$
- 여가의 한계 효용 : $MU_L = y$
- 복합재의 한계 효용 : $MU_Y = l-4$

갑은 자신에게 주어진 ㉠ <u>예산제약</u> 내에서 복합재에 대한 여가의 한계대체율($MRS_{L,Y}$)과 상대가격($\frac{P_L}{P_Y}$)이 같은 ㉡ <u>접점조건</u>을 고려하여 최적의 하루 여가 시간(l^*)을 선택할 때 효용이 극대화된다는 것을 안다.

작성 방법

- 갑이 효용을 극대화하기 위해 고려하는 두 조건인 밑줄 친 ㉠, ㉡을 순서대로 쓸 것.
- 갑이 효용을 극대화하는 최적의 하루 여가 시간(l^*)을 구하고, 임금(w)과의 관계를 서술할 것.

📈 개념-이론 정리 | **임금 상승에 따른 대체효과와 소득효과(일반적인 효과)**

① 대체효과 : 임금이 상승하게 되면 이에 따라 여가의 상대가격이 상승하게 되고 이는 여가의 소비감소를 초래 ⇒ 노동 공급 증가
② 소득효과 : 임금의 상승은 곧 실질소득의 상승 ⇒ 여가는 일반적으로 정상재의 성격을 가지므로 여가의 소비는 증가 ⇒ 노동 공급 감소
③ 임금상승에 따른 노동공급의 증가 여부는 결국 대체효과와 소득효과의 상대적 크기에 달려 있다.

📈 개념-이론 정리 | **대체효과와 소득효과의 크기에 따른 노동공급곡선**

① 임금상승 → 대체효과>소득효과 → 노동공급곡선 우상향
② 임금상승 → 대체효과<소득효과 → 노동공급곡선 후방굴절

💲 기출분석

- 주어진 조건에 따른 민주의 예산제약식은 다음과 같이 나타낼 수 있다.

   • $y = w(24-l)$ ······ ㉠

  이때 예산제약식의 기울기인 'w'가 곧 여가의 상대가격이다.
- 여가(L)와 복합재(Y)의 한계효용은 각각 다음과 같다.

> - 여가의 한계 효용 : $MU_L = y$　　　　　　　　• 복합재의 한계 효용 : $MU_Y = l - 4$

따라서 민주의 복합재(Y) 크기로 나타낸 여가(Y)의 한계대체율($MRS_{L,Y}$)은 다음과 같이 도출된다.

> • $MRS_{L,Y} = \dfrac{MU_L}{MU_Y} = \dfrac{y}{l-4}$

■ 효용극대화는 한계대체율($MRS_{L,Y}$)과 상대가격(P_L/P_Y)이 일치하는 수준에서 달성된다.

> • $MRS_{L,Y} = \dfrac{P_L}{P_Y} \Rightarrow \dfrac{MU_L}{MU_Y} = \dfrac{P_L}{P_Y} \Rightarrow \dfrac{y}{l-4} = w \Rightarrow y = w(l-4)$ ······ ⓛ
>
> • 예산제약식 : $y = w(24-l)$ ······ ㉠

■ ㉠식과 ⓛ식을 연립하여 풀면 다음과 같은 경로를 통해 민주가 효용극대화를 달성하기 위해 필요한 최적의 여가시간(l^*)을 도출할 수 있다.

> • $w(l-4) = w(24-l) \Rightarrow l-4 = 24-l \Rightarrow 2l = 28 \Rightarrow l^* = 14$

■ 한편 최적의 여가시간을 도출하는 계산과정에서 나타나 있는 것처럼, 임금(w)의 크기가 얼마인가와 관계없이 계산과정 속에서 항상 소거되므로 최적의 하루 여가시간(l^*)은 임금(w)의 크기와 무관하여 항상 '14시간'이 된다. 이에 따라 노동공급곡선은 10시간(= 24 − 여가시간)의 노동시간수준에서 수직의 모습을 보이며, 임금이 상승한다고 하더라도 후방굴절하지 않는 특징을 보인다.

응용 TEST 14

효용함수가 $U = Ly$인 A는 매주 주어진 80시간을 노동과 여가에 배분하여 효용을 극대화한다. 시간당 임금은 1주일에 40시간까지는 1만 원이고, 40시간을 초과한 시간에 대해서는 2만 원이다. 효용이 극대화될 때 A의 1주일간 노동 소득은? (단, L은 여가, y는 소득이며, A에게 노동 소득을 제외한 다른 소득은 없다.)

MEMO

03 | 생산자이론

01 • 1992년

단기 생산함수로는 설명할 수 없는 것은?

① 평균 생산성

② 한계 생산성

③ 수확체감의 법칙

④ 규모에 대한 보수의 법칙

📈 **개념-이론 정리** | **단기 생산함수가 $Q = f(L, \overline{K})$인 경우(Q는 생산량, L은 노동 투입량, $\overline{K}$는 고정된 자본 투입량)**

1. **평균 생산성(average product, AP)** : 생산요소 한 단위당의 생산량

$$\frac{Q}{L} = AP_L, \ \frac{Q}{K} = AP_K$$

2. **한계생산성(marginal product, MP)** : 생산요소 한 단위를 추가적으로 투입함으로써 얻어지는 생산량의 증가분

$$\frac{\triangle Q}{\triangle L} = MP_L, \ \frac{\triangle Q}{\triangle K} = MP_K$$

3. **수확체감의 법칙(law of diminishing returns)** : 주어진 자본량(K) 수준에서 노동(L)을 계속 증가시킬 때 처음에는 노동의 한계생산물이 증가할 수도 있지만 결국 어느 수준을 넘으면 노동의 한계생산물(MP_L)이 감소하는 현상 ⇒ 다른 생산요소의 투입량은 일정하게 고정시키고, 하나의 특정 생산요소 특히 노동만의 투입을 증가시킬 수 있는 단기에서 나타나는 현상

📈 **개념-이론 정리** | AVC**와** AP**와의 관계**

$$AVC = \frac{TVC}{Q} = \frac{w \cdot L}{Q} = \frac{w}{Q/L} = \frac{w}{AP_L}$$

📈 **개념-이론 정리** | MC**와** MP**와의 관계**

$$MC = \frac{dTC}{dQ} = \frac{d(TFC + TVC)}{dQ} = \frac{dTVC}{dQ} = \left(\because \frac{dTFC}{dQ} = 0 \right) = \frac{w \cdot dL}{dQ} = \frac{w}{dQ/dL} = \frac{w}{MP_L}$$

💲 **기출분석**

규모에 대한 보수(returns to scale)의 법칙은 생산기간이 '장기'인 경우 모든 생산요소의 투입량이 같은 비율로 변화할 때의 산출량 변화의 정도를 측정한 것을 의미한다. 따라서 '단기' 생산함수를 전제로 하는 경우에는 성립될 수 없다.

[정답 | ④]

외국과 자국은 두 국가 모두 한 가지 재화만을 생산하며, 노동투입량과 노동의 한계생산량의 관계는 다음 〈표〉와 같다. 자국과 외국의 현재 노동부존량은 각각 11과 3이고 모두 생산에 투입된다. 국가 간 노동이동이 자유로워지면 세계 총생산량의 변화는?

노동투입량(명)	1	2	3	4	5	6	7	8	9	10	11
노동의 한계생산량(개)	20	19	18	17	16	15	14	13	12	11	10

MEMO

02 • 1996년

다음 〈그림〉은 다른 생산 요소의 투입을 고정시키고 노동의 투입을 증가시켜 갈 때의 총생산량의 변화를 나타낸 것이다. A점에서 총생산량 곡선의 접선이 원점 O를 통과할 때, A점에 대한 설명으로 옳은 것은?

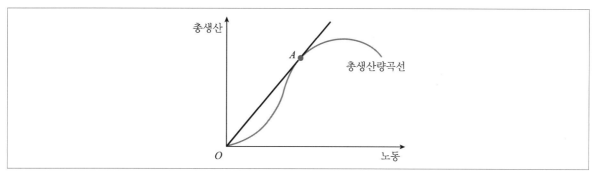

① 총생산량이 최대이다.
② 한계생산이 최대이다.
③ 한계생산이 최저이다.
④ 평균생산이 최대이다.

📈 개념–이론 정리 | **총생산 최대 및 한계생산 최대·최저**

1. **총생산 최대** : 한계생산(MP_L)이 0인 경우 ⇒ 총생산함수의 접선 기울기가 수평인 경우이다.
2. **한계생산 최대** : 총생산함수 변곡점에서 최대인 접선 기울기가 측정된다.
3. **한계생산 최저** : 한계생산이 '∩'의 형태이기 때문에 최저 수준이 존재하지 않는다.

💲 기출분석

원점에서 총생산량 곡선 상의 한 점까지 그은 직선의 기울기는 노동의 평균생산($AP_L = \dfrac{Q}{L}$)이다. 이러한 노동의 평균생산은 원점으로부터 총생산량 곡선과 접하는 직선을 그을 때 가장 큰 값을 갖게 된다. 따라서 〈그림〉의 점 A에서 노동의 평균생산은 최대가 된다. 참고로 총생산량이 극대가 되는 것은 총생산량 곡선상의 접선 기울기인 한계생산($MP_L = \dfrac{dQ}{dL}$)이 '0'이 되는 수준이다.

[정답 | ④]

(응용 TEST 2) 📝

수확체감의 법칙이 작용하고 있을 때 가변생산요소의 투입이 한 단위 더 증가하면?
① 총생산물은 반드시 감소한다.
② 한계생산물이 마이너스가 된다.
③ 한계생산물은 반드시 감소하지만 총생산물과 평균생산물은 반드시 증가한다.
④ 평균생산물은 반드시 감소하지만 총생산물은 증가할 수도 있고 감소할 수도 있다.
⑤ 한계생산물은 반드시 감소하지만 총생산물과 평균생산물은 증가할 수도 있고 감소할 수도 있다.

지난해 ○○커피숍의 손익계산서가 다음과 같다고 가정한다. 이에 대해 옳게 추론한 것을 〈보기〉에서 모두 고르면?

• 총수입 : 10억 원		
• 총비용 : 귀속임금 1억 원	임금 3억 원	건물임대료 1억 원
귀속 건물임대료 5천만 원	이자 1억 원	재료비 1억 원
귀속 이자 5천만 원	홍보비 1억 5천만 원	정상이윤 5천만 원

───── 보 기 ─────

㉠ 지난해 ○○커피숍이 거둔 경제적 이윤은 5천만 원이다.
㉡ 지난해 ○○커피숍이 지출한 회계적 비용은 7억 5천만 원이다.
㉢ 지난해 ○○커피숍의 경영에 따른 총기회비용의 크기는 10억 원이다.
㉣ 연 10%의 이자율을 가정했을 경우, 지난해 ○○커피숍 사장이 차입한 자금의 규모는 10억 원이다.
㉤ 각 건물에는 단독 소유주만 존재한다고 가정했을 경우, 지난해 ○○커피숍 사장이 운영한 커피숍의 수는 한 개다.

① ㄱ, ㄷ   ② ㄴ, ㅁ   ③ ㄱ, ㄴ, ㄹ
④ ㄴ, ㄷ, ㄹ   ⑤ ㄷ, ㄹ, ㅁ

📈 개념-이론 정리 | **경제적 비용**

1. **명시적 비용(explicit cost, 회계적 비용 : accounting cost)** : 기업이 생산을 위하여 타인에게 실제로 지불한 비용 ⇒ 임금, 이자, 원자재 비용, 지대 등이 여기에 해당한다.
2. **암묵적 비용(implicit cost, 잠재적 비용, 귀속비용)** : 기업가 자신의 생산요소에 대한 기회비용 ⇒ 귀속임금, 귀속지대, 귀속이자, 정상이윤 등이 여기에 해당한다.

> • **정상이윤(normal profit)**
> 정상이윤이란 기업가로 하여금 동일한 상품을 계속 생산하게 하는 유인으로서 충분할 정도의 이윤을 말한다. 기업가는 정상이윤이 기대되지 않으면 그 상품의 생산을 하지 않는다. 따라서 소비자가 그 상품을 계속 소비하려면 정상이윤만큼의 대가는 치러야 한다.

3. **경제적 비용(economic cost)** : 명시적 비용에 암묵적 비용을 포함한 것 ⇒ 생산비 이론에서 비용이란 경제적 비용을 의미한다.

📈 개념-이론 정리 | **경제적 이윤**

> 경제적 이윤＝총수입－경제적 비용
> ＝총수입－명시적 비용(회계적 비용)－암묵적 비용(귀속비용)
> ＝회계적 이윤－암묵적 비용(귀속비용)

$ 기출분석

- 주어진 조건에 따른 각각의 비용과 이윤을 구하면 다음과 같다.

  - 회계적 비용 = 임금 + 건물임대료 + 이자 + 재료비 + 홍보비 = 7억 5천만 원
  - 회계적 이윤 = 총수입 − 회계적 비용 = 2억 5천만 원
  - 경제적 비용(총기회비용) = 회계적 비용 + 암묵적 비용(+ 정상이윤) = 10억 원
  - 경제적 이윤 = 총수입 − 경제적 비용 = 0원

- 한편 이자가 1억 원이므로 연 10%의 이자율이라면 차입한 자금의 규모는 10억 원이 되며, 타인의 건물을 빌린 대가인 건물임대료와 자신 소유의 건물을 사용한 대가인 귀속 건물임대료가 동시에 존재하므로 커피숍의 수는 최소한 두 개 이상이 됨을 주의한다.

[정답 │ ④]

응용 TEST 3

민주는 한 달에 200만 원 받던 직장에서 250만 원을 줄 터이니 계속 있어 달라는 사장으로부터의 부탁을 거절하고 빵 만드는 가게를 하나 차렸다. 한 달 수입이 1,400만 원이고, 가게 임대료가 한 달에 300만 원, 밀가루와 설탕 등 원료비가 한 달에 400만 원이라 하자. 그리고 종업원 2명을 쓰는 데 인건비가 한 달에 한 사람당 150만 원이라 하자. 이 경우 민주의 경제적 이윤(economic profit)은 한 달에 얼마인가?

MEMO

04 ● 1992년

평균비용(AC)와 한계비용(MC)에 대한 설명으로 옳은 것은?

① MC가 감소할 때, AC는 증가한다.

② AC의 극소점까지는 MC는 감소한다.

③ AC는 MC의 극소점을 통과한다.

④ AC가 극소일 때의 생산이 최적 조업도이다.

📈 개념-이론 정리 | **평균비용(average cost : AC)**

1. 생산량 한 단위당의 총비용으로서 평균고정비용과 평균가변비용의 합으로 이루어진다.
2. 생산량이 증가함에 따라 감소하다가 다시 증가한다.
3. AC는 원점에서 TC곡선의 한 점까지의 직선의 기울기를 의미한다.

📈 개념-이론 정리 | **한계비용(marginal cost : MC)**

1. 생산량 한 단위를 추가적으로 생산함에 따른 총비용(or 총가변비용)의 증가분을 말한다.
2. TC곡선(or TVC곡선)상 한 점에서의 접선의 기울기를 의미한다.

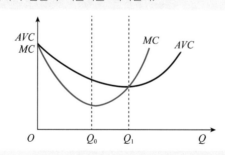

📖 기출분석

① MC가 감소할 때 AC도 반드시 감소한다.
② MC는 감소하다가 증가하는 구간에서 AC의 극소점을 통과한다.
③ MC는 AC의 극소점을 통과한다.
④ AC가 극소일 때 평균생산비를 가장 낮게 생산하는 효율적인 생산수준이 달성된다. 이 수준에서의 생산이 최적 조업도이다.

[정답 | ④]

공작기계를 만드는 회사가 있다. 시간당 50개를 만들 때 한계비용이 300만원이다. 시간당 55개를 만들 때에는 한계비용이 350만원으로 증가하며, 이는 평균가변비용과 같아진다고 하자. 이 회사의 생산비 함수에 대한 다음 설명 중 틀린 것은?

① 생산량이 55개일 때 노동의 평균생산성은 그것의 한계생산성과 같다.

② 기계 한 대의 시장가격이 350만원 미만으로 하락하면 조업을 중단해야 한다.

③ 이 회사가 50개를 생산하고 있을 때에는 평균가변비용이 한계비용보다 더 크다.

④ 만일 이 회사가 55개의 기계를 개당 350만원에 판매한다면 이 회사는 손익분기점에 도달하게 된다.

⑤ 생산량을 50개에서 55개로 늘릴 때에 한계비용이 상승하는 것은 한계수확체감의 법칙이 작용하기 때문이다.

MEMO

04 | 수요-공급이론

01 • 1995년

합리적 소비는 다른 소비자가 어떻게 소비하든 관계없이 자기 자신의 독자적인 선호체계 속에서 상품의 쓸모에 따라, 최소 비용으로 자기 자신의 효용을 극대화하는 것이다. 그러나 일부 소수의 소비자들은 자기 자신을 돋보이고 싶어서 소비하는 경우가 있다. 명동의 한 상점에서 밍크코트의 가격표를 30만 원에서 300만 원으로 바꿔 붙였더니 잘 팔리더라는 일화가 있는데, 이것이 한 예이다. 외제 자동차, 다이아몬드 반지, 외제 가구 등 값비싼 상품을 구입할 수 있는 능력을 과시하거나 허영심이 많은 소비자일수록 크게 영향을 받는 것은?

① 편승 효과(Bandwagon effect)
② 백로 효과(Snob effect)
③ 대체 효과(Substitution effect)
④ 베블렌 효과(Veblen effect)

📈 개념-이론 정리 | 소비의 외부성

사람들이 느끼는 효용이나 만족이 자기가 소비하는 재화나 서비스뿐만 아니라 자기 주위의 다른 사람들이 소비하는 재화나 서비스에도 영향을 받는다는 것을 말한다.

1. 편승효과(밴드웨건 효과, bandwagon effect)
   다른 수요자가 더 많이 수요하리라고 예측하여 개별 수요자도 수요를 증가시키는 현상을 말하며, 유행에 민감한 소비자 계층에서 주로 나타난다.

2. 백로효과(스놉 효과, snob effect)
   편승효과와 반대로 다른 수요자가 수요하기 때문에 개별 수요자는 수요를 오히려 감소시키는 현상을 말하며, 유행보다는 개성을 추구하는 소비자 계층에서 주로 나타난다.

📈 개념-이론 정리 | 대체효과와 피구효과

1. 대체 효과(Substitution effect) : 한 재화만의 가격 변화로 두 재화의 상대가격이 변화하는 경우, 상대가격이 하락한 재화의 소비량이 증감하는 현상을 말한다.

2. 피구 효과(Pigou effect) : 물가 하락으로 인한 실질소득의 증가가 소비를 증가시키는 현상을 말한다.

📑 기출분석

베블렌 효과(Veblen effect)는 T. Veblen이 "유한계급론"에서 과시성 소비로 언급한 것으로 고가이기 때문에 소비하려는 과시성 소비 현상을 말하며 Veblen 효과가 있을 때는 가격이 높은 재화일수록 소비가 증가한다. 베블렌 효과는 자신의 사회적 성취를 고가품 소비를 통해 확인하려는 소비자 계층에서 주로 나타난다. 편승효과와 백로효과는 타인의 소비행위에 영향을 받는 것에 비해, 베블렌 효과는 상품의 가격에 의해 영향을 받는다는 측면에서 양자는 구분된다.

[정답 | ④]

응용 TEST 1

다음은 비합리적 소비에 대한 설명이다. ㉠과 ㉡에 들어갈 효과를 바르게 연결한 것은?

고가품일수록 과시욕에 따른 수요가 증가하는 (㉠) 효과는 가격에 직접 영향을 받고, 보통사람과 자신을 차별하고 싶은 욕망으로 나타나는 (㉡) 효과는 가격이 아닌 다른 사람의 소비에 직접 영향을 받는다.

	㉠	㉡
①	밴드왜건(bandwagon)	베블렌(Veblen)
②	밴드왜건(bandwagon)	스놉(snob)
③	베블렌(Veblen)	스놉(snob)
④	스놉(snob)	밴드왜건(bandwagon)

MEMO

02 ᐧ 2004년

다음 글을 읽고 아래 물음에 답하시오.

> 경쟁시장에서 가격은 수요와 공급에 의해서 결정된다. 이렇게 결정된 경쟁시장가격은 자원배분의 효율성을 달성하기 위한 신호기 역할을 한다. 따라서 ㉠ <u>수요-공급의 법칙이나 가격결정 원리에 대한 올바른 이해</u>는 시장경제 원리의 이해를 위해서 필수적이다. 수요곡선이나 공급곡선은 이면에 소비자들의 효용 극대화와 기업의 이윤 극대화 원리를 담고 있다.

㉠과 관련하여 모순처럼 보이는 두 진술, ⓐ'가격이 상승할 때 수요량은 감소한다'와 ⓑ'수요가 감소할 때 가격이 하락한다'가 모순이 아닌 이유를 쓰시오.

📈 개념-이론 정리 | **수요(공급)량과 수요(공급)의 변화**

1. **수요(공급)량의 변화[change along the demand(supply) curve]**
   ① 어떤 상품에 대한 수요(공급)의 결정요인들 중에서 당해 상품의 가격 이외의 다른 모든 요인은 불변이고 그 상품의 가격만이 변할 때 나타나는 것을 말한다.
   ② 수요(공급)량의 변화는 어느 한 수요(공급)곡선상에서의 점과 점 사이의 이동으로 나타난다.
2. **수요(공급)의 변화[shift of the demand(supply) curve]**
   ① 어떤 상품의 수요(공급) 결정 요인 중에서 당해 상품가격 이외의 다른 요인들 중에서 하나 이상의 요인이 변하면 모든 가격수준에서 그 상품의 수요(공급)량이 변하게 되는 것을 말한다.
   ② 수요(공급)의 변화는 수요(공급)곡선 자체가 이동으로 나타난다.

🔍 기출분석

- ⓐ '가격이 상승할 때 수요량은 감소한다'는 가격과 수요량이 역(-)의 관계를 갖는 '수요의 법칙'에 관한 진술로 다른 모든 조건이 일정할 때 해당재화의 가격만이 변화할 때 수요곡선을 따라 이동하는 '수요량의 변화(감소)'에 해당한다.
- ⓑ '수요가 감소할 때 가격이 하락한다'는 공급이 일정할 때 수요곡선 자체가 이동하는 '수요의 변화(감소)'의 결과에 관한 진술이다. 따라서 양자 사이에는 모순관계가 존재하지 않는다.

응용 TEST 2 ✍

과자와 도넛만을 소비하는 소비자가 있다. 이 소비자는 소득이 늘면 항상 과자 소비를 줄인다. 이 경우, 도넛 가격의 하락으로 나타나는 현상으로 옳은 것은? (단, 과자 가격은 불변이다.)

① 과자 소비량은 감소한다.
② 도넛 가격이 충분히 하락하면 과자 소비량은 증가할 수 있다.
③ 도넛 수요곡선이 우측으로 이동하고 장기적으로 도넛 가격은 어느 정도 다시 상승하게 된다.
④ 도넛 소비량은 증가하지만 위의 정보로는 과자 소비량에 미치는 영향은 알 수 없다.

03 · 1992년

어떤 재화의 수요함수가 $Q_d = 5,000 - 500p$이고, 공급함수가 $Q_s = 500p$일 경우, 이 재화의 균형가격과 균형수급량은? (단, p는 가격이다.)

	균형가격	균형 수급량
①	5	2,500
②	6	3,000
③	7	3,500
④	8	4,000

📈 개념-이론 정리 | **시장의 균형(market equilibrium)**

시장 균형(E)은 수요와 공급이라는 상반된 힘이 일치할 때 이루어진다. 이때 결정되는 가격을 시장 균형가격이라고 하고, 수량을 시장 균형수급량이라고 한다.

만약 시장 균형에서 이탈해서 초과공급 상황에 놓이면 가격 하락을 통해 불균형을 해소하고, 초과수요 상황에 놓이면 가격 상승을 통해 불균형을 해소한다. 이러한 가격의 기능을 '시장의 자동조절 기능'이라고 한다.

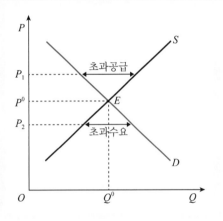

🔍 기출분석

시장균형은 '$Q_d = Q_s$' 수준에서 달성된다. 주어진 수요함수와 공급함수를 전제로 다음과 같이 균형가격과 균형 수급량을 도출할 수 있다.

$$Q_d = Q_s \Rightarrow 5,000 - 500p = 500p \Rightarrow 1,000p = 5,000 \Rightarrow p = 5, \ Q = 2,500$$

[정답 | ①]

응용 TEST 3 📝

X재화의 시장수요곡선은 $Q = 300 - 2P + 4M$이고, 시장공급곡선은 $Q = 3P - 50$이다. M이 25에서 20으로 감소할 때, X재화의 시장 균형가격의 변화는? (단, Q는 수량, P는 가격, 그리고 M은 시장에 참가하는 소비자들의 소득수준을 나타낸다.)

다음 (가), (나)의 원인을 옳게 짝지은 것은?

> ※ 잼과 버터는 대체재이다. 잼의 원료는 과일이고 버터의 원료는 우유이다.
> (가) 버터의 균형 거래량이 증가하고, 잼의 균형가격이 상승하였다.
> (나) 버터의 균형 거래량이 증가하고, 잼의 균형가격이 하락하였다.

	(가)	(나)
①	과일 가격 상승	우유 가격 하락
②	과일 가격 상승	우유 가격 상승
③	과일 가격 하락	우유 가격 상승
④	우유 가격 하락	과일 가격 하락
⑤	우유 가격 상승	과일 가격 하락

개념-이론 정리 | 대체재 vs 보완재 vs 독립재

1. **대체재(substitute goods)** : 두 상품을 별개로 소비하는 경우에도 효용의 차이가 크지 않기 때문에 서로 바꾸어 소비하는 것이 가능한 재화를 의미한다. 이러한 대체재 관계가 성립하면 한 재화의 가격 상승(하락)은 다른 재화의 수요를 증가(감소)시키게 된다.
2. **보완재(complementary goods)** : 두 상품을 별개로 소비하는 경우보다 함께 소비하는 경우에 효용이 더 커지는 재화를 의미한다. 이러한 보완재 관계가 성립하면 한 재화의 가격 상승(하락)은 다른 재화의 수요를 감소(증가)시키게 된다.
3. **독립재(independent goods)** : 두 상품 사이에 아무런 관련이 없는 재화를 의미한다. 이러한 독립재 관계가 성립하면 한 재화의 가격 상승(하락)은 다른 재화의 수요에 아무런 영향을 미치지 못한다.
4. 원료가격이 상승(감소)하면 해당 원료를 이용하여 생산하는 재화의 공급은 감소(증가)한다.

기출분석

- 과일 가격 상승 ⇒ 잼 공급 감소 ⇒ 잼 균형 거래량 감소, **잼 균형가격 상승** ⇒ 버터 수요 증가 ⇒ **버터 균형 거래량 증가**, 버터 가격 상승(가)
- 과일 가격 하락 ⇒ 잼 공급 증가 ⇒ 잼 균형 거래량 증가, 잼 균형가격 하락 ⇒ 버터 수요 감소 ⇒ 버터 균형 거래량 감소, 버터 가격 하락
- 우유 가격 상승 ⇒ 버터 공급 감소 ⇒ 버터 균형 거래량 감소, 버터 균형가격 상승 ⇒ 잼 수요 증가 ⇒ 잼 균형 거래량 증가, 잼 균형가격 상승
- 우유 가격 하락 ⇒ 버터 공급 증가 ⇒ **버터 균형 거래량 증가**, 버터 가격 하락 ⇒ 잼 수요 감소 ⇒ 잼 균형 거래량 감소, **잼 균형가격 하락**(나)

[정답 | ①]

노동시장에서 노동공급곡선과 노동수요곡선의 기울기의 절댓값이 〈보기〉의 그래프와 같이 서로 동일하다. 근로자와 고용주에게 4대 보험료를 반반씩 나누어 부담시킬 때, 노동시장에서의 균형 급여수준과 근로자들이 수령하는 실질임금수령액을 〈보기〉의 그림에서 고르면?

보 기

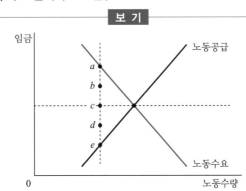

※ 4대 보험료의 크기는 점a와 점e의 간격에 해당하고 점a와 점b, 점b와 점c, 점c와 점d, 점d와 점e의 간격은 모두 같다.

MEMO

• 1993년

수요 및 공급곡선이 선형일 때, 탄력도에 관한 기술 중 옳은 것은?

① 수요곡선의 기울기가 수평에 가까울수록 탄력적이지만 공급곡선은 수직에 가까울수록 탄력적이다.

② 일반적으로 수요곡선상의 점탄력도는 다르지만 공급곡선상의 점탄력도는 동일하다.

③ 공급곡선이 종축을 끊을 때 공급곡선상에 있는 모든 점의 탄력도는 1보다 크다.

④ 가격이 하락할 때 소비자의 총지출액이 감소하면 그 점에서 수요의 가격탄력도는 1보다 크다.

개념-이론 정리 | 수요의 가격탄력도(E)의 크기

가격탄력도(E)의 크기	용어	예
$E=0$	완전 비탄력적	극히 일부의 의약품, 수요곡선이 수직선의 형태
$E=1$	단위 탄력적	수요곡선이 직각쌍곡선의 형태
$E=\infty$	완전 탄력적	수요곡선이 수평선의 형태

개념-이론 정리 | 공급의 가격탄력도(E)의 크기

가격탄력도(E)의 크기	용어	예
$E=0$	완전 비탄력적	공급곡선이 수직선의 형태
$0<E<1$	비탄력적	공급곡선이 수량축을 통과하는 직선
$E=1$	단위 탄력적	공급곡선이 기울기와 관계없이 원점을 통과하는 직선
$1<E$	탄력적	공급곡선이 가격축을 통과하는 직선
$E=\infty$	완전 탄력적	공급곡선이 수평선의 형태

개념-이론 정리 | 수요의 가격탄력도와 소비자의 총지출액(기업의 총수입)과의 관계

탄력도	가격 하락의 경우	가격 상승의 경우
탄력적($e>1$)	총수입 증가	총수입 감소
단위탄력적($e=1$)	총수입 불변	총수입 불변
비탄력적($e<1$)	총수입 감소	총수입 증가

기출분석

① 수요곡선과 공급곡선 모두 기울기가 수평에 가까울수록 탄력적이다.

② 일반적으로 수요곡선 상의 점탄력도와 공급곡선 상의 점탄력도는 모두 다르게 측정된다. 예외적으로 수요곡선은 수직선, 수평선, 직각쌍곡선인 경우에 곡선상의 모든 점에서 점탄력도는 각각 동일하게 측정된다. 또한 공급곡선은 수직선, 수평선, 원점을 지나는 직선인 경우에 곡선상의 모든 점에서 점탄력도는 각각 동일하게 측정된다.

④ 가격이 하락할 때 소비자의 총지출액이 감소하는 것은 그 점에서 수요의 가격탄력성이 1보다 작아 비탄력적인 경우이다.

[정답 | ③]

수요함수가 우하향하는 직선의 형태일 때, 수요의 가격탄력성에 대한 설명으로 옳은 것은?

① 필수재에 비해 사치재의 수요는 가격변화에 대해 보다 비탄력적이다.

② 수요의 가격탄력성이 1일 때 총지출은 최대가 된다.

③ 수요의 가격탄력성은 수요곡선의 어느 점에서 측정하더라도 같은 값을 가진다.

④ 수요곡선의 임의의 점에서 수요의 가격탄력성은 수요곡선 기울기의 역수로 계산된다.

MEMO

06 • 1995년

다음은 수요의 가격탄력도를 결정하는 요인이다. 해당되지 않는 것은?

① 대체재가 없을 때보다 있을 때가 수요의 가격탄력도는 더 작다.

② 상품의 가격이 가계 소득에서 차지하는 비중이 클수록 탄력도는 커지는 경향이 있다.

③ 사치품에 대한 수요가 생활필수품에 대한 수요보다 가격 변화에 대하여 더 민감하다.

④ 같은 상품이라도 장기 수요 가격탄력도가 단기 수요 가격탄력도보다 크다.

📈 개념-이론 정리 | **가격탄력성의 결정요인**

1. **대체의 존재 여부** : 재화의 범위를 좁게 정의할수록 대체재를 찾는 것이 쉬워진다.
   ① 대체재의 수가 많을수록 수요의 가격탄력성은 커지고, 적을수록 탄력성은 작아진다.
   ② 독점기업일수록 그 기업의 상품에 대한 수요의 가격탄력성이 작고, 경쟁기업일수록 그 기업의 상품에 대한 수요의 가격탄력성이 큰 이유도 바로 이러한 이유 때문이다.
2. **재화의 가격 수준**
   ① 재화의 가격이 고가일수록 탄력적이고 저가일수록 비탄력적이다.
   ② 같은 이유로 재화에 대한 지출이 소득에서 차지하는 비율이 클수록 탄력적이고, 작을수록 비탄력적이다.
3. **재화의 성질** : 재화가 사치품일수록 탄력적이고, 필수품일수록 비탄력적이다.
4. **기간** : 가격 변화에 적응하기 위한 기간이 장기일수록 탄력적이고 단기일수록 비탄력적이다.

💲 기출분석

대체재가 많다면 특정 재화의 가격이 상승할 때, 이를 대신할 수 있는 재화를 찾는 것이 수월하기 때문에 대체재가 많을수록 특정 재화 가격의 변화에 대한 수요자의 반응은 상대적으로 탄력적으로 나타난다.　　　　　　　[정답 | ①]

응용 TEST 6 📝

커피에 대한 수요함수가 $Q^d = 2,400 - 2P$일 때, 가격 P^*에서 커피 수요에 대한 가격탄력성의 절댓값은 $\frac{1}{2}$이다. 이때 가격 P^*를 구하면? (단, Q^d는 수요량, P는 가격이다)

07 • 2006년

X재화에 대한 시장수요함수와 시장공급함수가 다음과 같이 주어졌다고 가정할 때, 물음에 답하시오.

- X재화에 대한 시장수요함수 : $Q^D = 1500 - 3P_X$
- X재화에 대한 시장공급함수 : $Q^S = 300 + P_X$

7-1. 시장에서 X재화의 균형가격과 균형거래량을 쓰시오.

- **균형가격** :

- **균형거래량** :

7-2. 균형점에서 측정한 수요의 가격탄력도를 쓰시오.

- **수요의 가격탄력도** :

📈 개념-이론 정리 | **점탄력성(point elasticity)**

① 수요곡선상의 한 점에서의 수요의 가격탄력성을 말한다.
② 이는 호탄력성의 극한값이며 호탄력성과 달리 분명하게 주어진다.
③ 수요함수를 $Q = f(P)$라고 할 때의 공식

$$E_p = -\frac{dQ}{dP} \times \frac{P}{Q}$$

🔍 기출분석

- 시장균형은 '$Q^D = Q^S$' 조건이 충족될 때 달성된다.

$$Q^D = Q^S \Rightarrow 1,500 - 3P_X = 300 + P_X \Rightarrow 4P_X = 1,200 \Rightarrow P_X = 300 \Rightarrow Q = 600$$

- 균형점에서 수요의 가격탄력도는 다음과 같이 도출된다.

$$E_P = -\frac{dQ}{dP} \times \frac{P}{Q} \Rightarrow -(-3) \times \frac{300}{600} = \frac{3}{2}$$

다음은 소매시장의 오리고기 수요곡선과 공급곡선이다. $P_b = 7$, $P_c = 3$, $P_d = 5$, $Y = 2$라고 할 때, 시장균형점에서 오리고기에 대한 수요의 가격탄력성은?

- 수요곡선 : $Q_D = 105 - 30P - 20P_c + 5P_b - 5Y$
- 공급곡선 : $Q_S = 5 + 10P - 3P_d$

(단, P는 소매시장 오리고기 가격, P_b는 쇠고기 가격, P_c는 닭고기 가격, P_d는 도매상 오리고기 가격, Y는 소득이다.)

MEMO

08 • 2010년

어느 경제의 수요와 공급 함수가 다음과 같다고 가정한다. 이에 대한 분석으로 옳은 것을 〈보기〉에서 모두 고르면?

- 이 경제에서는 수요자가 2명, 공급자가 2명이 존재한다. 단, 수요자와 공급자는 가격 순응자(price taker)로 행동한다.
- 개별 수요함수는 $P=100-2Q$로 동일하고, 개별 공급함수는 $P=20+2Q$로 동일하다.(여기서 P는 가격, Q는 수량을 의미한다)

보 기

ㄱ. 시장의 균형가격과 균형거래량은 각각 60, 20이다.
ㄴ. 시장의 균형가격과 균형거래량은 각각 60, 40이다.
ㄷ. 시장의 균형가격과 균형거래량은 각각 120, 20이다.
ㄹ. 시장균형점에서의 수요의 가격탄력성이 탄력적이다.
ㅁ. 시장균형점에서의 수요의 가격탄력성이 비탄력적이다.

① ㄱ, ㄹ   ② ㄱ, ㅁ   ③ ㄴ, ㄹ   ④ ㄴ, ㅁ   ⑤ ㄷ, ㄹ

📈 개념-이론 정리 | **점탄력성(point elasticity)**

① 수요곡선상의 한 점에서의 수요의 가격탄력성을 말한다.
② 이는 호탄력성의 극한값이며 호탄력성과 달리 분명하게 주어진다.
③ 수요함수를 $Q=f(P)$라고 할 때의 공식

$$E_p = -\frac{dQ}{dP} \times \frac{P}{Q}$$

💲 기출분석

동일한 수요곡선과 공급곡선을 갖는 2명의 시장 수요곡선과 공급곡선은 개별 수요함수와 개별 공급함수를 각각 수평으로 합하여 도출된다. 이에 따라 시장 수요곡선과 공급곡선은 다음과 같이 도출된다.

- 개별 수요함수 : $P=100-2Q \Rightarrow Q=50-\frac{1}{2}P \Rightarrow Q_1^D=50-\frac{1}{2}P, \ Q_2^D=50-\frac{1}{2}P$
- 시장 수요함수 : $Q_M^D=Q_1^D+Q_2^D \Rightarrow Q_M^D=100-P$
- 개별 공급함수 : $P=20+2Q \Rightarrow Q=-10+\frac{1}{2}P \Rightarrow Q_3^S=-10+\frac{1}{2}P, \ Q_4^S=-10+\frac{1}{2}P$
- 시장 수요함수 : $Q_M^S=Q_3^S+Q_4^S \Rightarrow Q_M^S=-20+P$
- 시장 균형가격과 거래량 : $Q_M^D=Q_M^S \Rightarrow 100-P=-20+P \Rightarrow 2P=120 \Rightarrow P=60, \ Q_M=40$

- Q_1^D는 수요자 1의 수요량, Q_2^D는 수요자 2의 수요량, Q_M^D는 시장 수요량, Q_3^S는 공급자 3의 공급량, Q_4^S는 공급자 4의 공급량, Q_M^S는 시장 공급량이다.

■ 시장균형점에서의 수요의 가격탄력성(E_P^D)은 다음과 같이 도출된다.

$$E_P^D = -\frac{dQ_M^D}{dP} \times \frac{P}{Q} = -(-1) \times \frac{60}{40} = \frac{3}{2} > 1$$

수요의 가격탄력성이 1보다 큰 값이므로 시장균형점에서 수요의 가격탄력성은 탄력적이다.

[정답 | ③]

응용 TEST 8

사적 재화 X재의 개별수요함수가 $P = 7 - q$인 소비자가 10명이 있고, 개별 공급함수가 $P = 2 + q$인 공급자가 15명 있다. X재 생산의 기술진보 이후 모든 공급자의 단위당 생산비가 1만큼 하락하는 경우, 새로운 시장균형가격 및 시장균형거래량과 시장균형점에서의 수요의 가격탄력성을 구하면? (단, P는 가격, q는 수량이다.)

MEMO

09 • 1992년

다음 〈그림〉은 어떤 재화의 수요－공급곡선이다. 이 재화의 가격을 20원 인하시킬 경우의 초과 수요량은?
단, 수요의 가격탄력성은 0.5, 공급의 가격탄력성은 1이다.

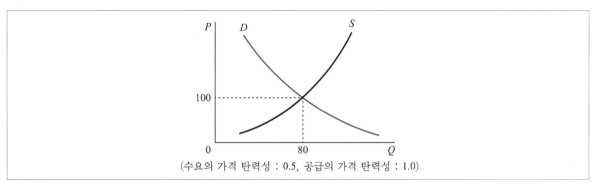

(수요의 가격 탄력성 : 0.5, 공급의 가격 탄력성 : 1.0)

① 16   ② 24   ③ 32   ④ 80

📈 개념－이론 정리 | **수요의 가격탄력성(price elasticity of demand)의 의의**

1. **개념** : 한 재화 가격의 변화에 따른 수요량 변화의 정도를 나타내는 척도이다.
2. **측정방법** : 수요량의 변화비율을 가격의 변화비율로 나눈 값의 절대치로 측정된다.

📈 개념－이론 정리 | **공급의 가격탄력성((price elasticity of supply)의 의의**

1. **개념** : 한 재화 가격의 변화에 따른 공급량 변화의 정도를 나타내는 척도이다.
2. **측정방법** : 공급량의 변화비율을 가격의 변화비율로 나눈 값으로 측정한다.

📊 기출분석

가격이 100원에서 20원만큼 인하되면 가격 변화율은 −20%가 된다. 주어진 조건들을 전제로 가격 변화의 결과 나타나는 수요량과 공급량을 다음과 같이 도출할 수 있다.

- $E_p^d = -\dfrac{\text{수요량 변화율}}{\text{가격 변화율}} \Rightarrow 0.5 = -\dfrac{\text{수요량 변화율} \uparrow}{-20\%} \Rightarrow$ 수요량 변화율 $\uparrow = 0.5 \times 20\% = 10\%$

  따라서 수요량은 80에서 10%인 8만큼 증가한 88이 된다.
- $E_P^s = \dfrac{\text{공급량 변화율}}{\text{가격 변화율}} \Rightarrow 1 = \dfrac{\text{공급량 변화율}}{-20\%} \Rightarrow$ 공급량 변화율 $= 1 \times (-20\%) = -20\%$

  따라서 공급량은 80에서 20%인 16만큼 감소한 64가 된다.
- 결국 가격이 100원에서 20원만큼 인하되면 24(=88−64)만큼의 초과수요가 발생하게 된다.

[정답 | ②]

응용 TEST 9 🖋

담배수요의 가격탄력성이 0.4이며 담배의 가격은 2,000원이다. 정부가 담배소비량을 20% 감소시키고자 할 때, 담배가격의 적정 인상분은?

10 ● 1996년

다음 〈그림〉에서 직선 DD는 어떤 재화이 수요곡선이다. 이 재화의 가격을 P_0에서 P_1, P_2로 하락시킬 때 얻을 수 있는 총수입의 변화를 옳게 설명한 것은? 단, 점 A는 DD의 중점이다.

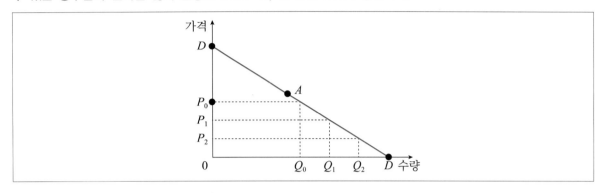

① 계속 증가한다.　　　　　　　　　　② 계속 감소한다.

③ 일정하다.　　　　　　　　　　　　④ 증가 후 감소한다.

📈 개념-이론 정리 ｜ **수요의 가격탄력성과 기업(가계)의 총수입(총지출)의 관계**

수요곡선이 직선인 경우에는 수요의 가격탄력성과 기업(가계)의 총수입(총지출)의 관계는 다음과 같이 나타낼 수 있다.

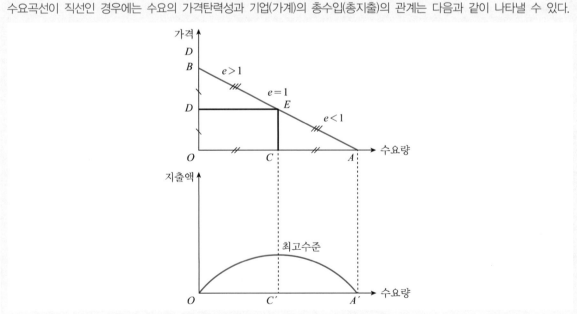

가격 P_0는 수요곡선 중점보다 아래에 위치하고 있다. 이에 따라 이 수준부터 계속 가격이 하락하면 총수입 역시 계속 감소하게 된다.

[정답 | ②]

응용 TEST 10

X재만 판매하는 A기업이 가격을 2% 인상하였더니 매출액이 1% 감소하였다. 다음 설명 중 옳은 것은?

① 판매량이 5% 감소하였다.

② 수요의 가격탄력성은 0.1이다.

③ 수요의 가격탄력성은 0.5이다.

④ 수요의 가격탄력성은 1보다 크다.

MEMO

11 • 2009년

다음 〈그림〉은 '아빠의 청춘'이라는 연극을 공연 중인 ○○기획사의 전략회의 장면이다. 이에 대한 설명으로 가장 적절한 것은?

① 현재 ○○기획사의 매출액 규모는 6억 원이다.
② 위 연극 서비스의 시장균형가격은 6,000원이다.
③ 위 연극 서비스 수요의 가격탄력성은 탄력적이다.
④ 전무 K씨가 경제 전문가라면 관람료 인상을 제안할 것이다.
⑤ 위 연극 서비스의 수요곡선은 수직선에 가까운 형태를 띤다.

📈 개념-이론 정리 | **상품의 가격변동이 기업의 매출액(= 가계의 소비지출액)에 미치는 영향**

탄력성	가격 하락의 경우	가격 상승의 경우
탄력적($e > 1$)	지출액의 증가	지출액의 감소
단위탄력적($e = 1$)	지출액의 불변(최고수준)	지출액의 불변(최고수준)
비탄력적($e < 1$)	지출액의 감소	지출액의 증가

- 현재 관람료 수준에서 ○○기획사의 매출액 규모는 5억 6천만 원(= 7,000원×80,000명)이다.
- 관람료 조정에 따른 수요의 가격탄력성(e)을 정리하면 다음과 같다.

관람료 조정	관람료 변화율	관람객 수 변화율	수요의 가격탄력성	기업의 총수입
7,000원 ⇒ 6,000원	14.3%($≒ \dfrac{1,000}{7,000}$)	25%($≒ \dfrac{20,000}{80,000}$)	$e = \dfrac{25\%}{14.3\%} ≒ 1.75$ ⇒ 탄력적	5억 6천만 원에서 6억원으로 증가 ⇒ 4천만 원 증가
7,000원 ⇒ 8,000원	14.3%($≒ \dfrac{1,000}{7,000}$)	25%($≒ \dfrac{20,000}{80,000}$)	$e = \dfrac{25\%}{14.3\%} ≒ 1.75$ ⇒ 탄력적	5억 6천만 원에서 4억 8천만 원으로 감소 ⇒ 8천만 원 감소

따라서 위 연극 서비스의 수요의 가격탄력성은 탄력적이고, 이에 따라 관람료 수입을 올리기 위해서는 관람료를 인하하여야 한다.
- 연극 서비스의 시장균형가격은 관람객 수(= 수요량)와 좌석 수(= 공급량)가 일치하는 수준에서 결정된다. 그런데 주어진 〈그림〉 자료에는 좌석 수에 대한 정보 제공이 없다. 따라서 연극 서비스의 시장균형가격은 주어진 자료만 가지고서는 알 수 없다.
- 관람료와 관람객 수 사이에 역(−)의 관계가 존재하고 있으므로 수요곡선은 우하향하는 모습을 보일 것이다.

[정답 | ③]

응용 TEST 11

어느 재화의 가격이 1천 원에서 1% 상승하면 판매수입은 0.2% 증가하지만, 5천 원에서 가격이 1% 상승하면 판매수입은 0.1% 감소한다. 이 재화에 대한 설명으로 옳은 것은? (단, 수요곡선은 수요의 법칙이 적용된다.)

① 가격이 1천 원에서 1% 상승 시, 가격에 대한 수요의 탄력성은 탄력적이다.
② 가격이 5천 원에서 1% 상승 시, 가격에 대한 수요의 탄력성은 비탄력적이다.
③ 가격이 1천 원에서 1% 상승 시, 수요량은 0.2% 감소한다.
④ 가격이 5천 원에서 1% 상승 시, 수요량은 1.1% 감소한다.

MEMO

12 ⦁ 2010년

다음 (가)–(다)를 읽고 물음에 답하시오.

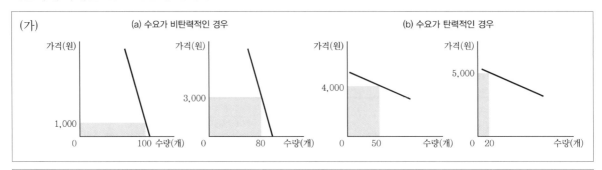

(나)

(사례 1) 전반적인 경기침체에 따라 백화점을 찾는 발길이 많이 줄었다. A백화점도 예외가 아니다. 이번에 A백화점
은 지난번에 출시한 자체 상표 상품의 매출액을 증가시키기 위해 해당 상품의 가격을 인하했다.

(사례 2) B시 교통 당국은 2–3년마다 지하철 요금을 인상하기로 했다. 요금을 올리면 총수입이 늘어나 지하철 회사
의 적자를 면할 수 있다는 것이다.

(사례 3) C국은 D국과의 무역에서 막대한 경상 수지 적자를 기록했다. 많은 사람들은 이를 D국의 화폐가 저평가된
탓으로 돌렸다. 즉, C국 화폐의 평가절상으로 인해 C국 상품의 수출가격은 인상되고 상대국 상품의 수입
가격은 인하되어 C국의 경쟁력이 약화되었다는 것이다. 이에 대한 처방으로 C국은 D국에 대해 D국 화폐
의 평가절상을 요구하였다.

(다)

2008년에 들어 원유가 상승과 서브프라임 모기지 사태 등으로 미국 경제는 더욱 어려워졌다. 경기가 좋지 못해 세금
이 예상보다 적게 걷히자 미국의 각 주(州)들은 지출을 줄이고 세금 인상 조치를 취하였다. 특히 매사추세츠 주(州)
는 주민들의 건강 증진과 세수 증대를 목적으로 담배세를 1갑당 1달러씩 올려 담배 가격을 인상하였다. 한편, 일본
에서도 일부 의원들이 건강 증진과 세수 증대를 위해 담배세 인상의 필요성을 제기했다. 당시 일본의 담배 가격은
1갑당 300엔이었지만 일부 의원들은 이를 3배 이상 높은 1,000엔까지 올리자고 주장했다.

1) (가)의 자료에서 도출 가능한 일반화를 제시하시오. 이를 토대로 (나)의 세 가지 조치에 의해 관련 문제가
   해결되기 위한 전제 조건을 사례별로 제시하시오.

2) (다)에서 제시된 정책의 효과를 (가)에서 도출한 일반화를 토대로 종합적으로 분석하고, 이러한 정책을 실
   시하기에 앞서 고려할 점을 서술하시오.

개념-이론 정리 | 상품의 가격변동이 기업의 매출액(=가계의 소비지출액)에 미치는 영향

탄력성	가격 하락의 경우	가격 상승의 경우
탄력적($e > 1$)	지출액의 증가	지출액의 감소
단위탄력적($e = 1$)	지출액의 불변(최고수준)	지출액의 불변(최고수준)
비탄력적($e < 1$)	지출액의 감소	지출액의 증가

기출분석

- 1)
  - 일반화 : 가격 상승에 따른 총수입의 변화는 수요의 가격탄력성의 크기에 영향을 받는다.
  - 전제조건
    (사례 1) 백화점 자체 상표 상품에 대한 수요의 가격탄력성이 탄력적이어야 한다.
    (사례 2) 지하철 요금에 대한 탄력성이 비탄력적이어야 한다.
    (사례 3) 양국의 수입수요 탄력성의 합이 1보다 커야 한다(Marshall-Learner 조건).

- 2)
  - 일반화를 토대로 한 분석
    담배에 대한 수요의 가격탄력성이 완전 비탄력적이지 않는 한 담배세 부과를 통해 담배 소비를 줄이는 목적은 달성할 수 있다. 그러나 세수 증진이라는 목적은 담배에 대한 수요의 가격탄력성의 크기가 구체적으로 특정되지 않는 한 그 효과를 예측할 수 없다. 만약 담배에 대한 수요의 가격탄력성이 매우 탄력적이라면 담배세 인상 비율에 비해 담배 소비량 감소 비율이 더 크게 나타날 수 있어 담배세 인상은 오히려 세수 감소를 가져올 수 있기 때문이다.
  - 정책 실시에 앞서 고려해야 할 점
    담배에 대한 수요의 가격탄력성이 탄력적인지 비탄력적인지에 대한 조사가 선행되어야 한다.

응용 TEST 12

다음 〈보기〉에서 옳은 것을 모두 고르면?

보 기

⊙ 원유의 가격은 크게 하락하였으나 거래량은 가격 하락폭에 비해 상대적으로 하락폭이 작았다. 이는 원유의 수요와 공급이 비탄력적인 경우에 나타나는 현상이라 할 수 있다.

ⓛ A는 항상 매달 소득의 1/5을 뮤지컬 혹은 영화 티켓 구입에 사용한다. 이 경우, 뮤지컬 혹은 영화티켓의 가격이 10% 상승하면 A의 뮤지컬 혹은 영화티켓 수요량은 10% 감소한다.

ⓒ B 기업이 판매하고 있는 C 상품의 수요의 가격탄력성은 1.2이다. B 기업은 최근 C 상품의 가격을 인상하기로 결정했고 이로 인해 총수입이 증가할 것으로 예상하고 있다.

ⓔ 다른 모든 요인이 일정불변할 때, 담배세 인상 이후 정부의 담배세수입이 증가했다. 이는 담배수요가 가격에 대해 탄력적임을 의미한다.

13 ● 2004년

다음 글에서 기업들이 밑줄 친 것처럼 행동하는 이유는 무엇인가? 공산품에 대한 인식의 차이, 수요의 가격탄력도(성)와 판매수입 간의 관계를 고려하여 130자 이내로 쓰시오.

> 인플레이션이 우려될 때, 정부당국은 독·과점적 시장 구조를 갖는 기업들에게 서민 생활과 밀접한 공산품의 가격 인하를 권고하는 경우가 종종 있다. 이때, 정부 당국은 공산품의 가격 인하가 인플레이션 억제는 물론 기업들의 판매 수입 증가에도 긍정적인 효과를 미칠 수 있다는 논리를 제시한다. 그러나 대다수 기업들은 정부 당국의 그런 논리에 이의(異議)를 제기하며, 공산품의 가격 인하에 부정적인 입장을 표명한다.

📈 개념-이론 정리 | 상품의 가격변동이 기업의 매출액(=가계의 소비지출액)에 미치는 영향

탄력성	가격 하락의 경우	가격 상승의 경우
탄력적($e > 1$)	지출액의 증가	지출액의 감소
단위탄력적($e = 1$)	지출액의 불변(최고수준)	지출액의 불변(최고수준)
비탄력적($e < 1$)	지출액의 감소	지출액의 증가

🔍 기출분석

일반적으로 공산품은 생활필수품이라는 성격이 강한 상품이기 때문에 수요의 가격탄력성이 비탄력적으로 나타난다. 이에 따라 공산품 가격의 인하는 오히려 기업의 판매수입을 감소시킨다. 이러한 이유로 대부분의 기업은 공산품 가격 인하에 부정적인 태도를 취하게 된다.

응용 TEST 13 📝

2023년 기상 여건이 좋아 배추와 무 등의 농산물 생산이 풍년을 이루었다. 그러나 농민들은 오히려 수입이 줄어 어려움을 겪는 현상이 발생하였다. 이러한 소위 '풍년의 비극'이 발생하게 된 원인으로 옳은 것은?

① 가격의 하락과 탄력적 공급이 지나친 판매량 감소를 초래하였다.
② 가격의 하락과 비탄력적 공급이 지나친 판매량 감소를 초래하였다.
③ 공급의 증가와 탄력적인 수요가 가격의 지나친 하락을 초래하였다.
④ 공급의 증가와 비탄력적인 수요가 가격의 지나친 하락을 초래하였다.

14 • 2005년

다음 (가), (나)와 같은 현상을 설명하는 경제학 개념(용어)이 무엇인지 각각 정확하게 쓰시오.

(가) 전국에서 가장 싼 집, 이보다 더 쌀 수는 없다!, 파격 세일!, 가격은 절반, 기쁨은 두배! … 흔히 볼 수 있는 가격 파과의 광고 문구, 가격 파괴의 현장 풍경들이다. 주유소, 옷 가게, 음식점, 가전제품 가게, 각종 할인마트, 재래시장, 백화점 … 가격인하 때면 이 점포들은 필요한 물건을 구매하려는 알뜰파들로 붐빈다.

(나) IMF 외환위기 이후 7여년의 세월이 흐르는 동안 실업자는 늘어나고 많은 사람들의 소득은 줄어들었다. 이러한 위기가 언제까지 지속될지 모른다는 불안감 때문에 대부분의 주부들은 허리띠를 졸라맸다. 외식비, 자녀들의 학원비, 남편의 용돈도 줄이고, 고장 난 세탁기도 알뜰하게 고쳐 썼다.

(가) :

(나) :

📈 개념-이론 정리 | **수요의 가격탄력성과 소득탄력성**

1. 수요의 가격탄력성(price elasticity of demand)의 의의
   ① 한 재화 가격의 변화에 따른 수요량 변화의 정도를 나타내는 척도이다.
   ② 수요량의 변화비율을 가격의 변화비율로 나눈 값의 절대치로 측정된다.

2. 수요의 소득탄력성(income elasticity of demand)
   ① 소득의 변화에 대한 수요변화의 정도를 측정하는 척도이다.
   ② 수요량의 변화율을 소득의 변화율로 나눈 값으로 측정한다.

💲 기출분석

(가) "가격인하 때면 이 점포들은 필요한 물건을 구매하려는 알뜰파들로 붐빈다."라는 문장을 통해 가격 인하에 대해 소비자들이 매우 민감하게 반응하고 있음을 유추할 수 있다. ⇒ 수요의 가격탄력성

(나) "소득은 줄어 들었다 … 대부분의 주부들은 허리띠를 졸라맸다."라는 문장을 통해 소득의 변화가 소비자들의 소비에 영향을 주고 있음을 유추할 수 있다. ⇒ 수요의 소득탄력성

응용 TEST 14 ✏️

어떤 사람이 소득 수준에 상관없이 소득의 절반을 식료품 구입에 사용한다. 〈보기〉 중 옳은 것을 모두 고르면?

보 기

ㄱ. 식료품의 소득탄력성의 절댓값은 1보다 작다.
ㄴ. 식료품의 소득탄력성의 절댓값은 1이다.
ㄷ. 식료품의 가격탄력성의 절댓값은 1보다 크다.
ㄹ. 식료품의 가격탄력성의 절댓값은 1이다.

15 ● 1999년

어떤 소비자의 상품 X에 대한 수요함수가 다음과 같이 표시된다고 가정하자. 이와 관련된 다음 물음에 답하시오.

$$Q_X = f(P_X, \ P_Y, \ I) = 100 - \frac{1}{2}P_X + \frac{1}{3}P_Y + \frac{1}{4}I$$

(단, Q_X=상품 X에 대한 수요량 P_X=상품 X의 가격, P_Y=상품 Y의 가격, I=소비자의 소득임)

1) $P_X = 100$, $P_Y = 60$, $I = 200$일 때, X재의 가격탄력성, 소득탄력성 및 교차탄력성을 구하시오.

- 가격탄력성 :

- 교차탄력성 :

- 소득탄력성 :

2) 상품 X와 Y의 관계는?

3) $P_Y = 90$, $I = 100$일 때, 상품 X에 대한 수요곡선을 그리시오.

📊 개념-이론 정리 ｜ 수요의 가격탄력성 · 소득탄력성 · 교차탄력성

1. 수요의 가격탄력성

$$E_{P_X} = -\frac{dQ_X}{dP_X} \times \frac{P_X}{Q_X}$$

2. 수요의 소득탄력성

$$E_I = \frac{dQ_X}{dI} \times \frac{I}{Q_X}$$

3. 수요의 교차탄력성

$$E_{XY} = \frac{dQ_X}{dP_Y} \times \frac{P_Y}{Q_X}$$

- 1) 주어진 조건들을 수요함수에 대입하면 $Q_X = 120$이 도출된다.
  - 수요의 가격탄력성(E_{P_X})

    $$\cdot \ \ E_{P_X} = -\frac{dQ_X}{dP_X} \times \frac{P_X}{Q_X} = -(-\frac{1}{2}) \times \frac{100}{120} = \frac{5}{12}$$

  - 수요의 소득탄력성(E_I)

    $$\cdot \ \ E_I = \frac{dQ_X}{dI} \times \frac{I}{Q_X} = \frac{1}{4} \times \frac{200}{120} = \frac{5}{12}$$

  - 수요의 교차탄력성(E_{XY})

    $$\cdot \ \ E_{XY} = \frac{dQ_X}{dP_Y} \times \frac{P_Y}{Q_X} = \frac{1}{3} \times \frac{60}{120} = \frac{1}{6}$$

- 2) 수요의 교차탄력성이 양(+)의 값을 가지므로 상품 X와 Y 사이에는 대체재 관계가 성립한다.

- 3) "$P_Y = 90$, $I = 100$" 조건을 주어진 수요함수에 대입하면 다음과 같은 결과를 도출할 수 있다.

  $$Q_X = 100 - \frac{1}{2}P_X + \frac{1}{3}P_Y + \frac{1}{4}I = 100 - \frac{1}{2}P_X + \frac{1}{3} \times 90 + \frac{1}{4} \times 100 = 155 - \frac{1}{2}P_X$$

앞에서 도출한 수요함수를 〈그림〉으로 나타내면 다음과 같다.

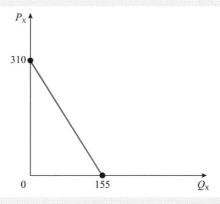

응용 TEST 15 📝

주요 공공교통수단인 시내버스와 지하철의 요금은 지방정부의 통제를 받는다. 지하철 회사가 지하철 수요의 탄력성을 조사해 본 결과, 지하철 수요의 가격탄력성은 1.2, 지하철 수요의 소득탄력성은 0.2, 지하철 수요의 시내버스 요금에 대한 교차탄력성은 0.4인 것으로 나타났다. 앞으로 지하철 이용자의 소득이 10% 상승할 것으로 예상하여, 지하철 회사는 지방정부에 지하철 요금을 5% 인상해 줄 것을 건의하였다. 그런데, 이 건의에는 시내버스의 요금 인상도 포함되어 있었다. 즉 지하철 수요가 요금 인상 전과 동일한 수준으로 유지되도록 시내버스 요금의 인상을 함께 건의한 것이다. 이때 지하철 요금 인상과 함께 건의한 시내버스 요금의 인상 폭은 얼마인가?

다음을 읽고, 〈작성 방법〉에 따라 서술하시오.

경제학에서 상품 가격 변화와 수요량 변화 사이에서 나타나는 역(−)의 관계를 ㉠ 수요의 법칙이라고 하는데, 이 법칙은 상품의 가격 변화가 소비자들에게 어떠한 영향을 주는지를 분석하는 과정을 통해 설명할 수 있다.

예를 들어 X재와 Y재만을 소비하는 사람이 있다고 하자. 다른 조건이 일정한 상황에서 X재의 가격이 하락하면, 상대적으로 가격이 낮아진 X재의 소비를 늘리고 Y재의 소비를 줄여 기존의 효용을 유지하고자 할 것인데, 이를 대체효과라고 한다. 한편 X재의 가격이 변화하면 이전과 동일한 소득으로 구입할 수 있는 X재와 Y재의 수량이 달라지는데, 이는 실질소득의 변동으로 인한 효과이다. 이러한 실질소득 변화가 상품 수요에 미치는 영향을 소득효과라고 한다.

대체효과는 어느 한 재화의 가격과 수요량이 항상 반대로 움직이도록 작용하지만, 소득효과는 수요의 소득탄력성에 따라 방향과 크기가 달라진다. 필수재나 사치재와 같이 소득탄력성이 양(+)의 값을 가지는 재화를 (㉡)(이)라고 하는데, 이 경우 가격이 낮아질 때 수요량이 증가하고, 가격이 높아질 때 수요량이 감소하는 수요의 법칙을 설명할 수 있다. 한편, 음(−)의 소득탄력성 값을 가지는 재화를 (㉢)(이)라고 하는데, 이 중 ㉣ 가격이 하락하는데도 수요량이 줄어드는 특성을 가진 재화를 기펜재라고 한다.

▨ 작성 방법

- 괄호 안의 ㉡, ㉢에 해당하는 용어를 순서대로 쓸 것.
- 밑줄 친 ㉠을 '대체효과'와 '소득효과'를 포함하여 서술할 것.
- 밑줄 친 ㉣이 나타난 이유를 '대체효과'와 '소득효과'를 포함하여 서술할 것.

📈 **개념-이론 정리 | 소득탄력성(E_I)에 따른 재화의 분류**

정상재	$0 < E_I$	소득이 증가하면 재화의 수요가 증가함
	$0 < E_I < 1$	필수재
	$1 < E_I$	사치재
열등재	$E_I < 0$	소득이 증가하면 재화의 수요가 감소함

💲 **기출분석**

- ㉠ : 정상재, ㉢ : 열등재
- ㉠ : 대체효과는 한 재화의 가격과 수요량이 항상 반대로 작용한다. 이때 대체효과와 소득효과 모두 가격과 수요량이 반대로 작용하는 경우(정상재)는 물론이고, 대체효과가 가격과 수요량이 같은 방향으로 작용하는 소득효과보다 큰 경우(기펜재가 아닌 열등재)와 같이 가격과 수요량이 역(−)의 관계가 성립하는 현상을 수요의 법칙이라고 한다.
- ㉣ : 가격이 하락할 때 수요량이 증가하는 대체효과에 비해, 가격이 하락할 때 수요량이 오히려 감소하는 소득효과가 더 크기 때문이다.

응용 TEST 16 ✏️

탄력성에 대한 설명으로 옳은 것은?

① 수요의 소득탄력성은 항상 0보다 크다.
② 잉크젯 프린터와 잉크 카트리지 간의 수요의 교차탄력성은 0보다 작다.
③ 가격이 1% 상승할 때 수요량이 4% 감소했다면 수요의 가격탄력성은 0.25이다.
④ 소득이 5% 상승할 때 수요량이 1%밖에 증가하지 않았다면 이 상품은 기펜재(Giffen goods)다.

다음 X재 시장에서 시장 전체의 소비자 잉여는 얼마인지 쓰시오.

- 시장 수요 : 소비자 1인의 수요는 $q^d = 8 - P$이다. 시장에는 수요가 동일한 300명의 소비자가 존재한다. 시장 수요는 각 개별 소비자 수요의 합이다.
- 시장 공급 : 생산자 1인의 공급은 $q^s = P$이다. 시장에는 공급이 동일한 100명의 생산자가 존재한다. 시장 공급은 각 개별 생산자 공급의 합이다.

(여기서, q^d는 소비자 1인의 수요, q^s는 생산자 1인의 공급, P는 시장가격을 나타내며 수량의 단위는 개, 가격의 단위는 달러이다.)

📈 개념–이론 정리 | **소비자 잉여와 생산자 잉여**

1. **소비자 잉여(consumer surplus)의 의의**
   ① 소비자 잉여란 소비자가 그 재화가 없이 지내느니 차라리 기꺼이 지불할 용의가 있는 가격이 실제로 그가 지불한 가격을 초과하는 부분을 말한다.
   ② 상품 각 단위에 대한 수요가격과 시장가격의 차액을 전 거래량에 걸쳐 합계한 것을 말한다.
   ③ 소비자 잉여$(P_0 P_E E)$ = 수요가격의 총계$(OP_0 EQ_E)$ – 실제 지불 금액$(OP_E EQ_E)$

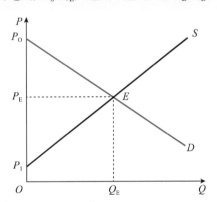

2. **생산자 잉여(producer surplus)의 의의**
   ① 상품 각 단위에 대한 시장가격과 공급가격의 차액을 전 거래량에 걸쳐 합계한 것을 말한다.
   ② 생산자 잉여$(P_1 P_E E)$ = 실제 수입$(0P_E EQ_E)$ – 공급가격의 총액$(0P_1 EQ_E)$

💲 기출분석

■ 개별 수요함수가 동일하므로 시장 전체의 수요함수는 개별수요함수를 소비자의 수만큼 수평으로 합하여 도출할 수 있다. 따라서 다음과 같이 도출된다.

> • $q^d = 8 - P$(개별 수요함수) $\Rightarrow$ $Q^D = 2,400 - 300P$(시장 전체 수요함수)

- 개별 공급함수가 동일하므로 시장 전체의 공급함수는 개별공급함수를 생산자의 수만큼 수평으로 합하여 도출할 수 있다. 따라서 다음과 같이 도출된다.

  - $q^s = P$(개별 공급함수) $\Rightarrow$ $Q^S = 100P$(경제 전체 공급함수)

- 앞에서 도출된 경제 전체의 수요함수와 공급함수를 연립해서 풀면 시장 균형가격은 '$P = 6$(달러)', 시장 균형거래량은 '$Q = 600$'이 된다.
- 앞의 결과를 〈그림〉으로 나타내면 색칠한 부분인 시장 전체의 소비자 잉여를 구할 수 있다.

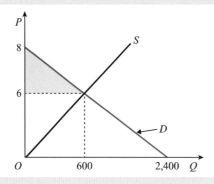

응용 TEST 17

철수의 연간 영화관람에 대한 수요함수는 $Q = 30 - \dfrac{P}{400}$이고 비회원의 1회 관람가격은 8,000원이지만 연회비를 내는 회원의 1회 관람가격은 4,000원으로 할인된다. 철수가 회원이 되려고 할 때 지불할 용의가 있는 최대 연회비는? (단, Q는 연간 영화관람 횟수, P는 1회 관람가격이다.)

MEMO

18 • 2016년

교사와 학생의 대화에서 괄호 안의 ㉠, ㉡에 들어갈 내용을 순서대로 서술하시오.

교 사 : 정액세나 종량세 같은 세금이 기업에 부과되면 가격과 생산량에 영향을 미칩니다.

학 생 : 선생님, 종량세가 무엇인가요?

교 사 : 종량세는 판매하는 상품의 한 단위당 일정액을 부과하는 세금이지요.

학 생 : 정액세나 종량세가 부과되면 비용은 어떻게 되나요?

교 사 : 구체적으로 어떤 비용을 말하는 거지요.

학 생 : 먼저 정액세가 부과되면 생산에서 한계비용(MC)과 평균 비용(AC)이 각각 어떻게 되나요?

교 사 : (㉠   ).

학 생 : 그럼 종량세가 부과되면 생산에서 한계비용(MC)과 평균 비용(AC)이 각각 어떻게 되나요?

교 사 : (㉡   ).

학 생 : 선생님, 감사합니다.

📈 **개념-이론 정리 | 정액세와 종량세 부과의 효과**

1. **정액세 부과의 효과**
   정액세의 성격은 고정비용에 해당하므로 한계비용에는 영향을 미치지 못하지만, 평균비용에는 영향을 준다. 이에 따라 MC곡선은 불변이고, AC곡선은 상방으로 이동하게 된다.

2. **종량세 부과의 효과**
   종량세는 생산량 한 단위 당 부과되는 조세로 생산량이 증가하면 종량세의 크기도 증가하는 가변비용에 해당한다. 따라서 종량세 부과로 한계비용과 평균비용은 모두 증가하게 되며, MC곡선과 AC곡선 모두 상방으로 이동하게 된다.

💲 **기출분석**

- ㉠ : 한계비용(MC)은 불변이고, 평균비용은 증가한다.
- ㉡ : 한계비용(MC)과 평균비용(AC) 모두 증가한다.

응용 TEST 18 📝

정부가 독점기업에 세금을 부과하여 독점이윤을 환수하려고 할 때 나타날 수 있는 현상에 대한 다음 설명 중 옳은 것은?

① 독점이윤에 대해 30%의 세금을 부과하면 생산량이 줄고 가격이 올라간다.

② 생산량 1단위당 100원씩 세금을 부과하면 생산량과 가격은 변하지 않는다.

③ 독점기업의 매출액에 10%의 세금을 부과하면 생산량과 가격은 변하지 않는다.

④ 독점이윤에 10%의 세금을 부과하면 독점기업은 세금 부담을 모두 소비자에게 떠 넘긴다.

⑤ 독점기업에 정해진 일정 금액을 세금(lump sum tax)으로 부과해도 생산량과 가격은 변하지 않는다.

19 ● 2018년

다음 그래프는 치약의 수요곡선과 공급곡선을 나타낸다. 정부는 세수 확보를 위하여 치약 1개당 300원의 세금을 부과하려고 한다. 〈작성 방법〉에 따라 서술하시오.

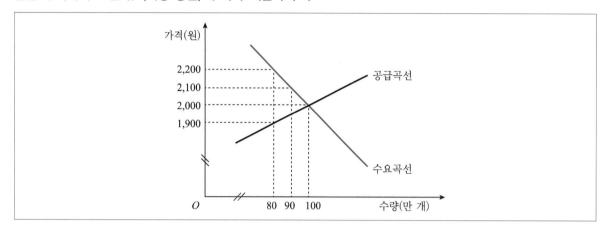

작성 방법

- 세금을 판매자에게 부과할 때에 구매자가 내는 치약 가격과 구매자에게 부과할 때에 판매자가 받는 치약 가격을 각각 제시할 것.
- 세금을 판매자에게 부과할 때에, 치약 1개당 부과되는 세금 중 판매자 부담 금액과 구매자 부담 금액을 각각 제시할 것.
- 세금을 구매자에게 부과할 때와 판매자에게 부과할 때에, 치약 1개당 부과되는 세금 중 판매자 부담 금액에 차이가 있는지의 여부를 서술할 것.

📈 개념-이론 정리 | **종량세 부과**

1. **판매자(공급자)에게 종량세(specific duty)를 부과하는 경우**
   ① 종량세는 수량이나 중량을 기준으로 부과 ⇨ 공급함수가 $P=a+bQ$라고 할 때 종량세가 판매자에게 T만큼 부과되면 공급함수는 다음과 같이 변화하게 된다.

   > (과세 이전) $P=a+bQ$ ⇨ (과세 이후) $(P-T)=a+bQ$ ⇨ $P=(a+T)+bQ$

   ② 이에 따라 공급곡선은 상방으로 평행이동을 하게 된다.

2. **구매자(수요자)에게 종량세(specific duty)를 부과하는 경우**
   ① 종량세는 수량이나 중량을 기준으로 부과 ⇨ 수요함수가 $P=a-bQ$라고 할 때 종량세가 구매자에게 T만큼 부과되면 수요함수는 다음과 같이 변화하게 된다.

   > (과세 이전) $P=a-bQ$ ⇨ (과세 이후) $(P+T)=a-bQ$ ⇨ $P=(a-T)-bQ$

   ② 이에 따라 수요곡선은 하방으로 평행이동을 하게 된다.

3. **종량세 부과에 따른 자원 배분**
   동일한 크기의 종량세는 판매자에게 부과되든 소비자에게 부과되든 사회적 잉여에 미치는 정도는 동일하다. 다만 조세 부과 후의 시장균형가격은 전자의 경우에는 상승하고, 후자의 경우에는 하락하게 되는 차이만 발생한다.

■ 다음은 치약 1개당 300원의 세금을 판매자에게 부과하는 경우(그림 A)와 구매자에게 부과하는 경우(그림 B)를 각각 나타내는 〈그림〉이다.

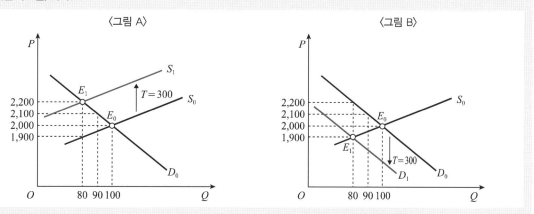

〈그림 A〉   〈그림 B〉

세금을 판매자에게 부과하는 경우(그림 A) 구매자가 내는 치약가격(= 시장균형가격)은 2,200원이 되고, 세금을 구매자에게 부과하는 경우(그림 B) 판매자가 받는 치약가격(= 시장균형가격)은 1,900원이 된다.

■ 세금을 판매자에게 부과하는 경우(그림 A) 판매자는 구매자에게 받은 2,200원 중에서 300원을 세금을 납부하고 최종적으로 1,900원을 수령하게 된다. 이 금액은 세금 부과 전 판매자가 수령할 수 있었던 금액(세금 부과 전 시장균형가격)인 2,000원에 비해 100원이 감소한 금액이다. 이때 감소한 수령액 100원이 판매자가 부담하게 되는 세금의 크기가 된다. 한편 세금을 판매자에게 부과하는 경우(그림 A) 구매자는 판매자에게 2,200원을 지불해야 한다. 이 금액은 세금 부과 전 구매자의 지불금액(세금 부과 전 시장균형가격)인 2,000원에 비해 200원이 증가한 금액이다. 이때 증가한 지불액이 구매자가 부담하게 되는 세금의 크기가 된다.

■ 세금을 구매자에게 부과하는 경우(그림 B) 판매자가 받게 되는 수령금액(세금 부과 후 시장균형가격)은 1,900원이 된다. 이 금액은 세금 부과 전 판매자가 수령할 수 있었던 금액(세금 부과 전 시장균형가격)인 2,000원에 비해 100원이 감소한 금액이다. 이때 감소한 수령액 100원이 판매자가 부담하게 되는 세금의 크기가 된다. 결국 세금을 구매자에게 부과하든 판매자에게 부과하든 치약 1개당 부과되는 세금 중에서 판매자가 부담하는 금액은 차이가 없게 된다.

응용 TEST 19 📝✏️

어떤 재화에 대한 시장수요곡선은 우하향하고, 시장공급곡선은 우상향한다. 정부가 이 재화에 단위당 t원의 세금을 부과하려 한다. 이 경우에 발생하는 현상을 가장 잘 설명한 것은?

① 세금의 부과로 소비자 잉여는 감소하는 반면에 생산자 잉여는 증가한다.

② t원의 세금을 공급자에게 부과하면 소비자에게 부과하는 경우보다 정부의 조세 수입은 더 증가한다.

③ 수요가 탄력적이고 공급이 비탄력적인 경우에, 소비자가 부담하는 세금은 생산자가 부담하는 세금보다 적다.

④ t원의 세금을 소비자에게 부과하면 소비자가 지불하는 가격과 생산자가 실질적으로 받게 되는 가격은 세금 부과 전보다 더 높다.

⑤ t원의 세금을 생산자에게 부과하면 소비자가 지불하는 가격은 세금 부과 전보다 낮고, 생산자가 실질적으로 받게 되는 가격은 세금 부과 전보다 높다.

어느 상품의 수요와 공급이 다음 〈표〉와 같다고 가정한다. 정부가 상품 1단위당 30원의 종량세를 생산자에게 부과할 경우, 이에 대한 설명으로 옳은 것을 〈보기〉에서 고르면?

가격(원)	10	20	30	40	50	60	70
수요량	130	110	90	70	50	30	10
공급량	40	50	60	70	80	90	100

보 기

㉠ 과세 후에 정부의 조세수입은 1,500원이다.
㉡ 과세 후에 소비자가 상품을 구매하는 가격은 50원이다.
㉢ 과세 후에 후생 순손실(deadweight loss)은 600원이 된다.
㉣ 과세 후에 종량세의 생산자 부담은 상품 한 단위당 10원이 된다.

📊 **개념-이론 정리 | 판매자(공급자)에게 종량세(specific duty)를 부과하는 경우**

1. 종량세는 수량이나 중량을 기준으로 부과 ⇨ 공급함수가 $P = a + bQ$라고 할 때 종량세가 판매자에게 T만큼 부과되면 공급함수는 다음과 같이 변화하게 된다.

$$\text{(과세 이전) } P = a + bQ \;\Rightarrow\; \text{(과세 이후) } (P - T) = a + bQ \;\Rightarrow\; P = (a + T) + bQ$$

2. 공급곡선은 상방으로 평행이동을 하게 된다. 이에 따라 조세 부과 후의 시장균형가격은 상승하고 거래량은 감소한다.

💲 **기출분석**

주어진 〈표〉를 전제로 30원의 종량세가 부과될 때 변화를 〈그림〉으로 나타내면 다음과 같다.

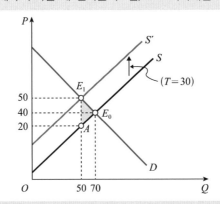

㉠ 과세 후 시장 거래량이 50단위이므로 정부의 조세수입은 1,500원(= 50 × 30)이다.
㉡ 과세 후 소비자가 구매하는 가격(= 과세 부과 후 시장균형가격)은 50원이다.

ⓒ 과세 후 후생 순손실(deadweight loss)은 〈그림〉의 빗금 친 부분으로 $300(20 \times 30 \times \frac{1}{2})$원이 된다.

ⓔ 과세 후 생산자의 최종 수령금액(과세 부과 후 시장균형가격 50원에서 30원의 조세를 납부하고 난 후의 금액)은 20원이 된다. 이 금액은 과세 부과 전 생산자가 수령할 수 있는 금액(과세 부과 전 시장균형가격)인 40원에 비해 20원만큼 작다. 따라서 부과된 종량세의 생산자 부담은 상품 한 단위당 20원이 된다. [정답 | ㉠, ㉡]

응용 TEST 20 🖉

과세 전의 밀가루의 수요와 공급은 다음 〈표〉와 같다. 정부가 밀가루 1kg당 15원씩의 소비세를 소비자에게 부과할 때 과세 후에 ㉠ 구매자의 지불가격, ㉡ 정부의 조세수입, ㉢ 밀가루 1kg당 소비세 15원에 대한 조세귀착에서 공급자의 부담, ㉣ 후생 순손실(deadweight loss)은 각각 얼마인가?

가격(원)	45	40	35	30	25	20	15	10	5	0
수요량(kg)	0	6	12	18	24	30	36	42	48	54
공급량(kg)	27	24	21	18	15	12	9	6	3	0

MEMO

21 • 1993년

종량세를 부과할 경우, 조세의 귀착에 대한 설명으로 옳은 것은?

① 수요가 탄력적이고 공급이 비탄력적일수록 소비자 부담은 커지고 생산자 부담은 작아진다.

② 수요가 비탄력적이고 공급이 탄력적일수록 소비자 부담은 커지고 생산자 부담은 작아진다.

③ 수요가 비탄력적이고 공급이 완전 탄력적일 때 소비자 부담은 작아지고 생산자 부담은 커진다.

④ 수요가 완전 비탄력적이고 공급이 완전 탄력적일 때 소비자 부담은 없고 생산자 부담만 있다.

📈 개념-이론 정리 | 탄력성과 조세 부담

$$\frac{\text{수요자 부담의 크기}}{\text{공급자 부담의 크기}} = \frac{\text{공급의 가격탄력성}}{\text{수요의 가격탄력성}}$$

🔍 기출분석

가격탄력성이 작을수록(클수록) 조세 부과에 따른 조세 부담의 크기는 커진다(작아진다). 이에 따라 만약 가격탄력성이 완전 비탄력적인 경우에는 부과된 조세 모두를 부담하게 되고, 가격탄력성이 완전 탄력적인 경우에는 부과된 조세를 하나도 부담하지 않게 된다.

[정답 | ②]

응용 TEST 21 📝

종량세(specific tax) 부과의 효과에 대한 설명으로 옳지 않은 것은?

① 공급의 가격탄력성이 완전 탄력적인 재화의 공급자에게 종량세를 부과할 경우 조세부담은 모두 소비자에게 귀착된다.

② 종량세가 부과된 상품의 대체재가 많을수록 공급자에게 귀착되는 조세부담은 작아진다.

③ 수요와 공급의 가격탄력성이 큰 재화일수록 종량세 부과의 자중손실이 크다.

④ 종량세 부과가 균형거래량을 변동시키지 않는다면 종량세 부과는 자중손실을 발생시키지 않는다.

22 · 1994년

수요의 가격탄력성이 공급의 가격탄력성보다 큰 어떤 재화에 물품세를 부과하면?

① 균형가격과 거래량이 증가한다.

② 균형가격이 하락되며 거래량이 증가한다.

③ 소비자가 공급자보다 세금을 적게 부담한다.

④ 공급자가 세금을 전부 부담한다.

📈 개념-이론 정리 | **조세(물품세＝종량세) 부과에 따른 효과**

거래량 감소, 시장균형가격 상승, 정부 재정수입 증가, 사회적 후생 감소, 경제적 순손실 발생 등

📈 개념-이론 정리 | **탄력성과 조세 부담**

$$\frac{\text{수요자 부담의 크기}}{\text{공급자 부담의 크기}} = \frac{\text{공급의 가격탄력성}}{\text{수요의 가격탄력성}}$$

💲 기출분석

가격탄력성이 작을수록(클수록) 조세 부과에 따른 조세 부담의 크기는 커진다(작아진다). 이에 따라 만약 가격탄력성이 완전 비탄력적인 경우에는 부과된 조세 모두를 부담하게 되고, 가격탄력성이 완전 탄력적인 경우에는 부과된 조세를 하나도 부담하지 않게 된다.

[정답 ┃ ③]

응용 TEST 22 ✏️

담배에 대한 수요곡선과 공급곡선이 모두 직선이고, 담배 소비세가 없었을 때의 균형 거래량은 월 1,000갑이라고 하자. 담배 1갑당 500원의 담배 소비세가 부과됨에 따라 소비자가 실제로 부담해야 하는 담배 가격은 2,500원에서 2,900원으로 올랐고, 생산자가 받는 실제 담배 가격은 2,500원에서 2,400원으로 하락하였다. 정부가 담배 소비세 부과를 통해 얻는 세수가 40만 원이라고 할 때 다음 설명 중 옳은 것은?

① 담배 소비세 부과 후 균형 거래량은 월 900갑이다.

② 담배 소비세로 인한 소비자 잉여의 감소는 32만 원이다.

③ 담배 수요의 가격탄력성은 공급의 가격탄력성보다 크다.

④ 담배 소비세로 인한 후생손실(deadweight loss)은 5만 원이다.

〈가〉~〈다〉 시장에 대한 옳은 추론을 〈보기〉에서 고른 것은?

〈가〉 쌀을 재배할 수 있는 면적은 한정되어 있고, 쌀을 생산하는 데는 오랜 시간이 걸린다. 그리고 쌀밥은 소비자들의 주식으로 가격의 변화에 대한 수요량 변화가 매우 적다.

〈나〉 해외 관광 여행은 국내 여행에 비해 가격 부담이 크다. 그래서 해외 관광 여행비용이 조금이라도 상승하면 해외 관광여행을 포기하는 경우가 많아 환율 변동이 서비스수지의 개선 요인이 되기도 한다.

〈다〉 담배는 중독성이 있어서 쉽게 끊기 어렵다. 그런데 최근 시장 개방이 확대되면서 각국의 다양한 담배가 시장에서 판매되고 있어 애연가들은 자신이 좋아하는 담배를 어디서나 쉽게 살 수 있게 되었다.

보 기

㉠ 〈가〉 시장에서 기술 진보로 쌀의 공급이 증가할 경우 쌀 농가의 판매수입은 감소할 것이다.
㉡ 〈나〉 시장에서 여행사들이 해외 관광 여행 공급을 줄인다면 판매수입은 증가할 것이다.
㉢ 〈다〉 시장에 정부가 물품세를 부과하면 판매자보다 소비자의 세금 부담 비중이 높아질 것이다.
㉣ 〈나〉 시장에 비해 〈다〉 시장이 불황에 의해 영향을 받기 쉽다.

① ㉠, ㉡   ② ㉠, ㉢   ③ ㉡, ㉢   ④ ㉡, ㉣   ⑤ ㉢, ㉣

개념-이론 정리 | **가격탄력성과 기업의 총수입**

탄력성	가격 하락의 경우	가격 상승의 경우
탄력적($e>1$)	지출액의 증가	지출액의 감소
단위탄력적($e=1$)	지출액의 불변(최고수준)	지출액의 불변(최고수준)
비탄력적($e<1$)	지출액의 감소	지출액의 증가

개념-이론 정리 | **탄력성과 조세 부담**

$$\frac{\text{수요자 부담의 크기}}{\text{공급자 부담의 크기}} = \frac{\text{공급의 가격탄력성}}{\text{수요의 가격탄력성}}$$

기출분석

㉠ 〈가〉 쌀 시장은 수요와 공급의 가격탄력성이 모두 비탄력적인 특성을 갖는다. 이에 따라 기술 진보로 쌀의 공급이 증가할 경우 쌀 가격은 하락하게 되어 결과적으로 쌀 농가의 판매수입은 감소하게 된다.
㉡ 〈나〉 해외 관광 여행상품은 그 비용이 조금이라도 상승하면 해외 관광여행을 포기하는 경우가 많아 상대적으로 탄력적인 특징을 갖는다. 시장에서 여행사들이 해외 관광 여행 공급을 줄인다면 시장가격이 상승하게 되고 이에 따라 판매수입은 감소하게 된다.

© 〈다〉 담배가 중독성이 있어서 쉽게 끊기 어렵다는 것은 수요의 가격탄력성이 비탄력적이라는 의미이다. 또한 담배는 공산품으로 분류될 수 있으므로 공급의 가격탄력성이 탄력적인 특성을 갖는다. 따라서 정부의 물품세를 부과로 탄력적인 판매자(=공급자)보다 비탄력적인 소비자(=수요자)의 세금 부담 비중이 높아지게 된다.

② 〈나〉 시장이 〈다〉 시장보다 수요의 가격탄력성이 상대적으로 더 탄력적이므로 불황으로 인한 가격 변화에 더 큰 영향을 받게 된다.

[정답 | ②]

응용 TEST 23

어떤 재화의 수요곡선은 우하향하고 공급곡선은 우상향한다고 가정한다. 이 재화의 공급자에 대해 재화 단위당 일정액의 세금을 부과했을 때의 효과에 대한 분석으로 옳은 것은?

① 세금부과 후에 시장가격은 세금부과액과 동일한 금액만큼 상승한다.

② 다른 조건이 일정할 때 수요가 가격에 탄력적일수록 소비자가 부담하는 세금의 비중은 더 커진다.

③ 단위당 부과하는 세금액이 커지면 자중적 손실(Deadweight loss)은 세금액 증가보다 더 가파르게 커진다.

④ 다른 조건이 일정할 때 수요가 가격에 탄력적일수록 세금 부과에 따른 자중적 손실(deadweigt loss)은 적다.

MEMO

24 ◦ 2003년

다음은 정부의 가격 규제에 대한 글이다. 물음에 답하시오.

유권자들로부터 표를 얻는 데만 급급한 정치가들은 종종 경제적으로 잘못된 결정을 내릴 때가 있다. 1970년대에 미국에서는 서민들의 낙원을 표방한 정치가들이 앞 다투어 주택 임대료 통제법을 통과시켰다. 이는 주택의 소유주가 임대료를 올리지 못하도록 제한하여 서민들이 싼값에 임대할 수 있도록 한다는 것이었다. 비록 이 법의 취지는 대단히 좋았지만, 실제로는 문제가 많았다.

1) 임대료가 시장균형가격보다 낮게 규제될 경우에 발생할 수 있는 경제적 현상을 쓰고, 이 현상이 발생할 때 공급된 주택을 원하는 사람들에게 배분할 수 있는 두 가지만 쓰시오.

• 경제적 현상 :

• 방　　법 :

2) 주택 임대료 통제법이 장기적으로 주택의 임대료에 끼칠 영향을 쓰시오.

3) 시장 원리에 맞지 않는 임대료 제한과 같은 정책이 시행될 때 나타나기 쉬운 현상은 무엇인지 쓰시오.

📈 개념-이론 정리 | 최고가격제 실시의 효과

1. 최고가격을 시장균형가격(P_E)보다 낮은 P_C에 설정하게 되면 FG만큼의 공급부족, 즉 초과수요가 발생하게 된다.
2. 초과수요의 존재는 암시장(black market)의 발생을 가져오고 새로운 공급곡선은 SFH를 연결한 곡선으로 이동하게 되어 암시장에서는 P_S까지 가격이 상승하게 된다. 따라서 최고가격제도를 통하여 소비자 보호의 본래의 목적을 달성하기 위해서는 우선 암시장 발생을 철저히 차단해야 하는 것이다.
3. 부족한 물자의 배분방식
   ① 선착순 방식(first come-first served)이 있으나 이는 형평의 문제를 발생시킨다.
   ② 배급제도(coupon system)가 있으나 이는 소비자기호의 반영이 잘 안 되는 문제를 발생시킨다.
   ③ 추첨(lotteries)방식이나 뇌물(bribery)을 통해서도 부족한 물자가 인위적으로 배분될 수 있다.
4. 소비자 보호를 위해 최고가격제를 실시하지만 그것이 반드시 소비자의 후생을 증진시킨다고는 단정할 수 없다.

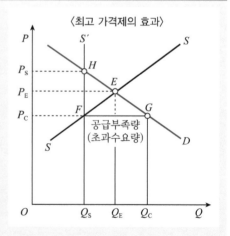

〈최고 가격제의 효과〉

- 1)
  - 경제적 현상 : 초과수요(공급부족)가 발생한다.
  - 방   법 : 선착순 배분, 배급으로 배분, 추첨으로 배분
- 2) 장기적으로 수요와 공급 모두가 이전에 비해 탄력적이 되어 최고가격 수준에서 초과수요(공급부족) 현상을 심화시켜 임대료 상승 압력이 더욱 커질 것이다.
- 3) 정부의 통제력이 약해지면 최고가격제 실시로 나타난 초과수요로 부족해진 상품이 최고가격제 실시 이전보다도 더 높은 가격으로 거래되는 암시장이 발생할 수 있다.

응용 TEST 24

A국은 경쟁시장인 주택시장에서 결정된 높은 임대료를 규제하기 위해 가격상한제를 시행하고자 한다. 이 경우 단기와 장기 관점에서의 설명으로 옳지 않은 것은?

① 주택물량 부족 규모는 상대적으로 단기에는 작으나 장기적으로는 확대된다.
② 임대주택시장에서 암시장의 발생 가능성 증가한다.
③ 임대주택시장의 비효율성이 발생한다.
④ 임대료 상승에 따라 임대주택의 질적 수준이 개선된다.

MEMO

25 ⦁ 2010년

다음은 가격 통제에 관한 글이다. 이에 대한 추론으로 옳은 것을 〈보기〉에서 고른 것은?

4세기 초, 로마 제국은 전쟁 준비와 토목 공사를 수행하기 위해서 많은 주화를 발행하였다. 그로 인해 물가가 매우 빠른 속도로 치솟았다. 그런데 디오클라티안 황재는 물가 상승의 원인이 상인들의 탐욕 때문이라고 판단하였다. 물가 문제가 걷잡을 수 없는 심각한 상황으로 치닫게 되자 디오클레티안 황제는 모든 상품의 가격을 동결하고, 만약에 이를 어기는 자에 대해서는 사형선고를 내리라는 칙령을 내렸다. 그 결과 가격 통제는 매우 엄격하게 지켜졌다.

보 기

㉠ 소비자 잉여는 증가할 것이다.
㉡ 생산자 잉여는 감소할 것이다.
㉢ 상품의 품귀 현상이 발생할 것이다.
㉣ 경제 내의 효율성이 제고될 것이다.

① ㉠, ㉡　　② ㉠, ㉢　　③ ㉡, ㉢　　④ ㉡, ㉣　　⑤ ㉢, ㉣

📈 개념-이론 정리 | **최고가격제 실시의 효과**

1. 최고가격을 시장균형가격(P_E)보다 낮은 P_C에 설정하게 되면 FG만큼의 공급부족, 즉 초과수요가 발생하게 된다.
2. 초과수요의 존재는 암시장(black market)의 발생을 가져오고 새로운 공급곡선은 AFH를 연결한 곡선으로 이동하게 되어 암시장에서는 P_S까지 가격이 상승하게 된다. 따라서 최고가격제도를 통하여 소비자 보호의 본래의 목적을 달성하기 위해서는 우선 암시장 발생을 철저히 차단해야 하는 것이다.
3. 부족한 물자의 배분방식
   ① 선착순 방식(first come-first served)이 있으나 이는 형평의 문제를 발생시킨다.
   ② 배급제도(coupon system)가 있으나 이는 소비자기호의 반영이 잘 안 되는 문제를 발생시킨다.
   ③ 추첨(lotteries)방식이나 뇌물(bribery)을 통해서도 부족한 물자가 인위적으로 배분될 수 있다.
4. 소비자 보호를 위해 최고가격제를 실시하지만 그것이 반드시 소비자의 후생을 증진시킨다고는 단정할 수 없다.

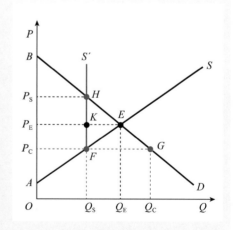

$\boxed{\$}_\mathrm{Q}$ 기출분석

앞의 개념–이론 정리에서 제시된 〈그림〉을 전제로 〈보기〉를 분석하면 다음과 같다.

㉠ 소비자 잉여는 '사각형 $BHFP_C$'가 되어 최고가격제 실시 전과 비교하면 '사각형 P_EKFP_C'만큼 증가하고 '삼각형 HEK'만큼 감소한다. 이에 따라 소비자 잉여 증감 여부는 증가한 '사각형 P_EKFP_C'와 감소한 '삼각형 HEK'의 상대적 크기에 따라 달라진다.

㉡ 생산자 잉여는 '삼각형 P_CFA'가 되어 최고가격제 실시 전과 비교하면 '사다리꼴 P_EEFP_C'만큼 반드시 감소하게 된다.

㉢ 최고가격제 실시로 'FG'만큼의 초과수요(=공급부족)가 발생하여 상품의 품귀 현상이 발생할 것이다.

㉣ 최고가격제 실시로 '삼각형 HEF'만큼의 사회적 총잉여가 감소하게 되어 최고가격제 실시로 경제 내의 효율성은 오히려 떨어지게 된다.   [정답 | ③]

응용 TEST 25 ✏️

정부가 소비자 보호를 위해 쌀 시장에 가격상한제(price ceiling)를 적용하고 있다고 하자. 이런 상황에서 쌀 농사에 유리한 기후 조건으로 쌀 공급이 소폭 증가했을 때 예상되는 현상으로 옳은 것은?(단, 시장 균형가격은 과거나 지금이나 가격상한선보다 높다.)

① 규제로 인한 자중후생손실(deadweight loss)이 감소한다.

② 시장에서의 거래 가격이 하락한다.

③ 공급자 잉여가 감소한다.

④ 소비자 잉여가 감소한다.

MEMO

다음 글에서 괄호 안의 ㉠에 들어갈 숫자와 ㉡에 들어갈 단어를 순서대로 쓰시오.

> A재에 대한 시장 수요곡선은 $Q_d = 100 - P$이고, 공급곡선은 $Q_s = -20 + P$이다. 시장 균형가격과 균형거래량에서의 소비자 잉여와 생산자 잉여의 합인 총잉여는 (㉠)이다. 정부가 A재에 대한 상한가격을 50으로 결정하여 가격상한제를 실시할 경우, 가격규제 하에서의 총잉여는 가격규제가 없을 때와 비교하여 (㉡)한다. (단, Q와 P는 각각 수량과 가격을 나타낸다.)

📈 개념-이론 정리 | **최고가격제와 잉여**

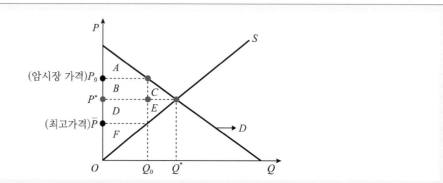

1. 가격규제 전 소비자(수요자) 잉여 : $A + B + C$
2. 가격규제 전 생산자(공급자) 잉여 : $D + E + F$
3. 가격규제 전 사회적 총잉여 : $A + B + C + D + E + F$
4. 최고가격 실시 후 소비자(수요자) 잉여의 최대치(⇔ 암시장 완전 차단): $A + B + D$
5. 최고가격 실시 후 소비자(수요자) 잉여의 최소치(⇔ 암시장 존재): A
6. 최고가격 실시 후 생산자(공급자) 잉여의 최대치(⇔ 암시장 존재): $B + D + F$
7. 최고가격 실시 후 생산자(공급자) 잉여의 최소치(⇔ 암시장 완전 차단): F
8. 최고가격 실시 후 경제적 순손실(⇔ 암시장 존재와 무관): $C + E$

■ 주어진 조건들을 〈그림〉으로 나타내면 다음과 같다.

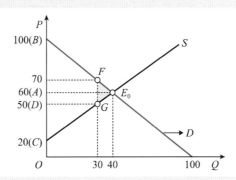

■ 그림에서 가격상한제 실시 전 시장 균형 수준에서 소비자 잉여(삼각형 AE_0B)와 생산자 잉여(삼각형 BE_0C)의 크기와 사회적 총잉여의 크기는 각각 다음과 같다.

소비자 잉여	$40 \times 40 \times \frac{1}{2} = 800$	⇒ 사회적 총잉여＝소비자 잉여＋생산자 잉여＝1,600(㉠)
생산자 잉여	$40 \times 40 \times \frac{1}{2} = 800$	

■ 그림에서 정부가 상한가격을 50으로 결정하여 가격상한제를 실시할 경우. 소비자 잉여(사다리꼴 $AFGD$)와 생산자 잉여(삼각형 DGC)의 크기와 사회적 총잉여의 크기는 각각 다음과 같다.

소비자 잉여	$(50+20) \times \frac{1}{2} \times 30 = 1,050$	⇒ 사회적 총잉여＝소비자 잉여＋생산자 잉여＝1,500
생산자 잉여	$30 \times 30 \times \frac{1}{2} = 450$	

■ 따라서 가격규제 하에서의 총잉여는 가격규제가 없을 때와 비교하여 100만큼 감소(㉡)한다.

응용 TEST 26 📝

어떤 상품시장의 수요함수는 $Q^D = 1,000 - 2P$, 공급함수는 $Q^S = -200 + 2P$이다. 이 상품시장에 대한 설명으로 옳은 것만을 〈보기〉에서 모두 고르면?

보 기

㉠ 현재 상품시장의 생산자 잉여는 40,000이다.
㉡ 최고가격이 150으로 설정되는 경우, 초과수요량은 500이 된다.
㉢ 최고가격이 150으로 설정되는 경우, 암시장 가격은 450이 된다.
㉣ 최고가격이 150으로 설정되는 경우, 사회적 후생손실은 40,000이 된다.

27 ● 2002년

다음 〈표〉는 ○○나라의 주간(週間) 당근 수요·공급을 나타낸 것이다. 당근의 수량과 가격은 시장에서 수요와 공급에 의해서 결정된다. 이 〈표〉를 기초로 정부의 당근 가격 지지정책의 효과를 분석하려고 한다. 물음에 답하시오.

공급량(개)	가격(원)	수요량(개)
12,000	100	2,000
10,000	80	4,000
7,000	60	7,000
4,000	40	11,000
1,000	20	16,000

정부가 개당 당근 가격을 100원으로 유지하고자 할 때 정부의 당근 수매에 필요한 금액을 쓰시오.

📈 개념-이론 정리 | 농산물 가격지지 정책

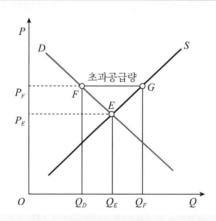

1. 농산물 최저가격(P_F)을 균형가격(P_E) 수준보다 높은 수준에 설정하면 농산물시장에서는 FG만큼의 초과공급이 발생하고 이는 곧 잉여농산물의 발생을 의미한다.
2. 전체 농가소득은 최저가격제 실시이전의 $OP_EEQ_E(a)$에서 최저가격제 실시 이후의 $OP_FFQ_D(b)$로 변하게 되는데, 이 때 a, b 중 어느 것이 더 큰지 단정할 수 없다.
3. P_EP_F구간에서 수요곡선이 탄력적(비탄력적)일수록 농가총수입은 감소(증가)하게 된다.
4. 잉여농산물(FG)의 해소방안 : FG를 농산물비축기금을 이용하여 정부가 매입하여 빈곤층에게 FG만큼의 식량권을 무상 배부하거나 농가로 하여금 지배면적을 축소하게끔 권장하고, 덜 생산되는 농산물가치만큼 보상해 줌으로써 공급 감소를 통해 불균형을 해소시킬 수 있다. 다만 이러한 방법은 어쩔 수 없이 정부의 재정손실을 수반할 수밖에 없다.

주어진 조건들을 〈그림〉으로 나타내면 다음과 같다.

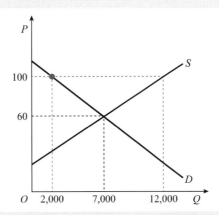

정부가 개당 당근 가격을 100원으로 유지하고자 하면 당근시장에서는 10,000개의 초과공급이 발생하게 된다. 이때 정부가 이러한 10,000개의 초과공급량을 수매해주면 시장에서 당근가격은 안정적으로 100원으로 유지될 수 있게 되며, 이때 필요한 금액은 100만 원이 된다.

응용 TEST 27 ✏️

노동수요함수와 노동공급함수가 다음과 같다.

$$L_D = 20 - \frac{1}{3}w, \ L_S = 10 + \frac{2}{3}w$$

정부가 최저임금을 균형임금수준보다 20% 인상시킬 때 발생하는 실업량은? (단, L_D는 노동수요량, L_S는 노동공급량, w는 임금이다.)

MEMO

다음 글을 읽고 〈작성 방법〉에 따라 서술하시오.

갑국에서 감자에 대한 시장수요곡선과 시장공급곡선은 각각 $Q_D = 10 - 0.5P$ 및 $Q_S = -2 + P$이다. 갑국 정부는 감자 농가의 소득을 증대하기 위해 감자의 시장가격을 균형가격보다 높은 수준인 단위당 10달러에서 유지하는 정책을 시행하기로 결정하였다. 이를 위해 갑국 정부는 감자 농가의 초과 생산량을 시장에서 구매해 주는 방식을 고려하고 있다. (단, Q는 수량(백만), P는 단위당 가격을 나타낸다.)

작성 방법

- 갑국 정부의 개입이 없는 경우, 감자 시장의 균형가격과 균형거래량이 각각 얼마인지 쓸 것.
- 갑국 정부가 밑줄 친 방식을 택할 경우, 정부가 감자를 구매하는 데 지출하는 비용이 얼마인지 쓸 것.
- 갑국 정부가 밑줄 친 방식을 택할 경우, 생산자의 이익에 어떠한 변화가 있는지 시행 전과 후의 생산자 잉여의 크기를 각각 포함하여 서술할 것.

📈 개념-이론 정리 | **최저가격정책과 잉여**

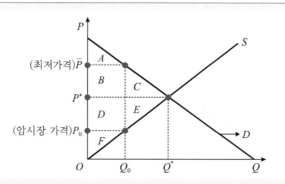

1. 가격규제 전 소비자(수요자) 잉여 : $A + B + C$
2. 가격규제 전 생산자(공급자) 잉여 : $D + E + F$
3. 가격규제 전 사회적 총잉여 : $A + B + C + D + E + F$
4. 최저가격 실시 후 소비자(수요자) 잉여의 최대치(⟺ 암시장 존재): $A + B + D$
5. 최저가격 실시 후 소비자(수요자) 잉여의 최소치(⟺ 암시장 완전 차단): A
6. 최저가격 실시 후 생산자(공급자) 잉여의 최대치(⟺ 암시장 완전 차단): $B + D + F$
7. 최저가격 실시 후 생산자(공급자) 잉여의 최소치(⟺ 암시장 존재): F
8. 최저가격 실시 후 경제적 순손실(⟺암시장 존재와 무관): $C + E$

주어진 조건들을 〈그림〉으로 나타내면 다음과 같다.

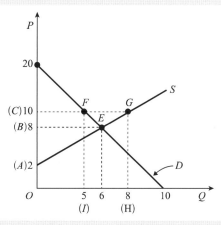

- 갑국 정부의 개입이 없는 경우, 감자 시장의 균형가격과 균형거래량 : $P=8$(달러), $Q=6$(백 만)
- 갑국 정부가 밑줄 친 방식을 택할 경우, 정부가 감자를 구매하는 데 지출하는 비용(사각형 $FGHI$) : 300만×10=3 (천만 달러)
- 갑국 정부가 밑줄 친 방식을 택할 경우, 생산자의 이익의 변화

  시행 전 생산자 잉여(삼각형 ABE) : $600만×6×\dfrac{1}{2}=1,800만$ 달러

  시행 후 생산자 잉여(삼각형 ACG) : $800만×8×\dfrac{1}{2}=3,200만$ 달러 ⇒ 생산자의 이익(사다리꼴 $BCGE$)은 1,400만 달러 증가한다.

응용 TEST 28 📝

어떤 생산물시장의 수요곡선이 $Q_d=-\dfrac{1}{2}P+\dfrac{65}{2}$ 로, 공급곡선이 $Q_S=\dfrac{1}{3}P-5$ 로 주어졌다. 정부가 가격을 통제하기 위해서 가격상한 또는 가격하한을 55로 설정할 때 총잉여(사회적 잉여)는 각각 얼마인가?

MEMO

〈보기〉의 농산물 가격에 대한 설명 중 바르게 된 것을 모두 고른 것은?

보 기

㉠ 농산물은 수요−공급의 탄력성이 크기 때문에 가격이 매우 불안정하다.
㉡ 수입 농산물의 가격이 매우 저렴하더라도 우리 경제의 자주성 및 안보를 위해 관세부과가 불가피하다.
㉢ 이중 곡가세는 소비자의 부담 경감의 효과도 있으나 물가 상승의 우려도 있다.
㉣ 농산물은 대체적으로 생활필수품에 가까우므로 수요량이나 공급량의 변화에 의해 가격이 크게 변동되지 않는다.

① ㉠, ㉡   ② ㉠, ㉢   ③ ㉡, ㉢   ④ ㉢, ㉣

📈 개념−이론 정리 | **2중 곡가제도**

정부가 농가의 소득증대와 농업생산 장려를 위하여 농산물을 시장가격보다 높은 가격으로 매입하여 이것을 다시 상대적으로 낮은 가격으로 재판매하는 제도로서 2중 가격제의 일종이다. 이 제도는 농가의 소득증대와 농업생산 장려 등의 효과가 있지만 국가의 재정적자를 누적시키는 문제를 발생시킨다.

🔍 기출분석

㉠, ㉣ 농산물은 수요 측면에서는 생활필수품에 가깝고, 공급 측면에서는 생산량 조절이 상대적으로 어려운 특징을 갖는다. 이에 따라 수요−공급의 탄력성이 작고, 이로 인해 적은 수급량의 변화가 큰 가격의 변화를 가져와 시장가격을 매우 불안정하게 움직이게 한다.
㉡ 매우 저렴한 수입 농산물이 제한 없이 수입되면 국내 농산물은 가격 경쟁력을 상실하게 되어 국내 생산이 급감할 수 있다. 이것은 농산물의 대외 의존성을 크게 하여 '식량 안보'를 해치게 된다. 이를 방지하기 위해 수입 농산물에 대한 관세부과는 어느 정도 불가피한 측면을 갖게 된다.
㉢ 이중 곡가세는 상대적으로 싼 가격으로 농산물 판매가 이루어져 이로 인한 소비자의 부담 경감효과가 발생하는 긍정적 효과가 발생한다. 다만 이러한 소비자 부담의 경감은 다른 상품에 대한 수요를 증가시켜 물가 상승의 원인으로 작용할 수 있다.
[정답 | ③]

응용 TEST 29 ✏️

다음 설명 중 옳지 않은 것은?
① 공금리 수준이 낮을 때 사채에 대한 수요가 증가한다.
② 이중곡가제는 수요와 공급이 탄력적일 때 효과적이다.
③ 공공요금 통제 시 물가는 안정되나 자원배분은 왜곡된다.
④ 이중곡가제가 시행되면 일반적으로 소비자 잉여는 증가한다.

05 | 시장이론

01 • 2009년

다음은 여러 종류의 경제적 의사 결정에 대한 설명이다. 합리적인 선택에 해당하는 것을 고르면?

(가) 영화를 보다가 너무 재미없다고 생각하게 된 수진 씨, 이미 치른 관람료는 잊어버리고 남은 시간 동안 영화를 계속 보는 것과 나가서 산책을 하는 것 중 어느 것이 더 좋은지를 따져 본 후 산책을 하기로 했다.

(나) CEO인 경호 씨는 다음과 같은 조사 자료를 바탕으로 새로운 기계를 금년 말에 도입하기로 했다. 시중 이자율이 연 5%인 상황에서 사용 연한이 5년인 이 기계의 도입 비용은 1억 원이고, 기계 도입에 따른 예상 수익은 내년부터 매년 2,100만 원으로 예상된다. (단, 시중 이자율은 향후 5년간 변동이 없는 것으로 가정한다.)

(다) 원래 커피를 좋아했던 주현 씨, 원두커피 전문점이 장사가 잘된다는 소식을 듣고 월 200만 원의 수입이 보장되는 지금의 직장을 그만두고 커피 전문점을 내어 볼 요량으로 관련 자료를 수집했다. 그 결과 1년간의 판매 예상 수입은 1억 원이고, 커피 원두 값과 종업원 인건비, 임대료, 전기료 및 수도료 등이 7천만 원으로 예상되고 있다. 주현 씨는 커피 전문점을 개업하기로 결정했다.

(라) 조그마한 중소기업을 운영하는 철수 씨, 지난달 말에 수입과 비용을 계산해 본 결과 고정비용은 3,000만 원이고 가변비용은 4,000만 원인데 총수입은 6,000만 원이었다. 총비용이 총수입보다 높아 손실을 보게 된 철수 씨는 생산을 중단했다.

① (가), (나) ② (가), (다) ③ (나), (다) ④ (나), (라) ⑤ (다), (라)

📈 개념-이론 정리 | **매몰비용**

현재 어떠한 선택을 한다고 하더라도 회수가 불가능한 비용을 의미하며 합리적 선택을 위해서는 고려할 필요가 없는 비용이다.

📈 개념-이론 정리 | **현재가치 도출**

$$PV = \frac{R_1}{(1+r)} + \frac{R_2}{(1+r)^2} + \cdots + \frac{R_n}{(1+r)^n}$$

$R_i(i=1, 2, \cdots, n)(i \ : \ 기대수익의 \ 시리즈, \ r \ : \ 이자율)$

📈 개념-이론 정리 | **생산지속 여부 결정**

$P > AC(TR > TC)$	$P < AC(TR < TC)$	$AVC < P < AC(TVC < P < TC)$	$P < AVC(TR < TVC)$
이윤 발생	손실 발생	손실 발생, 생산은 가능	손실 누적, 생산 불가

여기서 P는 가격, AC는 평균비용, AVC는 평균가변비용, TR은 총수입, TC는 총비용, TVC는 총가변비용이다.

(가) 영화 관람 중 이미 치른 관람료는 매몰비용이다. 따라서 관람료는 고려하지 않고, 지금부터 영화를 계속 관람하는 경우의 만족과 여기서 관람을 멈추고 산책을 하는 경우 얻을 수 있는 만족의 크기를 비교하여 의사결정을 하는 것이 합리적이다.

(나) 기계 도입으로 내년부터 발생하는 예상 수익의 현재가치를 구하면 다음과 같다.

$$PV = \frac{2,100}{(1+0.05)^1} + \frac{2,100}{(1+0.05)^2} + \frac{2,100}{(1+0.05)^3} + \frac{2,100}{(1+0.05)^4} + \frac{2,100}{(1+0.05)^5}$$
$$= 2,000 + 1,905 + 1,814 + 1,728 + 1,645 = 9,092(만 \ 원)$$

이 결과는 기계 도입에 따른 예상 수익의 현재가치가 기계 도입 비용인 1억 원보다 작다는 것을 보여준다. 따라서 경호 씨가 합리적 선택을 하기 위해서는 기계 도입을 포기해야 한다.

(다) 주현 씨가 커피 전문점을 개업하기로 결정할 때 발생하는 연간 경제적 비용과 경제적 이윤은 다음과 같다.

- 경제적 비용 = 7,000만 원(회계적 비용) + 2,400만 원(귀속비용) = 9,400만 원
- 경제적 이윤 = 1억 원(총수입) − 9,400만 원(경제적 비용) = 600만 원

따라서 주현 씨가 커피 전문점을 개업하기로 결정하는 것은 합리적 선택임을 알 수 있다.

(라) 철수 씨의 지난달 말 수입과 비용을 정리해보면 다음과 같다.

- 총비용 = 3,000만 원(고정비용) + 4,000만 원(가변비용) = 7,000만 원

반면에 총수입이 6,000만 원이므로 철수 씨는 지난달에 1,000만 원의 손실을 보았다. 만약 이러한 이유로 생산을 중단하면 고정비용에 해당하는 3,000만 원의 손실을 감수해야 한다. 그러나 총수입 6,000만 원은 가변비용인 4,000만 원보다 더 많다. 따라서 비록 현재 손실(= 1,000만 원)을 보고 있지만 생산을 중단하는 경우 감수해야 할 손실(= 3,000만 원)보다 작으므로, 단기에서만큼은 생산을 계속하는 것이 손실을 극소화할 수 있는 합리적 선택이 된다.

[정답 | ②]

응용 TEST 1 📝

영희는 매월 아이스크림을 50개 팔고 있다. 영희의 월간 총비용은 50,000원이고, 이 중 고정비용은 10,000원이다. 영희는 단기적으로 이 가게를 운영하지만 장기적으로는 폐업할 계획이다. 아이스크림 1개당 가격의 범위는? (단, 아이스크림 시장은 완전경쟁적이라고 가정한다.)

MEMO

02 ● 1995년

〈보기〉와 같은 현상이 일어나는 이유는?

보 기

이윤 극대화를 추구하는 기업은 생산물의 가격이 상승하면 공급을 증가시키고, 생산물의 가격이 하락하면 공급을 감소시킬 것이다.

① 한계효용이 체감하기 때문에   ② 한계비용이 체증하기 때문에
③ 한계효용이 체증하기 때문에   ④ 한계비용이 체감하기 때문에

📈 개념-이론 정리 │ 한계생산(MP)와 한계비용(MC)와의 관계

$$MC = \frac{dTC}{dQ} = \frac{d(TFC + TVC)}{dQ} = \frac{dTVC}{dQ} = \left(\because \frac{dTFC}{dQ} = 0 \right) = \frac{w \cdot dL}{dQ} = \frac{w}{dQ/dL} = \frac{w}{MP_L}$$

📈 개념-이론 정리 │ 한계비용 체증

단기에 자본투입량이 고정된 상태에서 노동투입량만을 변화시키는 경우, 생산의 2단계(경제적 영역)에서는 한계생산이 체감하게 된다. 이에 따라 같은 구간에서 한계비용은 체증하게 된다.

🔍 기출분석

완전경쟁기업은 이윤극대화를 달성하기 위해 '$P(=MR) = MC$' 수준에서 생산량을 결정한다. 단기의 경제적 영역에서 한계비용곡선은 우상향하는 모습을 보인다. 만약 생산물 가격이 상승(하락)하면 이전에 비해 한계비용이 상승(하락)하는 수준에서 생산량을 결정하게 되어 공급곡선이 한계비용곡선처럼 우상향(좌하향)하게 된다. 이에 따라 단기에 완전경쟁기업의 공급곡선은 곧 한계비용 곡선이고, 한계비용 곡선이 우상향(좌하향)한다는 것은 생산량이 증가함에 따라 한계비용은 체증한다는 것을 의미한다.   [정답 │ ②]

응용 TEST 2 📝

완전경쟁시장에서 활동하는 A기업의 고정비용인 사무실 임대료가 작년보다 30% 상승했다. 단기균형에서 A기업이 제품을 계속 생산하기로 했다면 전년대비 올해의 생산량은? (단, 다른 조건은 불변이다.)

① 30% 감축
② 30%보다 적게 감축
③ 30%보다 많이 감축
④ 전년과 동일

03 • 1996년

기업이 단기적으로 생산을 중단하는 것이 생산을 계속하는 것보다 유리하다고 판단할 수 있는 경우는?

① 총수입이 총비용보다 적을 때

② 한계수입이 한계비용보다 적을 때

③ 총수입이 총가변비용보다 적을 때

④ 평균비용이 한계비용보다 적을 때

📈 개념-이론 정리 | **생산지속 여부 결정**

$TR > TC(P > AC)$	$TR < TC(P < AC)$	$TVC < P < TC(AVC < P < AC)$	$TR < TVC(P < AVC)$
이윤 발생	손실 발생	손실 발생, 생산은 가능	손실 누적, 생산 불가

여기서 P는 가격, AC는 평균비용, AVC는 평균가변비용, TR은 총수입, TC는 총비용, TVC는 총가변비용이다.

💲 기출분석

단기에 총수입이 총가변비용보다 적은 경우 생산을 계속하게 되면 생산을 하지 않는 경우보다 총고정비용에 해당하는 손실은 물론이고 총수입으로 총가변비용을 충당하지 못하는 부분까지 손실을 감수해야 한다. 반면에 생산을 중단하면 총고정비용에 해당하는 손실만 감수하면 된다. 따라서 총수입이 총가변비용보다 적은 경우라면 생산을 중단하는 경우가 손실을 극소화할 수 있는 방법이 된다.

[정답 | ③]

응용 TEST 3 📝

완전경쟁시장인 피자시장에서 어떤 피자집이 현재 100개의 피자를 단위당 100원에 팔고 있고, 이때 평균비용과 한계비용은 각각 160원과 100원이다. 이 피자집은 이미 5,000원을 고정비용으로 지출한 상태이다. 이윤극대화를 추구하는 피자집의 합리적 의사결정 내용을 이유와 함께 서술하시오.

다음 자료에 대한 경제학적 판단으로 옳은 것만을 〈보기〉에서 모두 고르면?

반도체를 만드는 A전자는 반도체 수요의 감소로 인한 가격 폭락으로 적자가 발생하여 재무적으로 부도난 상태에 있다. A전자를 최종적으로 파산시킬 것인가, 계속 운영할 것인가를 판단하기 위해 아래 자료가 제시되었다.

- 반도체 장비가격 : 180억 원
- 연간 노동비용 : 200억 원
- 연간 전기료와 반도체 생산의 원료가격 : 200억 원
- 현 시점 반도체의 단위당 국제가격 : 4천 5백 원
- 현 가격에서의 이윤 극대화 생산량 : 1천만 개

(단, A전자의 생산비용으로는 반도체 장비가격, 노동비용, 전기료, 원료가격만 있으며, 반도체 장비의 내용연수는 1년이고 연 5천만 개까지 생산할 수 있다. 또한 이 장비는 현재 100억 원에 매각할 수 있다고 가정한다.)

보 기

ㄱ. A전자의 고정비용은 180억 원이다.
ㄴ. 현 시점에서 평균수입이 평균가변비용보다 크다.
ㄷ. 현재로서는 생산을 계속하는 것이 더 합리적이다.
ㄹ. 지금 생산을 중단할 경우 매몰비용은 180억 원이다.

① ㄱ, ㄴ   ② ㄷ, ㄹ   ③ ㄱ, ㄴ, ㄷ   ④ ㄱ, ㄴ, ㄹ   ⑤ ㄴ, ㄷ, ㄹ

📈 개념-이론 정리 | **생산지속 여부 결정**

$TR > TC$	$TR < TC$	$TVC < P < TC$	$TR < TVC$
이윤 발생	손실 발생	손실 발생, 생산은 가능	손실 누적, 생산 불가

여기서 P는 가격, AC는 평균비용, AVC는 평균가변비용, TR은 총수입, TC는 총비용, TVC는 총가변비용이다.

ㄱ. 고정비용은 생산 여부 또는 생산량과 무관하게 발생하는 비용으로, 기업의 생산 설비와 관련된 비용을 의미한다. 문제에서 주어진 반도체 장비가격과 같은 자본재 비용이 대표적인 고정비용이다.

ㄴ. 기업의 평균수입(AR)은 항상 상품의 가격(P)과 같다. 따라서 현 시점에서 평균수입은 현 시점 반도체의 단위당 국제가격인 4천 5백 원이다. 한편 평균가변비용은 총가변비용(= 연간 노동비용 + 연간 전기료와 반도체 생산의 원료가격)인 400억 원을 현 가격에서의 이윤극대화 생산량인 1천만 개로 나눈 값이다. 따라서 평균가변비용은 4천 원이다. 결국 평균수입이 평균가변비용보다 5백 원만큼 크다.

ㄷ. 현재 시점에서 생산을 계속하는 경우에는 130억 원만큼의 손실[= 450억 원(총수입) − 580억 원(총비용)]이 발생한다. 반면에 생산을 중단하는 경우에는 반도체 장비가격인 180억 원 중에서 반도체 장비를 매각해서 회수할 수 있는 100억 원을 제외하고 남은 고정비용 80억 원만큼만 손실이 발생한다. 따라서 현재로서는 생산을 중단하는 것이 손실을 줄일 수 있는 합리적 의사결정이다.

ㄹ. 생산을 중단하고 반도체 장비를 매각한다고 하더라도 80억 원은 회수할 수 없게 된다. 이 크기가 매몰비용이다.

[정답 | ①]

응용 TEST 4 📝

아래의 그림은 어느 기업의 평균수입과 평균비용을 나타낸 것이다. 이에 대한 설명으로 옳은 것은?

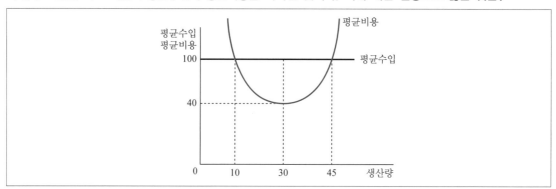

① 생산량이 증가함에 따라 가격은 떨어진다.
② 생산량을 44에서 45로 늘리면 이윤은 증가한다.
③ 생산량이 30일 때 한계비용은 한계수입보다 크다.
④ 평균비용이 감소하는 구간에서는 생산량을 늘릴수록 이윤이 증가한다.

MEMO

05 • 2008년

경수는 신문 기사 (가)를 읽고 (나)와 같은 이론적 결과를 추론하였다. ㉠, ㉡에 들어갈 적합한 용어를 쓰고, ㉢에 들어갈 적절한 내용을 쓰시오.

(가) A제철은 준공 후 계속 놀리고 있는 강판 생산시설을 조만간 가동하기로 했다. 회사 측 관계자는, "이 시설을 놀리면 한 달에 10억 원의 손실이 발생하지만, 가동하면 손실을 3억 원으로 줄일 수 있다."라고 설명했다. A제철이 생산하는 강판은 국내외적으로 경쟁시장을 형성하고 있다.

(나) 현재 강판의 시장가격은 A제철의 강판 생산수준에서의 (㉠) 비용보다는 높지만, (㉡) 비용보다는 낮은 수준에 있는 것으로 추정할 수 있다. 또한, 단기적으로 A제철의 공급곡선은 (㉢)(으)로 나타난다.

- ㉠ :

- ㉡ :

- ㉢ :

📈 개념-이론 정리 | **생산지속 여부 결정**

$TR > TC (P > AC)$	$TR < TC (P < AC)$	$TVC < P < TC (AVC < P < AC)$	$TR < TVC (P < AVC)$
이윤 발생	손실 발생	손실 발생, 생산은 가능	손실 누적, 생산 불가

여기서 P는 가격, AC는 평균비용, AVC는 평균가변비용, TR은 총수입, TC는 총비용, TVC는 총가변비용이다.

🔍 기출분석

- 완전경쟁기업은 현재 '시장가격(P)<평균비용(AC)'이 되어 손실이 발생한다고 하더라도 단기에서만큼은 '시장가격(P)>평균가변비용(AVC)'이 성립하는 한 생산을 계속함으로써 손실을 극소화하려고 한다.
- 완전경쟁기업의 단기공급곡선은 평균가변비용(AVC) 곡선의 극소점을 지나 우상향하는 한계비용(MC) 곡선이다.
- ㉠ : 평균가변비용, ㉡ : 평균비용, ㉢ : 한계비용곡선

응용 TEST 5 ✏️

완전경쟁기업의 총비용이 $TC = Q^3 - 6Q^2 + 12Q + 32$과 같을 때 기업이 단기적으로 손실을 감수하면서도 생산을 계속하는 시장가격의 구간은?

완전경쟁시장에서 생산 활동을 하고 있는 어떤 기업의 단기 평균비용곡선과 단기 평균가변비용곡선은 모두 U자 형태를 띠고 있고, 그 최저점의 값은 각각 30과 20이다. 아울러 이 기업의 고정비용은 15이다. 이 기업의 조업 중단 가격(혹은 생산 중단 가격, shutdown price)이 20일 때, 조업 중단 가격에서 손실이 얼마인지 쓰시오.

📈 개념-이론 정리 ┃ (단기)조업(생산) 중단점(shut-down point)

1. AVC 곡선의 최저점이다.
2. 이 점 이하의 가격에서는 총수입($P \times Q$)이 총가변비용($AVC \times Q$)조차 충당할 수 없어 조업(생산)할 수 없다. ⇒ $P < AVC$인 경우 생산을 할수록 손실이 더욱 누적된다.

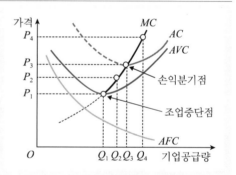

🔍 기출분석

단기에 조업 중단 가격은 평균가변비용(AVC)의 최저점 수준에서 결정된다. 한편 조업을 중단하는 경우에도 단기에는 총고정비용에 해당하는 손실은 감수해야 하므로, 20의 가격수준에서 고정비용에 해당하는 15만큼의 손실이 발생하게 된다.

📝 응용 TEST 6

완전경쟁기업의 총비용함수가 $TC(Q) = Q - \frac{1}{2}Q^2 + \frac{1}{3}Q^3 + 40$이다. 이 기업은 이윤이 어느 수준 미만이면 단기에 생산을 중단하겠는가?

07 • 2017년

한 완전경쟁시장에서 생산 활동을 하고 있는 모든 기업의 장기평균 비용 곡선은 동일한 U자 형태를 띠고 있고, 그 최저점의 값은 20이다. 현재 이 시장에서 균형가격은 22이며, 생산기술, 생산요소의 가격과 수요곡선은 분석기간 동안에 변화가 없다. 이 시장의 장기 균형 상태에서, 대표적 기업의 한계 비용의 크기가 얼마일지에 대해 쓰고, 참여 기업의 수는 가격이 22일 때의 상황과 비교하여 '동일'할지 '감소'할지 아니면 '증가'할지를 쓰시오.

📈 개념-이론 정리 | **완전경쟁기업의 장기 균형**

$$SAC = LAC = P = AR = MR = SMC = LMC$$

경쟁기업의 장기균형에서는 경쟁기업의 평균수입(AR), 한계수입(MR), 장기평균비용(LAC), 장기한계비용(LMC), 단기평균비용(SAC), 단기한계비용(SMC) 및 가격(P) 모두가 일치하게 된다.

💲 기출분석

- **장기균형 상태에서 대표적 기업의 한계비용 : 20**

  완전경쟁시장에서는 균형 상태에서 '$P = MC$'가 성립되어 자원의 효율적 배분이 이루어진다. 또한 완전경쟁시장의 장기균형은 U자 형태인 장기평균비용(LAC) 곡선의 최저점 수준에서 '$P = LAC$'가 성립하며 이루어진다. 따라서 장기 균형점에서는 '$P = MC = LAC$'가 성립하게 된다. 주어진 조건에서 장기평균비용 곡선의 최저점이 '20'이라고 하였으므로 대표적 기업의 한계비용 역시 20이 된다.

- **참여 기업의 수 : 증가**

  현재의 시장가격(=22)이 장기균형이 성립하는 수준의 가격(=20)에 비해 높은 수준이다. 따라서 장기균형가격까지 하락하기 위해서는 시장에서 공급이 증가해야 한다. 이것은 새로운 기업의 진입이 이루어진다는 것을 보여 준다. 따라서 시장에 참여하는 기업의 수는 증가하게 된다.

응용 TEST 7 ✍

X재 시장은 완전경쟁적이며, 각 기업의 장기총비용함수와 X재에 대한 시장수요곡선은 다음과 같다. X재 시장의 장기균형에서 시장균형가격과 진입하여 생산하는 기업의 수를 각각 구하면? (단, P는 가격이고, q는 각 기업의 생산량이고, 모든 기업들의 비용함수 및 비용조건은 동일하다.)

- 장기총비용함수 : $TC(q) = 2q^3 - 12q^2 + 48q$
- 시장수요곡선 : $D(P) = 600 - 5P$

08 • 1992년

독점기업의 단기균형에 대한 설명으로 옳지 않은 것은? (단, P는 가격, MC는 한계비용, MR은 한계수입이다.)

① $P > MC = MR$에서 균형이 성립한다.

② 러너(A. P. Lerner)의 독점도는 $\dfrac{P-MC}{P}$이다.

③ 수요의 가격탄력성이 클수록 독점도는 커진다.

④ 수요의 가격탄력성이 1일 때 독점도는 1이다.

📈 개념-이론 정리 | **독점도(Degree of monopoly)**

1. A. Lerner의 독점도

$$dom = \frac{P-MC}{P} = \frac{P-MR}{P} \; (\because 균형점에서는 \; MR = MC)$$

① 완전경쟁인 경우 균형점에서 $P = MR = MC$이므로 Lerner의 독점도는 0이고, 불완전경쟁인 경우 균형점에서 $P > MR = MC$가 성립하므로 독점도는 0과 1사이의 값을 갖게 된다.

② 만약 비용이 전혀 들지 않는 독점기업의 경우($MR = MC = 0$)의 독점도는 1이 된다.

2. J. R. Hicks의 독점도

$$dom = \frac{1}{e} \; (단, \; e는 \; 수요의 \; 가격탄력도이다.)$$

① 완전경쟁인 경우 $e = \infty$이므로 Hicks의 독점도는 0이고, 불완전경쟁인 경우에는 $e \neq \infty$이므로 0보다 크게 된다.

② 수요의 가격탄력도가 작을수록(= 수요곡선이 가파를수록) Hicks의 독점도는 크게 된다.

💲 기출분석

③ J. R. Hicks의 독점도에 따르면 독점도는 수요의 가격탄력성의 역수이므로, 수요의 가격탄력성이 클수록 독점도는 작아진다.

④ J. R. Hicks의 독점도에 따르면 독점도는 수요의 가격탄력성의 역수이므로, 수요의 가격탄력성이 1일 때 독점도는 1이다.

[정답 | ③]

응용 TEST 8 📝

어느 재화에 대한 수요곡선은 $Q = 100 - P$이다. 이 재화를 생산하여 이윤을 극대화하는 독점기업의 비용함수가 $C(Q) = 20Q + 10$일 때, 이 기업의 러너의 독점도 지수(Lerner index) 값은?

09 • 1996년

독점기업의 균형상태에 대한 설명으로 가장 적합한 것은?

① 가격 = 한계수입 = 한계비용

② 가격 > 한계수입 = 한계비용

③ 가격 > 한계수입 > 한계비용

④ 가격 = 한계수입 > 한계비용

📈 개념-이론 정리 | **독점기업의 균형**

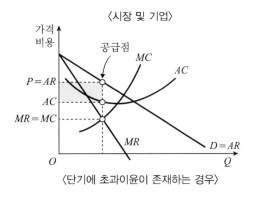

⟨시장 및 기업⟩

⟨단기에 초과이윤이 존재하는 경우⟩

💲 기출분석

독점기업이 직면하는 수요곡선은 곧 시장수요곡선이다. 이에 따라 독점기업은 우하향하는 수요곡선에 직면하게 되고, 단기 균형에서 다음 조건이 충족된다.

$$P > MR = MC$$

[정답 | ②]

다음 〈그림〉은 독점기업의 단기균형을 나타낸다. 이에 대한 설명으로 옳은 것은? (단, MR은 한계수입곡선, D는 수요곡선, MC는 한계비용곡선, AC는 평균비용곡선이다.)

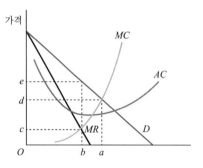

① 단기균형에서 이 기업의 생산량은 a이다.

② 단기균형에서 이 기업의 이윤은 $b \times (e-c)$이다.

③ d는 균형가격을 나타낸다.

④ 균형생산량 수준에서 평균비용이 한계비용보다 크다.

MEMO

10 ● 2012년

다음은 어느 회사가 생산하는 DVD 상품의 시장 특성이다. 이 시장에 대한 분석으로 적절하지 않은 것은?

- 시장에 다른 경쟁 기업은 없다.
- 수요함수는 $P = 200 - 0.1Q$이다. (P : 가격, Q : 거래량)
- 생산 비용 전부가 초기 생산 단계에 한 번만 투입된다.
- 생산량이 1천 장일 때 평균 생산 비용은 80원이다.

① 1천 장을 판매할 때 최대 이윤을 얻을 수 있다.
② 이윤 극대화 상태에서 기업의 총이윤은 2만원이다.
③ 순사회편익이 가장 극대화되는 생산량은 1천 장이다.
④ DVD 1장 가격이 150원일 때 500장의 수요가 예상된다.
⑤ 평균 생산 비용은 생산량 확대에 따라 지속적으로 감소한다.

📈 개념-이론 정리 | **독점기업의 한계수입(MR) vs 평균수입(AR) vs 가격(P)**

1. 독점기업의 한계수입곡선은 수요곡선(평균수입곡선)보다 아래에 위치하며 수요곡선(평균수입곡선)을 수평으로 절반으로 줄인 것이다. 이에 따라 수요곡선이 선형함수로 주어지는 경우 MR곡선의 기울기는 수요곡선 기울기의 2배가 된다.
2. 독점기업에서는 추가공급에 따르는 가격차가 항상 존재하므로 모든 생산량에서 독점기업의 한계수입(MR)은 평균수입(AR)보다 작고 생산물의 가격(P)은 평균수입(AR)과 같다.

$$(P = AR > MR)$$

🔍 기출분석

① 시장형태와 관계없이 이윤극대화 조건은 '$MR = MC$'이다. 주어진 수요함수를 통하여 한계수입(MR)함수는 '$MR = 200 - 0.2Q$'이고, 생산비용 전부가 초기 생산 단계에 한 번만 투입되므로 고정비용만 존재하고 가변비용은 존재하지 않는다. 따라서 추가적인 생산에 따른 한계비용(MC)은 '0'임을 알 수 있다. 따라서 이윤극대화 생산량은 '$200 - 0.2Q = 0$'을 만족하는 1천 장임을 알 수 있다.

② 이윤 극대화 생산량인 '$Q = 1,000$'을 수요함수에 대입하면, 시장균형가격인 '$P = 100$'을 구할 수 있다. 이에 따라 이윤극대화 생산량 수준에서 총이윤을 구하면 다음과 같다.

- 총이윤(π) = 총수입($TR : P \times Q$) − 총비용($TC : AC \times Q$)
  $\Rightarrow \pi = 100 \times 1,000 - 80 \times 1,000 = 100,000 - 80,000 = 20,000$(원)

③ 순 사회편익이 가장 극대화되는 수준은 '$P = MC$'를 충족할 때이다. 따라서 '$200 - 0.1Q = 0$'을 만족하는 '$Q = 2,000$'이 순 사회편익이 극대화될 때의 생산량이다.

④ DVD 1장 가격인 150원을 수요함수에 대입하면 '$Q = 500$'이 도출된다.

⑤ 가변비용이 존재하지 않으므로 평균생산비용은 곧 평균고정비용과 같다. 그런데 평균고정비용은 생산량이 증가함에 따라서 지속적으로 감소한다. 따라서 생산량 확대에 따라 평균생산비용은 역시 지속적으로 감소하게 된다.

[정답 | ③]

응용 TEST 10

어떤 제약회사의 신약은 특허 기간 중에는 독점적으로 공급되지만, 특허 소멸 후 다른 제약회사들의 복제약과 함께 경쟁적으로 공급된다. 이 약의 시장수요는 $P = 20 - Q$로 주어지고, 총생산비용은 $TC(Q) = 4Q$라고 한다. 이 약의 특허 기간 중 생산량과 특허 소멸 후 완전경쟁 상태로 전환되는 경우의 생산량은 각각 얼마인가?

MEMO

11 · 2022년

다음은 독점기업 갑이 당면하는 시장 수요 및 비용 함수에 관한 자료이다. 〈작성 방법〉에 따라 서술하시오.

- 시장 수요 : $Q = 170 - P$
- 한계수입(MR) : $170 - 2Q$
- 총비용(TC) : $50Q + Q^2$
- 한계비용(MC) : $50 + 2Q$
- 평균비용(AC) : (   )

(단, Q는 수량, P는 가격을 나타낸다.)

작성 방법

- ( ) 안에 들어갈 수식을 쓸 것.
- 독점기업 갑의 균형가격 및 균형 거래량이 각각 얼마인지 쓰고, 이를 완전경쟁시장일 때의 균형가격 및 균형 거래량 크기와 비교하여 서술할 것.
- 독점으로 인한 자중손실(deadweight loss)이 얼마인지 쓸 것.

📈 개념-이론 정리 | **독점기업의 한계비용 곡선**

평균비용(AC) 곡선이 선형함수로 주어지는 경우 한계비용(MC) 곡선은 비용 절편은 동일하고 기울기는 평균비용(AC) 곡선 기울기의 2배가 된다.

📈 개념-이론 정리 | **독점으로 인한 자중손실(deadweight loss)**

독점기업은 한계비용(MC) 곡선과 한계수입(MR) 곡선의 교차점인 M점에서 산출량을 결정하고 결정된 산출량 수준에 해당하는 수요곡선(D)의 높이를 가격으로 설정한다. 상품의 산출량은 완전경쟁시장에서는 '$P = MC$'를 만족하는 Q_c이지만 독점시장에서는 Q_m으로 감소되었고, 상품의 가격은 P_c에서 P_m으로 상승한다. 즉, 독점화의 결과 산출량은 감소하고 가격이 상승하는 변화가 생긴 것이다. 이에 따라 완전경쟁시장에서 $P = MC$의 관계가 성립했던 것이 독점 균형을 나타내주는 E'점에서는 $P > MC$의 관계로 바뀌게 된다. 이에 따라 $\triangle MEE'$만큼의 사회적 순손실이 발생한다. 이 삼각형의 면적은 아무에게도 귀속되지 못하고 그냥 없어져버리는 사회적 잉여를 나타내고 있어 사회적 순손실로 볼 수 있다. 이와 같은 사회적 순손실을 가리켜 독점에서 생기는 자중손실(Deadweight Loss)이라 한다.

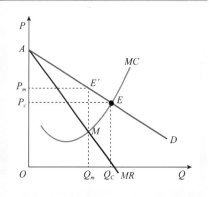

- ( ) 안에 들어갈 수식을 쓸 것. ⇒ $AC = \dfrac{TC}{Q} = \dfrac{50Q + Q^2}{Q} = 50 + Q$

- 독점기업 갑의 균형가격 및 균형 거래량이 각각 얼마인지 쓰고, 이를 완전경쟁시장일 때의 균형가격 및 균형 거래량 크기와 비교하여 서술할 것.

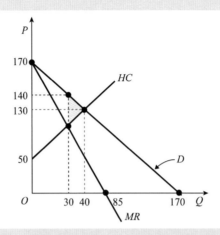

⇒ 독점 : $MR = MC \rightarrow 170 - 2Q = 50 + 2Q \rightarrow 4Q = 120 \rightarrow Q = 30, \ P = 140$
⇒ 완전경쟁 : $P = MC \rightarrow 170 - Q = 50 + 2Q \rightarrow 3Q = 120 \rightarrow Q = 40, \ P = 130$

- 독점으로 인한 자중손실(deadweight loss)이 얼마인지 쓸 것(빗금 친 부분).

⇒ $10 \times 30 \times \dfrac{1}{2} = 150$

응용 TEST 11 📝

이윤극대화를 추구하는 어느 독점기업의 이윤극대화 생산량은 230단위, 이윤극대화 가격은 3,000원이고, 230번째 단위의 한계 비용은 2,000원이다. 만약 이 재화가 완전경쟁시장에서 생산된다면, 균형생산량은 300단위이고 균형가격은 2,500원이다. 수요곡선과 한계비용곡선이 직선일 때, 이 독점기업에 의해 유발되는 경제적 순손실(deadweight loss)은?

MEMO

12 • 2001년

다음 (가)의 ①~④를 모두 만족시킬 수 있는 시장의 형태를 경제학의 용어로 정확하게 쓰고, (나)와 같은 사례가 성립하기 위한 조건을 4가지 쓰시오.

(가)

① 공급곡선이 존재하지 않는다.

② 약탈적 가격설정, 과잉설비보유 등이 존재한다.

③ 가격 변화에 의한 수요량 변화의 민감도에 달려 있다.

④ 이윤극대화 공급량은 한계수입(MR)과 한계비용(MC)이 일치하는 곳에서 결정된다.

(나)

우리나라가 자동차 회사에서 자동차를 해외시장에 수출할 때, 국내 판매가격보다 낮은 가격을 매기고 있다. 이것은 국내 자동차 수요자에게 경제적 부담을 주면서 해외 수요자에게 혜택을 주는 격이 된다.

📈 개념-이론 정리 | 독점기업에 공급곡선이 존재하지 않는 이유

독점기업은 가격수용자가 아니므로 시장가격을 주어진 것으로 간주하지 않고 시장수요곡선을 주어진 것으로 간주하기 때문에 단기나 장기에 있어서 극대이윤을 보장하는 균형가격과 산출량을 동시에 결정한다. 따라서 시장가격의 변화에 따른 균형산출량(공급량)과의 관계를 나타내는 공급곡선의 개념을 적용시킬 수 없다. 이에 따라 독점기업의 경우 공급곡선이 존재하지 않는다고 간주할 수 있다. 이는 독점뿐만 아니라 불완전경쟁 기업에서도 마찬가지이다.

📈 개념-이론 정리 | 약탈적 가격 설정(predatory pricing)

시장지배력이 강한 기업의 경우 독점력을 강화하기 위한 수단으로 종종 약탈적 가격정책을 사용하는 경우가 있다. 약탈적 가격이란 손실을 발생시킬 정도의 지나치게 낮은 가격으로 가격전쟁을 통해 경쟁기업, 혹은 잠재적 경쟁기업을 시장에서 몰아내거나 사전적으로 진입을 차단하기 위해 사용한다. 이를 통해 시장에서 독점적 지위를 얻을 수 있게 된다.

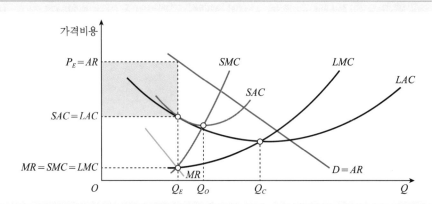

생산량 Q_E는 단기 평균비용이 최저가 되는 생산량 Q_0보다 적으므로 독점기업은 단기와 장기에서 모두 과잉생산설비를 갖게 된다. 주의할 것은 이때의 과잉설비 크기는 $Q_E Q_C$가 아니라 $Q_E Q_0$라는 것이다.

🔍 **기출분석**

- (가) : 독점시장 ⇒ 독점시장(기업)에서는 완전경쟁기업과 달리 공급곡선이 존재하지 않으며, 약탈적 가격설정을 통해 독점시장이 형성되기도 한다. 독점시장(기업)에서는 '$MR = MC$'를 충족하는 균형수준에서 '$P > MC$'가 성립하여 자원이 비효율적으로 배분되어 과잉설비가 나타나게 된다. 한편 시장가격의 변화에 따른 기업의 총수입은 수요의 가격탄력성 크기에 따라 '증가', '감소', '불변'일 수 있다.
- (나) : 3급 가격차별 성립 조건
  ① 시장 전체가 수요의 가격탄력성이 서로 다른 시장으로 분할되어 있을 것.
  ② 시장 분할을 위해 발생하는 비용이 가격차별에 따른 이익보다 작을 것.
  ③ 수요의 가격탄력성이 큰 시장에서는 낮은 가격으로 판매하고 수요의 가격탄력성이 작은 시장에서는 높은 가격으로 판매할 것.
  ④ 두 시장 사이에서는 수요자 간 차익거래(arbitrage)가 이루어지지 않을 것

응용 TEST 12 ✏️

어떤 기업이 국내 피아노 시장을 독점하고 있으며 국내의 피아노에 대한 수요함수는 $Q = 8 - 2P$이다. 여기서 Q는 피아노의 수요량, P는 피아노의 가격을 나타낸다. 국제 피아노 시장은 완전경쟁적이고, 시장가격은 2이며, 이 기업은 외국에 덤핑을 하고 있다고 가정하자. 이 기업의 한계비용이 $\frac{Q}{5}$인 경우 이윤극대화를 위한 총수출량은 얼마인가?

MEMO

13 • 2021년

다음은 독점기업이 이윤 극대화를 하는 상황에 대한 자료이다. 〈작성 방법〉에 따라 서술하시오.

동네 유일의 놀이동산은 1인용 롤러코스터와 1인용 바이킹을 운행하고 있다. 이 놀이동산에는 갑, 을, 병 3명의 고객이 있는데, 이들 각각은 놀이동산에 가면 각 놀이 기구를 2회 이상 탑승하지 않는다. 놀이동산의 주인은 이들이 각놀이 기구를 1회 탑승하는데 지불할 용의가 있는 최대 금액이 다음 〈표〉와 같음을 알아냈다.

구분	롤러코스터	바이킹
갑	3,000원	7,000원
을	5,000원	5,000원
병	7,000원	3,000원

각 놀이 기구를 1회 운행하는 데 드는 비용이 각각 4,000원일 때, 놀이동산의 주인은 이윤을 극대화하기 위해 다음 3가지 요금 책정 안을 고려하고 있다.

- A안 : 각 놀이 기구 탑승권의 요금을 개별로 책정
- B안 : 두 놀이 기구를 1회씩 탑승하는 탑승권을 묶어서 요금을 책정
- C안 : A안과 B안을 병행

(단, 갑~병이 각각 두 놀이 기구를 1회씩 탑승하는 데 지불할 용의가 있는 최대 금액은 각 놀이 기구를 1회 탑승하는 데 지불할 용의가 있는 최대 금액의 합과 같고, 놀이동산의 주인은 각 고객을 대상으로 다른 요금을 책정할 수없으며, 요금은 편의상 100원 단위로 책정한다고 가정한다.)

작성 방법

- A안을 채택할 때, 놀이동산의 주인이 책정하는 요금은 각각 얼마일지 쓸 것.
- B안을 채택할 때, A안과 비교해서 놀이동산의 주인이 각 고객의 1회 방문으로 얻게 되는 이윤의 차이가 얼마일지 쓸 것.
- C안을 채택할 때, 놀이동산의 주인이 책정하는 요금과 각 고객의 1회 방문으로 얻게 되는 이윤은 각각 얼마일지 쓸 것

📈 개념-이론 정리 | **개별판매와 묶음판매**

두 소비자 1, 2에게 디지털 카메라와 스마트 폰을 판매하는 독점기업을 고려해 보자. 개별 소비자는 디지털 카메라와 스마트 폰을 각각 최대한 1대 구매한다. 〈표〉의 각 수치는 두 소비자의 최대지불용의금액이고, 소비자별로 가격차별을할 수 없으며, 두 상품의 생산비용은 0이라고 가정한다.

구분	디지털 카메라	스마트 폰
소비자 1	125	90
소비자 2	50	110

최대이윤을 얻기 위해 개별적으로 판매하는 경우와 묶음판매를 하는 경우 독점기업의 이윤과 소비자 잉여의 크기를 〈표〉로 정리하면 다음과 같다.

구분	상품 가격	독점기업 이윤	최대지불용의금액	소비자 잉여
개별판매	디지털 카메라: 125, 스마트폰: 90	$305(=125+90\times2)$	$125+200(=90+110)=325$	$0+20=20$
묶음판매	디지털 카메라+스마트폰: 160	$320(=160\times2)$	$215(=125+90)+160(=50+110)=375$	$55+0=55$

- 앞의 〈표〉에서 디지털 카메라 가격이 125인 이유는 다음과 같다. 만약 개별판매를 하는 경우 디지털 카메라의 가격을 50으로 정하면 소비자 1과 2는 모두 구입하고자 하므로 독점기업의 이윤은 100이 된다.
- 그런데 디지털 카메라의 가격을 125로 정하면 소비자 1은 구입하지만 소비자 2는 구입하지 않는다. 따라서 독점기업의 이윤은 125가 되어 디지털 카메라의 가격을 50으로 정하는 것보다 125로 정하는 것이 독점기업에게 유리한 것이다.

기출분석

- **A안** : 롤러코스터 7,000원, 바이킹 7,000원
  ⇒ 갑 바이킹 탑승, 을 둘 다 탑승 포기, 병 롤러코스트 탑승
  ⇒ 이윤 = (7,000원 − 4,000원) + (7,000원 − 4,000원) = 3,000원 + 3,000원 = 6,000원
- **B안** : 롤러코스터 + 바이킹 = 10,000원으로 책정
  ⇒ 갑, 을, 병 모두 둘 다 탑승
  ⇒ 이윤 = 10,000원×3 − 8,000원×3 = 30,000원 − 24,000원 = 6,000원
  ⇒ A안과 B안 모두 이윤은 6,000원이므로 양자의 이윤 차이는 발생하지 않는다.
- **C안**
  1. A안의 입장에서 모두에게 개별로 7,000원으로 요금 책정, B안의 입장에서 모두에게 묶어서 10,000원으로 요금 책정
     ⇒ 갑, 을, 병 모두 둘 다 탑승
     ⇒ 이윤=(10,000원−8,000원)×3=6,000원
  2. A안의 입장에서 모두에게 개별로 7,000원으로 요금 책정, B안의 입장에서 모두에게 묶어서 9,900원으로 요금 책정
     ⇒ 갑, 을, 병 모두 둘 다 탑승
     ⇒ 이윤=(9,900원−8,000원)×3=5,700원
  3. A안의 입장에서 모두에게 개별로 6,900원으로 요금 책정, B안의 입장에서 모두에게 묶어서 10,000원으로 요금 책정
     ⇒ 갑 바이킹 탑승, 을 둘 다 탑승, 병 롤러코스터 탑승
     ⇒ 이윤=(6,900원−4,000원)×2+(10,000원−8,000원)=5,800원+2,000원=7,800원
     ⇒ 이윤극대화 가능

응용 TEST 13

의류 판매업자인 A씨는 아래와 같은 최대지불용의금액을 갖고 있는 두 명의 고객에게 수영복, 수영모자, 샌들을 판매한다. 판매 전략으로 묶어 팔기(Bundling)를 하는 경우, 수영복과 묶어 팔 때가 따로 팔 때보다 이득이 더 생기는 품목과 해당 상품을 수영복과 묶어 팔 때 얻을 수 있는 최대 수입은?

구분	최대지불용의금액		
	수영복	수영모자	샌들
고객(ㄱ)	400	250	150
고객(ㄴ)	600	300	100

14 • 2024년

다음을 읽고, 〈작성 방법〉에 따라 서술하시오.

갑국의 통신 서비스 시장은 규모의 경제가 존재하는 산업의 특성으로 인해 A기업이 상당한 시장 지배력을 가진 전형적인 자연독점 상태에 있다. A기업이 직면하는 수요곡선과 비용에 대한 정보는 다음과 같다.

- 시장 수요곡선 : $Q = -P + 100$
- 한계수입(MR) : $-2Q + 100$
- 한계비용(MC) : 30
- 평균비용곡선(AC)은 MC곡선 위에서 우하향하는 곡선이다. (단, Q는 수량, P는 가격을 나타내며, 정부는 A기업의 생산비용에 대한 정확한 정보를 가지고 있다고 가정한다.)

정부는 A기업이 시장에서 과도한 독점력을 행사하고 있다고 판단하고, 통신 서비스 가격을 기업의 한계비용과 같아지도록 가격을 규제하고자 하였다. 이에 대해 전문가들은 ㉠ 가격을 한계비용에 맞추는 정책이 시행되면 기업의 운영이 불가능하여 지속 가능한 규제가 아니라는 의견을 제시하며, ㉡ 기업의 평균비용곡선과 수요곡선이 교차하는 지점에서의 가격($P = 50$)으로 가격 상한을 설정하는 정책을 시행할 것을 권고하였다.

작성 방법

- 규제 시행 전 A기업이 이윤을 극대화하는 가격을 쓸 것.
- 밑줄 친 ㉠의 이유를 '이윤'이라는 용어를 포함하여 서술할 것.
- 완전경쟁일 때와 비교했을 때, 밑줄 친 ㉡의 경우 A기업이 얻는 이윤과 사회적 후생손실을 순서대로 쓸 것.

📈 개념-이론 정리 | **규모의 경제와 가격규제**

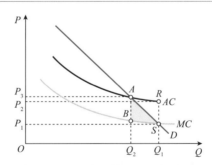

- 규모의 경제가 존재하면 그림에서처럼 평균비용(AC)곡선이 우하향하고, 한계비용(MC)곡선이 그 아래쪽에 위치한다.
- 한계비용-가격 설정 : $P = MC$가 되게 하기 위해 가격을 P_1으로 규제하게 되면 생산량은 Q_1이 되고, 이에 따라 $P = MC < AC$가 되어 자연독점기업은 $P_1 S R P_2$만큼 손실을 보게 된다. 이에 따라 생산이 계속 이루어지게끔 하기 위해서는 그 손실을 보전해 주는 보조금 지급 등의 정책수단을 고려해야 한다. 물론 $P = MC$가 되어 자원배분의 효율성은 달성될 수 있다.
- 평균비용-가격 설정 : 수요곡선과 AC곡선의 교차점(A) 수준에서 가격(P_3)을 설정하면 생산량은 Q_2가 된다. 이에 따라 $P = AC$가 되어 자연독점기업은 손실이 발생하지 않게 되어 별도의 보조금 지급 등의 정책수단을 고려할 필요가 없어진다. 그러나 $P > MC$가 되어 자원배분이 비효율적으로 이루어지게 된다. ⇒ 빗금 친 ABS만큼의 자중손실(deadweight loss)이 발생한다.

■ 문제에서 주어진 조건들을 전제로 〈그림〉으로 나타내면 다음과 같다.

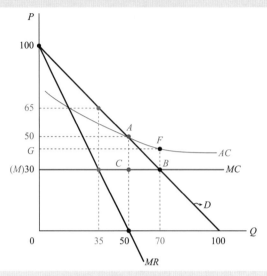

■ 이윤극대화 : $MR = MC \Rightarrow -2Q + 100 = 30 \Rightarrow 2Q = 70 \Rightarrow Q = 35 \Rightarrow P = 65$
■ ⊙ : 가격(P)을 한계비용($MC = 30$)에 맞추는 정책을 실시하게 되면 생산량(Q)은 70이 된다. 이에 따라 평균비용(점 F까지의 높이)이 한계비용(점 B까지의 높이=30)보다 ($F - B$)만큼 높기 때문에 '$P < AC$'가 성립하게 되어 A기업은 이윤을 얻지 못하고 오히려 사각형 $MBFG$만큼의 손실을 본다.
■ ⓒ : 완전경쟁에서는 '$P = MC$'가 성립하여 자원이 효율적으로 배분되고 시장생산량(Q)은 70이 된다. 그런데 $P = 50$ 수준에서 가격 상한을 실시하게 되면 시장생산량(Q)은 50이 되어 과소생산 문제가 발생하게 된다. 이에 따라 '$P = AC = 50$'이 되어 이윤은 '0'이 되며, $\triangle ABC$ 부분인 '$200 (= 20 \times 20 \times \frac{1}{2})$'만큼의 사회적 후생손실이 발생하게 된다.

응용 TEST 14

자연독점에 대한 설명으로 가장 적절한 것은?

① 생산량이 증가할수록 자연독점기업의 평균비용은 증가한다.
② 자연독점기업이 부과할 가격을 평균비용과 일치하도록 규제한다면, 이 독점기업의 이윤은 0이 되고, 자원배분의 비효율성이 초래된다.
③ 규제완화정책으로 자연독점시장에 여러 기업이 진입하여 서로 경쟁하도록 하면 개별 기업의 평균비용은 하락하게 된다.
④ 자연독점기업이 부과할 가격을 한계비용과 일치하도록 규제한다면, 이 독점기업은 양(+)의 이윤을 얻고 경제적 효율성을 달성한다.

MEMO

15 • 2006년

한 나라의 담배 시장을 '갑' 회사와 '을' 회사가 양분하고 있다. 각자의 이윤 극대화를 추구하는 두 회사는 가격 경쟁은 하지 않지만, 광고 경쟁은 하고 있다. 각 회사는 광고를 하거나 광고를 하지 않는 전략을 선택할 수 있다. 회사 간의 담합은 법으로 엄격하게 금지되어 있다. 각 회사의 광고 전략 선택에 따른 이윤 상태는 다음 보수표와 같다.

구분		갑 회사의 선택	
		광고 안 함	광고 함
을 회사의 선택	광고 안 함	갑 회사 이윤 400억 원 (상태 A) 을 회사 이윤 400억 권	갑 회사 이윤 500억 원 (상태 B) 을 회사 이윤 200억 권
	광고 함	갑 회사 이윤 200억 원 (상태 C) 을 회사 이윤 500억 권	갑 회사 이윤 300억 원 (상태 D) 을 회사 이윤 300억 권

'갑' 회사의 우월전략은 무엇이며 왜 그것이 우월전략인지를 쓰고, 이 시장에서의 우월전략 균형은 상태 A, B, C, D 가운데 어느 것인지 쓰시오.

📈 개념-이론 정리 | **우월전략 균형**

상대방이 어떤 전략을 선택하는지에 관계없이 항상 자신의 보수가 가장 커지는 전략(지배전략)을 선택하였을 때 도달하게 되는 균형을 의미한다.

---

§ 기출분석

- 우월전략은 상대방이 어떠한 선택을 한다고 하더라도 자신에게 유리한 전략을 의미한다. <u>'갑' 회사의 우월전략은 '광고 함'</u> 전략이다. 왜냐하면 '을' 회사가 '광고 안 함' 전략을 선택히는 경우 '갑' 회사는 '광고 함' 전략을 선택할 때 얻는 이윤이 더 크고(500억 원>400억 원), '을' 회사가 '광고함' 전략을 선택하는 경우에도 '갑' 회사는 '광고 함' 전략을 선택할 때 얻는 이윤이 더 크기(300억 원>200억 원) 때문이다.
- '갑' 회사가 '광고 안 함' 전략을 선택하는 경우 '을' 회사는 '광고 함' 전략을 선택할 때 얻는 이윤이 더 크고(500억 원>400억 원), '갑' 회사가 '광고 함' 전략을 선택하는 경우에도 '을' 회사는 '광고 함' 전략을 선택할 때 얻는 이윤이 더 크다(300억 원>200억 원). 따라서 '을' 회사의 우월전략 역시 '광고 함' 전략이다. 따라서 우월전략 균형은 두 회사 모두가 '광고 함' 전략을 선택하는 <u>상태 D</u>가 된다.

세계시장에서 대형항공기를 만드는 기업은 A국의 X사와 B국의 Y사만 있으며, 이 두 기업은 대형항공기를 생산할지 혹은 생산하지 않을지를 결정하는 전략적 상황에 직면해 있다. 두 기업이 대형항공기를 생산하거나 생산하지 않을 경우 다음과 같은 이윤을 얻게 된다고 가정하자. 즉, 두 기업 모두 생산을 하게 되면 적자를 보게 되지만, 한 기업만 생산을 하게 되면 독점이윤을 얻게 된다. 이제 B국은 Y사가 대형항공기 시장의 유일한 생산자가 되도록 Y사에 보조금을 지급하려고 한다. 이때 B국이 Y사에 지급해야 할 최소한의 보조금은? (단, X사가 있는 A국은 별다른 정책을 사용하지 않는다고 가정한다.)

(단위 : 백만 달러)

구분		Y사	
		생산	생산 않음
X사	생산	$(-1, -2)$	$(24, 0)$
	생산 않음	$(0, 20)$	$(0, 0)$

※ 주 : (,) 안의 숫자는 (X사의 보수, Y사의 보수)를 말한다.

MEMO

16 • 2013년

다음의 시장 상황에 대한 설명으로 옳은 것은?

어떤 작은 나라에서 두 방송국이 서로 경쟁을 벌이고 있다. 두 방송국은 주말 황금 시간대에 어떤 프로그램을 편성할지를 두고 서로 눈치를 보고 있는데 A사는 예능 프로그램과 드라마 중 하나를, B사는 스포츠 프로그램과 음악 프로그램 중 하나를 선택하려 한다.

각 방송국이 특정 프로그램을 선택하였을 때 얻게 되는 광고 수입이 <표>와 같으면 A사와 B사는 광고수입에 관한 모든 정보를 공유하고 있다.

구분		B사	
		스포츠	음악
A사	예능	A : 8억, B : 5억	A : 4억, B : 4억
	드라마	A : 3억, B : 7억	A : 5억, B : 9억

① A사의 우월전략은 예능을 선택하는 것이다.
② B사의 우월전략은 음악을 선택하는 것이다.
③ A사가 예능을, B사가 스포츠를 선택하는 것이 유일한 내쉬 균형이다.
④ B사가 음악을 선택했을 때 A사의 내쉬 균형전략은 드라마를 선택하는 것이다.
⑤ A사가 드라마를 선택했을 때 B사의 내쉬 균형전략은 스포츠를 선택하는 것이다.

📈 개념-이론 정리 | **우월전략 균형**

상대방이 어떤 전략을 선택하는지에 관계없이 항상 자신의 보수가 가장 커지는 전략(지배전략)을 선택하였을 때 도달하게 되는 균형을 의미한다.

📈 개념-이론 정리 | **내쉬 균형**

상대방의 전략을 주어진 것으로 보고 각 경기자가 자신에게 가장 유리한 전략을 선택하였을 때 도달하는 균형을 의미하며, 우월전략 균형은 단 하나만이 존재할 수 있으나 내쉬 균형은 동시에 여러 개의 균형이 존재할 수도 있다. 우월전략 균형이 존재하면 내쉬균형도 반드시 존재하고, 우월전략 균형이 존재하지 않는 경우에도 내쉬균형은 존재할 수 있다.

💲🔍 기출분석

① B사가 스포츠 프로그램을 선택하면 A사에게는 예능 프로그램이 더 유리한 전략이고, B사가 음악 프로그램을 선택하면 A사에게는 드라마 프로그램이 더 유리한 전략이다. 따라서 A사에게 우월전략은 존재하지 않는다.
② A사가 예능 프로그램을 선택하면 B사에게는 스포츠 프로그램이 더 유리한 전략이고, A사가 드라마 프로그램을 선택하면 B사에게는 음악 프로그램이 더 유리한 전략이다. 따라서 B사에게 우월전략은 존재하지 않는다.
③ (A사 프로그램, B사 프로그램) 조합에서 (예능, 스포츠), (드라마, 음악) 조합 모두가 내쉬균형에 해당한다.
⑤ A사가 드라마 프로그램을 선택했을 때 B사의 내쉬 균형전략은 스포츠 프로그램을 선택하는 것이다.

[정답 | ④]

세 명의 경기자 갑, 을, 병이 총 3만 원의 상금이 걸려 있는 대회에 참가할지 여부를 동시에 결정하는 게임을 고려하자. 경기자당 참가비용은 1만 원이다. 총 상금 3만 원은 대회에 참가한 사람에게 균등하게 배분된다. 예를 들어 갑과 을만이 대회에 참가하면 갑과 을은 각자 1만 5천 원의 상금을 받는 반면, 병은 상금을 받지 못한다. 경기자들은 자신이 받는 상금에서 대회 참가비용을 차감한 금액을 극대화하고자 한다. 다음 중 내쉬(Nash) 균형에 해당하는 경우를 모두 고르면?

㉠ 세 경기자 모두 대회에 참가한다.
㉡ 두 경기자가 대회에 참가하고, 한 경기자는 참가하지 않는다.
㉢ 한 경기자만 대회에 참가하고, 다른 두 경기자는 참가하지 않는다.
㉣ 세 경기자 모두 대회에 참가하지 않는다.

MEMO

17 ⦁ 2010년

다음 〈표〉는 A국과 B국의 교역관계에서 관세에 따른 보수행렬을 나타낸 것이다. 이에 대한 설명으로 옳은 것을 〈보기〉에서 모두 고르면? (단, 각 보수 쌍에서 왼쪽은 A국의 이득이고, 오른쪽은 B국의 이득이다.)

(단위 : 억 달러)

구분		B국의 선택	
		높은 관세	낮은 관세
A국의 선택	높은 관세	(40, 50)	(70, 40)
	낮은 관세	(20, 110)	(60, 90)

보 기

ㄱ. A국과 B국의 우월전략은 모두 높은 관세를 부과하는 것이다.
ㄴ. 내쉬(Nash) 균형은 A국과 B국 모두 낮은 관세를 부과하는 것이다.
ㄷ. A국과 B국이 자유무역협정(FTA)을 체결하여 관세를 인하할 경우, 양국 모두에게 이득이 된다.
ㄹ. A국과 B국이 높은 관세를 부과하는 상황에서 상대방 국가가 관세정책을 변경하면 양국 모두 이득이 커진다.

① ㄱ, ㄷ   ② ㄱ, ㄹ   ③ ㄴ, ㄷ   ④ ㄱ, ㄴ, ㄹ   ⑤ ㄴ, ㄷ, ㄹ

📈 개념-이론 정리 | **우월전략 균형**

상대방이 어떤 전략을 선택하는지에 관계없이 항상 자신의 보수가 가장 커지는 전략(지배전략)을 선택하였을 때 도달하게 되는 균형을 의미한다.

📈 개념-이론 정리 | **내쉬 균형**

상대방의 전략을 주어진 것으로 보고 각 경기자가 자신에게 가장 유리한 전략을 선택하였을 때 도달하는 균형을 의미하며, 우월전략 균형은 단 하나만이 존재할 수 있으나 내쉬 균형은 동시에 여러 개의 균형이 존재할 수도 있다. 우월전략 균형이 존재하면 내쉬균형도 반드시 존재하고, 우월전략 균형이 존재하지 않는 경우에도 내쉬 균형은 존재할 수 있다.

🔍 기출분석

- B국이 '높은 관세' 전략을 선택하는 경우 A국은 '높은 관세' 전략을 선택할 때 얻는 이득이 더 크고(40>20), B국이 '낮은 관세' 전략을 선택하는 경우에도 A국은 '높은 관세' 전략을 선택할 때 얻는 이득이 더 크다(70>60). 따라서 A국의 우월전략은 '높은 관세' 전략이다. 한편 A국이 '높은 관세' 전략을 선택하는 경우 B국은 '높은 관세' 전략을 선택할 때 얻는 이득이 더 크고(50>40), A국이 '낮은 관세' 전략을 선택하는 경우에도 B국은 '높은 관세' 전략을 선택할 때 얻는 이득이 더 크다(110>90). 따라서 A국의 우월전략은 역시 '높은 관세' 전략이다(ㄱ).
- 예컨대 양국 모두 '낮은 관세' 전략을 선택하고 있는 상태에서 A국이 독자적으로 '높은 관세' 전략으로 선택전략을 바꾸면 A국은 이전에 비해 더 큰 이득(60 ⇒ 70)을 얻을 수 있다. 이에 따라 양국 모두가 '낮은 관세' 전략을 선택하는 상태는 더 이상 유지될 수 없게 되어 내쉬 균형을 달성할 수 없게 된다(ㄴ).
- 양국 모두가 '높은 관세'에서 '낮은 관세'로 전략을 수정하면 A국은 20만큼(40 ⇒ 60) 이득이 증가하게 되고, B국은 40만큼(50 ⇒ 90) 이득이 증가하게 된다(ㄷ).
- 예컨대 A국과 B국이 '높은 관세'를 부과하는 상황에서 B국이 '낮은 관세' 전략으로 수정하면 A국은 이득이 30만큼 (40 ⇒ 70) 증가하지만, B국은 오히려 이득이 10만큼(50 ⇒ 40) 감소하게 된다(ㄹ).   [정답 | ①]

두 명의 경기자 A와 B는 어떤 업무에 대해 '태만'(노력수준＝0)을 선택할 수도 있고, '열심'(노력수준＝1)을 선택할 수도 있다. 단, '열심'을 선택하는 경우 15원의 노력비용을 감당해야 한다. 다음 〈표〉는 사회적 총 노력수준에 따른 각 경기자의 편익을 나타낸 것이다. 두 경기자가 동시에 노력수준을 한 번 선택해야 하는 게임에서 순수전략 내쉬(Nash) 균형은?

사회적 총 노력수준 (두 경기자의 노력수준의 합)	0	1	2
각 경기자의 편익	1원	11원	20원

MEMO

다음은 두 기업이 경쟁하는 시장 상황에 관한 자료이다. 〈작성 방법〉에 따라 서술하시오.

두 기업 갑과 을이 동시에 '협력' 또는 '배신' 중 하나의 전략을 선택하여 경쟁한다. 만약 두 기업 모두 '협력'하면 각 기업은 4억 원의 이윤을 얻고, 두 기업 모두 '배신'하면 각 기업은 1억 원의 이윤을 얻는다. 만약 한 기업은 '협력'하지만 다른 기업이 '배신'하는 경우 협력한 기업은 0원의 이윤을, 배신한 기업은 5억 원의 이윤을 얻는다. 이 상황을 다음과 같이 나타낼 수 있다.

구분		을	
		협력	배신
갑	협력	(4, 4)	(0, 5)
	배신	(5, 0)	(1, 1)

작성 방법

• 이 상황에서 우월전략 균형(dominant strategy equilibrium)을 찾아 쓰고, 그것이 내쉬 균형(Nash equilibrium)인 이유를 서술할 것.
• 이 상황이 가리키는 게임의 명칭을 쓸 것.

📈 개념-이론 정리 | '범죄인의 딜레마(Prisner's Dilemma)' 게임

1. 가정
   ① 두 용의자 사이의 의사소통(협조)은 불가능하다.
   ② 단 한 번의 시행만 이루어진다.

2. 결과
   ① 용의자의 딜레마는 '정보의 불완전성' 때문이 아니고 '개인의 이기심'에 의해 발생하는 현상이다. 즉 개인의 합리성과 집단적 합리성 사이의 차이에서 딜레마의 문제가 발생한다.
   ② 만약 두 사람 사이에 의사소통이 가능해지면 주어진 보수행렬 중에서 모두에게 유리한 전략을 선택하게 되지만, 의사소통이 불가능하면 각각의 용의자는 자신의 우월전략을 선택하게 된다.

3. 의의
   ① 카르텔의 불안정성을 설명할 수 있다.
   ② 과점기업들의 가격인하경쟁, 국가 간 관세장벽을 높이는 경쟁, 국가 간 군비 확장경쟁 등을 설명할 수 있다.

💲 기출분석

■ 갑의 우월전략 : 배신전략
   ∵ 을이 '협력'하는 경우 협력(=이윤 4)보다 배신(=이윤 5)이 유리한 전략이고, 을이 '배신'하는 경우 협력(=이윤 0)보다 배신(=이윤 1)이 유리한 전략이다. 따라서 갑은 을이 어떠한 전략을 선택해도 '배신'하는 것이 유리하므로, 갑의 우월전략은 '배신'전략이다.

- **을의 우월전략 : 배신전략**
  ∵ 갑이 '협력'하는 경우 협력(=이윤 4)보다 배신(=이윤 5)이 유리한 전략이고, 갑이 '배신'하는 경우 협력(=이윤 0)보다 배신(=이윤 1)이 유리한 전략이다. 따라서 을은 갑이 어떠한 전략을 선택해도 '배신'하는 것이 유리하므로, 을의 우월전략은 '배신'전략이다.
- **우월전략균형** : '(갑의 전략, 을의 전략)=(배신, 배신)'에서 이루어지고 이때 두 기업의 이윤은 '(갑의 이윤, 을의 이윤)=(1,1)'이 된다.
- **이유** : 내쉬 균형(Nash equilibrium)은 두 기업 모두가 상대방이 현재의 전략을 고수하는 한, 일방적으로 자신의 전략을 바꾼다 하더라도 기존의 보수보다 더 나아지지 않을 때, 계속해서 자신도 기존의 전략을 유지하는 경우 성립한다. 우월전략 균형에서 을이 '배신'전략을 고수하는 한 갑에게는 배신(=이윤 1)보다 협력(=이윤 0)이 더 나은 전략일 수 없으므로 갑은 기존의 '배신'전략을 고수하게 된다. 반대로 갑이 '배신'전략을 고수하는 한 을에게는 배신(=이윤 1)보다 협력(=이윤 0)이 더 나은 전략일 수 없으므로 을은 기존의 '배신'전략을 고수하게 된다. 따라서 '(갑의 전략, 을의 전략)=(배신, 배신)'은 우월전략 균형이면서 내쉬 균형이 된다.
- **'범죄인의 딜레마(Prisner's Dilemma)' 게임**
  범죄인의 딜레마는 과점시장에서 서로 담합(협력전략 선택)을 하기로 한 당사자들이 막상 의사결정을 할 때는 담합약속을 지키는 것보다는 위반(배신전략 선택)하는 것이 더 유리하다는 판단하에 담합 약속을 어김으로써 당사자 간에 사전 담합 내용이 잘 지켜지지 않고 담합이 쉽게 이루어지기도 하지만 쉽게 깨지는 것을 비유적으로 설명한 예이다. 다만 죄수의 딜레만 상황이 무한 반복되는 경우에는 담합 약속을 위반하게 되면 동일한 다음 상황에서는 상대방에게 보복을 당할 수 있다는 두려움 때문에 쉽게 담합 약속을 위반할 수 없어 상대적으로 참가자들 간의 협조가 잘 이루어지게 된다.

응용 TEST 18 ✏️

죄수의 딜레마(Prisoner's dilemma) 모형에 대한 설명으로 옳은 것은?

① 우월전략이 존재하지 않는다.
② 완전경쟁시장에서의 기업 간 관계를 잘 설명할 수 있다.
③ 죄수의 딜레마 상황이 무한 반복되는 경우 참가자들 간의 협조가 더 어려워진다.
④ 과점기업들이 공동행위를 통한 독점이윤을 누리기 어려운 이유를 잘 설명할 수 있다.

MEMO

06 | 분배이론

CHAPTER

01 • 1992년

노동투입량과 총생산량과의 관계가 다음 〈표〉와 같을 때, 최적 노동투입 수준은?

노동투입량	5	6	7	8	9	10
총생산량	700	830	950	1,060	1,160	1,250

(노동 1단위 가격 : 10,000원, 재화 1단위 가격 : 100원)

① 6 단위
② 7 단위
③ 8 단위
④ 9 단위

📈 개념-이론 정리 | **한계수입생산물(marginal revenue product of factor : MRP_f)**

생산요소를 한 단위 더 투입할 때 기업이 얻는 총수입의 증가분을 의미하며, 생산요소의 한계생산물에 생산물의 한계수입을 곱한 값으로 나타낸다.

$$MRP_L = \frac{\Delta TR}{\Delta L} = \frac{\Delta TR}{\Delta Q} \times \frac{\Delta Q}{\Delta L} = MR \times MP_L$$

결국 MRP_L는 노동을 1단위 더 추가적으로 투입할 때 생산량은 얼마나 더 증가하고, 이러한 추가적인 생산의 증가로 총수입은 얼마나 더 증가하는가를 보여준다.

📈 개념-이론 정리 | **한계요소비용(marginal factor cost : MFC)**

생산요소를 한 단위 더 투입할 때 기업이 부담하는 총비용의 증가분 ⇒ 생산요소의 한계생산물에 한계비용을 곱한 값으로 나타낸다.

$$MFC = \frac{dTC}{dL} = \frac{dQ}{dL} \times \frac{dTC}{dQ} = MP \times MC$$

📈 개념-이론 정리 | **생산요소시장의 이윤극대화 조건**

$$한계수입생산물(MRP) = 한계요소비용(MFC)$$

기출분석

- 시장에 관한 전제 조건이 주어져 있지 않으므로 생산물시장과 노동시장은 모두 완전경쟁시장이라고 가정한다. 이 경우 최적 노동투입 수준은 다음 조건을 충족해야 한다.

  - $MRP_L(=VMP_L)=MFC(=w) \Rightarrow MR(=P)\times MP_L=w$
    $\Rightarrow 100\times MP_L=10,000 \Rightarrow MP_L=100$
  - MRP_L는 노동의 한계수입생산, VMP_L은 노동의 한계생산물가치, MFC는 한계요소비용, w은 임금(=노동의 가격), MP_L은 노동의 한계생산이다.

- 주어진 〈표〉에서 노동투입량이 8단위에서 9단위로 1단위가 추가적으로 투입될 때, 총생산량은 1,060에서 1,160으로 100만큼 증가하고 있다. 이것은 노동을 9단위 투입할 때 노동의 한계생산(MP_L)이 100이 된다는 것을 보여준다.

[정답 | ④]

응용 TEST 1

A기업의 단기생산함수가 다음과 같을 때, 완전경쟁시장에서 A기업은 이윤을 극대화하는 생산수준에서 노동 50단위를 고용하고 있다. 노동 한 단위당 임금이 300일 경우, 이윤을 극대화하는 생산물 가격은? (단, 노동시장은 완전경쟁시장이고, Q는 생산량, L은 노동이다.)

A기업의 단기생산함수 : $Q(L)=200L-L^2$

MEMO

Part 01. 미시경제학

다음의 가상 시나리오에서 최저임금제 도입 이전과 이후에 유통업체 B사가 A국에서 고용한 노동량과 지불한 임금총액은 각각 얼마인지를 구하고, 이 분석의 결론을 간략히 쓰시오.

유럽연합 내의 작은 농업국인 A국에 대형 다국적기업 유통업체 B사가 A국 국민만을 고용하는 조건으로 대형 마켓을 입점시켰다고 하자. B사는 경쟁이 치열한 유럽연합 내의 유통시장에서 유리한 입지를 점하기 위하여 유럽연합의 많은 나라들과 국경을 맞대고 있는 A국을 선택하였는데, A국에는 다른 기업은 전혀 없으며, 외부로부터의 추가적인 노동인구 유입도 없다고 가정한다. 그래프의 곡선 (가), (나), (다)는 각각 B사의 한계요소비용곡선, A국의 노동공급곡선, 노동의 한계생산물가치곡선(B사의 노동수요곡선)이다. (가)와 (나)의 식에서도 유출할 수 있듯이 A국의 노동공급곡선은 B사의 입장에서는 평균요소비용곡선과 같다. 요소시장이 완전경쟁적이라면 고용량과 임금은 노동수요곡선과 노동공급곡선이 만나는 L_0, w_0에서 결정되겠지만, B사와 같이 요소시장에서 수요독점적인 기업은 한계생산물가치와 한계요소비용이 같아지는 수준인 L_1, w_1에서 고용량과 임금을 정한다.

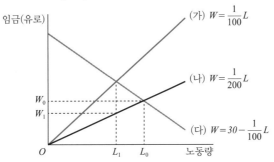

1년 후 다른 모든 조건은 변화가 없는 상황에서 A국 정부는 인근 유럽연합 국가들이 최저임금 수준과 유사한 10유로로 최저임금제를 도입하였다.

📈 개념-이론 정리 | **생산물시장 완전경쟁 + 요소시장 (수요)독점**

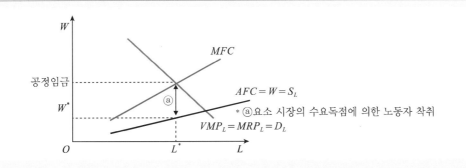

생산물시장에서 완전경쟁기업이고 생산요소시장에서 수요독점기업은 이윤극대화를 달성하기 위해서 다음과 같은 수준에서 생산요소 투입량을 결정한다.

$$VMP_L(\text{한계생산물가치}) = MRP_L(\text{한계수입생산물}) = MFC(\text{한계요소비용}) > \text{생산요소가격}(\text{임금}: W^*)$$

■ 문제에서 주어진 조건들을 반영하여 〈그림〉으로 나타내면 다음과 같다.

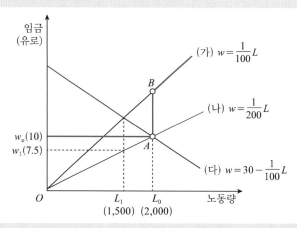

■ 주어진 〈그림〉에서 한계요소비용(MFC) 곡선은 (가), 평균요소비용(AFC) 곡선이자 노동공급(S) 곡선은 (나), 노동수요($D = MRP$) 곡선은 (다)이다.

■ 최저임금제 도입 이전의 균형 노동고용량은 '$MRP = MFC$' 조건을 만족시키는 수준에서 '$L_1 = 1,500$'이 되며, 이때 시장 균형임금은 '$W_1 = 7.5$(유로)'가 된다. 이에 따라 지불하게 되는 임금총액은 '$11,250(= 7.5 \times 1,500)$유로'가 된다.

■ A국 정부가 '$W_0 = 10$(유로)' 수준에서 최저임금을 실시하게 되면 새로운 MFC는 'W_0AB(가)'를 연결하는 곡선이 된다. 따라서 새로운 균형은 A점에 이루어지고 균형 노동고용량은 '$L_0 = 2,000$'이 된다. 이에 따라 지불하게 되는 임금총액은 '$20,000(= 10 \times 2,000)$ 유로'가 된다.

■ A국 정부가 최저임금제를 도입했음에도 불구하고 노동고용은 이전에 비해 오히려 500단위만큼 증가하였다. 이것은 적정 수준의 최저임금제 도입은 노동고용량의 감소를 초래하지 않음을 보여준다.

응용 TEST 2 ✎

기업 A는 노동에 대한 수요를 독점하고 있다. A의 노동의 한계수입생산은 $MRP_L = 8,000 - 10L$이며, 노동공급곡선은 $W = 2,000 + 5L$이다. 이때 정부가 최저임금제를 도입하여 최저임금을 4,500으로 설정한 경우에 대한 설명으로 옳은 것은? (단, L은 노동량, W는 단위임금이다.) 단, 생산물시장은 완전경쟁시장이다.

① 최저임금 도입 이전의 균형에서 고용량은 450이다.
② 최저임금 도입 이전의 균형에서 한계수입생산과 임금은 동일하다.
③ 최저임금 도입으로 고용량이 감소한다.
④ 최저임금 도입 이후에 균형에서의 한계수입생산은 최저임금 도입 이전보다 감소한다.

MEMO

03 • 1993년

노동조합이 없는 경우, 생산물시장에서의 독점기업이 생산요소시장에서도 요소 수요를 독점하고 있을 때, 이윤극대화를 위한 균형조건은?

① 한계생산물 가치 = 한계 수입 생산물 = 한계 요소비용 > 생산요소 가격 : 임금 수준은 부정(不定)
② 한계생산물 가치 > 한계 수입 생산물 = 한계 요소비용 > 생산요소 가격 : 임금 수준은 부정(不定)
③ 한계생산물 가치 > 한계 수입 생산물 = 한계 요소비용 > 생산요소 가격
④ 한계생산물 가치 > 한계 수입 생산물 > 한계 요소비용 > 생산요소 가격

📈 개념-이론 정리 | 생산물시장 (공급)독점 + 요소시장 (수요)독점

균형수준($MRP = MFC$)에서 한계생산물가치(VMP_L)가 생산요소 가격(W^*)보다 높아 생산요소가격이 공정임금(W_F)보다 낮게 결정된다. 이 경우 ⓐ만큼의 공급독점적 착취, ⓑ만큼의 수요독점적 착취가 발생하게 된다.

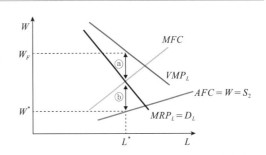

💲 기출분석

생산물시장에서의 독점기업이 생산요소시장에서도 요소 수요를 독점하고 있을 때, 균형수준에서는 다음과 같은 관계가 성립하게 된다.

VMP_L(한계생산물가치) > MRP_L(한계수입생산물) = MFC(한계요소비용) > 생산요소가격(임금 : W^*)

[정답 | ③]

응용 TEST 3 📝

어떤 생산요소를 한 기업만이 구매하는 요소시장을 고려하자. 이 요소시장을 분석한 것으로 가장 옳은 것은? 단, 생산물시장은 완전경쟁적이다.

① 이윤극대화 요소투입량에서 이 기업은 요소공급자들이 받고자 하는 요소가격(Wa)을 지불하지 않고, 이 기업 자신이 지불하고자 하는 요소가격(Wb)을 지불하며, Wa와 Wb의 차이를 '수요독점적 착취'라 한다.
② 이 기업의 이윤극대화 요소투입량에서 이 기업은 자신이 지불할 용의가 있는 요소가격을 지불하지 않고, 요소공급자들이 최소한 받고자 하는 요소가격을 지불한다.
③ 이 기업이 요소투입량을 한 단위 증가시킬 때 지불하고자 하는 총요소비용의 증가분을 나타내는 곡선은 이 요소의 공급곡선 아래에 있다.
④ 이 요소시장에 정부가 개입하여 이 요소의 가격을 규제하더라도 자원 배분의 효율성은 개선되지 않는다.

어떤 생산요소에 대한 보수가 전부 렌트(rent)인 경우를 옳게 나타내고 있는 것은?

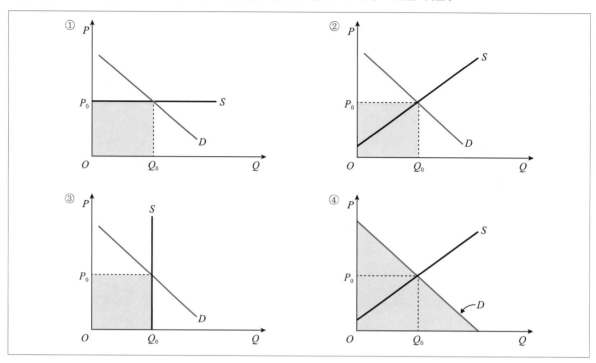

개념-이론 정리 | **이전수입과 경제 지대(rent)**

1. **이전수입** : 한 생산요소를 다른 재화의 생산에 전용하지 않고 현재의 용도 그대로 사용하도록 하기 위해 지급해야 할 최소한의 지급액(=전용수입, transfer earnings, 요소의 기회비용)을 의미한다.
2. **경제지대(rent)** : 이전수입을 초과하여 실제로 생산요소에게 지급되는 차액을 의미한다.

> 한 요소의 경제지대(rent)=그 요소가 받는 총 보수-이전 수입

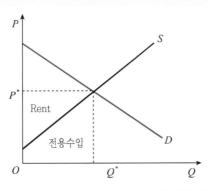

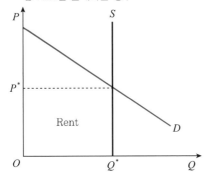

⊙ Rent만 존재하는 경우

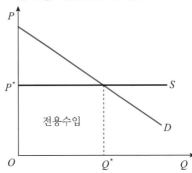

ⓛ 전용수입만 존재하는 경우

기출분석

요소공급곡선이 수직인 경우 요소에 대한 총보수는 모두 렌트(rent)에 해당한다. 반면에 요소공급곡선이 수평인 경우 요소에 대한 총보수는 모두 전용수입에 해당한다(⊙). [정답 | ③]

응용 TEST 4

다음 중 경제지대에 관한 설명 중 옳은 것은?

① 일반적으로 지대추구행위는 수요측면의 확대를 도모하고자 하는 행위를 말한다.

② 요소공급곡선이 수직인 경우 요소에 대한 총보수는 모두 전용수입에 해당한다.

③ 공급곡선이 수평에 가까울수록 경제지대는 줄어든다.

④ 전용수입(이전수입)이 커질수록 경제지대도 커진다.

MEMO

다음 글을 읽고 〈작성 방법〉에 따라 서술하시오.

> ㉠ 10분위분배율은 상이한 소득계층 간에 총소득이 어떻게 분배되어 있는가를 진단할 수 있는 대표적인 지표 중 하나이다. 한 나라의 전체 가계를 소득수준에 따라 최하위 가계에서 최상위 가계까지 배열하였다고 하자. 이렇게 정렬한 가계들을 10등분하고 등분된 계층별 소득분포자료로부터 분배의 불평등도를 측정한다. 10분위분배율은 이러한 계층별 소득분포자료에서 (㉡)을/를 (㉢)(으)로 나눈 값을 말한다. 10분위분배율은 특정 소득계층의 소득분배 상태에 중점을 두기 때문에, 전 소득계층의 소득분배 상태를 진단할 때에는 로렌츠 곡선과 ㉣ 지니계수를 사용한다. 로렌츠 곡선은 계층별 소득분포자료에서 가계의 누적비율과 소득의 누적점유율 사이의 대응관계를 〈그림〉으로 나타낸 것이며, 지니계수는 로렌츠 곡선에서의 소득분배 상태를 숫자로 표시한 것이다.

작성 방법

- 괄호 안의 ㉡, ㉢에 해당하는 내용을 순서대로 쓸 것.
- 밑줄 친 ㉠이 작아진다면 소득분배 상태가 어떻게 변하는지를 서술할 것.
- 밑줄 친 ㉣이 작아진다면 소득분배 상태가 어떻게 변하는지를 서술할 것.

📈 개념-이론 정리 | **10분위분배율(deciles distribution ratio)**

1. **의의** : 가계의 소득계층을 10등분하여 상위 20%의 소득과 하위 40%의 소득을 비교하여 불평등을 측정하는 방법을 말한다.

$$10분위분배율(d) = \frac{최하위\ 40\%\ 소득계층의\ 소득(점유율)}{최상위\ 20\%\ 소득계층의\ 소득(점유율)}$$

2. **평가**
   ① 10분위분배율의 수치는 $0 \leq d \leq 2$의 값을 가지며, 그 값이 클(작을)수록, 소득분배는 균등(불균등)하다고 한다.
   ② 소득 재분배정책의 주요 대상인 최하위 40% 소득계층의 소득분배상태를 상위소득계층과 대비시켜 나타내고 있다.

📈 개념-이론 정리 | **로렌츠 곡선(Lorenz curve)**

1. **의의** : 계층별 소득분포자료에서 인구의 누적비율과 소득의 누적점유율 사이의 대응관계를 그래프로 표시하여 불평등을 측정하는 방법을 말한다.
2. **측정**
   ① OO′와 같은 대각선 : 소득의 완전 균등 분배
   ② OTO′와 같은 직각선 : 소득의 완전 불균등 분배
   ③ 현실적인 경우 : 대각선과 직각선 사이의 곡선
   ④ 소득분배의 불평등도가 높을수록 Lorenz 곡선은 아래로 더 휘어지게 그려진다.
3. **평가**
   ① 소득 분배 상태를 〈그림〉으로 나타내므로 단순명료하다.
   ② 만약 두 곡선들이 교차한다면 어느 쪽이 대각선에 더 가까운가의 비교는 의미가 없다.
   ③ 로렌츠 곡선이 대각선에 가까워질수록 소득분배가 평등해지나 그 정도는 알 수 없다.

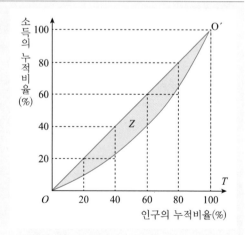

📈 개념-이론 정리 | 지니 집중 계수(Gini coefficient)

1. **의의** : Lorenz 곡선의 단점을 보완하기 위해서 Lorenz 곡선이 나타내는 바를 계량화하여 불평등을 측정하는 방법을 말한다.

$$지니계수(G) = \frac{Z의\ 면적}{\triangle OTO'의\ 면적}\ (앞의\ 로렌츠\ 곡선을\ 가정한다)$$

2. **평가**
   ① 지니계수의 수치는 $0 \leq G \leq 1$의 값을 가지며, 그 값이 클(작을)수록, 소득분배는 불균등(균등)하다고 평가한다.
   ② 소득분배가 완전균등하면 $G = 0$이고, 소득분배가 완전 불균등하면 $G = 1$이 된다.
   ③ 지니계수가 같다고 해서 두 나라의 평등도가 같다고 할 수는 없다. 특히 로렌츠 곡선이 교차하게 되면 측정 결과의 유의성이 떨어진다.

💲 기출분석

- 괄호 안의 ⓛ, ⓒ에 해당하는 내용을 순서대로 쓸 것.
  ⇒ ⓛ : 하위 계층 40% 소득의 누적적 합, ⓒ : 상위 계층 20% 소득의 누적적 합
- 밑줄 친 ㉠이 작아진다면 소득분배 상태가 어떻게 변하는지를 서술할 것.
  ⇒ 소득분배의 불평등도 정도가 이전에 비해 더욱 악화된다.
- 밑줄 친 ㉣이 작아진다면 소득분배 상태가 어떻게 변하는지를 서술할 것.
  ⇒ 소득분배의 불평등도 정도가 이전에 비해 개선된다.

응용 TEST 5 📝

다음 중 소득 불평등 지표에 대한 설명으로 옳지 않은 것은?
① 10분위분배율의 값이 커질수록 더 평등한 분배 상태를 나타낸다.
② 로렌츠 곡선이 대각선과 일치할 경우 지니 계수는 0이다.
③ 지니 계수가 $\frac{1}{2}$이면 소득 분배가 완전히 균등하다.
④ 지니 계수의 값이 커질수록 더 불평등한 분배 상태를 나타낸다.

MEMO

다음 〈표〉에서 1995년과 2001년의 10분위분배율을 소수 둘째자리까지 계산한 후, 상대적으로 소득 분배가 더 불평등한 연도를 쓰고 그 판단 근거를 2줄 이내로 쓰시오. (단, 계산식을 쓰고 소수 셋째자리는 버림)

〈도시근로자 가구 소득 10분위별 소득 분포〉　　　　(단위 : %)

분위 ＼ 연도	1995	2001
1 분위	3.3	2.9
2 분위	5.2	4.6
3 분위	6.2	5.7
4 분위	7.2	6.8
5 분위	8.2	7.8
6 분위	9.3	9.1
7 분위	10.6	10.5
8 분위	12.3	12.3
9 분위	14.9	15.0
10 분위	22.6	25.4

● 1995년의 10분위분배율 : 계산식 (　　　　　　　　　　　　) 답 (　　　　　　　)

● 2001년의 10분위분배율 : 계산식 (　　　　　　　　　　　　) 답 (　　　　　　　)

● 소득분배불평등이 더 심한 연도와 더 심하다고 할 수 있는 근거 :

📈 개념-이론 정리 | **10분위분배율(deciles distribution ratio)**

1. **의의** : 가계의 소득계층을 10등분하여 상위 20%의 소득과 하위 40%의 소득을 비교하여 불평등을 측정하는 방법을 말한다.

$$10분위분배율(d) = \frac{\text{최하위 40\% 소득계층의 소득(점유율)}}{\text{최상위 20\% 소득계층의 소득(점유율)}}$$

2. **평가**
   ① 10분위분배율의 수치는 $0 \leq d \leq 2$의 값을 가지며, 그 값이 클(작을)수록, 소득분배는 균등(불균등)하다고 한다.
   ② 소득 재분배정책의 주요 대상인 최하위 40% 소득계층의 소득분배상태를 상위소득계층과 대비시켜 나타내고 있다.

■ 10분위분배율(D_{10})은 다음과 같이 측정된다.

$$D_{10} = \frac{\text{하위 계층 40\% 소득누적합계}}{\text{상위 계층 20\% 소득누적합계}}$$

■ 앞의 식을 전제로 1995년과 2001년의 10분위분배율을 도출하면 다음과 같다.

- 1995년 10분위분배율 : $D_{10} = \dfrac{3.3+5.2+6.2+7.2}{14.9+22.6} = \dfrac{21.9}{37.5} = 0.58$

- 2001년 10분위분배율 : $D_{10} = \dfrac{2.9+4.6+5.7+6.8}{15.0+25.4} = \dfrac{20}{40.4} = 0.49$

■ 소득분배가 평등할수록(불평등할수록) 10분위분배율은 커진다(작아진다). 2001년의 10분위분배율이 1995년의 10분위분배율보다 작아졌으므로(0.58 ⇒ 0.49) 2001년이 1995년에 비해 소득분배 불평등이 더 심한 연도라고 할 수 있다.

응용 TEST 6 ✎

A국, B국, C국의 소득분위별 소득점유비중이 다음과 같다. 소득분배에 관한 설명으로 옳은 것은? (단, 1분위는 최하위 20%, 5분위는 최상위 20%의 가구를 의미한다.)

	A국	B국	C국
1분위	0	20	6
2분위	0	20	10
3분위	0	20	16
4분위	0	20	20
5분위	100	20	48

① A국은 B국보다 소득분배가 상대적으로 평등하다.
② B국은 C국보다 소득분배가 상대적으로 불평등하다.
③ C국의 10분위분배율은 $\dfrac{1}{8}$이다.
④ A국의 지니계수는 0이다.
⑤ B국의 지니계수는 A국의 지니계수보다 작다.

MEMO

다음 자료에 대한 설명으로 옳지 않은 것은?

어떤 나라의 소득분배 상황을 나타내는 로렌츠 곡선을 작성하려 한다. *B*, *C*, *D*, *E* 점은 각각 로렌츠 곡선이 지나갈 수 있는 점들을 표시하고 있으며, *ACF*와 *ADF*는 각각 가능한 로렌츠 곡선을 나타낸다.

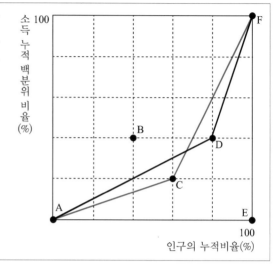

① 로렌츠 곡선이 *B*점을 지난다면 *D*점은 지날 수 없다.
② 로렌츠 곡선이 *B*점을 지난다면 지니계수는 0이다.
③ 로렌츠 곡선이 *E*점을 지난다면 10분위분배율은 0이다.
④ *ACF*의 지니계수와 *ADF*의 지니계수는 같다.
⑤ *ACF*의 10분위분배율은 *ADF*의 10분위분배율보다 크다.

📈 개념-이론 정리 | **로렌츠 곡선(Lorenz curve)**

1. **의의** : 계층별 소득분포자료에서 인구의 누적비율과 소득의 누적 점유율 사이의 대응관계를 그래프로 표시하여 불평등을 측정하는 방법을 말한다.
2. **측정**
   ① OO′와 같은 대각선 : 소득의 완전 균등 분배
   ② OTO′와 같은 직각선 : 소득의 완전 불균등 분배
   ③ 현실적인 경우 : 대각선과 직각선 사이의 곡선
   ④ 소득분배의 불평등도가 높을수록 Lorenz 곡선은 아래로 더 휘어지게 그려진다.
3. **평가**
   ① 소득 분배 상태를 〈그림〉으로 나타내므로 단순명료하다.
   ② 만약 두 곡선들이 교차한다면 어느 쪽이 대각선에 더 가까운가의 비교는 의미가 없다.
   ③ 로렌츠 곡선이 대각선에 가까워질수록 소득분배가 평등해지나 그 정도는 알 수 없다.

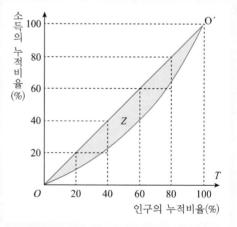

① 로렌츠 곡선이 B점을 지나면서도 D점을 지난다는 것은 인구누적 40%에서부터 80%에 해당하는 사람들의 소득점유율이 '0%'라는 의미이다. 그런데 이들은 이전 인구누적비율에 해당하는 사람들보다 소득이 높은 사람들이다. 따라서 이것은 불가능하다.

② 로렌츠 곡선이 B점을 지난다면 로렌츠 곡선은 대각선이라는 의미이다. 로렌츠 곡선이 대각선일 때 지니계수는 0이다.

③ 로렌츠 곡선이 E점을 지난다면 로렌츠 곡선은 완전불평등선이라는 의미이다. 완전불평등이라는 것은 모든 소득을 한 사람이 전부 차지하고 있다는 의미이다. 따라서 10분위분배율은 0이다.

④ 대각선과 ACF로 이루어지는 삼각형의 넓이와 대각선과 ADF로 이루어지는 삼각형의 넓이는 동일하다. 따라서 ACF의 지니계수와 ADF의 지니계수는 같다.

⑤ ACF의 10분위분배율과 ADF의 10분위분배율은 각각 다음과 같다.

- ACF : $\dfrac{하위\ 40\%\ 소득점유율}{상위\ 20\%\ 소득점유율} = \dfrac{40/3}{40} = \dfrac{1}{3}$

- ADF : $\dfrac{하위\ 40\%\ 소득점유율}{상위\ 20\%\ 소득점유율} = \dfrac{20}{60} = \dfrac{1}{3}$

따라서 ACF의 10분위분배율과 ADF의 10분위분배율은 동일하다.

[정답 | ⑤]

응용 TEST 7

소득분배의 상태를 평가하기 위한 척도로서 지니계수가 널리 사용되고 있다. 어떤 국가의 소득이 국민 절반에게만 집중되어 있고 그들 사이에서는 균등하게 분포되어 있다면, 지니계수의 값은?

MEMO

07 | 일반균형과 시장의 실패

01 ● 1997년

시장 경제체제에서는 가격기구에 의해 자원배분의 최적화가 달성된다. 완전경쟁시장에서 소비자원과 생산자원의 최적배분이 동시에 이루어지는 일반균형의 조건에 대하여 '한계'와 '상대가격' 개념을 이용하여 300자 이내로 그림 없이 설명하시오.

📈 개념-이론 정리 | 일반균형조건

소비자는 자신들의 효용극대화를 위해 $MRS_{XY} = \dfrac{P_X}{P_Y}$가 성립하는 점에서 소비를 결정한다. 또한 완전경쟁시장에서는 모든 소비자에 대해 제품가격이 P_X, P_Y로 동일하므로 다음 식이 성립한다.

$$MRS_{XY}^{A} = \frac{P_X}{P_Y} = MRS_{XY}^{B}$$

또한 생산가능곡선상의 접선의 기울기인 MRT_{XY}는 Y재로 나타낸 X재의 기회비용이고, 완전경쟁시장에서는 $P_X = MC_X$, $P_Y = MC_Y$가 성립하므로 다음과 같이 나타낼 수 있다.

$$MRT_{XY} = \frac{\triangle Y}{\triangle X} = \frac{\triangle Y}{\triangle X} \times \frac{\triangle TC}{\triangle TC} = \frac{\triangle TC/\triangle X}{\triangle TC/\triangle Y} = \frac{MC_X}{MC_Y} = \frac{P_X}{P_Y}$$

결국 앞의 두 식들을 고려하면 다음 식이 성립한다.

$$MRT_{XY} = MRS_{XY}^{A} = MRS_{XY}^{B}$$

💲 기출분석

2 소비자, 2 재화, 2 생산요소인 경제를 가정하자. 만약 소비자원의 최적 배분이 달성되기 위해서는 두 소비자의 두 재화에 대한 무차별곡선의 (접선)기울기인 한계대체율(MRS_{XY})이 일치해야 하며, 생산자원의 최적 배분이 달성되기 위해서는 두 상품에 대한 등량곡선의 (접선)기울기인 기술적 한계대체율($MRTS_{LK}$)이 일치해야 한다. 생산자원의 최적 배분이 이루어지는 배합점들을 산출물 공간으로 옮겨 나타내면 생산가능곡선을 도출할 수 있다. 이러한 생산가능곡선의 (접선)기울기가 한계변환율(MRT_{XY})이다. 이에 따라 소비자원과 생산자원의 최적 배분이 동시에 달성하기 위해서는 두 재화의 한계대체율과 두 재화의 한계변환율(MRT_{XY})이 일치해야 한다.

응용 TEST 1 ✐

다른 조건이 동일할 때 A에게는 X재 1단위가 추가(감소)된 경우와 Y재 2단위가 추가(감소)될 때 동일한 효용의 증가(감소)가 나타나고, B에게는 Y재 1단위가 추가(감소)된 경우와 X재 3단위가 추가(감소)된 경우에 동일한 효용의 증가(감소)가 나타난다. 다음 중 옳은 설명은?

① 현 상태는 파레토 최적상태이다.

② 현 상태에서 A, B의 X재, Y재에 대한 한계대체율은 같다.

③ A의 경우에 Y재의 한계효용은 X재의 한계효용보다 크다.

④ A와 B의 X재와 Y재로부터 각각 발생하는 한계효용의 비율은 같다.

⑤ A가 Y재 1단위를 B에게 양도하고 X재 1단위를 받으면 현 상태가 개선될 수 있다.

MEMO

02 • 1996년

시장 기구가 자원의 최적 배분을 이루지 못하는 시장실패에 대한 설명으로 잘못된 것은?

① 규모의 경제가 존재할 때 기업이 완전 경쟁적으로 행동하면 가격이 평균비용보다 적어 손해를 본다.

② 공공재는 무임승차, 비경합성 등으로 수요가 사회적 최적 수준보다 적게 나타나고 공급을 어렵게 한다.

③ 외부경제(external economy)가 발생하면 사회적 비용이 사적 비용보다 크고, 사회적 최적 생산량보다 과다하게 생산하게 된다.

④ 경제주체들 간의 비대칭적 정보(asymmetric information)가 발생하거나 경제 현상에 대한 불확실성이 존재할 때도 시장실패가 나타날 수 있다.

📈 개념-이론 정리 | 시장의 실패

완전한 시장정보가 보장되는 경쟁시장에서는 '$P = MC$' 수준에서 자원의 최적 배분이 달성된다. 반면에 시장정보가 불완전하거나, 경제주체 간의 경쟁이 제한되는 경우에는 자원의 최적 배분 달성이 이루어지지 않게 되는 '시장의 실패'가 나타나게 된다. 시장실패가 존재하는 경우 시장의 생산량은 과소 생산 또는 과잉 생산이라는 문제를 발생시킨다.

🔍 기출분석

① 규모의 경제로 인해 성립할 수 있는 자연독점 기업이 완전경쟁적으로 행동한다면 $P_{MC} = MC$ 수준에서 생산량(Q_{MC})을 결정하게 되어 최적생산이 이루어지는 경제적 효율성은 달성되지만, $P_{MC} < AC_0$가 되어 손실을 보게 된다.

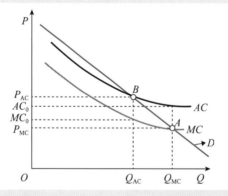

② 공공재는 무임승차, 비경합성 등으로 시장의 수요가 개별 경제주체들의 진실한 수요를 반영하지 못하게 되어, 이러한 시장 수요를 기초로 이루어지는 시장 공급으로 인해 실제의 공급 수준은 진실한 수요가 반영된 사회적 최적 수준보다 과소 공급되는 시장실패가 나타나게 된다.

③ 예컨대 생산 측면에서 외부경제(external economy)가 발생하면 사회적 비용이 사적 비용보다 작게 되고, 이에 따라 사회적 최적 생산량보다 과소하게 생산되는 시장의 실패가 나타나게 된다.

현실적인 균형점은 E_1이지만, 최적 균형점은 E_0이다. 이에 따라 과소생산($Q_0 Q_1$)이 이루어져 빗금 친 부분만큼의 사회적 순손실이 발생한다. 이것을 해결하기 위해서는 최적 생산량 수준인 Q_0에서 aE_0만큼의 보조금을 지급하면 된다. 그러면 색칠한 부분만큼의 사회 후생이 증가한다.

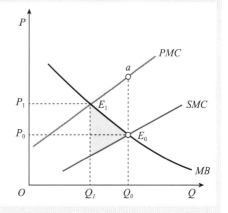

④ 경제주체들 간의 비대칭적 정보(asymmetric information)가 발생하거나 경제 현상에 대한 불확실성이 존재하는 경우, 구매자 측에서 최선의 상품을 선택할 수 없게 되는 역선택(adverse selection)과 판매자 측이 계약 내용에 따라 최선을 다하지 않게 되는 도덕적 해이(moral hazard)라는 시장의 실패가 나타나게 된다. [정답 | ③]

응용 TEST 2 ✏

어떤 상품의 소비행위에 있어서 양의 외부효과(positive external effect)가 발생하는 경우, 시장의 균형을 바르게 평가한 것은?

① 사회적 한계편익이 사회적 한계비용과 같다.

② 사회적 한계편익이 개인적 한계비용과 같다.

③ 사회적 한계편익이 사회적 한계비용보다 크다.

④ 개인적 한계편익이 사회적 한계비용보다 작다.

MEMO

다음을 읽고 물음에 답하시오.

(가) 우리가 자동차를 이용하는 것은 편의를 위해서다. 하지만 뜻하지 않게 남에게 피해를 주는 경우도 있다. 배기가스 때문에 공기가 오염된다. 그렇다고 배기가스를 뿜어내는 자동차 운전자에게 일일이 피해 배상을 받기는 힘든 일이다.

(나) 알루미늄을 생산하는 공단이 있다. 이 공단의 공장들은 알루미늄 한 단위당 일정한 분량의 오염물질을 대기중에 방출하고, 폐수를 인근의 하천으로 흘려보낸다. 결과적으로, 이러한 오염물질과 폐수는 사람들의 건강에 나쁜 영향을 줄 수 있으나, 공장의 소유자들은 이에 대하여 어떠한 비용도 지불하지 않는다.

---

1) 위와 같은 사례들을 일컫는 경제학의 용어를 구체적으로 쓰시오.

2) 이와 같은 환경오염으로 인한 피해를 줄이기 위하여, 정부가 사용할 수 있는 대응 수단을 두 가지 제시하시오.

📈 개념-이론 정리 │ **외부효과(external effect)**

한 경제주체의 행동이 다른 경제주체(bystander)에게 의도하지 않은 혜택이나 손해를 주었음에도 불구하고 이에 대한 대가를 받지도 지불하지도 않는 상태를 말한다.
① 외부경제(external economy) : 타인에게 의도하지 않는 혜택을 주면서 이에 대한 보상을 받지 못하는 경우이다.
② 외부비경제(external diseconomy) : 타인에게 의도하지 않는 손해를 입히고도 이에 대한 대가를 지불하지 않는 경우이다.

📈 개념-이론 정리 │ **환경오염 규제를 위한 정부의 대응 수단**

1. **금지** : 깨끗한 환경수준을 유지하기 위하여 환경오염을 일으키는 원인행위를 완전히 금지시켜 오염이 처음부터 일어나지 않도록 하는 방안을 말한다.
   ① 배출금지(discharge prohibition) : 소량이라도 인체에 치명적인 영향을 미치는 독극물에 대하여 그 폐기행위를 완전히 금지시키는 것을 말한다.
   ② 용도지정(zoning) : 일정구역의 토지를 특정목적 이외의 다른 목적으로 사용하는 것을 금지하는 것을 말한다. ⇒ '국토이용관리법'
2. **환경기준(environmental quality standard)** : 환경자원이 인간의 쾌적한 생활을 위하여 갖추어야 할 최소한의 질적 수준을 말한다.
   ① 처방적 규제(prescriptive regulation) : 오염행위자에게 특정한 공해방지장치를 설치하거나 특정한 생산요소만을 사용하도록 규제하는 것이다.
   ② 오염물질 배출허용기준(effluent standard) : 오염행위자에게 오염물질의 배출량이 일정수준 이하가 되도록 규제하고 이를 지키지 않을 경우에는 벌과금을 내게 하는 것으로서 처방적 규제보다 더 적극적 규제방법이다.
3. **환경세 부과** : 외부비경제인 경우 생산이나 소비에 조세를 부과하면 바람직한 자원배분을 가져올 수 있다. 이러한 아이디어를 처음 제공한 사람이 영국의 피구(A. C. Pigou)이기 때문에 환경세를 '피구세(Pigouvian tax)'라고도 한다.

기출분석

1) 외부비경제

(가)와 (나) 사례 모두는 타인에게 의도하지 않는 손해를 입히고도 이에 대한 대가를 주고 받지 못하는 외부비경제의 예이다.

2) 배출금지, 환경기준 제시, 환경세 부과

응용 TEST 3

외부효과를 내부화하는 사례로 가장 거리가 먼 것은?

① 독감예방주사를 맞는 사람에게 보조금을 지급한다.

② 담배 소비에 건강세를 부과한다.

③ 환경기준을 어기는 생산자에게 벌금을 부과하는 법안을 제정한다.

④ 초·중등 교육에서 국어 및 국사 교육에 국정교과서 사용을 의무화한다.

MEMO

다음 글을 읽고 물음에 답하시오.

> 우리 사회에서 빵이 얼마나 생산되어야 하는가? 빵이 지나치게 적게 생산되면 소비자들이 얻을 수 있는 즐거움을 희생하게 된다. 반대로 빵이 적정수준보다 지나치게 많이 생산되면, 다른 재화를 생산하는데 사용될 수 있는 자원이 줄어들어 다른 어떤 재화가 적정수준보다 적게 생산될 수밖에 없다. 따라서 ㉠ <u>과잉생산</u>이나 ㉡ <u>과소생산</u>은 사회적으로 바람직하지 않다. ㉢ <u>한 사회에서 어떤 재화 생산의 적정 수준 여부를 판단하기 위해서는 그 재화 생산에 들어가는 비용과 재화의 소비에서 얻는 효과(편익)를 비교해 보아야 한다.</u> 이때 개인이나 개별기업의 입장에서 평가하는 가치와 사회 전체의 입장에서 평가하는 가치가 같아질 수도 있고 달라질 수도 있다.

1) 사회 전체의 입장에서 ㉢의 기준인 아래 조건을 완성하시오.

"재화 한 단위에 대해서 '사회적 한계편익'과 (   )을(를) 비교해야 한다.

2) 환경오염물질을 배출하는 기업은 생산과정에서 자신들이 직접 지불하는 비용만 생각하기 때문에 ㉠과 같은 현상이 생긴다. 이런 현상을 막기 위해서는 추가적으로 어떤 비용을 고려해야 하는지 쓰시오.

3) ㉡과 같은 결과는 기업이 생산량을 조절하여 가격을 높일 때 생길 수 있다. 기업이 이런 행동을 할 수 있는 힘을 무엇이라 하는지 쓰시오.

📈 개념-이론 정리 | **외부효과와 한계비용**

1. **사적 한계비용(private marginal cost : PMC)** : 기업이 인식하는 생산활동의 한계비용으로 재화의 생산과정에서 발생하는 외부한계비용을 고려하지 않은 비용을 말한다.
2. **외부 한계비용(external marginal cost : EMC)** : 생산의 외부성으로 발생되는 한계비용으로 외부비경제가 발생하면 (+)이고, 외부경제가 발생하면 (−)이다.
3. **사회적 한계비용(social marginal cost : SMC)** : 사회전체의 관점에서 본 한계비용으로 재화의 생산과정에서 발생하는 외부한계비용을 고려한 비용을 말한다.

사회적 한계비용(SMC)＝사적 한계비용(PMC)＋외부 한계비용(EMC)	
외부경제	PMC＞SMC ⇒ 과소생산
외부비경제	PMC＜SMC ⇒ 과잉생산

2. **한계편익**
   1. **사적 한계편익((private marginal benefit : PMB)** : 재화의 소비과정에서 발생하는 외부 한계편익을 고려하지 않은 편익을 말한다.
   2. **외부 한계편익(external marginal benefit : EMB)** : 소비의 외부성으로 발생되는 한계편익으로 외부비경제가 발생하면 (−)이고, 외부경제가 발생하면 (+)이다.

3. 사회적 한계편익(social marginal benefit : SMB) : 재화의 소비과정에서 발생하는 외부 한계편익을 고려한 편익을 말한다.

사회적 한계편익(SMB) = 사적 한계편익(PMB) + 외부 한계편익(EMB)	
외부경제	PMB < SMB ⇒ 과소소비
외부비경제	PMB > SMB ⇒ 과잉소비

기출분석

1) 사회적 최적 생산(소비)은 다음과 같은 조건을 충족할 때 달성된다.

사회적 한계편익(SMB) = 사회적 한계비용(SMC)

2) 과잉생산의 문제는 환경오염물질을 배출하는 기업은 생산과정에서 자신들이 직접 지불하는 사적 한계비용만 생각하기 때문에 외부비경제로 인해 발생하는 외부 한계비용을 고려하지 않기 때문에 발생한다.

3) 우하향하는 수요곡선에 직면하는 기업이 자신들의 이윤을 극대화하기 위해 사회적 최적 생산량을 달성되는 수준보다 적은 생산량을 결정하고 이로 인해 시장가격은 상승하게 된다. 우하향하는 수요곡선에 직면하는 기업은 어느 정도의 시장 지배력을 갖는 기업이고, 시장 지배력이 가장 큰 기업은 독점기업이다.

응용 TEST 4

100개의 기업들이 완전경쟁시장에서 경쟁하고 있다. 개별기업의 총비용함수와 외부비용은 각각 $C = Q^2 + 4Q$와 $EC = Q^2 + Q$로 동일하다. 이 재화에 대한 시장수요곡선이 $Q_D = 1,000 - 100P$로 표현될 때, 사회적으로 최적인 생산량과 외부비용을 고려하지 않는 균형생산량 간의 차이는? (단, C는 각 기업의 총비용, Q는 각 기업의 생산량, EC는 각 기업의 생산에 따른 외부비용, Q_D는 시장수요량, P는 가격이다.)

MEMO

05 • 2007년

다음에서 ㉠의 사례를 수치를 포함하여 제시하고, 금연이 강제되었을 때보다 ㉠을 따를 때의 사회적 이득 증가분을 쓰시오.

> 동수와 민성이는 한 집에 살고 있으며, 동수는 흡연자이고 민성이는 비흡연자이다. 동수가 흡연할 경우의 만족도(편익)를 돈으로 환산하면 하루 500원이고, 민성이가 담배연기로부터 받는 불쾌감(비용)을 돈으로 환산하면 하루 300원이라 하자. 이 경우 민성이가 동수에게 담배를 피우지 못하게 하는 것은 효율적인 자원배분의 상태가 아니다. 동수는 담배를 피우지 못하게 하는 방안보다, 담배를 피울 수 있으면서도 ㉠ 더 나은 상태에 도달할 수 있는 방안을 민성이에게 제안하였다.

1) ㉠의 사례 :

2) 사회적 이득 증가분 :

📈 개념-이론 정리 | **코스의 정리(Coase's theorem)**

분쟁 당사자들 간에 재산권이 명확하게 설정되어 있고 거래비용이 수용할 수 있을 만큼 작다면 재산권이 누구에게 속해 있는가와 관계없이 당사자 간의 자발적인 협상에 의해 외부성의 해결이 가능하다.

📈 개념-이론 정리 | **코스(R. H. Coase)의 정리에서 협상 가능 가격**

> 권리자가 요구하는 최소한의 필요보상금액 < 협상 가능 금액 < 의무자가 부담할 수 있는 최대한의 지불의사금액

💲 기출분석

1) **㉠의 사례** : 흡연자인 동수가 하루에 300원보다 크고 500원보다는 작은 보상금을 비흡연자인 민성에게 지급하고, 민성은 이를 받아들인다.
2) **사회적 이득 증가분** : 앞의 사례와 같은 보상금(α)을 주고받을 때 동수와 민성이 얻게 되는 편익의 증가분 크기를 통하여 사회적 이득 증가분을 구하면 다음과 같다.

> • 동수의 편익 증가분 : $500 - \alpha (300 < \alpha < 500)$
> • 민성의 편익 증가분 : $\alpha - 300$
> • 사회적 이득 증가분 : 동수의 편익 증가분 + 민성의 편익 증가분
> $$= (500 - \alpha) + (\alpha - 300) = 200(원)$$

다음 중 코스 정리(Coase theorem)에 따른 예측으로 가장 옳지 않은 것은? (단, 만족 수준 한 단위가 현금 1만 원과 동일한 수준의 효용이다.)

김 씨와 이 씨가 한집에 살고 있다. 평상시 두 사람의 만족 수준을 100이라고 한다. 김 씨는 집 안 전체에 음악을 틀고 있으면 만족 수준이 200이 된다. 반면, 이 씨는 음악이 틀어져 있는 공간에서는 만족 수준이 50에 그친다.

① 음악을 트는 것에 대한 권리가 누구에게 있든지 집 안 전체의 음악 재생 여부는 동일하다.
② 음악을 트는 것에 대한 권리가 이 씨에게 있는 경우 둘 사이에 자금의 이전이 발생한다.
③ 음악을 트는 것에 대한 권리가 김 씨에게 있는 경우 그는 음악을 틀 것이다.
④ 음악을 트는 것에 대한 권리가 이 씨에게 있는 경우 집 안은 고요할 것이다.

MEMO

다음 글을 읽고 〈작성 방법〉에 따라 서술하시오.

□□지역의 환경오염과 관련된 사회적 총비용은, 오염배출로 인해 지역 주민이 부담해야 하는 피해비용과 오염배출량을 줄이기 위해 기업이 부담해야 하는 저감비용으로 구성된다고 가정하자.

□□지역에서 환경오염을 유발하는 ○○기업의 오염배출량(E)에 의해 지역 주민이 부담해야 하는 한계피해비용(Marginal Damage Cost, MDC) 함수는 $MDC = 3E$로 주어져 있다. 오염배출량이 적을 때는 MDC가 작지만 오염배출량이 증가할수록 피해를 입는 주민 수가 늘어나는 등의 이유로 MDC는 커지게 된다. ○○기업이 오염배출량을 줄이려면 저감비용을 부담해야 하며, 한계저감비용(Marginal Abatement Cost, MAC) 함수는 $MAC = 300 - 3E$로 주어져 있다. 오염배출량 수준이 높고 저감을 시작하는 단계에서 ○○기업은 손쉽고 저렴한 저감방법을 사용하므로 MAC가 작다. 하지만 오염배출량을 줄이고 저감량을 늘릴수록 새로운 저감설비를 설치하는 등의 이유로 MAC는 커지게 된다.

현재 ㉠ <u>○○기업은 아무런 제한 없이 오염물질을 저감하지 않은 채 배출하면서 생산활동을 하고 있다.</u> 이에 대해 정부는 ㉡ <u>사회적 총비용을 최소화하는 수준으로 오염배출량을 제한하는 정책을 시행할 예정이다.</u>

작성 방법

- 밑줄 친 ㉠의 경우 ○○기업의 오염배출량이 얼마인지 쓸 것.
- 밑줄 친 ㉠의 경우 □□지역의 피해비용이 얼마인지 쓸 것.
- 밑줄 친 ㉡을 시행할 때 오염배출량이 얼마인지를 쓰고, 밑줄 친 ㉠의 상황과 비교하여 사회적 총비용의 크기에 어떤 변화가 있는지 서술할 것.

📈 **개념-이론 정리** | 한계저감비용(Marginal Abatement Cost, MAC) 함수의 의의

오염배출량은 기업이 오염물질을 저감하지 않은 채 배출할수록 많아지고, 오염물질을 저감하여 배출할수록 적어진다. 이러한 경우 한계저감비용(MAC) 함수는 우하향하는 모습을 보인다.

■ 문제에서 주어진 내용을 〈그림〉으로 나타내면 다음과 같다.

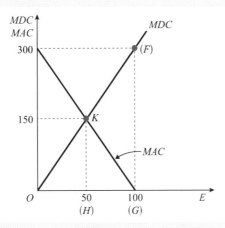

■ 밑줄 친 ㉠의 경우 ○○기업의 오염배출량이 얼마인지 쓸 것.

⇒ $E = 100$

■ 밑줄 친 ㉠의 경우 □□지역의 피해비용이 얼마인지 쓸 것(삼각형 OFG).

⇒ 사회적 총(피해)비용$(TDC) = 100 \times 300 \times \frac{1}{2} = 15,000$

■ 밑줄 친 ㉡을 시행할 때 오염배출량이 얼마인지를 쓰고, 밑줄 친 ㉠의 상황과 비교하여 사회적 총비용의 크기에 어떤 변화가 있는지 서술할 것.

⇒ ㉡을 시행하는 경우의 $E = 50$, 사회적 총비용$(STC) =$ 사회적 총피해비용(삼각형 OKH) + 사회적 총저감비용(삼각형 HKG) $= 100 \times 150 \times \frac{1}{2} = 7,500$이 되어, ㉠ 상황과 비교할 때 사회적 총비용은 7,500만큼 감소한다.

응용 TEST 6 ✍️

다음 〈표〉는 양의 외부효과(positive externality effect)가 발생하는 시장의 사적 한계효용, 사적 한계비용 그리고 사회적 한계효용을 제시해 주고 있다. 사회적 최적거래량과 시장의 균형거래수준이 사회적 최적수준과 같아지도록 하기 위한 세금 혹은 보조금을 각각 구하면?

(단위 : 개, 원)

거래량	사적 한계효용	사적 한계비용	사회적 한계효용
1	2,700	600	3,400
2	2,400	1,000	3,100
3	2,100	1,400	2,800
4	1,800	1,800	2,500
5	1,500	2,200	2,200
6	1,200	2,600	1,900

다음은 부정적 외부성이 발생하는 상황에 관한 자료이다. 〈작성 방법〉에 따라 서술하시오.

강 상류에 제철소가 있고 하류에는 어부의 어장이 있다. 제철소의 생산량(S)이 늘어나면 강의 수질이 나빠져 어부의 어획량은 감소한다. 다음 그래프는 생산량(S)에 따른 제철소의 한계이윤과 어부의 한계피해액을 나타낸다.

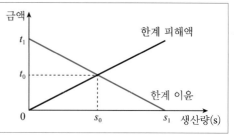

작성 방법

- 정부의 개입이 없고 강물에 대한 소유권이 설정되어 있지 않다면, 제철소의 생산량은 얼마가 될 지 쓸 것.
- 강물에 대한 소유권이 설정되어 있지 않고 정부가 사회적 효율성을 달성하기 위해 제철소에 단위 당 일정액의 피구세(Pigouvian tax)를 부과한다면, 그 크기는 얼마인지 쓸 것.
- 강물에 대한 소유권이 제철소에게 있고 어부와 제철소 간 협상의 거래비용이 없다면, 제철소의 생산량은 얼마가 될 것인지 쓰고, 이런 결과를 사회적 효율성의 관점에서 언급한 정리(theorem)의 명칭을 제시할 것.

📈 개념-이론 정리 | **코스의 정리(Coase's theorem)**

분쟁 당사자들 간에 재산권이 명확하게 설정되어 있고 거래비용이 수용할 수 있을 만큼 작다면 재산권이 누구에게 속해 있는가와 관계없이 당사자 간의 자발적인 협상에 의해 외부성의 해결이 가능하다.

📈 개념-이론 정리 | **코스(R. H. Coase)의 정리에서 협상 가능 가격**

권리자가 요구하는 최소한의 필요보상금액 < 협상 가능 금액 < 의무자가 부담할 수 있는 최대한의 지불의사금액

💲🔍 기출분석

- 정부의 개입이 없고 강물에 대한 소유권이 설정되어 있지 않다면, 제철소는 자신의 이윤을 극대화하는 수준까지 생산하게 된다. 이윤극대화는 한계이윤이 '0'이 되는 수준에서 결정되므로, 제철소는 s_1만큼을 생산하게 된다.
- 주어진 조건 하에서 사회적 효율성을 극대로 하는 수준의 생산량은 s_0이다. 이 이상을 생산하게 되면 한계 피해액이 한계 이윤을 넘게 되어 사회적 총후생이 감소하기 때문이다. 만약 제철소에 단위당 '$0t_0$'만큼의 피구세(Pigouvian tax)를 부과하게 되면, 제철소의 한계 이윤 곡선은 부과된 피구세만큼 아래쪽으로 평행이동하게 된다. 이에 따라 피구세 부과 후의 새로운 한계 이윤이 '0'이 되는 수준의 제철소의 생산량은 s_0가 된다.
- 강물에 대한 소유권이 누구에게 있든지 관계없이 어부와 제철소 간 협상의 거래비용이 없다면, 양자의 자발적인 협상을 통해 사회적 효율성을 달성할 수 있다는 것이 코스의 정리(Coase's theorem)이다. 이에 따라 제철소의 생산량은 s_0가 될 수 있다.

응용 TEST 7

오염자 A는 공해를 발생시켜 피해자 B의 생산에 영향을 주고 있고, 이를 고려한 오염자의 A의 사회적 한계비용(SMC_A)과 사적 한계비용(PMC_A)이 각각 다음과 같다고 하자.

- $SMC_A = 100Q$
- $PMC_A = 50Q$

상호 협상을 통하여 사회적 최적생산량이 달성할 수 있는 협상 금액 범위를 구하면? (단, 오염자 A가 생산하는 제품의 시장가격은 100원으로 일정하다고 한다.)

MEMO

다음 자료에 대한 분석과 추론으로 타당한 것을 〈보기〉에서 모두 고르면?

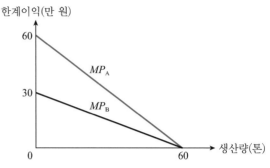

- △△시에는 이윤의 극대화를 추구하는 두 기업 A와 B가 있다. 두 기업은 각각 1톤의 제품을 생산할 때마다 1톤씩의 오염물질을 방출하고 있으나, 그에 따르는 오염의 사회적 비용은 부담하지 않고 있다.
- MP_A와 MP_B 두 직선은 기업 A, B가 각각 생산을 1톤씩 늘려갈 때마다 얻는 한계이익(=한계수입-한계비용)을 보여주고 있다. 따라서 두 기업은 한계이익이 0이 되는 점에서 생산하고 있다.
- △△시 정부는 오염 규제 정책을 도입하기로 결정하였다. 그리고 각 기업에게 동일한 오염세를 부과하는 오염세 정책 및 동일한 양의 오염배출을 허용하고 배출권의 거래를 인정하는 오염 배출권 거래 정책을 비교하고 있다.

보 기

㉠ 오염세를 1톤당 20만 원으로 부과한다면, 두 기업의 총 오염배출량은 70톤이 된다.
㉡ 오염세 정책하에서의 기업 A의 생산량이 기업 B의 생산량보다 더 크다.
㉢ 각 기업에게 오염 배출량을 20톤씩 허용한다면, 오염 1톤당 배출권의 거래가격은 15만 원부터 형성될 수 있다.
㉣ 오염 배출권의 거래가 이루어진다면 기업 A는 언제나 배출권의 매입자 위치에 서게 될 것이다.

① ㉠, ㉡   ② ㉠, ㉢   ③ ㉡, ㉢
④ ㉡, ㉣   ⑤ ㉢, ㉣

📈 개념-이론 정리 | **오염세 부과 효과**

단위당 오염세가 기업에 부과되면 기업에게는 한계비용 상승의 효과가 발생하므로 한계이익(이윤) 곡선은 부과된 오염세만큼 하방으로 평행이동하게 된다.

📈 개념-이론 정리 | **오염배출권 거래제**

정부가 최적 오염 배출량을 설정하고 각 기업이 오염을 배출할 때는 오염 배출권을 구입하거나 또는 무료로 배분된 오염 배출권을 시장에서 자유롭게 판매하는 방법이다. 이에 따라 사회적 최적수준만큼의 오염배출을 위해 일정한 수량의 오염배출권을 정부가 발행하고 이를 시장을 통해 거래할 수 있도록 허용하면 오염배출권의 거래를 통해 그 가격이 외부한계비용과 동일해져서 자원배분의 효율성이 달성된다.

- 주어진 〈그림〉에 따른 두 기업의 한계이익(MP) 함수를 구하면 다음과 같다.

  - 기업 A의 한계이익 함수 : $MP_A = 60 - Q$
  - 기업 B의 한계이익 함수 : $MP_B = 30 - \dfrac{1}{2}Q$

- 오염세를 1톤당 20만 원으로 부과하는 경우와 오염 배출량을 20톤씩 허용하는 경우를 〈그림〉으로 나타내면 다음과 같다.

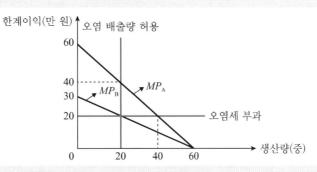

ⓐ 오염세를 1톤당 20만 원으로 부과한다면, 기업 A는 40톤을 생산하고 기업 B는 20톤을 생산하여 두 기업의 총 생산량은 60톤이 된다. 그런데 두 기업은 각각 1톤의 제품을 생산할 때마다 1톤씩의 오염물질을 방출하고 있으므로 결국 두 기업의 총 오염배출량은 60톤이 된다.

ⓑ 오염세 정책 하에서의 기업 A의 생산량은 20톤, 기업 B의 생산량은 40톤이므로 기업 A의 생산량이 기업 B의 생산량보다 더 크다.

ⓒ 각 기업에게 오염 배출량을 20톤씩 허용한다면, 오염 1톤당 배출권의 거래가격은 기업 B의 생산량이 20톤인 경우의 한계이익 수준인 20만 원부터 형성된다.

ⓓ 동일한 생산량 수준에서 기업 A의 한계이익의 크기가 기업 B의 한계이익의 크기보다 항상 높으므로, 오염 배출권의 거래가 이루어지는 경우 기업 A는 언제나 배출권의 매입자 위치에 서게 될 것이다. [정답 | ④]

응용 TEST 8 📝

양식장 A의 한계비용은 $10x + 70$만 원이고, 고정비용은 15만 원이다. 양식장 운영 시 발생하는 수질오염으로 인해 인근 주민이 입는 한계피해액은 $5x$만 원이다. 양식장 운영의 한계편익은 x에 관계없이 100만 원으로 일정하다. 정부가 x 1단위당 일정액의 세금을 부과하여 사회적 최적 생산량을 유도할 때 단위당 세금은? (단, x는 양식량이며 소비 측면의 외부효과는 발생하지 않는다.)

MEMO

09 • 2010년

다음 자료의 기업이 자체 비용을 들여 제거할 오염물질 배출량과 배출권 구입량의 크기로 옳은 것은?

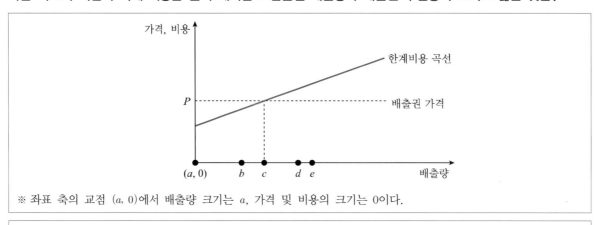

※ 좌표 축의 교점 $(a, 0)$에서 배출량 크기는 a, 가격 및 비용의 크기는 0이다.

△△시는 내년부터 오염물질 배출 총량 규제를 위해서 각 기업의 오염물질 배출량에 대한 규제와 더불어 오염물질 배출권 거래를 인정하기로 하였다.

즉, △△시의 모든 기업은 각각 연간 일정한 배출량을 허용 받으며, 원한다면 배출권을 거래할 수 있다. <그림>은 오염물질 1톤당 배출권의 가격 P, 이윤극대화를 추구하는 어느 기업이 오염물질은 1톤씩 제거시켜 나갈 때의 한계 비용을 나타내고 있다. e만큼의 오염물질을 배출하려는 기업에게 이제 배출 허용량이 a만큼 주어졌다고 하자.

	자체 비용을 들여 제거할 양	배출권 구입량
①	$\overline{ab}$	$\overline{bc}$
②	$\overline{cd}$	$\overline{de}$
③	$\overline{ac}$	$\overline{ce}$
④	$\overline{ae}$	0
⑤	0	$\overline{ae}$

📈 개념-이론 정리 | **오염배출권 거래제**

정부가 최적 오염 배출량을 설정하고 각 기업이 오염을 배출할 때는 오염 배출권을 구입하거나 또는 무료로 배분된 오염 배출권을 시장에서 자유롭게 판매하는 방법이다.

💲 기출분석

오염배출권 거래제가 도입되면 기업은 오염배출권을 구입하는 경우 부담해야 하는 비용과 오염물질을 제거하기 위해 스스로 부담해야 할 비용의 크기를 비교하여 오염배출권 구입 여부를 결정한다.

만약 '오염배출권 가격>(스스로 부담해야 할) 한계비용'인 수준($\overline{ac}$)이라면 스스로 비용을 부담하면서 오염물질을 제거하는 것이 유리하고, 반대로 '오염배출권 가격<(스스로 부담해야 할) 한계비용'인 수준($\overline{ce}$)이라면 오염배출권을 구입하여 오염물질을 제거하지 않고 그대로 배출하는 것이 유리하다.

[정답 | ③]

어느 섬나라에는 기업 A, B, C만 존재한다. 아래의 〈표〉는 기업 A, B, C의 오염배출량과 오염저감비용을 나타낸 것이다. 정부가 각 기업에 오염배출권 30장씩을 무료로 배부하고, 오염배출권을 가진 한도 내에서만 오염을 배출할 수 있도록 하였다. 〈보기〉에서 옳은 것을 모두 고르면? (단, 오염배출권 1장당 오염을 1톤씩 배출할 수 있으며, 각 기업은 오염배출권 가격과 오염저감비용의 크기가 같은 경우 스스로 정화한다고 가정하자.)

기업	오염배출량(톤)	오염저감비용(만원/톤)
A	70	20
B	60	25
C	50	10

보 기

㉠ 오염배출권의 자유로운 거래가 허용된다면 오염배출권의 가격은 톤당 20만원으로 결정될 것이다.
㉡ 오염배출권제도가 실시되었을 때 균형상태에서 기업 A는 30톤의 오염을 배출할 것이다.
㉢ 오염배출권제도 하에서의 사회적인 총비용은 각 기업의 오염배출량을 30톤으로 직접 규제할 때보다 450만 원 절감될 것이다.
㉣ 오염배출권제도 하에서 오염을 줄이는 데 드는 사회적인 총비용은 1,200만 원이다.
㉤ 기업 B는 오염배출권제도보다 각 기업이 오염배출량을 30톤으로 줄이도록 하는 직접 규제를 더 선호할 것이다.

MEMO

10 • 1995년

〈그림〉에서 곡선 *MCE*는 오염물질을 정화하는 데에 따르는 환경정화 한계비용곡선이다. 아무런 규제가 없을 때 해당 공해기업은 환경정화에 굳이 비용을 들일 필요가 없기 때문에 Q_m만큼의 공해물질을 배출할 것이다. 그러나 단위 오염물질에 OA만큼의 오염배출 부과금을 내야 한다면, 해당기업은 오염 배출량을 얼마나 줄이게 되는가? (단, Q_m은 오염규제가 전혀 없는 경우에, 해당 공해기업이 배출하는 최대 오염량을 나타낸다.)

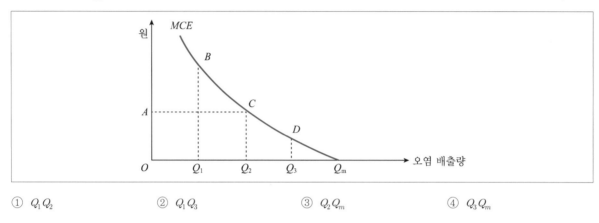

① $Q_1 Q_2$ ② $Q_1 Q_3$ ③ $Q_2 Q_m$ ④ $Q_3 Q_m$

📈 개념-이론 정리 │ **환경정화 한계비용곡선(MEC)**

오염배출을 Q_m까지 한다는 것은 생산과정에서 발생하는 오염물질을 전혀 정화하지 않고 그대로 배출한다는 것을 의미한다. 이 수준에서부터 환경정화 비용을 부담하면서 정화를 시작하게 되면 오염배출량은 ($Q_m \rightarrow Q_2 \rightarrow Q_1 \rightarrow 0$) 순으로 감소하게 되고 이때 기업이 부담해야 할 환경정화 한계비용은 점점 더 체증하는 모습을 보이게 된다. 이에 따라 환경정화 한계비용곡선(MEC)은 Q_m에서부터 좌상향(원점에서부터 우하향)하는 모습을 보이게 된다.

💲 기출분석

정부가 단위 오염물질에 대해 오염배출을 부과하면 기업은 단위당 오염물질 부과금과 스스로 부담해야 할 환경정화 한계비용의 크기를 비교하면서 오염물질 배출 여부를 결정하게 된다. 이제 단위 오염물질에 OA만큼의 오염배출 부과금을 내야 하는 경우를 상정해보자. 이 경우 오염배출량을 Q_2보다 적게 배출하게 되면 오염배출 부과금이 환경정화 한계비용보다 더 작으므로 기업은 오염배출 부과금을 부담하면서 오염물질을 그대로 배출하는 것이 유리하다. 반면에 오염배출량을 Q_2보다 많게 배출하게 되면 오염배출 부과금이 환경정화 한계비용보다 더 커지므로 기업은 스스로 오염물질을 정화하는 것이 유리하다. 결국 단위 오염물질에 OA만큼의 오염배출 부과금을 내야 하는 경우 오염물질은 최대 $0Q_2$만큼 배출하게 되어, 아무런 규제가 없을 때 배출되는 Q_m 수준에 비해 $Q_2 Q_m$만큼 오염물질 배출량을 줄일 수 있게 된다.

[정답 │ ③]

다음 〈표〉는 현재 5톤의 폐수를 방출하고 있는 공장이 폐수 방출을 줄이는 데 필요한 비용과 폐수의 방출이 줄었을 경우 인근주민들이 느끼는 복지의 개선을 화폐단위로 보여주고 있다.

폐수 방출 감소량	0톤	1톤	2톤	3톤	4톤	5톤
폐수 감소비용	0원	100원	220원	360원	520원	690원
주민의 복지 개선	0원	200원	350원	480원	600원	700원

위의 〈표〉에서 공장의 폐수 방출 감소량이 0인 경우 사회적으로 최적 수준인 폐수 방출량에 비해 사회 후생은 얼마나 감소하겠는가?

MEMO

11 ⦁ 2017년

다음 자료에서 오염배출권 거래제도가 도입된 후 기업이 오염배출권을 얼마만큼 살 것인지 혹은 얼마만큼 팔 것인지 아니면 그대로 있을 것인지를 쓰고, 기업이 그런 행동을 했을 때 얻게 되는 이익의 크기를 서술하시오.

다음 <그림>에서 MC 곡선은 한 기업이 오염배출량 1톤을 줄이기 위해 부담해야 하는 한계비용을 나타내는 선이다. 이윤의 극대화를 추구하는 이 기업은 오염배출권 거래제도가 도입되기 전에는 오염물질을 Q_f만큼 배출하고 있었다. 오염배출권의 거래가 도입되자, 1톤의 오염물질 배출권 1장의 매매가격이 P_d에서 형성되었다.

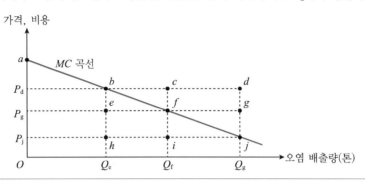

📈 **개념–이론 정리 | 오염배출권 거래제**

정부가 최적 오염 배출량을 설정하고 각 기업이 오염을 배출할 때는 오염 배출권을 구입하거나 또는 무료로 배분된 오염 배출권을 시장에서 자유롭게 판매하는 방법이다. 이러한 오염배출권 거래제가 도입되면 기업은 오염배출권을 구입하는 경우 부담해야 하는 비용과 오염물질을 제거하기 위해 스스로 부담해야 할 비용의 크기를 비교하여 오염배출권 구입 여부를 결정한다.

🔍 **기출분석**

1. **정부가 기업에게 사전에 오염배출권을 배분하지 않은 경우**
   이 기업은 '오염배출권 가격<(스스로 부담해야 할) 한계비용'인 수준($\overline{OQ_e}$)이라면 오염배출권을 구입하여 오염물질을 제거하지 않고 그대로 배출하는 것을 선택하게 되고, 이 경우 기업이 얻는 이익은 $\triangle abP_d$만큼 절약되는 비용의 크기가 된다. 기업 스스로 부담해야 할 비용 부담(사다리꼴 $OabQ_e$)보다 적은 오염배출권 구입비용(OP_dbQ_e)만 지출하면 되기 때문이다. 반대로 '오염배출권 가격>(스스로 부담해야 할) 한계비용'인 수준($\overline{Q_eQ_f}$)이라면 스스로 비용을 부담하면서 오염물질을 제거하는 것을 선택하게 된다.

2. **정부가 기업에게 사전에 $\overline{OQ_f}$만큼의 오염배출권을 배분한 경우**
   이 기업은 $\overline{OQ_e}$까지는 배분된 오염배출권을 사용하고, $\overline{Q_eQ_f}$만큼에 해당하는 오염배출권을 판매함으로써 $\triangle bcf$만큼의 이익을 얻게 된다. 기업 스스로 부담해야 할 비용 부담(사다리꼴 bfQ_fQ_e)보다 많은 오염배출권 판매수익(bcQ_fQ_e)을 얻을 수 있기 때문이다.

154   **Part 01.** 미시경제학

어떤 마을에 오염물질을 배출하는 기업이 총 3개 있다. 오염물 배출에 대한 규제가 도입되기 이전에 각 기업이 배출하는 오염배출량과 그 배출량을 한 단위 감축하는 데 소요되는 비용은 아래 〈표〉와 같다.

기업	배출량(단위)	배출량 단위당 감축비용(만 원)
A	50	20
B	60	30
C	70	40

정부는 오염배출량을 150단위로 제한하고자 한다. 그래서 각 기업에게 50단위의 오염배출권을 부여하였다. 또한, 이 배출권을 기업들이 자유롭게 판매 / 구매할 수 있다. 다음 중 가장 옳은 것은? (단, 오염배출권 한 개당 배출 가능한 오염물의 양은 1단위이다.) 각 기업은 단위당 오염배출권 가격과 감축비용의 크기가 같을 경우에는 스스로 정화하기 위해 감축비용을 부담한다고 가정한다.

① 기업 A가 기업 B와 기업 C에게 오염배출권을 각각 10단위와 20단위 판매하고, 이때 가격은 20만 원에서 30만 원 사이에 형성된다.

② 기업 A가 기업 C에게 20단위의 오염배출권을 판매하고, 이때 가격은 30만 원에서 40만 원 사이에서 형성된다.

③ 기업 A가 기업 B에게 10단위의 오염배출권을 판매하고, 기업 B는 기업 C에게 20단위의 오염배출권을 판매한다. 이때 가격은 20만 원에서 40만 원 사이에서 형성된다.

④ 기업 B가 기업 C에게 20단위의 오염배출권을 판매하고, 이때 가격은 30만 원에서 40만 원 사이에서 형성된다.

MEMO

12 • 2004년

다음 글에서 밑줄 친 '두 가지의 본질적 특성'을 쓰고, 그 의미를 각각 60자 이내로 설명하시오.

> 국방, 치안, 도로 등과 같은 공공재의 생산을 시장 메커니즘에 일임할 경우, 공공재에 내제된 <u>두 가지의 본질적인 특성</u> 때문에 사회적으로 바람직한 수준의 공공재가 생산되지 못하는 시장실패 문제가 발생한다. 그래서 정부는 조세 수단 을 이용하여 공공재를 직접 공급하거나 공기업을 통해 공급한다.

① 특성 :

　 의미 :

② 특성 :

　 의미 :

📈 개념-이론 정리 | **재화의 구분(R. A. Musgrave)**

구분	배제성	비배제성
경합성	사적재(사용재, 사유재) (꽉 막힌 유료도로, 자동차, 맥주 등)	준공공재 (꽉 막힌 무료도로, 공유자원, 119 등)
비경합성	준공공재 (한산한 유료도로, 케이블 TV등)	순수공공재 (한산한 무료도로, 국방, 일기예보, 치안 등)

🔍 기출분석

① 특성 : 소비에 있어서의 「비경합(경쟁)성」(non-rivalry in consumption)
　 의미 : 소비에 참여하는 사람의 수가 아무리 많아도, 한 사람이 소비할 수 있는 양에는 전혀 변함이 없는 재화와 서비스의 특징을 말한다. ⇒ 집합적 (공동)소비가 가능하여 소비자가 증가해도 이를 위한 생산비가 추가로 들지 않기 때문에 "MC = 0"이 된다.
② 특성 : 소비에 있어서의 「비배제성」(non-excludability in consumption)
　 의미 : 어떤 대가를 치르지 않고 재화와 서비스를 소비하려고 하는 사람의 경우에도 소비에서 배제할 수 없는 재 화나 서비스의 특성을 말한다. ⇒ 「무임승차자의 문제」(free rider' problem)가 발생한다.

응용 TEST 12 ✍

공공재와 공유자원에 대한 설명으로 옳은 것만을 모두 고르면?

> ㄱ. 공공재는 경합성이 낮다는 점에서 공유자원과 유사하다.
> ㄴ. 공유자원은 남획을 통한 멸종의 우려가 존재한다.
> ㄷ. 정부의 사유재산권 설정은 공유자원의 비극을 해결하는 방안 중 하나이다.
> ㄹ. 막히지 않는 유료도로는 공공재의 예라고 할 수 있다.

① ㄱ, ㄴ　　　　② ㄱ, ㄷ　　　　③ ㄴ, ㄷ　　　　④ ㄴ, ㄹ

13 • 2005년

다음은 공공재인 소방(消防) 서비스의 생산·공급에 관한 내용이다. 주민으로 甲과 乙의 두 사람이 존재하고 이들 둘은 소방 서비스로부터 혜택을 누린다고 가정한다. 甲과 乙의 두 사람의 소방 서비스에 대한 수요곡선은 각각 D_1과 D_2로 나타난다. 사회 전체의 통합된 수요곡선은 〈그림〉에서 D_s로 나타난다. 아래 〈그림〉에서 효율성에 입각한 최적(optimum) 공공재의 생산량은 얼마이며, 그와 같이 결정되는 이유는 어떤 경제적 논리에 근거한 것인지 쓰시오.

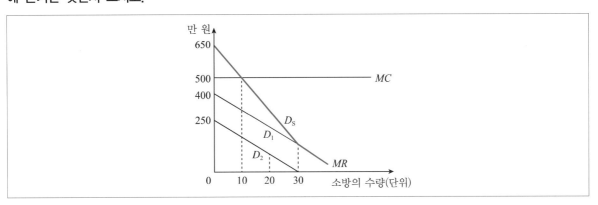

- 생산량 :

- 경제적 논리 :

📈 개념-이론 정리 │ **공공재 시장 수요곡선 도출**

공공재는 모든 사람들이 동일한 양을 공동 소비하므로 주어진 수량에 대해 개인들이 기꺼이 지불할 수 있는 금액이 곧 개인들의 수요가격이다. 이에 따라 시장 수요곡선은 개별 소비자의 수요곡선을 수직적으로 합해서 도출한다.

💲 기출분석

- 생산량 : 10단위
- 경제적 논리 : 공공재는 한 사람이 먼저 소비한다고 하더라도 다른 사람의 공공재에 대한 소비기회가 감소하지 않는 비경합성(또는 비경쟁성)이라는 특성을 갖는다. 이에 따라 공공재에 대한 사회 전체의 수요함수는 공공재에 대한 개별 수요함수를 수직으로 합하여 도출한다. 이때 수요함수는 공공재에 대한 한계편익함수와 같다. 이렇게 도출된 사회 전체의 수요함수를 전제로 '$P = MC$'를 만족하는 수준에서 공공재의 최적 생산량이 결정된다. ⇒ 린달(E. R. Lindahl) 모형

$$(수직적) \sum MB = MC \Rightarrow MB_{甲} + MB_{乙} = MC$$

응용 TEST 13 📝

두 명의 주민이 사는 어느 마을에서 가로등에 대한 개별 주민의 수요함수는 $P = 10 - Q$로 표현되며, 주민 간에 동일하다. 가로등 설치에 따르는 한계비용이 6일 때, 이 마을에 설치할 가로등의 적정 수량은? (단, Q는 가로등의 수량이다.)

14 • 2006년

다음 (가), (나) 현상을 지칭하는 각각의 경제개념(용어)과 이들 현상을 유발하는 공통적인 이유를 가리키는 경제개념(용어)을 쓰시오.

(가) 현상	(나) 현상
• 안전 운행을 하는 운전자들보다 사고율이 높은 난폭 운전자들이 자동차 보험에 더 적극적으로 가입하려 한다. • 질이 좋은 중고차는 중고차 시장에 잘 나오지 않는다.	• 도난 보험에 가입하고 난 후, 외출 시에 문단속이 소홀해진다. • 의원으로 당선된 후, 자신의 지위를 이용하여 개인적 이익을 추구한다.

1) (가)의 경제개념(용어) :

2) (나)의 경제개념(용어) :

3) 공통적인 이유를 가리키는 경제개념(용어) :

📈 개념-이론 정리 | **정보의 비대칭성(asymmetric information)**

1. 불완전한 정보하에서 경제적인 이해관계가 있는 거래당사자들 중 어느 한쪽이 상대방 당사자에 비해 더 많은 정보, 더 정확한 정보를 갖고 있어 당사자들 사이에 정보가 불평등하게 존재하는 상태를 말한다.
2. 유형
   ① 감추어진 특성(hidden characteristics) : 계약이 이루어지기 전에 거래당사자 중에서 일방이 상대방의 특성에 대해서 잘 모르고 있는 상황 ⇒ 정보를 적게 가진 쪽에서 상대방과 불리한 거래할 수 있는 역선택의 문제가 발생한다.
   ② 감추어진 행동(hidden action) : 계약이 이루어진 후에 거래당사자 중 어느 일방의 행동을 상대방이 관찰할 수 없거나 통제가 불가능한 상황 ⇒ 일방 당사자가 최선을 다하지 않는 도덕적 해이 문제가 발생한다.

💲 기출분석

1) <u>역선택(adverse selection)</u> : 정보의 비대칭성하에서 정보를 갖지 못한 입장에서 보면 가장 바람직하지 않은 상대방(정보를 가진 자)과 거래할 가능성이 높아지는 현상을 말한다(가).
2) <u>도덕적 해이</u> : 정보의 비대칭성하에서 정보를 가진 쪽이 정보를 갖지 못한 쪽의 불이익을 이용하여 바람직하지 않은 행동으로 나타나게 되는 현상을 말한다(나).
3) 역선택과 도덕적 해이는 모두 "<u>정보의 비대칭성(비대칭적 정보)</u>"로부터 비롯된다.

중고차시장에 두 가지 유형(고품질과 저품질)의 중고차가 있고, 전체 중고차 중 고품질 중고차가 차지하는 비율은 p이다. 고품질 중고차 소유자들은 최소 1,000만 원을 받아야 판매할 의향이 있고, 저품질 중고차 소유자들은 최소 600만 원을 받아야 판매할 의향이 있다. 소비자들은 고품질 중고차를 최대 1,400만 원에, 저품질 중고차는 최대 800만 원에 구매할 의사가 있다. 중고차 유형은 소유자들만 알고 있으며, 중고차 유형에 대한 정확한 정보를 모르는 구매자는 기댓값을 이용한 최대지불가격으로 구매하려고 한다. 다음 설명 중 옳은 것은?

① $p=0.2$일 때, 모든 균형에서 저품질 중고차만 거래된다.

② $p=0.2$일 때, 모든 균형에서 고품질 중고차만 거래된다.

③ $p=0.5$일 때, 모든 균형에서 저품질 중고차만 거래된다.

④ $p=0.5$일 때, 모든 균형에서 고품질 중고차만 거래된다.

MEMO

15 ● 2011년

다음 (가), (나)는 특정의 경제적 현상을 보여주는 사례이다. 이를 해소할 수 있는 방안을 옳게 나열한 것을 〈보기〉에서 찾아 연결하시오.

(가) 중고차 판매상은 고객보다 차의 성능에 대해 잘 안다.

(나) 근로자는 고용주보다 자기가 일을 얼마나 열심히 하는지 잘 안다.

보 기

㉠ 은행대출 시 우량고객들을 선별하여 신용할당을 한다.

㉡ 기업이 임원의 보수를 기본급에다 실적에 따라 성과급을 동시에 지급한다.

㉢ 주식시장에 상장된 기업에게 기업의 정보를 충분히 공시하도록 의무를 부과한다.

㉣ 화재가 발생할 경우 화재보험회사는 손실의 일부를 보험가입자에게 부담하게 한다.

	(가)	(나)		(가)	(나)
①	㉠, ㉡	㉢, ㉣	②	㉠, ㉢	㉡, ㉣
③	㉠, ㉣	㉡, ㉢	④	㉡, ㉢	㉠, ㉣
⑤	㉡, ㉣	㉠, ㉢			

📈 개념-이론 정리 | 정보의 비대칭성(asymmetric information)

1. 불완전한 정보하에서 경제적인 이해관계가 있는 거래당사자들 중 어느 한쪽이 상대방 당사자에 비해 더 많은 정보, 더 정확한 정보를 갖고 있어 당사자들 사이에 정보가 불평등하게 존재하는 상태를 말한다.

2. 유형

   ① 감추어진 특성(hidden characteristics) : 계약이 이루어지기 전에 거래당사자 중에서 일방이 상대방의 특성에 대해서 잘 모르고 있는 상황 ⇒ 정보를 적게 가진 쪽에서 상대방과 불리한 거래할 수 있는 역선택의 문제가 발생한다.

   ② 감추어진 행동(hidden action) : 계약이 이루어진 후에 거래당사자 중 어느 일방의 행동을 상대방이 관찰할 수 없거나 통제가 불가능한 상황 ⇒ 일방 당사자가 최선을 다하지 않는 도덕적 해이 문제가 발생한다.

🔍 기출분석

- (가)는 정보의 비대칭성으로 인해 발생하는 상품의 '숨겨진 특성'과 관련된 '역선택'에 관한 진술이다. 이러한 역선택을 해소하기 위해서 금융시장에서는 신용할당(㉠), 주식시장에서는 공시의무(㉢)제도를 도입한다. 여기서 신용할당이란 금융시장에서 자금에 대한 초과수요가 존재하는 경우, 이를 이자율의 상승을 통해 해결하지 않고 차입자의 신용조건을 고려하여 부족한 자금을 할당하는 것을 말한다.

- (나)는 정보의 비대칭성으로 인해 발생하는 당사자의 '숨겨진 행동'과 관련된 '도덕적 해이'에 관한 진술이다. 이러한 도덕적 해이를 해결하기 위해서 기업의 임원에게 성과급 지급과 같은 유인설계(㉡), 보험시장에서는 공동보험(㉣) 제도를 도입한다.

[정답 | ②]

응용 TEST 15 📝

정보의 비대칭성(information asymmetry)의 원인, 문제, 사례 및 해결책이 바르게 연결된 것은?

	원인	문제	사례	해결책
①	숨겨진 특징	도덕적 해이	중고차 시장	강제 보험
②	숨겨진 특징	역선택	신규차 시장	성과급
③	숨겨진 행위	도덕적 해이	주인과 대리인	감시 강화
④	숨겨진 행위	역선택	노동 시장	최저 임금

MEMO

다음을 읽고 ㉠, ㉡에 알맞은 경제학적 개념을 쓰시오.

전통적 경제학은 실업, 즉 노동시장에서 초과공급이 발생하는 이유가 최저임금제 또는 노동조합의 활동 때문이라고 설명해 왔다. 노동시장의 수요와 공급을 청산시키는 균형임금 수준보다 더 높은 임금이 제도적으로 강요되어 실업이 발생한다는 것이다. 그러나 최근의 이론에 따르면 최저임금제와 노동조합이 없다 하더라도 이윤극대화를 추구하는 기업은 자발적으로 임금을 시장 청산 수준보다 더 높게 지불하는 경향이 있다. 이러한 임금 수준을 '효율 임금'이라고 부른다.

그런데 유사한 예가 또 있다. 그것은 대부시장으로, 대출의 공급자인 은행이 대출 수요와 대출 공급이 균형을 이루는 수준에서 이자율을 매기지 않고 그보다 더 낮은 수준에서 이자율을 매겨 항상 대출의 초과수요를 야기하는 것이다. 개인이나 기업은 대출을 받기 위해서 은행에서 제시한 이자율보다 더 높은 수준의 이자율을 낼 용의가 있어도 은행은 이를 받아들이지 않는다. 왜냐하면 은행은 이자율이 상승할 때 악성 채무자들만 남게 되는 역선택을 우려하기 때문이다. 이러한 현상을 정보경제학에서는 (㉠)(이)라고 부른다.

위의 현상은 결과적으로 분권적 시장이 효율적 자원배분을 보장해 주지 못하는 (㉡)의 또 다른 조건을 이룬다.

• ㉠ :

• ㉡ :

📈 개념-이론 정리 | **효율성 임금 이론(efficiency wage)**

임금이 높을수록 노동자의 생산성이 높아진다고 하는 문제의식에서 출발한다. 노동자의 효율성에 대해 임금이 영향을 미치기 때문에 노동이 초과공급이 되더라도 기업들은 임금을 내리지 않는다는 것이다.

💲 기출분석

㉠ : 신용할당 ⇒ 대부시장에서 존재하는 초과수요를 이자율(상승) 수단을 이용하여 해결하지 않고 차입자의 신용도와 같은 비이자율 수단을 이용하여 해결한다.

㉡ : 시장실패 ⇒ 노동시장에서 존재하는 '효율임금'과 대부시장에서 존재하는 '신용할당'은 모두 시장의 불균형(노동시장에서 초과공급, 대부시장에서 초과수요)을 그대로 유지하게 하므로 자원을 비효율적으로 배분하게 된다.

응용 TEST 16

다음 중 역선택(Adverse Selection)의 설명으로 틀린 것은?

① 품질보증은 역선택을 줄이는 효과가 있다.
② 자격증의 취득은 역선택에 대비한 행동이다.
③ 악화가 양화를 구축하는 현상의 현대적 해석으로 볼 수 있다.
④ 이자율 대신 신용할당을 이용하는 경우 역선택을 완화할 수 있다.
⑤ 화재보험에서 손실의 일부만을 보전해주는 것은 역선택을 피하기 위함이다.

PART

02

거시경제학

AK

임용 경제학
기출 길라잡이

08 | 국민소득 일반론

01 • 2013년

다음은 개방 국민경제의 사후적 균형에 관한 설명이다. 이에 대한 분석과 추론으로 옳은 것을 〈보기〉에서 모두 고르면?

> 경제는 사후적으로 보면 언제나 균형을 이룬다. 개방 국민경제에서의 주입은 투자지출, 정부지출 및 수출이며 누출은 민간저축, 조세 및 수입이다. 민간저축과 투자지출의 차이는 민간잉여, 조세와 정부지출의 차이는 정부잉여, 수출과 수입의 차이는 순수출로 정의된다. 2국으로 구성되는 국제경제를 상정하자. 그리고 한 나라의 수입의 크기는 그 나라 국민소득의 크기와 비례적인 관계가 있다고 한다.

보 기

> ㉠ 국내의 투자지출이 클수록 순수출의 크기는 작다.
> ㉡ 민간잉여의 크기가 일정하다면, 정부잉여가 작을수록 순수출의 크기는 크다.
> ㉢ 민간잉여와 정부잉여의 합이 양(+)이라면 순수출의 크기는 반드시 양(+)이다.
> ㉣ 상대국 정부가 정부지출을 확대하면 자국의 순수출은 줄어든다.

① ㄱ, ㄴ   ② ㄱ, ㄷ   ③ ㄴ, ㄷ   ④ ㄴ, ㄹ   ⑤ ㄷ, ㄹ

📈 개념-이론 정리 | **개방 국민경제 균형식**

민간저축 + 조세 + 수입 = 투자 + 정부구매 + 이전지출 + 수출

민간저축 + 정부저축(조세 − 정부구매 − 이전지출) + 해외저축(수입 − 수출) = 투자

💲 기출분석

문제에서 주어진 조건을 반영한 국민경제 균형식은 다음과 같다.

민간잉여(민간저축 − 투자지출) + 정부잉여(조세 − 정부지출 = 정부저축) = 순수출(수출 − 수입)

민간저축 + 정부잉여(정부저축) = 투자지출 + 순수출

㉠ 국내의 투자지출이 이루어지면 국민소득이 증가한다. 한 나라의 수입의 크기가 그 나라 국민소득의 크기와 정(+)의 관계에 있으므로 수입 증가로 순수출의 크기는 작아지게 된다.

㉡ 민간잉여의 크기가 일정하다면, 정부잉여가 작을수록 순수출의 크기도 작아야만 균형식이 계속 유지될 수 있다.

㉢ 민간잉여와 정부잉여의 합이 양(+)이라면 순수출의 크기는 반드시 양(+)이어야만 균형식이 계속 유지될 수 있다.

ⓔ 상대국 정부가 정부지출을 확대하면 상대국의 국민소득이 증가하게 된다. 한 나라의 수입의 크기가 그 나라 국민소득의 크기와 정(+)의 관계에 있으므로 상대국의 수입이 증가하게 되고, 이것은 곧 자국의 순수출이 증가한다는 것을 의미한다. [정답 : ②]

응용 TEST 1

B 국가는 전 세계 어느 국가와도 무역을 하지 않으며, 현재 GDP는 300억 달러라고 가정하자. 매년 B 국가의 정부는 50억 달러 규모로 재화와 서비스를 구매하며, 세금수입은 70억 달러인 반면 가계로의 이전지출은 30억 달러이다. 민간저축이 50억 달러일 경우 민간소비와 투자는 각각 얼마인가?

MEMO

다음 글을 읽고 밑줄 친 ㉠~㉤ 중에서 우리나라의 GDP에 포함되는 항목을 모두 골라 기호로 쓰시오.

중소기업을 운영하는 홍길동 씨는 외국인 노동자를 고용하고 있다. 올해 초에 ㉠ 집값이 크게 오르고, ㉡ 보유 주식 가격도 올랐다. 외국인 노동자의 생산성이 올라서 ㉢ 임금도 올려주었다. 그러나 최근에는 불경기 때문에 생산한 물건이 잘 팔리지 않아 ㉣ 재고가 증가하고 있다. 해외에서 취업하고 있는 홍길동씨의 아들은 매우 ㉤ 높은 연봉을 받고 있다.

📈 개념-이론 정리 | GDP 측정

구분		포함되는 항목	포함되지 않는 항목
'부가가치'		귀속계산 (자기 소유 건물 ⇒ 가계주택, 기업건물의 임대료)	–
'생산물'		신규 주택 매입	공채이자, 기존생산물의 매매차익(중고품 거래), 소유권이전, 상속, 복권, 자산 매매차익(주식거래), 자산 재평가 이득, 지하경제의 불법소득(도박, 밀수, 음성적 수입)
'시장가치'	자가소비	농가의 자가소비 농산물, 국방·치안 서비스	주부의 가사노동, 가계의 여가로서의 농산물 재배(주말농장)
	현물	피고용자가 받는 현물소득 (식사제공, 사택제공 등)	물물교환

💲 기출분석

㉠ : 집값 상승은 생산 활동과 무관한 자본이득에 해당하기 때문에 GDP 집계 대상에서 제외된다.
㉡ : 주가 상승은 생산 활동과 무관한 자본이득에 해당하기 때문에 GDP 집계 대상에서 제외된다.
㉢ : 외국인이지만 국내에서 생산 활동을 하기 때문에 우리나라의 GDP 집계 대상에 포함된다. 이 경우 외국인 노동자의 임금 상승은 분배 GDP를 증가시킨다.
㉣ : 재고의 증가는 재고투자로 간주되면서 지출 GDP를 증가시킨다.
㉤ : 홍길동 씨 아들의 연봉은 해외에서 이루어진 생산 활동에 대한 대가이므로 우리나라의 GDP 집계 대상에서 제외된다. 단, 우리나라 국민에 의한 생산 활동에 대한 대가이므로 우리나라의 GNP 집계 대상에는 포함된다.

[정답 | ㉢, ㉣]

응용 TEST 2 📝

2023년도에 어떤 나라의 밀 생산 농부들은 밀을 생산하여 그중 반을 소비자에게 1,000억 원에 팔고, 나머지 반을 1,000억 원에 제분회사에 팔았다. 제분회사는 밀가루를 만들어 그중 절반을 800억 원에 소비자에게 팔고 나머지를 제빵회사에 800억 원에 팔았다. 제빵회사는 빵을 만들어 3,200억 원에 소비자에게 모두 팔았다. 이 나라의 2023년도 GDP는? (단, 이 경제에서는 밀, 밀가루, 빵만을 생산한다.)

03 • 1995년

완벽한 폐쇄경제 체제를 유지하는 국가의 GNP와 GDP의 예견되는 관계로서 가장 타당한 것은?

① $GNP > GDP$

② $GNP < GDP$

③ $GNP = GDP$

④ $GNP \pm GDP$

📈 개념-이론 정리 | GDP와 GNP

한 나라의 국경 안에서 생산되면, 그 나라 국민과 국내거주 외국인의 생산요소에 의하여 생산된 생산물의 가치는 모두 GDP에 포함된다. 따라서 내국인이 외국에서 생산한 것은 국민총생산(GNP)에는 포함되지만 GDP에는 포함되지 않는다.

> 국민총생산(GNP) = 국내총생산(GDP) + 해외로부터 취득한 요소소득 − 해외에 지불한 소득
> = 국내총생산(GDP) + 대외순수취 요소소득

📑 기출분석

GDP와 GNP 사이에는 다음과 같은 관계가 성립한다.

> 국민총생산(GNP) = 국내총생산(GDP) + 대외순수취 요소소득

만약 완벽한 폐쇄경제 체제를 유지한다면 '대외순수취 요소소득 = 0'이 성립한다. 이에 따라 GDP와 GNP의 크기는 항상 일치하게 된다.

응용 TEST 3 📝

K국의 올해 민간 소비지출이 400조 원, 정부지출이 100조 원, 투자가 200조 원, 수출이 250조 원, 수입이 200조 원, 대외순수취 요소소득이 10조 원이라고 할 때, K국의 국내총생산(GDP)과 국민총생산(GNP)의 크기는?

(가)를 참고하여, (나)에 제시된 A국의 2006년 실질 GNI 계산에 필요한 세 항목인 '교역조건의 변화를 반영한 명목무역손익', '환가지수', '교역조건이 불변일 때의 실질무역손익'의 값을 계산과정과 함께 쓰시오.

(가) 명목국민총소득(명목GNI)은 명목국민총생산(명목GNP)과 동일하다. 하지만 실질 GNI와 실질 GNP는 동일하지 않으며, 양자 간에는 다음과 같은 관계가 성립한다.

실질 GNI = 실질 GNP + 교역조건의 변화에 따른 실질무역손익

= 실질 GNP + 교역조건의 변화를 반영한 실질무역손익 − 교역조건이 불변일 때의 실질무역손익

$$= 실질\ GNP + \frac{교역조건의\ 변화를\ 반영한\ 명목무역손익}{환가지수} - 교역조건이\ 불변일\ 때의\ 실질무역손익$$

* 환가지수는 수출가격지수와 수입가격지수의 평균을 사용한다.

(나) A국의 2005년 경상수지는 수출액과 수입액이 각각 100억 달러로 균형을 이루고 있다. 그런데 2006년에는 기준 연도인 2005년에 비해 수출입 상품의 가격만 변했을 뿐, 수출입 상품의 품목, 물량, 여타 수출입 여건 등에 아무런 변화가 없었다. 2006년에 수출품의 가격은 일률적으로 10% 하락한 반면, 수입품의 가격은 일률적으로 10% 상승했다.

• 교역조건의 변화를 반영한 명목무역손익 :

• 환가지수 :

• 교역조건이 불변일 때의 실질무역손익 :

📈 개념−이론 정리 | 국민총소득(Gross National Income : GNI)

1. 등장배경
   ① 기준년도 가격으로 평가한 실질 GDP는 물량변화를 반영하는 생산지표와 소득지표가 혼합되어 있고, 또 교역조 건의 변화로 발생하는 실질소득의 변화를 반영하지 못하는 측면이 있었다.
   ② 개방화가 진전된 경제에서는 실질 GDP와 생산 활동으로 획득한 소득의 실질적인 구매력 사이에 적지 않은 차이 가 발생한다. 예를 들어 같은 양의 반도체와 자동차를 생산해서 수출하더라도 국제유가가 상승하면 더 적은 양 의 원유를 수입할 수밖에 없다. 또한 더 많은 반도체와 자동차를 생산해 수출하더라도 예전과 같은 양의 원유 밖에는 수입할 수 없다.
   ③ 실질 GDP는 기준년도의 가격으로 측정되고 교역조건 역시 변하지 않는다는 전제하에서 계산되므로 교역조건 변화에 따른 실질무역손익을 반영하지 못한다.
   ④ 국민계정체계의 개정 : UN, IMF 등이 주축이 되어 국민계정체계를 개정하면서 새로운 소득지표인 실질 GNI(Real Gross National Income)를 개발하게 되었으며, 우리나라도 1998년부터 소득지표로 실질 GNP 대신 실질 GNI를 사용하고 있다. 물론 생산지표로는 실질 GDP가 사용된다.

2. GNI의 의미

① 개념 : GNI는 실물 경제 체감 경기를 알려주는 지표로 한 나라 국민이 일정기간 생산 활동에 참여하여 벌어들인 소득의 합계로 정의되며 소득의 실질 구매력을 나타낸다.

② 측정

> 실질 GNI = 실질 GDP + 교역조건변화에 따른 실질무역손익 + 실질 국외순수취요소소득
>
> = 실질 국내 총소득(GDI) + 실질 국외 순수취 요소 소득

실질 GNI는 교역조건변화에 따른 실질무역손익을 반영할 뿐만 아니라, 기본적으로 국경이 아닌 국민을 기준으로 작성되는 것이므로, 해외로부터 벌어들인 국외수취 요소소득에서 해외로 지급한 국외지급 요소소득을 차감한 실질 국외순수취요소소득도 반영한다. 이에 따라 국민소득의 실질 구매력은 개별 상품 가격 변화와 수출·수입 상품 간 상대 가격 변화인 교역 조건에 영향을 받는다. 즉, 교역 조건이 나빠지면 실질 소득은 감소할 것이다.

3. 실질 GDP와 실질 GNI의 괴리

① 생산지표인 실질 GDP와 국민의 실질적인 구매력을 나타내도록 설계된 소득지표인 실질 GNI 사이에는 적지 않은 차이가 발생한다.

② 왜냐하면 실질 GDP는 교역조건이 변하지 않는다는 전제하에서 계산되는 것이므로, 교역조건 변화에 따른 실질 무역손익을 반영하지 못하기 때문이다.

③ 실제로 반도체나 자동차 등을 수출하고 원유를 수입하는 우리나라는 국제유가 상승과 반도체 가격 하락으로 인하여, 실질 GNI로 측정한 경제성장률이 실질 GDP 성장률에 비해 낮게 나오는 현상을 자주 경험한다.

🔍 기출분석

- **교역조건의 변화를 반영한 명목무역손익**

  A국의 2005년 경상수지가 균형이었으므로 다음 식이 성립한다. 단 이해를 쉽게 하기 위하여 단일상품 X재(수출재)와 Y재(수입재)만이 교역된다고 가정한다.

  $$P_X^{2005} \times Q_X^{2005} = P_Y^{2005} \times Q_Y^{2005} = 100억 \ 달러$$

- 그런데 2006년에는 다른 모든 조건에는 변화가 없고, 수출품의 가격은 일률적으로 10% 하락한 반면, 수입품의 가격은 일률적으로 10% 상승했으므로 A국의 2006년 명목무역손익은 다음과 같다. 여기서 명목무역손익은 2006년도 가격으로 계산된 수출액과 수입액과의 차이이다.

  - 2006년 명목무역손익 = 명목수출액 − 명목수입액

    $= P_X^{2006} \times Q_X^{2006} - P_Y^{2006} \times Q_Y^{2006}$

    $= (0.9 \times P_X^{2005}) \times Q_X^{2005} - (1.1 \times P_Y^{2005}) \times Q_Y^{2005}$

    $=$ 90억 달러 − 110억 달러 = −20억 달러

- **환가지수** : 수출가격지수와 수입가격지수의 평균치이다. 이때 수출가격지수와 수입가격지수, 환가지수는 다음과 같이 측정된다.

  - 수출가격지수 : $\dfrac{비교 \ 시 \ 수출가격}{기준 \ 시 \ 수출가격} = \dfrac{0.9 \times P_X}{P_X} = 0.9$

  - 수입가격지수 : $\dfrac{비교 \ 시 \ 수입가격}{기준 \ 시 \ 수입가격} = \dfrac{1.1 \times P_Y}{P_Y} = 1.1$

- 환가지수 : $\dfrac{\text{수출가격지수} + \text{수입가격지수}}{2} = \dfrac{0.9 + 1.1}{2} = 1$

- **교역조건이 불변일 때의 실질무역손익**

  교역조건이 불변이라는 것은 2005년 가격으로 계산된다는 것을 의미한다. 따라서 실질무역손익은 가격이 불변인 것을 전제로 다음과 같이 계산된다. 여기서 실질무역손익은 2005년도 가격으로 계산된 수출액과 수입액의 차이이다.

  - 2006년 실질무역손익 = 실질수출액 − 실질수입액
    $$= P_X^{2005} \times Q_X^{2006} - P_Y^{2005} \times Q_Y^{2006}$$
    $$= 100\text{억 달러} - 100\text{억 달러} = 0 \;(\because\; Q_X^{2005} = Q_X^{2006},\; Q_Y^{2005} = Q_X^{2006})$$

- 참고로 주어진 자료에 따른 2006년의 실질 GNI는 다음과 같다.

  - 2006년 실질GNI = 실질GNP + $\dfrac{\text{교역조건의 변화를 반영한 명목무역손익}}{\text{환가지수}}$ − 교역조건이 불변일 때의 실질무역손익
    $$= 100\text{억 달러} - 20\text{억 달러} - 0 = 80\text{억 달러}$$

- 이에 따라 2006년의 실질 GNI(=80억 달러)는 2005년의 실질 GNI(100억 달러)에 비해 20억 달러가 감소하게 된다. 이것은 교역조건 악화로 인해 2006년 A국의 구매력이 2005년에 비해 약화되었다는 것을 의미하는 것이다.

응용 TEST 4 🖎

미국 뉴욕 소재 해외 회계 법인에 취직되어 있던 한국인 김 씨는 회사의 인력감축계획에 따라 실직하고 귀국하였다. 김 씨의 실직 귀국이 두 나라의 국민소득에 미치는 영향은?

① 한국과 미국의 GDP 모두 감소
② 한국과 미국의 GNI 모두 감소
③ 한국 GDP와 미국 GNI 감소
④ 한국 GNI와 미국 GDP 감소
⑤ 한국의 GNI 감소, 미국은 영향 없음

MEMO

09 | 소비 - 투자이론

01 • 2019년

다음 글을 읽고 〈작성 방법〉에 따라 서술하시오.

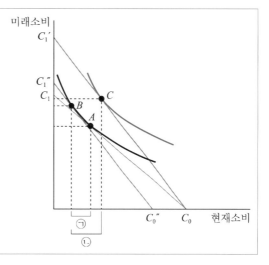

다음 〈그림〉은 어느 소비자의 현재소비와 미래소비를 무차별 곡선과 예산선을 이용하여 나타낸 것이다. 이자율이 상승할 경우 최적점이 A점에서 C점으로 이동한다. 이 소비자의 현재소득은 C_0이고, 이 소득을 소비와 저축으로 나눈다. 미래에는 현재 저축한 돈과 이자로 산다. (단, 현재소비와 미래소비는 모두 정상재이며, 선분 $C_0''C_1''$은 선분 C_0C_1'과 평행이다.

작성 방법

• 이자율 상승에 따라 A점에서 B점으로의 이동인 ㉠과 B점에서 C점으로의 이동인 ㉡에 해당하는 경제학 개념을 순서대로 제시할 것.
• 이자율이 상승할 경우 현재 저축이 감소할 수 있는 이유를 ㉠과 ㉡을 활용하여 서술할 것.

📈 개념-이론 정리 | **이자율 상승의 효과(대부자의 경우)**

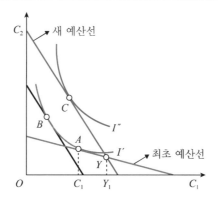

1. 다른 조건이 일정한 상태에서 이자율만 상승한다면 예산선은 동일한 소득점을 중심으로 기울기가 가파르게 회전이동을 하게 된다. 이에 따라 소비자의 선택점은 새 예산선과 무차별곡선(I')이 접하게 되는 C점이 된다.
2. B점은 새 예산선과 동일한 기울기를 가지면서 최초 무차별 곡선(I)과 접하는 점이다.
3. 최초의 소비점 A점에서 B점으로의 이동은 예산선 기울기의 변화에 따라 발생한 것으로 볼 수 있으므로 대체효과와 같고, B점에서 C점으로의 이동은 예산선이 기울기의 변화없이 평행이동한 결과이므로 소득효과와 같다. 그리고 A점에서 C점으로 이동은 이자율 변화에 따라 발생한 결과이므로 이자율 효과와 같다. 따라서 이자율 효과는 대체효과와 소득효과로 구성되어 있고 그 구체적 내용은 다음 〈표〉와 같다.

구분	현재소비(C_1)	미래소비(C_2)
대체효과(A ⇒ B)	↓	↑
소득효과(B ⇒ C)	↑	↑
이자율 효과(A ⇒ C)	?	↑

4. 이자율의 상승은 현재소비의 상대가격의 상승을 의미하므로 현재소비의 감소와 미래소비의 증가가 나타나게 된다. 또한 이자율의 상승으로 대부자는 미래에 더 많은 이자수입이 생기므로 실질소득의 증가를 가져와 현재소비와 미래소비가 모두 증가하게 된다.

$_Q^\$$ 기출분석

- ㉠ : 대체효과
  이자율이 상승하면 예산선의 기울기가 이전에 비해 가팔라진다. 이에 따라 현재소비의 상대가격이 상승하게 되어 현재소비는 감소(저축의 증가)하고 미래소비는 증가하는 대체효과가 발생하게 된다. 이러한 대체효과는 기존의 무차별곡선상에서 A에서 B로의 이동으로 나타난다.
- ㉡ : 소득효과
  이 소비자에게는 현재소득만이 있고, 미래에는 현재 저축한 돈과 이자로 생활을 하는 대부자에 해당한다. 이에 따라 이자율의 상승은 실질소득의 증가를 가져와 정상재인 현재소비도 증가(저축의 감소)하고 미래소비도 증가하게 되어 소비자 균형점은 B에서 C로 우상향하게 된다.
- 이자율의 상승은 대체효과에 따라 현재소비를 감소(저축의 증가)시키고, 소득효과에 따라 현재소비를 증가(저축의 감소)시킨다. 만약 이자율 상승에 따른 대체효과보다 소득효과가 크다면 현재소비는 증가(저축의 감소)가 나타나게 된다.

응용 TEST 1 ✎

소비자 A는 1기와 2기에 걸쳐 소비를 한다. C_1을 1기의 소비, C_2를 2기의 소비라고 할 때, 소비자 A의 효용함수는 $U = (C_1, C_2) = \min[C_1, C_2]$이다. 1기의 소득은 210만 원이고 2기의 소득은 0원이며, 각 기의 소비재 가격은 1원으로 동일하다. A는 1기에 10%의 이자율로 저축을 하거나 대출을 받을 수 있다. 소비자 A의 행동 중 합리적인 것은?

① 100만 원을 저축한다.
② 110만 원을 저축한다.
③ 100만 원을 대출받는다.
④ 110만 원을 대출받는다.

다음 글을 읽고 〈작성 방법〉에 따라 서술하시오.

소비 이론의 하나인 A 이론의 ㉠ 소비함수에 의하면 이자율은 사람들의 소비에 영향을 미치지 못하며, 사람들은 소득이 증가하더라도 소득의 증가분 전부를 소비하지 않고 그중 일부만을 소비를 증가시키는 데 사용한다. 또한 소득이 증가할수록 (㉡)이/가 감소한다. 그런데 장기 시계열 자료를 이용하여 분석한 실증 연구에서 소득이 증가하더라도 (㉡)이/가 일정하게 유지된다는 사실이 발견됨에 따라 다양한 소비 이론이 등장하였다.

그중 하나인 생애 주기 이론(life-cycle theory)에 의하면 사람들이 소비를 결정할 때에는 현재의 소득뿐 아니라 평생 동안의 소득을 계산하여 각 기간의 소비에 배분한다. 예를 들어 소득이 작은 유년기에는 청장년기에 소득이 커질 것을 예상하여 소득보다 높은 소비 수준을 유지한다. 또한, 이 이론은 장기적으로는 소득이 증가하더라도 (㉡)이/가 감소하지 않고 유지된다는 사실을 설명하는 데에 이용된다.

작성 방법

• A 이론의 명칭을 쓸 것.
• 밑줄 친 ㉠에 해당하는 수식을 쓰고, 수식에서 상수와 계수가 무엇을 의미하는지 순서대로 서술할 것.
• 괄호 안의 ㉡에 해당하는 용어를 쓸 것

📈 **개념-이론 정리 | 케인스(J. M. Keynes)의 절대소득가설**

1. 추가적인 소득 1단위의 증가에 따라 증가하는 소비의 크기$\left(MPC=\dfrac{\Delta C}{\Delta Y}\right)$인 한계소비성향($MPC$)은 1보다 작게 되는데 이는 소득이 증가함에 따라 증가된 소득 중 일부만이 소비되기 때문이다. ⇒ 이러한 한계소비성향은 비교적 일정한 값을 가진다.

> 케인스의 한계소비성향 ⇒ "우리가 믿고 따르는 기본적인 심리적 원칙은 … 사람들은 일반적으로 그리고 평균적으로 소득이 증가함에 따라 소비를 증가시키지만 소득이 증가한 만큼 증가시키지는 않는다."

2. 소득이 증가함에 따라 소득 중에서 소비가 차지하는 비율$\left(APC=\dfrac{C}{Y}\right)$인 평균소비성향($APC$)은 감소하게 되지만 평균소비성향은 여전히 한계소비성향보다 크게 된다.

3. 소비함수

$$C=a+bY$$
(C : 소비, a : 독립소비(기초소비, 절대소비), $a>0$, b : 한계소비성향, Y : 가처분 소득)

📈 개념-이론 정리 | **Kuznets의 실증 분석(미국 : 1869~1929)**

1. 시계열(time series) 분석

① 한 국가 전체의 소비와 소득에 대한 자료를 여러 기간에 걸쳐 수집한 자료를 이용한다.

단기 시계열 분석	장기 시계열 분석
한계소비성향(MPC)은 일정하고, 평균소비성향(APC)은 소득의 증가에 따라 감소한다. ⇒ 케인즈의 소비이론과 동일한 결과이다.	장기 소비곡선이 원점을 지나는 직선이므로 한계소비성향(MPC)과 평균소비성향(APC)은 서로 같고 일정하다. ⇒ 케인즈 소비이론으로서는 설명할 수 없는 결과이다.

② 결론

단기의 소비곡선은 SC_1, SC_2, SC_3처럼 각각 기울기가 1보다 작은 양(+)이고, 절편이 0보다 큰 반면에 각각의 단기의 소비곡선이 소득의 전반적인 향상에 따라 차차 이동함으로써 장기의 소비곡선은 LC처럼 기울기가 1보다 작은 양(+)이고, 원점을 지나는 직선의 형태를 갖게 된다.

2. 횡단면(cross section) 분석

① 동일 기간 동안 많은 가계들의 소비와 소득을 수집한 자료를 이용한다.

② 소득이 높은 가계일수록 소비와 저축이 모두 높아짐을 발견하였는데, 이는 한계소비성향(MPC)이 0보다는 크지만 1보다는 작다는 것을 의미한다.

③ 소득수준이 높은 가계일수록 평균소비성향(APC)이 낮다는 사실도 발견하였다.

3. 평가

① 위와 같은 장기 시계열 분석의 결과는 소득이 증가함에 따라 소득에 대한 소비의 비율은 눈에 띄게 안정적이라는 사실을 보여줌으로써 Keynes의 소득이 증가함에 따라 평균소비성향이 감소할 것이라는 추론과 어긋나는 것이다.

② 이러한 현상은 장기적으로 Keynes가 전제했던 현재소득 이외의 요인들이 소비에 영향을 미쳐 단기 소비함수를 상방이동시켰다는 것을 의미한다.

③ 이후의 소비이론들은 현재소득 이외에 영향을 주는 요인들을 규명함으로써 이러한 결과들을 해명하기 위한 것이다.

📈 개념-이론 정리 | **생애주기가설(평생소득가설 : life-cycle hypo-thesis)**

1. 소비자는 평생을 염두에 두고 자기 소득의 사이클을 고려하여 현재소비를 결정한다. ⇒ 어떤 소비자의 어떤 기간에서의 소비(C_t)는 그 사람의 전 생애에 걸친 예상소득에 의해 영향을 받는다.
2. 소득은 노동소득과 자산소득으로 구성된다.
3. 어떤 개인의 소득은 유년기 때는 낮고 중년기 때에 높아졌다가 노년기 때에 다시 낮아지는 사이클을 갖는데 비해 소비는 비교적 일생을 걸쳐 일정한 비율로 완만하게 증가한다. ⇒ 전형적인 개인의 소득은 전 생애를 걸쳐 고르지 않고 불안정하다.
4. 소득의 흐름은 이처럼 고르지 않은데 비해 사람들은 전 생애를 걸쳐 안정적인 소비를 하고자 한다. 소득의 흐름이 고르지 않음에도 불구하고 저축과 차입을 통하여 전 생애를 걸쳐 소비의 흐름을 고르게 할 수 있다.

💲 기출분석

- A 이론의 명칭을 쓸 것. ⇒ 절대소득가설
- 밑줄 친 ㉠에 해당하는 수식을 쓰고, 수식에서 상수와 계수가 무엇을 의미하는지 순서대로 서술할 것. ⇒ $C = a + bYD$(C는 소비, YD는 가처분 소득), a는 절대(기초)소비, b는 한계소비성향
- 괄호 안의 ㉡에 해당하는 용어를 쓸 것 ⇒ 평균소비성향(APC)

다음은 소득과 소비의 관계에 대한 두 의견이다. 이에 대한 설명으로 옳은 것은?

(가) 소비는 처분가능소득에 가장 큰 영향을 받는다. 처분가능소득이 증가하면 소비는 증가한다.

(나) 사람들은 현재의 소득이 아니라 일생 동안의 소득을 고려하여 소비 수준을 결정한다. 사람들은 전 생애
    에 걸쳐 안정적 소비 패턴을 유지하려고 하므로 소비는 그때그때의 소득에 민감하게 반응하지 않는다.

① (가)에 따르면 소액 복권에 당첨된 사람은 소비를 늘리지 않을 것이다.
② (가)에 따르면 경기 상승으로 회사 영업실적이 좋아져 받은 특별 상여금은 모두 저축될 것이다.
③ (나)에 따르면 일시적 실업자는 소비를 크게 줄일 것이다.
④ (나)에 따르면 장기간의 소득세 감면은 경기 활성화에 도움이 될 것이다.

MEMO

다음 글에서 괄호 안의 ⑦에 들어갈 숫자와 ⓒ에 들어갈 단어를 순서대로 쓰시오.

> 갑 기업은 현재 140억 원을 투자하면 2년 동안 1차 연도 말에 605억 원, 2차 연도 말에 −484억 원의 수익이 기대되는 투자안을 가지고 있다. 갑 기업은 이 투자안의 채택 여부를 현재가치법에 의해 결정하고자 한다. 이자율이 연 10%이고, 2차 연도까지 이자율이 변동이 없을 경우 이 투자안의 예상수익에 대한 현재가치는 (⑦)이다. 따라서 갑 기업은 투자안을 (ⓒ)한다.

• ⑦ :

• ⓒ :

📈 개념-이론 정리 | **현재 가치법(I. Fisher)**

1. 의미
   ① 고전학파의 기대수익의 현재가치에 의한 투자결정이론이다.
   ② 투자에 따른 기대수익의 현재가치가 투자비용보다 클 때 투자가 이루어진다는 이론이다.

2. 투자의 현재가치(present value : PV)
   ① 의미 : 투자에 따른 기대수익을 시장이자율(r)로 할인한 값의 합계를 의미한다.

$$PV = \frac{R_1}{(1+r)} + \frac{R_2}{(1+r)^2} + \cdots + \frac{R_n}{(1+r)^n}$$

$$R_i(i=1, 2, \cdots, n)(i : \text{기대수익의 시리즈}, \ r : \text{이자율})$$

   ② 투자의 순현재가치 : 현재가치에서 투자비용을 빼서 계산한다. ⇒ $PVC = PV - C$
   ③ 투자의 결정 : 투자의 순현재가치(NPV)의 크기에 따라 결정된다.

$NPC(=PV-C)>0$	$NPV(=PV-C)<0$
투자 결정	투자 포기

   ④ 투자함수 : $I=I(r)$로써 투자(I)는 이자율(r)의 감소함수이다. 케인스와 달리 현재가치법에서 투자결정 여부는 이자율이라는 객관적인 요소에 의해 결정된다.

💲 기출분석

■ ⑦ : 150억 원
투자안의 예상수익에 대한 현재가치는 다음과 같이 도출된다.

> • 현재가치 $= \frac{R_1}{(1+r)} + \frac{R_2}{(1+r)^2} = \frac{605}{(1+0.1)} + \frac{-484}{(1+0.1)^2} = \frac{605}{1.1} + \frac{-484}{1.21} = 550 - 400 = 150(\text{억 원})$
>
> (여기서 R_1은 1차 연도 예상수익, R_2는 2차 연도 예상수익, r은 이자율이다.)

- ㉡ : 채택

투자안의 예상수익에 대한 현재가치가 150억 원이고 현재의 투자비용이 140억 원이므로 순현재가치는 10억 원으로 양(+)의 값을 갖는다. 현재가치법에 따르면 순현재가치가 양(+)의 값일 때 기업은 투자하게 된다.

응용 TEST 3 📝

다음은 갑 회사 투자안의 예상수익에 대한 정보이다. 그런데 이 경우 어떤 투자안을 선택한다고 하더라도 투자비용은 동일하게 투입된다. 만약 이자율이 11%라면 금년(2023년)도 갑 회사의 선택은?

(단, $\frac{1}{1.11^1} \fallingdotseq 0.9$, $\frac{1}{1.11^2} \fallingdotseq 0.8$, $\frac{1}{1.11^3} \fallingdotseq 0.7$이다.)

(단위 : 억 원)

구분	2023년	2024년	2025년	2026년
투자안 A	−50	1,000	500	200
투자안 B	−100	500	500	500
투자안 C	−200	200	500	1,100

MEMO

10 | 국민소득 결정론

01 • 2006년

다음 ㉠과 같은 주장을 가리키는 경제학 용어를 쓰고, ㉡과 ㉢에 들어갈 말을 '증가, 감소, 불변' 중에서 골라 쓰시오.

민간 부문만 있으며 투자의 크기가 외생적으로 주어지는 단순한 폐쇄경제를 생각하자. 가계 저축이 이자율의 영향을 받는가 그렇지 않은가는 국민경제의 균형의 성격을 이해하는 데 매우 중요하다. 만약 저축이 이자율의 함수일 경우, 경제 내에서 이자율이 조절되며 저축과 투자 양자의 크기가 같아지게 된다. 그에 따라 ㉠ 총생산과 총수요는 언제나 일치하고 국민경제는 언제나 균형 상태에 있다.

그러나 저축이 이자율과 무관하고 단지 소득의 크기에 의해서만 영향을 받는다면, 저축과 투자의 크기는 각각 다른 힘에 의해 결정되고 따라서 경제의 총수요와 총공급의 일치는 보장되지 않는다. 이 경우에는 저축이 투자에 일치할 때까지 소득의 크기가 조정됨으로써 국민경제가 균형을 달성하게 된다. 이 경우, 저축이 투자에 미달하는 상태라면 국민소득의 크기는 (㉡)한다. 균형 상태에서 기업들이 생산을 늘리게 되면 균형 국민소득의 크기는 (㉢)한다.

• ㉠ :

• ㉡ :

• ㉢ :

📈 개념-이론 정리 | 저축과 투자

고전학파의 경우 저축은 투자하기 위해서 하는 것이고, 반대로 투자는 저축에 의해서 가능하므로 모든 국민소득수준에서 신축적인 이자율에 의해 항상 저축(S)=투자(I)가 성립한다고 주장한다. 반면에 Keynes의 경우 저축은 효용 극대화를 추구하는 가계에 의해서 이루어지고 투자는 이윤 극대화를 추구하는 기업에 의해 이루어진다. 따라서 저축과 투자는 서로 다른 경제주체의 서로 다른 동기에 의하여 행해지므로 양자가 항상 같아야 할 이유가 없고 균형국민소득수준에서만 사후적으로 저축(S)=투자(I)가 성립한다고 주장한다.

🔍 기출분석

▪ ㉠ : '세의 법칙(Say's Law)'

고전학파는 대부시장에서 결정되는 이자율이 신축적이라고 가정한다. 이러한 신축적인 이자율을 통해 총공급(=총생산)과 총수요는 항상 일치하게 되어 시장은 언제나 균형 상태를 유지하게 된다. 이를 '세의 법칙(Say's Law)'이라고 한다.

- ⓛ : 증가
- ⓒ : 불변

> 케인스 이론에 따르면 가계에 의해서 이루어지는 저축(=공급)은 소득 크기에 영향을 받으며, 기업에 의해서 이루어지는 투자(=수요)는 '기업가의 야성적 충동(animal spirit)'에 의해 이루어진다. 이때 소득의 크기는 수요(=투자) 크기에 의해서만 변동된다. 만약 저축이 투자에 미달하게 되면 초과수요 상태가 되고 공급(=생산) 부족을 해결하기 위해 생산을 증가시킴에 따라 국민소득의 크기는 **증가(ⓛ)**하게 된다. 반면에 이미 균형상태에 도달했음에도 불구하고 생산만 증가하게 되면 수요(=투자) 증가가 수반되지 않는 한 국민소득은 기존 수준에서 **불변(ⓒ)**이다.

응용 TEST 1 📝

고전학파와 케인스 학파의 거시경제관에 대한 설명으로 옳지 않은 것은?

① 고전학파는 공급이 수요를 창출한다고 보는 반면 케인스 학파는 수요가 공급을 창출한다고 본다.

② 고전학파는 화폐가 베일(Veil)에 불과하다고 보는 반면 케인스 학파는 화폐가 실물경제에 영향을 미친다고 본다.

③ 고전학파는 실업문제 해소에 대해 케인스 학파와 동일하게 재정정책이 금융정책보다 더 효과적이라고 본다.

④ 고전학파는 저축과 투자가 같아지는 과정에서 이자율이 중심적인 역할을 한다고 본 반면 케인스 학파는 국민소득이 중심적인 역할을 한다고 본다.

MEMO

02 • 1994년

다음에 주어진 〈보기〉의 자료에서 총공급과 총수요가 일치한다고 전제할 때, 국내총생산의 크기는? (단위 : 억 원)

보 기
민간소비 : 500, 민간투자 : 400, 정부투자 : 70, 정부소비 : 80, 수출 : 580, 수입 : 680

① 950   ② 1,050   ③ 1,630   ④ 2,310

개념-이론 정리 | 생산국민소득과 지출국민소득

국내총생산에 대한 지출 $= (C - C_m) + (I - I_m) + (G - G_m) + X = C + I + G + X - (C_m + I_m + G_m)$

$$\text{so, } Y \equiv C + I + G + X - M$$

(C는 소비지출, I는 투자지출, G는 정부지출, X는 수출, M은 수입이며, 하첨자 m은 수입재화에 대한 지출을 의미한다.)

1. 국민경제에는 가계, 기업, 정부 그리고 해외의 네 부문만이 존재하므로 국내총생산에 대한 지출은 이들 경제주체들의 지출을 더한 것으로 구성된다. ⇒ 국민소득 3면 등가의 원칙에 따르면 이러한 국내총생산에 대한 지출은 국내총생산과 같아져야 한다.
2. 만일 생산량이 수요량을 초과하면 그 초과분은 팔리지 않고 기업의 창고에 쌓이게 되는데 이를 "계획되지 않은 재고의 증가"라 한다.
3. 국민소득계정에서의 투자는 미리 계획된 재고투자뿐만 아니라 생산과 계획된 지출과의 차이로 인해 발생하는 계획되지 않은 재고의 증가(unplanned inventory investment)까지 포함하여 정의되므로 생산과 지출은 사후적으로 반드시 일치하게 된다. 국민소득 계정상의 투자는 사후적 투자이다.

기출분석

다음의 국민소득 균형식에 주어진 조건들을 대입하여 정리하면 국민총생산의 크기를 구할 수 있다.

$$Y \equiv C + I + G + X - M = 500 + 400 + (70 + 80) + (580 - 680) = 950$$

여기서 정부지출(G)은 "정부투자 + 정부소비"로 이루어짐을 유의한다.

[정답 | ①]

응용 TEST 2

다음과 같은 경제모형하에서 균형국민소득은 얼마인가?

㉠ $C = 30 + 0.75 YD$	㉡ $YD = Y - T$	㉢ $I = 120$	㉣ $G = 150$
㉤ $T = 0.2 Y$	㉥ $X = 100$	㉦ $M = 0.1 Y$	

(다만, Y는 국민소득, C는 소비, YD는 가처분소득, I는 투자, G는 정부지출, T는 조세, X는 수출, M은 수입이다.)

03 • 2014년

다음은 폐쇄 거시 경제모형이다. 이자율이 5%로 유지될 경우 잠재 총생산을 달성하기 위한 정부지출 규모는 얼마인지 쓰시오.

- $\dfrac{C}{Y} = 0.8 - 0.3(r - 0.03)$

- $\dfrac{I}{Y} = 0.2 - 0.7(r - 0.03)$

- $Y_F = 2$조 달러

(여기서, C는 소비, Y는 총생산, r은 이자율, I는 투자, Y_F는 잠재 총생산을 나타낸다.)

📈 개념-이론 정리 │ **국민소득 균형식**

$$\text{국내총생산에 대한 지출} = (C - C_m) + (I - I_m) + (G - G_m) + X = C + I + G + X - (C_m + I_m + G_m)$$

$$\text{SO, } Y \equiv C + I + G + X - M$$

(C는 소비지출, I는 투자지출, G는 정부지출, X는 수출, M은 수입이며, 하첨자 m은 수입재화에 대한 지출을 의미한다.)

💲 기출분석

- $\dfrac{C}{Y} = 0.8 - 0.3(r - 0.03) = 0.8 - 0.3(0.05 - 0.03) = 0.8 - 0.006 = 0.794 \Rightarrow C = 0.794Y$

- $\dfrac{I}{Y} = 0.2 - 0.7(r - 0.03) = 0.2 - 0.7(0.05 - 0.03) = 0.2 - 0.014 = 0.186 \Rightarrow I = 0.186Y$

잠재총생산을 달성하게 되면 '$Y = Y_F$'가 성립하므로 다음의 국민소득 균형식에 주어진 조건들을 대입하여 정리하면 정부지출의 크기를 구할 수 있다.

$$Y_F = C + I + G = 0.794Y_F + 0.186Y_F + G = 0.98Y_F + G \Rightarrow 0.02Y_F = G$$

'$Y_F = 2$조 달러'이므로 $G = 400$억 달러가 된다.

응용 TEST 3 ✏️

균형국민소득(Y)이 4,000이고, 소비는 $C = 300 + 0.8(Y - T)$, 조세(T)는 500, 정부지출(G)은 500이다. 또 투자는 $I = 1,000 - 100r$인데, r은 % 단위로 표시된 이자율이다. 이때 균형이자율은 얼마인가?

04 ● 2013년

다음은 폐쇄 국민경제의 단순한 소득–지출 모형에 대한 자료이다. 이에 대한 분석으로 옳은 것을 〈보기〉에서 모두 고르면?

- $S = -100 + 0.25(Y - T)$,
- $I = 40$
- $G = 80$
- $T = 80$
- $Y_f = 600$

(여기서, S는 가계저축, Y는 국민소득, T는 조세, I는 기업의 투자지출, G는 정부지출, Y_f는 완전고용국민소득을 나타낸다.)

보 기

㉠ 한계소비성향은 0.25이다.
㉡ 국민소득의 크기가 600일 때, 총지출이 총소득의 크기보다 크다.
㉢ 균형재정을 유지할 경우, 균형국민소득 수준에서 Y_f로 이동하려면 정부지출을 40만큼 줄여야 한다.
㉣ 한계저축성향이 높아지면 새로운 균형국민소득에서는 저축의 크기가 늘어나게 될 것이다.

① ㉠, ㉡   ② ㉠, ㉢   ③ ㉡, ㉢   ④ ㉡, ㉣   ⑤ ㉢, ㉣

📈 개념–이론 정리 | **저축=투자 수요 모형**

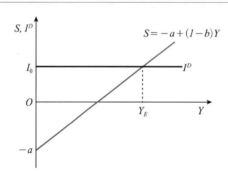

$Y^D = C + I^D + G_0$(소득지출측면), $Y = C + S + T_0$(소득처분측면)에서 균형조건 $Y^D = Y$에 따라 생산물시장의 균형은 주입(사전적 투자)과 누출(저축)이 같아질 때 성립한다.

$I^D + G_0 = S + T_0$		
$S + T < I + G$	$S + T = I + G$	$S + T > I + G$
공급부족	공급=수요	공급과잉
재고 감소 → 생산(소득) 증가	재고 불변 → 균형	재고 증가 → 생산(소득) 감소

■ 주어진 저축함수를 전제로 한계소비성향(MPC)을 다음과 같이 도출할 수 있다.

- $S = -100 + 0.25(Y - T) \Rightarrow$ 한계저축성향(MPS) = 0.25 $\Rightarrow$ 한계소비성향(MPC) = $1 - MPS$ = 0.75
- $C =$ 가처분소득(YD) $- S = (Y - T) - [-100 + 0.25(Y - T)] \Rightarrow C = 100 + 0.75(Y - T)$

이를 통해 한계소비성향(MPC)이 0.75임을 알 수 있다(㉠).

■ 국민소득(Y)이 600일 때 총지출(AE)의 크기는 다음과 같다.

- 총지출(AE) = $C + I + G = 100 + 0.75(600 - 80) + 40 + 80 = 100 + 390 + 40 + 80 = 610$
- $AE(= 610) > Y(= 600)$ ······ ㉡

■ 정액세 하에서 균형재정 승수는 '1'이다. 또한 주어진 조건에 따른 균형국민소득을 구하면 다음과 같다.

- $Y = AE \Rightarrow Y = 100 + 0.75(Y - 80) + 40 + 80 \Rightarrow 0.25Y = 160 \Rightarrow Y = 640$

이에 따라 균형국민소득($Y = 640$)이 완전고용국민소득($Y_f = 600$) 수준에 비해 40만큼 많다. 따라서 균형국민소득을 완전고용국민소득 수준이 되기 위해서는 40만큼의 국민소득 감소가 필요하다. 이를 위해서는 40만큼의 정부지출 감소와 동시에 40만큼의 감세(= 균형재정 유지)가 필요해진다(㉢).

- 국민소득 변화분($\triangle Y$) = 균형재정 승수 × 정부지출 감소분($\triangle G$) $\Rightarrow -40 = 1 \times \triangle G \Rightarrow \triangle G = -40$

■ 균형수준에서 저축(S)과 투자(I)는 일치한다. 한편 저축함수의 기울기인 한계저축성향(MPS)이 높아지면 저축함수의 기울기는 이전에 비해 가팔라지고 기존의 투자함수와 만나는 곳에서 새로운 균형에 도달하게 된다. 이러한 변화를 〈그림〉으로 나타내면 다음과 같다. 주어진 조건과 같이 투자가 소득과 무관한 독립투자이므로 새로운 균형 수준에서의 저축의 크기는 기존의 투자 크기와 같게 되어 불변임을 알 수 있다(㉣).

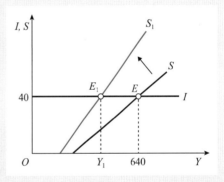

[정답 | ③]

응용 TEST 4 🖍

케인스(J. M. Keynes)의 단순 국민소득 결정모형(소득 – 지출 모형)에 대한 설명으로 가장 옳지 않은 것은?

① 한계저축성향이 클수록 투자의 승수효과는 작아진다.
② 디플레이션 갭(deflation gap)이 존재하면 일반적으로 실업이 유발된다.
③ 임의의 국민소득 수준에서 총수요가 총공급에 미치지 못할 때, 그 국민소득 수준에서 디플레이션 갭이 존재한다고 한다.
④ 정부지출 증가액과 조세감면액이 동일하다면 정부지출 증가가 조세감면보다 국민소득 증가에 미치는 영향이 더 크다.

05 • 2016년

다음 그래프에서 Y_F는 완전고용국민소득이다. 총지출이 A와 B일 때, 고용상태와 물가 동향에 대해 각각 서술하시오.

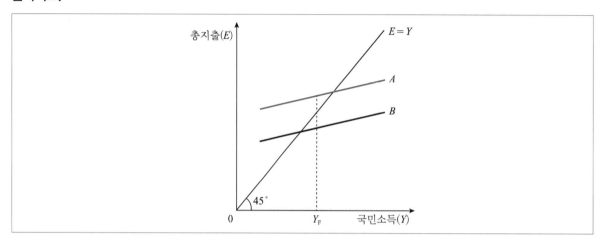

📈 개념-이론 정리 | 소득-지출 분석(income-expenditure analysis)

1. 계획된 총지출선($AE = Y^D$)은 소비(C)와 투자수요(I^D)로 구성되므로 소비함수(C)를 위로 I_0만큼 평행이동한 직선이 된다.

2. 국민소득 Y_2 수준에서는 $AE > Y$가 성립하여 기업들은 자신이 생산한 것보다 더 많은 양을 팔아야 하는데 이에 따라 재고(inventory)가 감소하게 되고 적정재고를 유지하기 위하여 기업들은 생산을 증가시키게 되어 국민소득은 Y_E 방향으로 증가하게 된다.

3. 국민소득 Y_1 수준에서는 $AE < Y$가 성립하여 기업들은 자신이 생산한 것을 다 팔지 못하게 되어 재고(inventory)가 증가하게 되고 적정재고를 유지하기 위하여 기업들은 생산을 감소시키고 이에 따라 국민소득은 Y_E 방향으로 감소하게 된다.

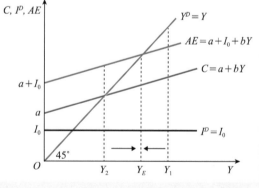

4. 국민소득 Y_E 수준에서는 $AE = Y$가 성립하여 재고의 증감이 없어 생산조정 유인이 사라지고 이에 따라 국민소득은 균형을 이루게 된다.

$$AE = C + I^D$$

5. 결국 Keynes 단순모형에서는 $C + I^D$(총지출＝유효수요)의 크기가 균형국민소득을 결정하게 된다(유효수요의 원리).

■ **총지출이 A인 경우**

완전고용국민소득(Y_F)에 도달하기 위해 필요한 총지출(F)에 비해 높은 수준이므로 인플레이션 갭이 존재함에 따라 물가가 완전고용수준에 비해 높은 수준으로 유지되고, 호황으로 인한 노동 수요의 증가로 완전고용을 여전히 유지하면서 노동고용량이 증가하게 된다. 이러한 결과는 완전고용하에서 자발적 실업 상태에 있던 노동자들이 기존의 균형임금보다 높은 임금을 제공받음에 따라 취업을 희망하게 되어 노동고용량이 이전에 비해 증가하기 때문에 나타난다.

■ **총지출이 B인 경우**

완전고용국민소득(Y_F)에 도달하기 위해 필요한 총지출(F)에 비해 낮은 수준이므로 디플레이션 갭이 존재함에 따라 물가

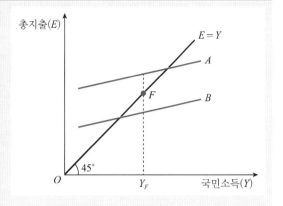

가 완전고용수준에 비해 낮은 수준으로 유지되고, 불황으로 인한 노동 수요의 감소로 비자발적 실업이 존재하게 된다.

응용 TEST 5

다음은 케인스의 국민소득결정 모형이다. 완전고용국민소득 수준이 Y_3이라면 다음 설명 중 옳지 않은 것은?

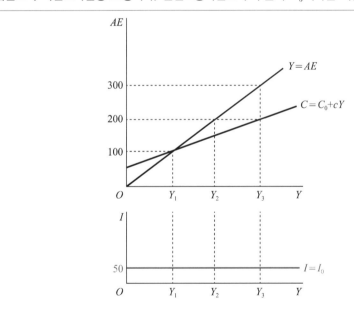

(Y : 소득, AE : 총지출, C : 소비, C_0 : 기초소비, c : 한계소비성향, I : 투자, I_0 : 독립투자)

① OY_3 수준에서 총수요는 250이다.

② 완전고용에 필요한 총수요는 300이다.

③ 위 그래프는 유발투자를 고려하고 있지 않다.

④ 디플레이션 갭이 100이다.

06 • 2009년

한 나라의 거시경제와 관련된 다음의 내용을 읽고 물음에 답하시오.

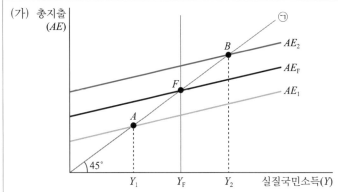

(단, Y_F는 완전고용국민소득을 나타낸다.)

(기본 가정) 폐쇄경제를 가정하고, 물가는 일정한 수준에서 고정된다. 소비지출은 처분가능소득(disposable income)의 함수이며, 투자지출, 정부지출 및 조세수입은 외생적으로 결정된다.

(나) 우리의 이론은 대략 다음과 같이 말할 수 있다. 고용이 증가하면 총실질소득이 증가한다. 공동체의 심리는, ⓒ 총실질소득이 증가하면 총소비도 증가하지만 소득만큼 증가하지는 않는 방식으로 작용한다. (중략) 이 분석으로 <풍요 속의 빈곤>이라는 역설을 설명할 수 있다. 왜냐하면 유효 수요가 부족하다는 사실만으로도 완전 고용의 수준에 도달하기 전에 고용의 증가가 멈출 수 있고, 또 실제로 그런 경우가 흔하기 때문이다. 노동의 한계 생산의 가치가 여전히 고용의 한계 비효율을 초과함에도 불구하고, ⓒ 유효 수요의 부족이 생산 과정을 저해하는 것이다.　　　　　　　　　　　　　　　　　　　　　　– 존 메이너드 케인스. 『고용, 이자 및 화폐의 일반 이론』 –

(다) 국민경제는 언제나 순탄하게만 움직여 나가는 것은 아니다. 즉, 호황이 있으면 그 뒤를 따라 불황이 오기 마련이다. 불황이 닥치면 국민 생활이 어려워지지만, 지나친 과열도 좋은 현상은 못 된다. 산이 높으면 골이 깊듯이 경기과열도 가파른 경기침체를 몰고올 수 있기 때문이다. 그래서 현대 국가에서는 정부가 적극적으로 경기의 과열과 침체를 막기 위해 노력하고 있다.　　　　　　　　　　　　　　　– ○○출판사, 『고등학교 경제』 –

그래프에서 ㉠의 45°선의 의미를 설명하고, ㉡의 의미를 (가)의 총지출(AE) 곡선의 기울기와 관련지어 설명하시오. 그리고 ㉢상황은 (가)의 A, F, B 가운데 어느 점에 해당할 가능성이 큰지를 쓰고, 그 이유를 설명하시오.

📈 개념-이론 정리 | 45°선의 의미

45°선은 계획된 총지출(AE)과 소득(Y)이 일치하는 조건($AE = Y$)을 만족하는 직선이다. 어느 소득 수준에 해당되는 계획된 지출은 그 소득 수준보다 클 수도 있고, 작을 수도 있다. 따라서 계획된 총지출 직선이 45°선과 교차(Keynesian Cross)하는 수준에서 균형국민소득이 결정된다.

■ ㉠의 45°선의 의미 : (계획된)총지출(AE)과 실질국민소득(Y)이 일치하는 조건(AE = Y)을 만족하는 직선이다.

■ ㉡의 의미 : 소비의 증가분(ΔC)이 소득의 증가분(ΔY)보다 작기 때문에 한계소비성향($\frac{\Delta C}{\Delta Y}$)이 1보다 작게 된다. 이로 인해 총지출($AE$)곡선의 기울기는 그 기울기가 1인 45°선에 비해 완만한 기울기를 갖게 된다.

■ ㉢의 상황 : A점에 해당한다. 완전고용국민소득(Y_F)을 달성하기 위해 필요한 유효수요(총지출)의 크기는 AE_F이다. 그런데 현재의 유효수요(총지출)가 AE_1에 불과하게 되면 완전고용국민소득을 달성하기 위해 필요한 유효수요(총지출) 수준(= AE_F)에 미달한다. 이러한 유효수요(총지출) 부족으로 생산활동이 위축되어 균형국민소득(Y_1)은 완전고용국민소득(Y_F)에 미달하게 된다.

응용 TEST 6 ✏️

A국의 2022년 처분가능소득(disposable income)과 소비가 각각 100만 달러와 70만 달러였다. 2023년 A국의 처분가능소득과 소비가 각각 101만 달러와 70만 7천 달러로 증가하였다면 A국의 한계저축성향은 얼마인가?

MEMO

다음에 제시된 거시경제모형에 대한 분석으로 옳은 것을 〈보기〉에서 고른 것은?

- $Y^D = C + I + G$
- $C = 100 + 0.75 Y_d$ $I = 40$
- $G = 100$ $T = 0.2 Y$
- $Y^D = Y$ $Y_F = 700$

  (여기서 Y^D는 총수요, C는 소비지출, Y_d는 가처분소득, I는 투자지출, G는 정부지출, Y는 국민소득, Y_F는 완전고용국민소득을 나타낸다.)
- 디플레이션 갭×정부지출 승수＝GDP 갭

보 기

ㄱ 정부지출 승수는 2.5이다.
ㄴ 정부지출 승수는 4이다.
ㄷ 디플레이션 갭은 25이다.
ㄹ 디플레이션 갭은 40이다.
ㅁ 디플레이션 갭은 100이다.

① ㄱ, ㄷ   ② ㄱ, ㄹ   ③ ㄱ, ㅁ   ④ ㄴ, ㄹ   ⑤ ㄴ, ㅁ

📈 개념-이론 정리 | **디플레이션 갭**

1. 단순모형에서의 균형국민소득 수준에서 생산물시장은 균형을 이루지만 노동시장의 균형, 즉 완전고용을 가져온다는 보장은 없다. 왜냐하면 생산물의 가격이 경직적일 뿐만 아니라 노동의 가격인 명목임금 역시 경직적이기 때문이다.
2. 노동시장의 균형, 즉 완전고용을 달성할 수 있는 국민소득 수준을 완전고용국민소득이라고 한다.
3. 현실의 총수요 수준이 완전고용을 달성하기 위해 필요한 총수요 수준에 비해 작을 때 그 차이를 디플레이션 갭(deflation gap)이라 한다.

현실의 총수요(Y_2^D)가 완전고용국민소득(Y_F)을 달성하기 위해 필요한 수준의 총수요(Y_1^D)에 미치지 못하는 경우, 그 총수요의 부족분(그림의 ab)이 디플레이션 갭이다. 이러한 경우에는 균형국민소득(Y_E)이 완전고용국민소득(Y_F)보다 낮은 수준에서 결정된다.

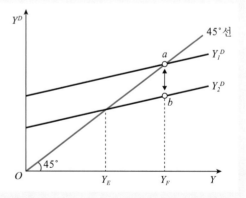

4. 물가나 명목임금이 경직적이라면 디플레이션 갭은 상당기간 지속될 수밖에 없고, 이러한 디플레이션 갭이 상당기간 지속될 경우 비자발적 실업이 장기적으로 발생하게 되므로 정부가 적극적으로 디플레이션 갭을 줄여야 한다.

- 주어진 조건에 따른 정부지출 승수는 다음과 같이 도출된다.

  - 정부지출 승수 $= \dfrac{1}{1-b(1-t)} = \dfrac{1}{1-0.75(1-0.2)} = \dfrac{1}{1-0.75\times0.8} = \dfrac{1}{1-0.6} = \dfrac{1}{0.4} = 2.5$

    (여기서 b는 한계소비성향, t는 (비례)소득세율이다.)

- 주어진 조건들을 이용하여 균형국민소득(Y)을 구하면 다음과 같다.

  - $Y^D = Y \Rightarrow C + I^D + G = Y \Rightarrow 100 + 0.75(Y - 0.2Y) + 40 + 100 = Y \Rightarrow 0.4Y = 240 \quad Y = 600$

- 균형국민소득($Y=600$)이 완전고용국민소득($Y_F = 700$)에 비해 100만큼 부족하다. 즉 GDP갭이 100인 디플레이션 갭이 존재하는 상태이다. 이를 해소하기 위해 필요한 총수요(정부지출)의 크기(=디플레이션 갭의 크기)는 다음과 같이 도출된다.

  - 디플레이션 갭×정부지출 승수=GDP 갭

    $\Rightarrow$ 디플레이션 갭×2.5 = 100 $\Rightarrow$ 디플레이션 갭 $= \dfrac{100}{2.5} = 40$

[정답 | ②]

응용 TEST 7 ✎

해외부문이 존재하지 않는 폐쇄경제에서 소비함수는 $C = 100 + 0.8(1-t)Y$, 민간투자는 180, 정부지출은 180이다. 정부가 정부지출을 200으로 늘린다고 할 때, 다음 설명 중 옳은 것은? (단, C는 소비, t는 조세율, Y는 국민소득임)

① 조세율이 0이면 국민소득은 변하지 않는다.

② 조세율이 0이면 국민소득은 20만큼 증가한다.

③ 조세율이 0이면 국민소득은 50만큼 증가한다.

④ 조세율이 0.25이면 국민소득은 40만큼 증가한다.

⑤ 조세율이 0.25이면 국민소득은 50만큼 증가한다.

MEMO

08 • 2004년

다음은 케인스의 폐쇄경제모형이다. 다음 글을 읽고 물음에 답하시오.

- $YD = C + ID + G$
- $C = 0.5(Y - T) + 2,000$
- $ID = 2,000$
- $G = 1,000$ $T = 1,000$
- $YD = Y$(균형조건)
- $YF = 10.000$
- 단, YD는 총수요, YF는 완전고용국민소득, C는 민간소비, ID는 투자수요, G는 정부소비지출, T는 정액세를 의미하며, 모든 변수는 사전적 의미에서의 실질변수임.

---

1) 이 경제모형에서 균형국민소득을 구하시오.

2) 이 경제모형에는 인플레이션 갭과 디플레이션 갭 중에 ① 어느 것이 존재하는지, ② 그 이유를 50자 이내로 쓰시오.

3) 이 경제모형에서 재정정책을 사용한다면 정부 지출을 변화시키는 정책과 조세를 변화시키는 정책 중에서, ①총수요에 미치는 효과가 더 큰 쪽은 어느 것인가? 정부지출과조세의 크기가 100만큼 변한다는 전제조건 하에서 ②그 구체적 근거를 120자 이내로 쓰시오.

📈 개념-이론 정리 | **디플레이션 갭**

1. 단순모형에서의 균형국민소득 수준에서 생산물시장은 균형을 이루지만 노동시장의 균형, 즉 완전고용을 가져온다는 보장은 없다. 왜냐하면 생산물의 가격이 경직적일 뿐만 아니라 노동의 가격인 명목임금 역시 경직적이기 때문이다.
2. 노동시장의 균형, 즉 완전고용을 달성할 수 있는 국민소득 수준을 완전고용국민소득이라고 한다.
3. 현실의 총수요 수준이 완전고용을 달성하기 위해 필요한 총수요 수준에 비해 작을 때 그 차이를 디플레이션 갭(deflation gap)이라 한다.

현실의 총수요(Y_2^D)가 완전고용국민소득(Y_F)을 달성하기 위해 필요한 수준의 총수요(Y_1^D)에 미치지 못하는 경우, 그 총수요의 부족분(그림의 ab)이 디플레이션 갭이다. 이러한 경우에는 균형국민소득(Y_E)이 완전고용국민소득(Y_F)보다 낮은 수준에서 결정된다.

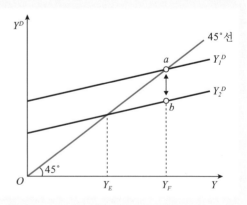

4. 물가나 명목임금이 경직적이라면 디플레이션 갭은 상당기간 지속될 수밖에 없고, 이러한 디플레이션 갭이 상당기간 지속될 경우 비자발적 실업이 장기적으로 발생하게 되므로 정부가 적극적으로 디플레이션 갭을 줄여야 한다.

🔍 기출분석

1) 주어진 조건에 따른 **균형국민소득** 도출과정은 다음과 같다.

- $YD = Y \Rightarrow C + ID + G = Y$
  $$\Rightarrow 0.5(Y-1,000) + 2,000 + 2,000 + 1,000 = Y \Rightarrow 0.5Y = 4,500 \Rightarrow 'Y = 9,000'$$

2) 현재 경제에서는 디플레이션 갭이 존재한다(①). 앞에서 도출된 균형국민소득($Y = 9,000$)이 문제에서 주어진 완전고용국민소득($YF = 10,000$)보다 작다는 것은 완전고용을 달성하기 위해 필요한 총수요에 비해 현실의 총수요가 부족하다는 것을 의미하기 때문이다(②).

3) 총수요에 미치는 효과는 조세를 변화시키는 정책보다 정부지출을 변화시키는 정책이 더 크다(①). 그 이유는 다음과 같다. 균형국민소득을 현재 수준보다 증가시키기 위해서는 정부지출 증가 또는 조세 감면이 필요하다. 그런데 주어진 조건 하에서 정부지출 승수와 감세승수, 그리고 이를 전제로 하여 100만큼의 정부지출 증가 또는 조세 감면을 시행하는 경우 국민소득의 증가분은 다음과 같이 도출된다(②).

- 정부지출 승수 $= \dfrac{1}{1-MPC} = \dfrac{1}{1-0.5} = 2 \Rightarrow$ 총수요 증가분 $= 100$(정부지출 증가분)$\times 2 = 200$
- 감세승수 $= \dfrac{MPC}{1-MPC} = \dfrac{0.5}{1-0.5} = 1 \Rightarrow$ 총수요 증가분 $= 100$(조세감면분)$\times 1 = 100$
- MPC는 한계소비성향이다.

앞의 결과를 통해 총수요에 미치는 효과는 정부지출을 변화시키는 정책이 조세를 변화시키는 정책에 비해 더 크다는 확인할 수 있다. 단, "수요가 공급을 창출"하므로 여기서 도출된 총수요 증가분이 곧 국민소득 증가분이다.

응용 TEST 8 📝

폐쇄경제하에서 정액세만 있는 경우 동일한 크기의 정부지출 증가와 조세 감소 효과가 서로 다르게 나타나는 이유로 가장 타당한 것을 〈보기〉에서 고르면?

보 기

ㄱ. 정부지출 증가에 따라 조세를 감소시켜 국민총생산이 감소하기 때문이다.

ㄴ. 정부지출의 증가는 총수요를 간접적으로 증가시키지만 조세 감소는 가처분 소득의 증가를 통해 총수요를 직접적으로 증가시키기 때문이다.

ㄷ. 정부지출의 증가는 일반적으로 그 자체가 즉각적으로 유효수요를 증가시키는 반면 조세의 감소는 증가한 가처분 소득을 전제로 하여 소비지출의 증가를 통해서만 유효수요에 영향을 미치기 때문이다.

ㄹ. 정부지출의 증가는 승수효과를 가져오지만 조세 감소는 구축효과를 가져오기 때문이다.

• 2006년. 공통사회

케인스(J. M. Keynes)의 폐쇄경제모형이 다음과 같이 주어졌다고 가정할 때, 물음에 답하시오.

- $Y^D = C + I^D + G$
- $C = 300 + 0.5(Y - T)$ $I^D = 500$
- $G = 400$ $T = 0.2Y$
- $Y^D = Y$ $Y_F = 2{,}500$

(단, 모든 경제변수들은 실질변수이며, Y^D는 총수요, C는 소비수요, I^D는 투자수요, G는 정부지출수요, T는 비례세, Y_F는 완전고용국민소득을 의미한다.)

---

1) 이 모형에서 계산된 정부지출 승수를 쓰시오.

- 정부지출 승수 :

2) 이 모형에서 정부가 사용할 수 있는 정책수단이 정부지출(G)뿐이라고 가정하자. 만약 정부가 경제 안정을 위해 균형국민소득을 완전고용국민소득 수준으로 조정시키려고 한다면, 정부지출을 얼마만큼 증가 또는 감소시켜야 하는지를 쓰시오.

📈 개념-이론 정리 | 디플레이션 갭과 정부지출 승수

케인스 단순모형은 화폐시장을 제외하고 생산물시장만을 대상으로 분석하는 국민소득 결정모형이다. 이에 따라 이자율은 일정하다는 가정하에서 승수효과를 분석하게 된다.
- 디플레이션 갭은 국민소득이 완전고용 수준에 도달하기 위해 '필요한 총수요'에 '현실의 총수요'가 부족한 경우, 그 부족한 크기를 말한다.
- 비례세가 존재하는 경우 가장 간단한 정부지출 승수는 다음과 같다.

$$\text{정부지출 승수} = \frac{1}{1 - \text{한계소비성향}(1 - \text{비례세율})}$$

💲 기출분석

1) 정부지출 승수 : $\dfrac{1}{1 - \text{한계소비성향}(1 - \text{비례세율})} = \dfrac{1}{1 - 0.5(1 - 0.2)} = \dfrac{1}{1 - 0.4} = \dfrac{1}{0.6} = \dfrac{5}{3}$

2) 주어진 조건에 따라 균형국민소득을 다음과 같이 도출할 수 있다.

$$Y^D = Y \implies 300 + 0.5(Y - 0.2Y) + 500 + 400 = Y \implies 0.6Y = 1{,}200 \implies Y = 2{,}000$$

완전고용국민소득(Y_F)이 2,500이므로 500만큼의 GDP 갭(경기침체 갭)이 존재한다. 균형국민소득을 완전고용국민소득 수준으로 조정하기 위해서 필요한 정부지출의 크기는 다음과 같이 도출된다.

$$GDP\text{갭}=\text{정부지출 승수}\times\text{정부지출 증가분} \Rightarrow \text{정부지출 증가분}=\frac{GDP\text{갭}}{\text{정부지출 승수}}=\frac{500}{5/3}=300$$

응용 TEST 9 ✏

어떤 국가의 거시경제가 다음과 같다. 이 국가의 현재 경기상황을 타개하고 완전고용을 달성하기 위한 정부의 조세정책으로서 한계조세율은 어떻게 조정되어야 하는가?

- $Y = C + I + G$
- $I = 150$
- $T = 200 + 0.25\,Y$

- $C = 50 + 0.75(Y - T)$
- $G = 250$
- $\overline{Y} = 750$

(Y : 소득, C : 소비, I : 투자, G : 정부구매, T : 조세, $\overline{Y}$: 자연생산량)

MEMO

다음은 어느 나라의 거시경제모형이다. 정부는 국민소득을 증가시키기 위하여 조세를 줄이거나 정부지출을 늘리는 방안을 고민하고 있다. 이 모형에서 조세를 100만큼 줄일 경우 국민소득이 2배가 된다면 정부지출을 얼마를 늘려야 국민소득이 2배가 되는지 쓰시오.

- $Y = C + I + G$
- $C = 5 + 0.8(Y - T)$

(여기서 Y는 국민소득, C는 소비, I는 투자, G는 정부지출, T는 조세를 나타내며, I, G, T는 외생변수이다.)

📈 개념-이론 정리 | **승수분석의 전제**

1. **함수의 안정성** : 소비함수 등이 안정적이어서 한계소비성향 등이 일정하게 유지되어야 한다. ⇒ 소비함수가 직선의 형태
2. **동태적 과정 전제** : 소득 순환의 동태적 과정이 순조롭게 진행되어야 한다.
3. **공급 측면** : 잉여생산 능력이 존재하여 공급측면에 애로가 없어야 한다. 즉, 자원의 불완전고용상태를 전제한다.
4. **부분균형분석** : 일반적으로 실물부분만 고려하고 화폐부문 등을 고려하지 않음으로써 이자율, 물가 등을 일정하다고 가정한다.

🔍 기출분석

- 주어진 조건에 따른 조세감면 승수(=감세승수)는 다음과 같다.

  - 조세감면 승수 $= \dfrac{b}{1-b} = \dfrac{0.8}{1-0.8} = \dfrac{0.8}{0.2} = 4$ (여기서 b는 한계소비성향이다.)

  이에 따라 조세를 100만큼 줄일 경우 국민소득은 400만큼 증가한다. 그런데 이로 인해 국민소득이 2배가 된다는 것은 현재의 균형국민소득이 400이라는 것을 의미한다.

- 주어진 조건에 따른 정부지출 승수는 다음과 같다.

  - 정부지출 승수 $= \dfrac{1}{1-b} = \dfrac{1}{1-0.8} = \dfrac{1}{0.2} = 5$ (여기서 b는 한계소비성향이다.)

  이에 따라 국민소득이 2배가 되기 위해 필요한 400만큼의 국민소득이 증가하기 위해서 필요한 정부지출의 증가분은 80이 된다.

균형국민소득 결정식과 소비함수가 다음과 같을 때, 동일한 크기의 정부지출 증가, 투자액 증가 또는 감세에 의한 승수효과에 대한 설명으로 옳은 것은?

- 균형 국민소득 결정식 : $Y = C + I + G$
- 소비함수 : $C = B + a(Y - T)$

(단, Y는 소득, C는 소비, I는 투자, G는 정부지출, T는 조세이고, I, G, T는 외생변수이며, $B > 0$, $0 < a < 1$이다.)

① 정부지출 증가에 의한 승수효과는 감세에 의한 승수효과와 같다.
② 투자액 증가에 의한 승수효과는 감세에 의한 승수효과보다 작다.
③ 정부지출 증가에 의한 승수효과는 감세에 의한 승수효과보다 크다.
④ 투자액 증가에 의한 승수효과는 정부지출의 증가에 의한 승수효과보다 크다.

MEMO

11 • 2023년

다음은 폐쇄경제인 갑국에 대한 자료이다. 〈작성 방법〉에 따라 서술하시오.

- $Y = C + I + G$
- $C = \dfrac{3}{4}(Y - T)$
- $T = tY$
- $t = 0.2$, $I = G = 80$

(단, Y는 국민소득, C는 소비, I는 투자, G는 정부지출, T는 조세, t는 소득세율을 나타낸다.)

작성 방법

- 갑국의 균형국민소득이 얼마인지 쓸 것.
- 국민소득이 균형일 때 T가 얼마인지 쓰고, 이때 갑국 정부의 재정 상태가 어떠한지 서술할 것.
- 갑국 정부가 목표 국민소득 수준을 600으로 설정한다면, 현재 상태에서 G를 어떻게 변화시켜야 하는지 서술할 것.

개념-이론 정리 | 균형재정승수가 0보다 큰 이유

정부지출의 증가는 동일한 크기만큼의 유효수요를 곧바로 증가시키지만, 조세의 증가는 가처분소득을 감소시키고, 이를 전제로 해서 한계소비성향 배만큼만 소비를 감소시켜 이것이 유효수요를 감소시키게 된다. 즉 정부지출 증가가 유효수요 증가에 미치는 효과가 조세 증가가 유효수요 감소에 미치는 효과보다 큰 것이다. 이에 따라 동일한 크기의 정부지출 증가와 조세 증가가 동시에 이루어지는 경우 총수요는 증가하게 되는 것이다.

기출분석

■ 갑국의 균형국민소득이 얼마인지 쓸 것.

$\Rightarrow Y = C + I + G = \dfrac{3}{4}(Y - 0.2Y) + 80 + 80$, $0.4Y = 160$, $Y = 400$

■ 국민소득이 균형일 때 T가 얼마인지 쓰고, 이때 갑국 정부의 재정 상태가 어떠한지 서술할 것.

$\Rightarrow T = tY = 0.2 \times 400 = 80$, $T = G = 80$이 되어 균형재정을 달성한다.

■ 갑국 정부가 목표국민소득(Y_F) 수준을 600으로 설정한다면, 현재 상태에서 G를 어떻게 변화시켜야 하는지 서술할 것.

$\Rightarrow$ 필요한 국민소득 증가분($\triangle Y$)이 $200(= \triangle Y = Y_F - Y = 600 - 400)$, 정부지출 승수($m = \dfrac{1}{1 - MPC(1-t)} = \dfrac{1}{1 - 0.75(1 - 0.2)}$

$= \dfrac{1}{1 - 0.6} = \dfrac{1}{0.4} = 2.5$)가 2.5이므로 정부지출을 80만큼 증가시켜야 한다.

응용 TEST 11

A국의 경제는 $C = 0.7(Y - T) + 25$, $I = 32$, $T = tY + 10$으로 표현된다. 완전고용 시의 국민소득은 300이며, 재정지출은 모두 조세로 충당할 때, 완전고용과 재정지출의 균형을 동시에 달성하는 t는? (단, Y는 국민소득, C는 소비, I는 투자, G는 정부지출, T는 조세, t는 소득세율을 나타낸다.)

12 • 1992년

한계소비성향이 0.6이고 한계수입성향이 0.1일 때 수출액이 100원 증가하면 국민소득의 증가분은?

① 150원   ② 160원   ③ 200원   ④ 250원

📈 개념-이론 정리 | **수입(import)과 승수**

수입의 존재는 국민소득의 크기를 작게 하는 누출 요인으로 작용하여, 국민소득 증가를 축소시키는 기능을 하게 된다. 이에 따라 한계수입성향의 존재는 승수를 작게 하게 된다.

💲 기출분석

주어진 조건에 따른 수출승수를 구하면 다음과 같다.

$$수출승수 = \frac{1}{1-b+m} = \frac{1}{1-0.6+0.1} = \frac{1}{0.5} = 2$$

(여기서 b는 한계소비성향, m은 한계수입성향이다.)

수출승수가 2이므로 수출액이 100원 증가하면 국민소득은 200원만큼 증가하게 된다.   [정답 | ③]

응용 TEST 12 ✏️

다음과 같은 개방거시경제 모형을 가정할 때 수출이 1억 달러 감소할 경우 다음 중 맞는 것은?

$$Y = C + I + G + X, \quad C = a + 0.85Y, \quad M = 0.1Y$$

① 무역승수(개방경제 승수)는 3.5이다.
② 국민소득은 4억 달러 감소한다.
③ 국민소득은 변함이 없다.
④ 투자승수는 3이다.

11 | 화폐-금융론

01 • 2000년

다음을 읽고 물음에 답하시오.

> (가) 1929년부터 1930년대 초까지 세계를 휩쓸었던 세계 대공황 자본주의 경제체제에 대한 반성을 가져다주는 계기가 되었다. 이에, 자본주의 국가들은 공황을 극복하기 위해 여러 가지 정책수단을 강구하였다. 그러나 독점 자본에 의해 생산물이 과잉 공급되고 소비자들은 낮은 소득으로 구매력이 뒷받침되지 않는 '풍요 속의 빈곤'이라는 모순을 해결하기 위해 새로운 경제적 발상이 필요하게 되었다.
>
> (나) 장기분석은 현재 벌어지고 있는 상황을 이해하는데 도움이 되지 않는다. 장기적으로는 우리 모두가 죽는다. 만약 경제학자들의 역할이 고작 태풍이 닥치는 계절에 (① "태풍이 지나가고 한참 있으면 바다가 잠잠해질 것이다.") 라고 말하는 정도에 그친다면 그 역할은 너무 쉽고 쓸모없는 것이다.

①과 같이 주장하는 사람들의 이론적 근거 중 하나는 '화폐수량설'이다. 그 내용을 '통화량', '인플레이션' 등 거시 경제 개념들을 사용하여 100자 이내 또는 답안지 3줄 이내로 설명하시오.

📈 **개념-이론 정리 | 화폐수량설(I. Fisher)**

1. 화폐의 유통속도(V)는 사회적 관습에 따라, 실질국민소득(Y)은 완전 고용 수준에서 일정하게 주어진다고 가정한다.
2. 통화량(M)이 증가하면 똑같은 비율로 물가수준(P)만이 상승 ⇒ 화폐수량설(거래수량설)은 단기에서 통화량과 물가수준 사이에 비례적인 관계가 있음을 주장하는 물가결정이론이다.

💲 **기출분석**

화폐수량설에서는 화폐유통속도가 일정하고 실질산출량이 완전고용수준에서 일정하다고 가정한다. 이에 따라 교환방정식을 이용하여 통화량의 증가는 실질산출량을 증가시키지 못하고 통화량의 증가 비율과 동일한 크기만큼의 인플레이션을 발생시킬 뿐이라고 주장한다.

응용 TEST 1 📝

> A 국가의 명목 GDP는 1,650조원이고, 통화량은 2,500조 원이라고 하자. 화폐수량설과 EC 방정식을 전제할 때, A 국가의 물가수준이 2% 상승하고 실질 GDP가 3% 증가할 경우에 적정 통화공급 증가율은 얼마인가? (단, 유통속도 변화 $\Delta V = 0.00330$이다.)

02 • 2007년

(가)에서 ⊙이 어떤 정책인지 적고, (나)의 ⊙, ©에 들어갈 숫자를 쓰시오.

> (가) 통화주의(Monetarism)는 '화폐가 가장 중요하다'고 주장한다. 이는 통화정책이 재정정책보다 거시경제에 미치는 영향이 훨씬 더 강력하다는 주장이다. 하지만 그렇다고 해서 통화주의가 재량적(discretionary) 통화정책을 권하지 않으며, 오히려 ⊙ 일정한 통화증가율을 정하여 민간에 공포한 후 그대로 시행하는 것이 좋다고 주장한다.
>
> (나) 통화주의는 신화폐수량설을 따른다. 이에 따르면 통화량이 400조 원이며, 명목 GDP가 800조원인 경제에서 화폐의 유통속도는 (⊙)이(가) 된다. 또한 A국의 화폐유통속도가 안정적이라고 할 때, 실질소득 증가율이 5%인 상황에서 물가 상승률을 2%로 유지하려면 통화량의 증가율은 (©)%로 유지하여야 한다.

- ⊙ :

- ⊙ :

- © :

📈 개념-이론 정리 | **통화주의와 준칙**

통화주의자들은 케인스 학파와 달리 화폐수요함수가 대단히 안정적이기 때문에 통화정책의 유용성을 주장한다. 다만 이 경우에도 재량보다는 준칙에 의한 정책운용의 필요성을 강조한다.

💲 기출분석

- 케인지언들의 '미 조정(Fine tuning)정책'은 대표적인 재량정책에 해당된다. 이러한 미 조정정책은 정책목표를 달성하기 위하여 필요한 정책수단을 조금씩 변화시키기만 하면 원하는 수준의 정책목표에 도달할 수 있다는 믿음을 전제한다. 반면에 매기의 통화량 증가율을 k%로 일정하게 정하자는 이른바 'k%률'은 재량정책이 아니라 <u>준칙에 따른 정책(⊙)</u>의 대표적 예에 해당한다.
- 교환방정식을 전제로 화폐유통속도를 도출하면 다음과 같다.

  - $M \times V = P \times Y \Rightarrow 400 \times V = 800 \Rightarrow V = 2(ⓛ)$
  - M는 통화량, V는 화폐유통속도, $P \times Y$는 명목 GDP이다.

- EC방정식을 전제로 통화량 증가율을 도출하면 다음과 같다.

  - $\frac{\Delta M}{M} + \frac{\Delta V}{V} = \frac{\Delta P}{P} + \frac{\Delta Y}{Y} \Rightarrow \frac{\Delta M}{M} + 0 = 2\% + 5\% \Rightarrow \frac{\Delta M}{M} = 7\%(©)$
  - $\frac{\Delta M}{M}$은 통화량 증가율, $\frac{\Delta V}{V}$는 유통속도 증가율, $\frac{\Delta P}{P}$는 물가상승률, $\frac{\Delta Y}{Y}$는 실질소득 증가율이다.

케인스 학파와 통화주의 학파에 관한 설명 중 옳은 것은?

① 케인스 학파는 통화주의 학파에 비해 투자의 이자율 탄력성이 크다고 본다.

② 케인스 학파는 적응적 기대를 수용하고, 통화주의 학파는 합리적 기대를 수용한다.

③ 케인스 학파는 구축효과를 강조하고, 통화주의 학파는 재량적인 경제안정화정책을 강조한다.

④ 케인스 학파는 단기 총공급곡선이 우상향한다고 보고, 통화주의 학파는 장기 총공급곡선이 우하향한다고 본다.

⑤ 케인스 학파는 단기 필립스곡선이 우하향한다고 보고, 통화주의 학파는 장기 필립스곡선이 수직이라고 본다.

MEMO

03 • 2011년

(가)-(다)에서 도출되거나 제시된 통화정책의 효과에 대한 주장을, 관련되는 개념과 이론을 활용하여 각각 설명하시오. 그리고 화폐 수요의 동기와 결정요인, 화폐 유통속도의 안정성을 기준으로 이들을 비교하시오.

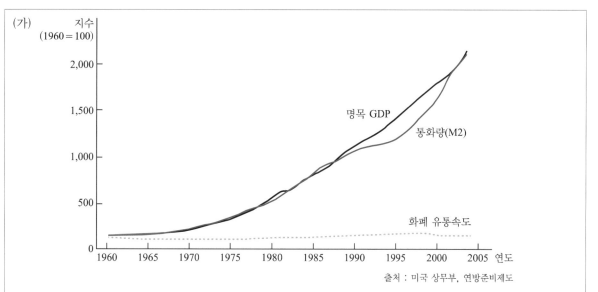

출처 : 미국 상무부, 연방준비제도

(나) 중앙은행이 가속기를 밟는 경우부터 생각해 보자. 공개시장조작을 통해 통화량을 늘리려는 중앙은행은 민간으로부터 채권을 매입할 것이고, 채권을 매각한 가계나 기업은 중앙은행으로부터 돈을 받을 것이다. 그러나 사람들은 언제나 그날그날의 생활에 필요한 일정 액수의 돈만을 주머니에 지니려 한다. 따라서 채권을 매각한 사람들은 새로 생긴 돈을 주머니에 보관하는 대신, 각종 소비재나 투자재 등의 구입에 지출할 것이다. 그 결과 국민소득은 증가한다. 반대로 중앙은행이 감속기를 밟는 경우를 생각해 보자. 중앙은행은 통화량을 줄이기 위해 개인들에게 채권을 매각한다. 채권을 매입한 사람들은 중앙은행에게 돈을 지불할 것이다. 이에 채권매입자들의 수중에는 돈이 줄었으나 그들은 예전과 같은 액수의 돈을 주머니에 지니려 한다. 채권을 매입한 사람들은 소비를 줄일 것이다. 그 결과 국민소득은 감소한다.

(다) 중앙은행이 통화량을 증가시킨다고 효과가 있을까? 사람들은 새로 생긴 돈을 소비하기보다는 이불 밑에 숨겨버릴지도 모른다. 만약 그렇게 된다면 돈의 유통속도는 뚝 떨어질 것이다. 돈의 유통속도가 떨어지면 통화량이 아무리 증가해도 민간의 소비와 투자는 변하지 않을 수도 있을 것이다. 특히 불황이 닥칠 경우 이런 현상이 발생할 가능성이 높다. 어떤 사람들은 통화량을 증가시킴으로써 생산량과 소득을 증가시킬 수 있다고 추론하는 것 같지만 이것은 마치 헐거운 벨트를 차면 살이 찌게 되리라 믿는 것과 같다. 이런 점은 극심한 불경기에서 더욱 그러하다.

구분	고전학파	케인스 학파	통화주의 학파
이론	화폐수량설	유동성 선호설	신화폐수량설
화폐수요함수	명목국민소득의 증가함수	명목국민소득의 증가함수, 이자율의 감소함수	항상소득의 증가함수, 화폐수익률의 증가함수
화폐수요 결정요인	명목국민소득의 크기	이자율과 명목국민소득 크기	항상소득의 크기
유통속도	전통, 관습에 의해 일정	매우 불안정	매우 안정적
화폐수요함수의 안정성 여부	안정적인 화폐수요함수	불안정적인 화폐수요함수	안정적인 화폐수요함수
화폐수요의 이자율탄력도	0	매우 크다	매우 작다
통화량 증가 효과	물가상승	이자율 하락	물가상승
LM곡선 기울기	수직선	매우 완만	매우 가파름

기출분석

(가) 그래프에서 명목 GDP와 통화량이 비례관계에 있고, 화폐유통속도는 거의 일정한 모습을 보이고 있는 것으로 보아 고전학파의 전통적 화폐수량설에 해당한다. 이들의 주장에 따르면 화폐중립성이 성립하여 통화정책은 실질산출량에 영향을 주지 못하고 물가만을 비례적으로 변화시킬 뿐이다. 고전학파에서 화폐는 오직 교환의 매개수단으로만 기능하므로 화폐수요의 크기는 명목국민소득 수준에 의해 결정된다. 또한 거래관습이나 지불관습에 의해 결정되는 화폐유통속도는 일정한 모습을 보인다.

(나) 사람들의 화폐수요가 효용극대화를 달성하기 위해 필요한 일정액수 수준에 머문다는 통화주의의 신화폐수량설에 해당한다. 이에 따라 통화정책은 명목국민소득에 영향을 주어 소비를 변화시키고 이를 통해 총수요를 변화시킬 수 있어 경기안정화 정책으로서 매우 효과적이라고 본다. 신화폐수량설에서 화폐는 교환의 매개수단뿐만 아니라 효용극대화를 달성하기 위해 필요한 또 하나의 자산으로 기능하며, 그 크기는 다른 자산과 함께 효용극대화를 달성하는 수준에서 결정된다. 또한 화폐유통속도는 일정하지는 않지만 매우 안정적인 모습을 보인다.

(다) 극심한 불경기에서 화폐가 퇴장하는 모습을 보이게 되어 통화정책의 무력성을 주장하는 케인스(J. M. Keynes)의 유동성 선호설에 해당한다. 이에 따라 극심한 불경기에서 화폐시장은 유동성 함정 상태에 빠지게 되어 확장적 통화정책으로 인해 증가한 화폐는 모두 투기적 동기의 화폐수요로 흡수되어 민간의 소비와 투자 증가에 아무런 영향을 미칠 수 없게 되어 경기안정화 정책으로서의 통화정책은 완전히 무력해진다. 유동설 선호설에서 화폐는 교환의 매개수단뿐만 아니라 자산의 하나로 가치저장수단의 성격도 갖게 되며, 그 크기는 소득과 이자율 수준에 의해 결정된다. 또한 화폐유통속도는 이자율에 매우 탄력적인 투기적 동기의 화폐수요로 인해 매우 불안정한 모습을 보인다.

응용 TEST 3

다음 중 화폐수요에 대한 설명으로 옳은 것은?

① 신용카드가 널리 보급되면 화폐수요가 감소한다.

② 경기가 좋아지면 화폐수요가 감소한다.

③ 이자율이 증가하면 화폐수요가 증가한다.

④ 경제 내의 불확실성이 커지면 화폐수요가 감소한다.

04 • 1993년

신화폐수량설에서 화폐의 유통속도와 부(−)의 상관관계를 갖는 것은?

① 채권의 예상수익률   ② 화폐의 예상수익률   ③ 주식의 예상수익률   ④ 예상 물가상승률

📈 개념-이론 정리 | 신화폐수량설의 함의

1. 화폐유통속도가 안정적이기 때문에 통화정책당국(monetary authority)이 통화량을 적절하게 변동시키면 원하는 수준의 명목 GDP($P \times Y_P$)를 달성할 수 있다. 이에 따라 통화량과 명목 GDP 사이에는 1:1 관계가 성립하게 된다.
2. 이자율의 변동은 화폐유통속도에 거의 영향을 주지 못한다. 따라서 이자율의 변동을 통해 원하는 수준의 명목 GDP ($P \times Y_P$) 달성은 어렵게 된다.
3. 결국 프리드먼과 같은 통화주의자(monetarist)들은 통화정책 당국이 통화정책을 수행할 때, 이자율보다는 통화량을 중시해야 한다고 주장한다. 여기서 "화폐는 매우 중요하다(Money do matter)"라는 통화주의의 주장을 정당화하는 근거가 바로 '화폐유통속도의 안정성'인 것이다.

💲 기출분석

- 화폐유통속도(V)와 각 자산의 화폐에 대한 상대적 순수익률인 $(r_b - r_m)$, $(r_e - r_m)$, $(\pi - r_m)$ 사이에는 다음과 같은 정 (+)의 관계가 성립한다.

$$V = \frac{1}{L(r_b - r_m,\ r_e - r_m,\ \pi - r_m)}$$

- r_m은 화폐보유수익률, r_b는 채권수익률, r_e는 주식수익률, π는 실물자산보유수익률 곧 물가상승률이며, 이때 각각의 수익률은 엄밀하게 말하면 '기대(예상)' 수익률이다.

- 다른 조건이 일정할 때 화폐유통속도(V)와 화폐보유수익률 사이에는 다음과 같은 부(−)의 관계가 성립한다.

$$r_m \uparrow \Rightarrow (r_b - r_m) \downarrow, \ (r_e - r_m) \downarrow, \ (\pi - r_m) \downarrow \ \Rightarrow \ 화폐수요(\frac{M^D}{P}) \uparrow \ \Rightarrow \ (V) \downarrow$$

- 단, 화폐수요는 현금통화만이 아니라 예금통화까지 포함된 것으로 이해한다.

[정답 | ②]

응용 TEST 4 ✍

화폐수요에 대한 설명으로 가장 옳지 않은 것은?

① 화폐는 다른 금융자산에 비해 교환수단으로는 우등하나, 가치저장수단으로는 열등하다.
② 피셔(I. Fisher)의 거래수량설에서 강조된 것은 화폐의 가치저장수단이다.
③ 프리드만(Friedman)은 이자율이 화폐수요에 큰 영향을 미치지 못하며, 화폐수요는 기타자산, 화폐의 상대적 기대수익률, 항상소득의 함수라고 주장한다.
④ 프리드만(M. Friedman)의 화폐수요모델은 케인스의 화폐수요모델에 비해 화폐유통속도가 안정적인 것을 전제한다.

05 • 1996년

케인스(J. M. Keynes)의 화폐수요이론에서, 현재 화폐수요가 유동성 함정(liquidity trap)에 있다고 할 때, 통화공급이 증가하면 이자율은 어떻게 될 것인가?

① 상승한다.
② 하락한다.
③ 일정하다.
④ 하락 후 상승한다.

📈 개념-이론 정리 | **유동성 함정(liquidity trap)**

채권가격이 더 이상 오르지 않고 앞으로 하락하리라고 예상하는 경우, 즉, 이자율이 더 이상 하락할 수 없는 정도의 최저수준이라고 예상되는 경우를 말한다. 이에 따라 사람들은 화폐시장이 유동성 함정 상태라고 판단되면 채권을 모두 팔고 화폐로만 보유하게 되어 투기적 동기에 의한 화폐수요가 이자율에 대해 무한탄력적이 된다.

🔍 기출분석

경제주체들이 이자율이 더 이상 하락하지 않을 것이라 예상하는 유동성 함정이 존재하는 경우, 통화공급이 증가한다고 하더라도 통화가 유통되지 않고 투기적 동기의 화폐로만 수요되어 이자율에는 전혀 영향을 주지 못한다. [정답 | ③]

┌─ **응용 TEST 5** ✍ ─────────────────────────

유동성 함정(liquidity trap)에 대한 설명 중 가장 옳지 않은 것은?
① 채권의 가격이 매우 높아서 더 이상 높아지지 않으리라 예상한다.
② 통화정책이 효과가 없다.
③ 화폐수요곡선이 우상향한다.
④ 추가되는 화폐공급이 모두 투기적 수요로 흡수된다.

06 • 2005년

다음은 투기적 화폐수요와 이자율과의 관계를 나타낸 〈그림〉이다. r은 이자율이고, L은 투기적 화폐수요를 나타낸다. 〈그림〉을 보고 물음에 답하시오.

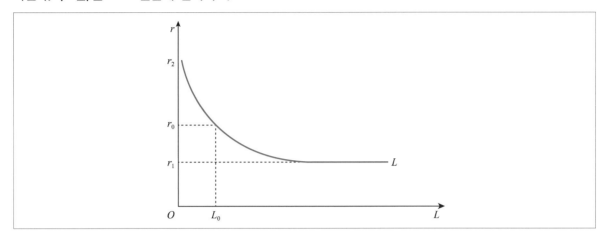

1) 이자율이 최저 수준인 r_1으로 떨어져서 투기적 화폐수요는 최대가 되고, 화폐수요곡선은 수평이 되어 무한탄력성을 가지는 국면을 무엇이라고 하는지 쓰시오.

2) 화폐수요곡선이 수평이 되어 무한탄력성을 가지는 국면을 타개할 경제정책을 쓰시오.

📈 개념–이론 정리 │ **유동성 함정의 함의**

1. 이자율이 0%에 근접한 임계이자율 수준에서 존재한다.
2. 화폐수요의 기회비용이 0%에 접근한다.
3. 화폐수요가 무한히 증가할 수 있다.
4. 화폐수요의 이자율탄력성이 무한대이다.
5. LM곡선이 수평이다.
6. 극심한 경기침체 상황에서 발생한다.
7. 경기안정화 정책으로서의 화폐정책은 무력하다.
8. 경기안정화 정책으로서의 재정정책은 유효하다.

💲 기출분석

1) 유동성 함정
2) 경제가 유동성 함정 상태에 있다는 것은 경기침체 상황을 의미한다. 이에 따라 확장적 정책이 필요하다. 그런데 유동성 함정 상태에서는 확장적 금융정책은 완전히 무력하므로 현재 국면을 타개하기 위해서는 확장적 재정정책을 시행해야 한다.

유동성 함정에 대한 설명으로 옳지 않은 것은?

① 통화정책보다는 재정정책이 효과가 더 크다.

② 정부지출 증가로 인한 구축효과는 일어나지 않는다.

③ 화폐를 그대로 보유하는 것보다는 채권을 매입하는 것이 낫다.

④ 화폐수요의 이자율탄력성이 무한대가 되는 영역을 가리킨다.

MEMO

07 • 1995년

〈보기〉를 이용하여 최대 신용창출 가능액을 산출하면?

─────────────── 보 기 ───────────────

• 갑(甲)이 A은행에 처음으로 800만 원을 예금하였다.
• 지급준비율이 20%이다.

① 800만 원　　　　② 1,600만 원　　　　③ 3,200만 원　　　　④ 6,400만 원

개념-이론 정리 | **신용 창조(예금통화의 창조)**

1. **의미** : 예금은행과 민간에 의해 대출과 예금의 누적적 반복을 통해 예금은행조직 밖에서 예금은행조직으로 최초에 흘러들어온 예금인 본원적 예금(primary deposit)보다 더 많은 대출과 예금, 즉 파생통화를 창출하는 과정을 말한다.
2. **가정**
   ① 요구불예금만 있고 저축성예금은 없다.
   ② 현금유출이 없다.
   ③ 은행의 자산운용은 대출의 형태만 있고, 채권 등의 투자는 없다.
   ④ 법정지불준비금만 보유하고, 초과지불준비금은 없다.

기출분석

주어진 조건에 따라 순신용승수를 도출하고 이를 전제로 최대 신용창출 가능액을 다음과 같이 도출할 수 있다.

$$\text{순신용승수} = \frac{1 - \text{지급준비율}}{\text{지급준비율}} = \frac{0.8}{0.2} = 4$$

• 최대 신용창출 가능액 = 본원적 예금 × 순신용승수 = 800만 원 × 4 = 3,200만 원

[정답 | ③]

응용 TEST 7

A국에는 2개의 은행이 있는데, 지급준비율을 제1은행은 20%, 제2은행은 10%로 항상 유지한다. 갑은 기존에 보유하고 있던 현금 100만 원을 제1은행에 예금하였고, 제1은행은 지급준비금을 제외한 금액을 을에게 대출하였다. 을이 이 돈으로 병에게서 물품을 구입하였고, 병은 이 대금을 제2은행에 예금하였다. 제2은행은 지급준비금을 제외한 금액을 정에게 대출하였다. 이상의 거래로부터 추가적으로 창출된 통화량은?

다음 글을 읽고 물음에 답하시오.

(가) 요구불 예금만 존재하고, 법정 지급 준비만 보유하며, 대출의 형태로만 자금을 운영하고, 예금은행 밖으로 예금 누출이 없다는 가정 하에 예금은행의 신용창조가 아래 〈표 1〉과 같이 이루어졌다.

〈예금은행 조직의 신용창조〉   (단위 : 원)

은행별	요구불 예금	법정지급 준비금	대출액
가	200,000	40,000	160,000
나	160,000	32,000	128,000
다	128,000	25,600	102,400
…	…	…	…

(나) 위와 같은 예금은 예금은행의 신용창조액은 법적지급준비율의 변화에 따라 달라진다. 법정지급준비율의 조정은 통화정책 수단의 일종으로서 그 외 공개시장조작 정책과 함께 통화정책의 일반적 정책수단이다. A국의 경우 정부 주도의 경제성장 정책을 추진하는 과정에서 통화량이 팽창되어 소비자 물가가 연15%로 상승하였다.

1) (가)에서 주어진 〈표〉에서 ① 법정지급준비율과 ② 신용승수와 ③ 순예금창조액은 얼마인지 답만 쓰시오.

2) (나)의 내용을 바탕으로, 통화량이 팽창되어 소비자 물가가 급격히 상승하고 있다면, 중앙은행에서 통화정책이 일반적 정책수단을 어떻게 운용해야 하는지 설명하시오.

📉 개념-이론 정리 | **지급준비율 정책(reserve requirements ratio policy)**

1. 예금은행의 지급 준비금 비율의 조정을 통해 통화량 및 이자율을 조절한다. 단, 본원통화의 양은 변하지 않는다.

　중앙은행 법정 지급준비율 인상(인하) ⇒ 예금은행의 초과 지급준비금 감소(증가) ⇒ 예금은행 대출 감소(증가) ⇒ 통화량 감소(증가) ⇒ 이자율 상승(하락)

2. 지급준비율의 변경은 통화승수를 변화시킬 뿐만 아니라 무이자로 중앙은행에 예치하게 될 때 예금은행의 수익성이 떨어지는 문제 등이 생길 수 있어 다른 정책수단에 비해 자주 사용되지는 않는다.

📉 개념-이론 정리 | **공개시장조작(open market operation) 정책**

1. 중앙은행이 공개시장에서 국·공채를 거래하며 통화량 및 이자율을 조절한다.

　중앙은행 국·공채 매입(매각) ⇒ 국·공채에 대한 수요(공급) 증가 ⇒ 국·공채 가격상승(하락) ⇒ 이자율 하락(상승)

2. 채권의 유통시장이 발달되어 있을수록 효과적인 정책수단이 될 수 있다.

1) ① 법정지급준비율 $= \dfrac{\text{법정지급준비금}}{\text{요구불 예금}} = \dfrac{40,000}{200,000} = \dfrac{1}{5} = 0.2(=20\%)$

　② 신용승수 $= \dfrac{1}{\text{지급준비율}} = \dfrac{1}{0.2} = 5$

　③ 순예금창조액 $=$ 순신용승수 $\times$ 본원적 예금 $= \dfrac{1-\text{지급준비율}}{\text{지급준비율}} \times$ 본원적 예금 $= \dfrac{1-0.2}{0.2} \times 200,000 = 800,000(원)$

2) 경제상황이 통화량 팽창으로 인해 물가가 매우 높은 상태이므로 물가를 낮추는 긴축 금융정책을 시행해야 한다. 이를 위해서는 지급준비율을 인상하거나 공개시장에서 매각조작을 하여야 한다.

응용 TEST 8

우리나라 중앙은행의 공개시장조작을 설명한 것으로 옳은 것은?

① 주식시장에서 주식을 매입하거나 매도하여 주가지수를 조절한다.
② 중앙은행이 시중은행에 빌려주는 자금에 적용되는 금리를 조절한다.
③ 국공채나 기타 유가증권을 사거나 팔아 본원통화의 양을 조절한다.
④ 시중은행이 중앙은행에 예치해야 하는 법정지급준비율을 조절한다.

MEMO

09 • 1992년

통화 공급과 이자율과의 관계에서 유동성 효과보다 가격 효과가 더 크게 작용할 경우에 통화 공급을 늘리면 이자율은?

① 올라간다.　　　　② 내려간다.　　　　③ 변함이 없다.　　　　④ 일률적이 아니다.

📈 개념-이론 정리 | 화폐공급에 따른 예상인플레이션 효과와 유동성 효과

1. 예상인플레이션 효과(anticipated inflation effect)
   ① 고전학파에서는 화폐수량설에 따라 화폐가 물가와 인플레이션에만 영향을 미치므로 단지 명목 이자율 수준만을 변하게 할 뿐이다.
   ② 만약 화폐공급이 증가하면 인플레이션에 대한 예상을 가져오는데, 이때 채권은 명목적으로 고정된 소득을 지급하는 증권이므로 이러한 채권에 대한 수요는 감소하게 된다. 이에 따라 채권가격은 하락하고 명목이자율은 상승하게 된다. 이를 예상인플레이션 효과라고 한다.
   ③ 예상인플레이션 효과는 피셔 관계식에 그대로 나타난다. 즉, '$i = r + \pi^e$'이므로 화폐공급의 증가로 π^e가 상승하면 실질이자율(r)의 변화 없이 명목이자율(i)만 상승하게 되는 것이다.

2. 유동성 효과(liquidity effect)
   ① 케인스의 경우에는 화폐공급의 증가가 화폐의 초과공급을 가져와 화폐의 대체자산인 채권의 수요를 증가시켜 채권가격 상승과 명목이자율의 하락을 가져 온다. 이와 같은 화폐공급의 증가로 명목이자율이 하락하는 현상을 유동성 효과라고 한다.
   ② 케인스의 경우에는 단기적으로 물가가 고정되어 있다고 전제하므로 화폐공급이 증가하여도 예상 인플레이션이 상승하지 않는다. 이에 따라 화폐공급의 증가는 실질이자율(r)과 명목이자율(i)을 동시에 하락시키게 된다.

💲 기출분석

출제자는 예상인플레이션 효과를 가격효과라고 표현한 것 같다. 통화 공급이 증가하는 경우 가격효과(예상인플레이션 효과)에 따르면 (명목)이자율은 상승하고, 유동성 효과에 따르면 (명목)이자율은 하락한다. 따라서 가격효과(예상인플레이션 효과)가 유동성 효과보다 더 크게 작용한다면 통화 공급의 증가는 (명목)이자율을 상승시킬 것이다. [정답 | ①]

응용 TEST 9 ✏️

폐쇄경제에서 실질이자율에 대한 설명으로 옳은 것을 모두 고르면?

　㉠ 고전학파 이론에 의하면 실질이자율은 대부자금시장에서 저축과 투자가 일치되도록 결정된다.
　㉡ 가격경직성을 가정하는 케인즈 학파에 의하면 단기 실질이자율은 화폐시장에서 수요와 공급이 일치되도록 결정된다.
　㉢ 고전학파와 케인즈 학파 모두 실질이자율의 하락은 투자지출의 증가를 가져오는 것으로 설명한다.
　㉣ 고전학파와 케인즈 학파 모두 통화량 증가는 실질이자율의 하락을 가져오는 것으로 설명한다.

① ㉠, ㉡, ㉢　　　　　　　　　　② ㉠, ㉡, ㉣
③ ㉠, ㉢, ㉣　　　　　　　　　　④ ㉡, ㉢, ㉣
⑤ ㉠, ㉡, ㉢, ㉣

10 • 2004년

다음과 같은 세 가지 가정하에 한국 경제가 안정적 성장을 도모하기 위해서는 재할인율의 인상과 인하 중 어느 것이 더 바람직한가? 현재의 경기(景氣)상태에 대한 진단, 통화량, 총수요와 연관 지어 그 근거를 120자 이내로 쓰시오.

가정 A : 한국은행에 대한 예금은행의 자금 의존도가 높다. 가정 B : 한국경제가 다음과 같은 경제 상황에 직면해 있다. 　　　　① 실업률이 10%대를 웃돌고 있다. 　　　　② 부도로 도산하는 기업들이 속출하고 있다. 　　　　③ 기업들의 체불임금 규모가 점점 늘어나고 있다. 　　　　④ 재고 쌓이고, 기업들의 매출액 규모는 감소하고 있다. 　　　　⑤ 주식 가격은 하락하고, 기업들의 재무구조도 악화되고 있다. 가정 C : 정부 당국이 사용할 수 있는 정책 수단은 '재할인율 정책'뿐이다.

개념-이론 정리 **개념-이론 정리 | 재할인율 정책(rediscount rate policy)**

1. 예금은행이 중앙은행에서 자금을 차입할 때 적용하는 이자율인 재할인율의 조정을 통해 통화량 및 이자율을 조절한다.

> 중앙은행 재할인율 인상(인하) ⇒ 예금은행의 중앙은행에 대한 차입금 감소(증가) ⇒ 통화량 감소(증가) ⇒ 이자율 상승(하락)

2. 예금은행의 중앙은행에 대한 자금 의존도가 높을수록 효과적인 정책수단이 될 수 있다.

기출분석

- **경기안정화 정책** : 재할인율 인하 정책
- **근거** : 주어진 가정 B에서 높은 실업률, 기업들의 도산 속출 등은 현재 경기가 극심한 불황이라는 것을 보여준다. 따라서 경기안정화를 위한 확장적 금융정책이 필요하다. 이를 위해 재할인율을 인하하여 예금은행들의 대출이자율 인하를 유도하여 통화량을 증가시키고, 이를 통해 소비나 투자와 같은 총수요를 증가시켜야 한다.

응용 TEST 10 ✎

한국은행이 기준금리를 인하할 경우 경제 전반에 미치는 영향에 대한 설명으로 옳지 않은 것은?

① 기준금리 인하로 채권수익률이 낮아지면 주식과 부동산에 대한 수요가 늘어나 자산가격이 상승하고 소비가 늘어난다.
② 기준금리 인하로 환율(원/$) 상승을 가져와 경상수지가 개선되고 국내물가는 상승한다.
③ 기준금리 인하로 시중자금 가용량이 늘어나 금융기관의 대출여력이 증가하면서 투자와 소비가 늘어난다.
④ 기준금리 인하로 환율(원/$)이 상승하여 국내기업의 달러표시 해외부채의 원화평가액은 감소한다.

(A)와 (B)에 들어갈 용어로 적절하게 묶인 것은?

> 사람들은 일반적으로 앞으로 물가가 상승할 것으로 예상되면 각자가 보유하고 있는 화폐를 사용하여 재화나 서비스를 구입하려고 할 것이다. 물가가 상승할 경우 자신들이 보유하고 있는 화폐의 실질적 가치가 하락하여 화폐를 보유하는 데 따른 기회비용이 커질 것으로 생각하기 때문이다. 이 경우 화폐 보유에 따른 기회비용이란, 보유하는 화폐를 다른 용도로 사용하면 얻을 수 있었던 이익을 말한다. 그 결과 총수요에 변동이 생겨 경제 전체적으로는 (A)이 발생할 가능성이 높고, 통화당국은 (B)와(과) 같은 정책을 펼 가능성이 높다.

	(A)	(B)
①	인플레이션	정부지출 축소
②	디플레이션	재할인율 인하
③	인플레이션	지급준비율 인상
④	디플레이션	콜금리 목표치의 인하
⑤	스태그플레이션	소득세율 인하

⎵ 개념-이론 정리 | **금융정책 수단의 특징 비교**

정책수단	전달경로	신축성	효과
공개시장조작 정책	공채 ⇒ 이자율 ⇒ 통화량, 투자	탄력적	신축적 조정효과 (증권시장 발달이 전제)
지급준비율 정책	지준율 ⇒ 지준금, 신용승수 ⇒ 통화량	비탄력적(강제성)	강력(최후 수단)
재할인율 정책	재할인율 ⇒ 어음재할인, 대중앙은행 차입금 ⇒ 통화량	비탄력적	고시효과와 신용의 대출여력(availability)효과

$ 기출분석

> 물가상승으로 인플레이션이 예상되는 경우 중앙은행은 이를 해소하기 위해서는 긴축금융정책을 펼 것이다. 그 내용으로는 지급준비율 인상, 공개시장 매각 조작, 재할인율 인상, 콜금리 인상이다. 여기서 콜금리는 은행 간 거래에 적용되는 초단기 금리를 의미한다. [정답 | ③]

┌─ 응용 **TEST 11** ✎ ─────────────────────────────────

중앙은행이 은행의 법정지급준비율을 낮추었다고 할 때 다음 중 기대되는 효과로 옳은 것은?
① 수출이 증가하여 무역적자가 감소할 것이다.
② 정부의 재정적자가 증가할 것이다.
③ 기업의 투자가 증가할 것이다.
④ 실업률과 인플레이션율이 모두 상승할 것이다.

└──

12 • 2020년

다음 자료를 읽고 〈작성 방법〉에 따라 서술하시오.

화폐공급 증가가 어느 국민경제에 가져다주는 단기적인 영향을 다음 화폐시장과 상품시장 그래프를 이용하여 분석하고자 한다. 화폐공급이 MS_0에서 MS_1으로 증가할 경우 화폐시장 균형이 변화하고, ㉠ 일정 조건을 만족하면 이에 따라 상품시장 균형이 변화한다. 화폐시장에서 이자율이 i_1이면 ㉡ 화폐수요가 이자율에 무한히 탄력적인데, 이 상황에서 화폐공급 증가는 국민소득을 변화시키는 데 어려움이 있으며 이를 (㉢)(이)라고 한다.

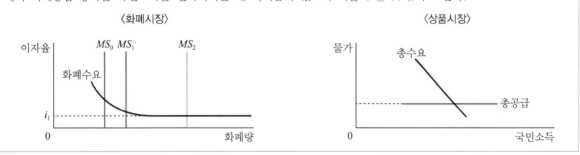

〈화폐시장〉　　　　　　　〈상품시장〉

작성 방법

• 밑줄 친 ㉠이 무엇인지 서술할 것.
• 밑줄 친 ㉡인 경우 정부지출 증가에 따른 국민소득 변화의 크기를 승수효과, 구축효과를 이용하여 서술하고, 괄호 안의 ㉢에 들어갈 용어를 제시할 것.

📈 개념–이론 정리 │ 유동성 함정과 통화정책

유동성 함정이란 화폐시장에서 화폐수요의 이자율탄력성이 무한대가 되어 이자율이 더 이상 하락하지 않는다고 예상되는 구간을 의미한다. 그런데 채권 가격은 이자율과 역(−)의 관계이므로 유동성 함정하에서는 채권 가격은 더 이상 상승하지 않는다. 따라서 이러한 유동성 함정 상황에서는 채권을 매입한다고 하더라도 채권 가격 상승을 통해 얻을 수 있는 자본이득은 더 이상 존재하지 않는다. 따라서 채권보다는 화폐를 그대로 보유하는 것이 더 낫다. 따라서 유동성 함정 하에서 공급된 통화는 모두 투기적 화폐수요로 흡수되어 시장에서 퇴장하게 되어 이자율 변동에 전혀 영향을 줄 수 없게 된다. 이것은 유동성 함정하에서 통화정책은 완전히 무력해진다는 것을 의미한다.

💲 기출분석

■ ㉠ : 투자의 이자율탄력성이 완전비탄력적이 아닐 것. ⇒ 화폐시장에서 결정되는 이자율이 상품시장의 투자에 대해 영향을 주게 되면, 그 정도가 탄력적이든 비탄력적이든 화폐시장의 균형 변화에 따라 상품시장의 균형도 변하게 된다.

■ 구축효과는 이자율 상승에 따라 투자가 감소하게 되어 이것이 국민소득을 감소시키는 경우를 일컫는다. 그런데 ㉡의 유동성 함정 상태인 경우에는 정부지출이 증가한다고 하더라도 이자율에 변화가 없게 되어 구축효과는 발생하지 않게 된다. 따라서 정부지출이 증가하게 되면 정부지출 증가분의 정부지출 승수배만큼 국민소득이 증가하게 되는 승수효과만이 나타나게 된다.

■ ㉢ : 유동성 함정

다음은 통화정책의 전달 경로를 나타낸 것이다. 이에 대한 설명으로 옳은 것은?

> 통화량 변화 → 이자율 변화 → 투자 변화 → 총수요 변화 → 국민소득 변화

① 화폐수요의 이자율탄력성이 클수록 정책효과가 크다.

② 투자의 이자율탄력성이 클수록 정책효과가 작다.

③ IS곡선이 수평선에 가까울수록 정책효과가 크다.

④ 한계소비성향이 클수록 정책효과가 작다.

MEMO

12 | 재정론

01 • 1992년

다음 〈그림〉에서 소득 재분배 효과가 있는 조세를 나타낸 것은?

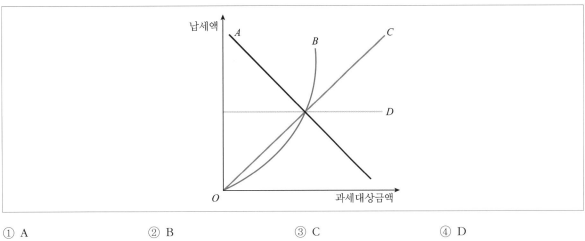

① A   ② B   ③ C   ④ D

📈 개념-이론 정리 | **직접세와 간접세(조세전가 여부에 따라)**

	직접세	간접세
특징	조세의 전가가 되지 않아 납세자와 담세자가 동일한 인세이다.	조세의 전가가 이루어져 납세자와 담세자가 다른 물세이다.
종류	소득세, 법인세, 취득세, 상속세, 재산세 등	부가가치세, 주세, 물품세, 개별소비세, 관세 등
소득분배	소득재분배에 기여하도록 누진적이다.	역진적인 성격에 의해 소득분배의 악화를 초래한다 (개별소비세는 예외)
조세저항	조세저항이 많다.	조세저항이 적다.
국고수입	국고수입 조달 면에서 상대적으로 빈약하다.	국고수입 조달 면에서 유리하다.
자원배분	자원배분 면에서 상품의 가격을 변화시키지 않으므로 생산을 왜곡시키지 않는다.	상품간의 상대가격을 변화시켜서 자원배분 면에서 왜곡을 가져온다.
조세행정	세무행정상 불편하다.	세무행정상 간편하다.

💲 기출분석

소득재분배에 기여하는 조세는 과세대상금액이 커짐에 따라 세율이 높아지는 누진세다. 이러한 누진세는 과세대상금액이 커짐에 따라 납세액이 체증적으로 증가하게 된다.   [정답 | ②]

광수는 소득에 대해 다음의 누진세율을 적용받고 있다고 가정하자. 처음 1,000만 원에 대해서는 면세이고, 다음 1,000만 원에 대해서는 10%, 그 다음 1,000만 원에 대해서는 15%, 그 다음 1,000만 원에 대해서는 25%, 그 이상 초과 소득에 대해서는 50%의 소득세율이 누진적으로 부과된다. 광수의 소득이 7,500만 원일 경우 광수의 평균세율은 얼마인가?

MEMO

02 • 1992년

〈보기〉와 가장 관계가 깊은 재정정책의 기능은?

보 기

* 비생산적 사치품에 대한 세율을 인상한다.
* 생활필수품의 세율을 인하한다.
* 정부가 공공주택 건설을 확대한다.

① 자원배분
② 경제발전
③ 소득 재분배
④ 경제안정화

📈 개념–이론 정리 | **재정의 기능**

1. **경제 안정화 기능**
   ① 적극 재정 정책(불경기 시) : 정부의 지출을 증가시키고 세율을 인하한다. ⇒ 적자예산(세입<세출)
   ② 긴축 재정 정책(호경기 시) : 정부의 지출을 감소시키고 세율을 인상한다. ⇒ 흑자예산(세입>세출)
2. **경제 발전 기능**
   ① 조세 감면 조치 ⇒ 투자 의욕 고취
   ② 기간 산업, 사회 간접 자본에 대한 투자 및 융자와 기술 개발을 위한 지원 사업을 실시한다.
3. **소득 재분배 기능**
   ① 세입면 : 개인 소득에 대한 누진 세율을 적용하거나, 사치품에 대한 개별 소비세를 부과한다.
   ② 세출면 : 사회 보장비 지출, 실업수당을 지급한다.
4. **자원 배분 기능**
   ① 세입면 : 사치품에 대한 세율 인상과 생필품에 대한 세율 인하함으로써 사치품 생산에 이용되던 자원이 생필품 생산에 전용되도록 유도한다.
   ② 세출면 : 특정 부분에의 세출을 증대시켜 그 부분으로의 자원 전용을 유도한다.

§ 기출분석

비생산적 사치품에 대한 세율을 인상하고 생활필수품에 대한 세율을 인하하면 희소한 자원이 보다 많은 사람들이 소비할 수 있는 상품 생산에 투입될 수 있게 된다. 또한 공공주택 건설을 확대하면 그 부분으로의 자원 전용을 유도할 수 있다.

[정답 | ①]

응용 TEST 2 ✏️

조세에 대한 설명으로 옳은 것을 모두 고른 것은?

㉠ 과세부담의 수평적 공평성의 원칙은 세금부담능력이 다르면 세금도 다르게 부과하는 것이다.
㉡ 조세부과에 따른 자중적 손실(deadweight loss)의 최소화를 기하는 것은 효율성 측면과 관련이 있다.
㉢ 고가의 모피코트에 부과하는 세금은 세금부담능력이 더 큰 사람이 더 많은 세금을 내야 한다는 원칙을 잘 만족시킨다.
㉣ 과세표준소득이 1천만 원인 경우 10만 원의 세금을 부과하고 과세표준소득이 2천만 원인 경우 20만 원의 세금을 부과한다면 이 과세표준구간 내에서 누진세를 적용하고 있는 것이다.

① ㉠, ㉣   ② ㉡   ③ ㉡, ㉢   ④ ㉢, ㉣

MEMO

03 • 2012년

다음 글의 밑줄 친 ⊙~ⓒ 현상에 대한 설명으로 옳은 것을 〈보기〉에서 고른 것은?

케인지언(Keynesian)의 통화정책의 전달 경로에 의하면, 정부가 ⊙ 확대 통화정책을 실시해도 이자율이 더 이상 낮아지지 않게 되면 더 이상의 통화 팽창은 효력을 잃게 된다. 아울러 경제에 대한 전망이 나빠지면 ⓛ 투자지출은 이자율의 하락에도 거의 반응하지 않게 된다. ⓒ 경기침체는 그 자체로 재정 수지의 악화를 가져온다. 그렇다고 건전재정을 추구하게 되면 재정정책은 경기 순응적이 되어 경기 안정화 기능을 상실하게 된다.

보 기

ㄱ. ⊙은 자산으로서의 화폐에 대한 수요가 사라지기 때문이다.
ㄴ. ⊙은 화폐 수요의 이자율탄력성이 매우 크기 때문이다.
ㄷ. ⓛ은 투자지출이 이자율에 대해 탄력적이기 때문이다.
ㄹ. ⓒ은 재정의 자동안정장치가 작동하기 때문이다.

① ㄱ, ㄴ   ② ㄱ, ㄷ   ③ ㄴ, ㄷ   ④ ㄴ, ㄹ   ⑤ ㄷ, ㄹ

📈 개념-이론 정리 | **재정의 자동안정화장치(automatic stabilizer)**

1. **개념** : 정부가 재량적으로 정책수단을 변경시키지 않아도 경기가 상승하면 그 과열을 자동적으로 막고, 경기가 하강하면 그것이 지나치게 하강하지 않도록 시차의 문제없이 자동적으로 작용하는 자동안정장치(automatic stabilizers, built-in stabilizers)가 있는데 주로 이것에 의하여 경제를 안정화시키고자 하는 정책을 말한다.

2. **수단**
   ① 누진세 : 호황기에는 국민소득의 증가분 이상으로 조세수입이 증가하여 유효수요의 증가를 억제하며 불황기에는 국민소득의 감소분 이상으로 조세수입이 감소하여 유효수요의 감소를 축소시킴으로써 경기 변동을 완화시킨다.
   ② 실업보험 : 호황기에는 실업이 감소하여 자연히 정부지출이 감소하며, 불황기에는 실업이 증가하여 정부지출이 증가하게 되어 경기 변동을 완화시킨다.

3. **평가**
   ① 자동안정화장치는 기본적으로 안정화정책으로 경제가 적정상태(완전고용상태)에서 이탈하는 것을 방지하는 데는 효과적이다.
   ② 일단 이탈한 후 다시 적정상태로 회복하는 것에 오히려 저해요인으로 작용할 수 있고, 경제의 급격한 변화를 막는 데 충분히 효과적인가에는 논란의 여지가 남는다.

💲 기출분석

▪ 확대 통화정책을 실시해도 이자율이 더 이상 낮아지지 않는다는 것은 화폐시장에서 화폐수요의 이자율탄력성이 무한대인 유동성 함정이 존재한다는 의미이다. 한편 이자율과 채권가격 사이에는 역(−)의 관계가 존재한다. 따라서 이자율이 더 이상 낮아지지 않는다는 것은 곧 채권가격은 더 이상 올라가지 않는다는 것을 의미한다. 이에 따라 자산으로서의 채권에 대한 수요는 사라지고 모든 자산을 화폐로만 보유하게 된다(⊙).

- 투자지출이 이자율의 하락에도 거의 반응하지 않는다는 것은 투자지출의 이자율탄력성이 완전비탄력적에 가깝다는 의미이다(ⓛ).
- 경기가 침체되면 경제주체들의 가처분소득이 감소하게 되고, 이로 인해 가처분 소득을 부과대상으로 하는 정부의 조세수입이 감소하여 재정수지가 이전보다 오히려 더 악화될 수 있다. 경기가 변동하는 경우 이를 보다 완화시키기 위해 세율을 누진적으로 변화시키는 제도(누진세) 또는 조세수입을 비례적으로 변화시키는 제도(비례세)와 같은 재정구조를 자동안정화장치라고 한다(ⓒ).

[정답 | ④]

응용 TEST 3 ✏️

밑줄 친 ⊙에 대한 근거로 옳지 않은 것은?

경기침체가 지속되면서 정부는 소득세의 대폭 감면을 통해 경기회복을 꾀하고 있다. 하지만 정부가 정부지출을 일정하게 유지하면서, 세금감면에 따른 적자를 보전하기 위해 국채를 발행하게 되면 이러한 재정정책의 결과로 ⊙ 소비가 증가하지 않는다는 주장이 있다.

① 소비자들이 현재 저축을 증가시킬 것으로 예상된다.
② 소비자들은 현재소득과 미래소득 모두를 고려하여 소비를 결정한다.
③ 소비자들은 미래에 세금이 증가할 것이라고 예상한다.
④ 소비자들은 미래에 금리가 하락할 것이라고 예상한다.

MEMO

13 | 거시경제 균형이론

01 • 2008, 공통사회

Keynes의 폐쇄경제 모형이 다음과 같이 주어졌다고 가정할 경우, IS곡선의 방정식과 LM곡선의 방정식을 각각 쓰고, 균형국민소득과 균형이자율을 계산하여 각각 쓰시오.

〈생산물시장〉

- $Y^D = C + I^D + G, \quad C = 0.5(Y-T) + 200, \quad I^D = 100 - 40r, \quad G = 100, \quad T = 100$

  $Y^D = Y$(생산물시장의 균형조건)

〈화폐시장〉

- $\dfrac{M^D}{P} = 100 + 0.5Y - 60r, \quad \dfrac{M^S}{P} = 400, \quad \dfrac{M^D}{P} = \dfrac{M^S}{P}$(화폐시장의 균형조건)

- IS곡선의 방정식 :

- LM곡선의 방정식 :

- 균형국민소득 :

- 균형이자율 :

📈 개념-이론 정리 | IS-LM 모형

1. 의의
   ① 생산물시장의 균형과 화폐시장의 균형을 동시에 분석한다.
   ② IS-LM 분석 또는 Hicks-Hansen 모형 또는 Keynes의 완결모형이라고도 한다.
2. 내용
   ① 투자수요를 독립투자로 가정한 단순모형과는 달리 투자수요를 이자율의 감소함수로 가정한다. 이때 이자율의 결정을 설명하기 위해서는 화폐시장을 추가적으로 고려해야 한다. 이에 따라 총수요는 소득뿐만 아니라 이자율수준에도 의존하게 된다.
   ② 화폐시장은 이자율에 의한 투자수요의 변동을 통해 생산물시장에 영향을 주고, 생산물시장은 소득에 의한 화폐수요의 변동을 통해 화폐시장에 영향을 주어 상호 밀접한 관련성을 갖고 있음을 보여준다.

- 〈생산물시장〉 : $Y^D = C + I^D + G$, $C = 0.5(Y-T) + 200$, $I^D = 100 - 40r$, $G = 100$, $T = 100$, $Y^D = Y$(생산물시장의 균형조건)
  $\Rightarrow 0.5(Y-100) + 200 + 100 - 40r + 100 = Y \Rightarrow 0.5Y = 350 - 40r \Rightarrow \underline{Y = 700 - 80r(\text{IS 방정식})}$

- 〈화폐시장〉 : $\dfrac{M^D}{P} = 100 + 0.5Y - 60r$, $\dfrac{M^S}{P} = 400$, $\dfrac{M^D}{P} = \dfrac{M^S}{P}$(화폐시장의 균형조건)
  $\Rightarrow 100 + 0.5Y - 60r = 400 \Rightarrow \underline{Y = 600 + 120r(\text{LM 방정식})}$

- 앞에서 도출한 IS 방정식과 LM 방정식을 연립해서 풀면 다음과 같은 결론을 도출할 수 있다.
  <u>균형국민소득 : 660, 균형이자율 = 0.5</u>

응용 TEST 1 ✏️

어느 경제의 거시경제 모형이 아래와 같이 주어져 있다면 균형이자율과 균형국민소득은 각각 얼마인가?

• $Y = C + I + G$	• $C = 100 + 0.8(Y-T)$	• $I = 150 - 600r$	• $G = 200$, $T = 0.5Y$
• $M^d = M^s$	• $\dfrac{M^d}{P} = 2Y - 8{,}000(r + \pi^e)$	• $M^s = 1{,}000$	• $P = 1$, $\pi^e = 0$

(Y : 소득, C : 소비, I : 투자, r : 실질이자율, T : 세입, G : 정부지출, P : 물가, π^e : 기대물가상승률, M^d : 명목화폐수요, M^s : 명목화폐공급)

MEMO

02 ● 1996년

다음 〈그림〉은 상품시장과 화폐시장의 동시적 균형을 나타낸 것이다. A점의 상태를 바르게 설명한 것은?

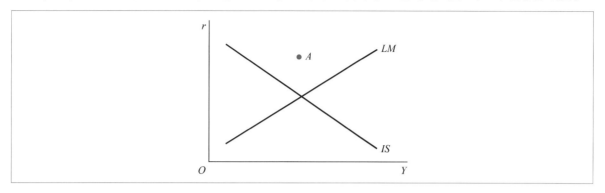

① 화폐수요 > 화폐공급, 상품수요 > 상품공급
② 화폐수요 > 화폐공급, 상품수요 < 상품공급
③ 화폐수요 < 화폐공급, 상품수요 > 상품공급
④ 화폐수요 < 화폐공급, 상품수요 < 상품공급

📈 개념-이론 정리 | **생산물시장과 화폐시장의 균형 여부**

① 생산물시장 초과공급, 화폐시장 초과공급
② 생산물시장 초과공급, 화폐시장 초과수요
③ 생산물시장 초과수요, 화폐시장 초과수요
④ 생산물시장 초과수요, 화폐시장 초과공급

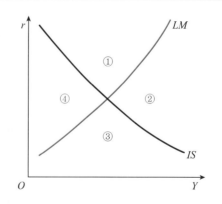

💲 기출분석

A점은 IS곡선보다 위에 위치하고 있어 이자율이 생산물(상품) 시장 균형에 필요한 적정수준보다 높다. 이에 따라 이자율에 대하여 감소함수인 투자가 생산물시장 균형에 필요한 적정수준보다 작게 되어 생산물에 대한 수요가 부족해지게 되어 생산물시장은 초과공급 상태에 놓이게 된다. 또한 A점은 LM곡선보다 위에 위치하고 있어 이자율이 화폐시장 균형에 필요한 적정수준보다 높다. 이에 따라 이자율에 대하여 감소함수인 화폐수요가 화폐시장 균형에 필요한 적정수준보다 작게 되어 화폐에 대한 수요가 부족해지게 되어 화폐시장은 초과공급 상태에 놓이게 된다. [정답 | ④]

다음과 같은 폐쇄경제의 IS – LM 모형을 전제할 경우, (　　) 안을 알맞게 채우면?

- IS곡선 : $r = 5 - 0.1Y$
- LM곡선 : $r = 0.1Y$
- 현재 경제 상태에서 국민소득은 30이고 이자율이 2.5라면, 상품시장은 (㉠)이고 화폐시장은 (㉡)이다.

MEMO

03 • 1992년

다음 [그림]은 소득(Y)과 이자율(r)에 대한 $IS-LM$ 곡선이다. 이에 대한 설명으로 옳지 않은 것은?

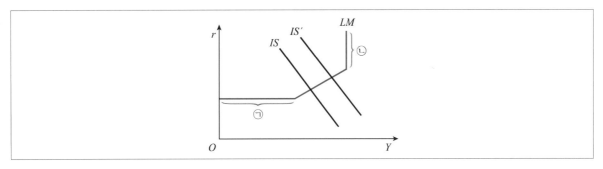

① 화폐의 수요－공급이 일치하는 곡선이 LM곡선이다.

② 정부지출의 증대는 $IS \rightarrow IS'$으로 이동시킨다.

③ ㉠의 구간에서는 금융정책이 큰 효과를 거둔다.

④ ㉡의 구간을 고전학파의 영역이라고 한다.

📈 개념-이론 정리 ┃ **유동성 함정(liquidity trap)과 경기안정화 정책**

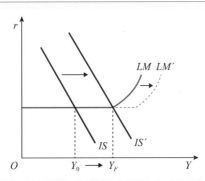

1. 유동성 함정은 통화정책이 LM을 LM′로 이동시키는 데 불과하므로 새로운 균형국민소득(Y_0)은 기존의 균형국민소득(Y_0) 수준에서 벗어나지 못해 완전고용국민소득(Y_F)에 미치지 못한다.

2. 정부지출을 증가시키는 재정정책은 IS를 IS′로 이동시켜, 완전고용국민소득(Y_F) 수준에 효과적으로 도달할 수 있음을 보여준다.

3. Keynes 학파가 통화정책의 무력성을 주장하고 상대적으로 재정정책의 효과를 강조하는 주요 논거로 제시된다.

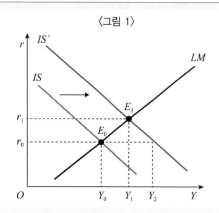

〈그림 1〉

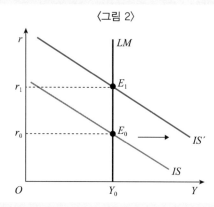

〈그림 2〉

1. 〈그림 1〉에서 이자율이 상승하지 않고 r_0에 고정되어 있다면, 재정지출의 증대(IS→IS′)에 따른 효과로 균형국민소 득은 Y_2가 되어야 하지만, 화폐시장에서 발생한 이자율의 상승으로 야기된 민간투자의 감소로 Y_1까지만 증가하게 되어 구축효과(Y_2→Y_1)가 부분적으로 일어나게 된다.

2. 〈그림 2〉에서 LM이 수직인 것은 투기적 화폐수요를 고려하지 않는 경우(고전학파)로서 구축효과가 완전히 나타나게 되어 확대재정정책은 국민소득은 증가시키지 못하고 이자율 상승만을 가져올 뿐이다.

기출분석

① LM곡선은 화폐시장이 균형에 도달하기 위해 필요한 이자율(r)과 국민소득(Y)의 관계를 나타낸다.

② 정부지출이 증가(감소)하면 IS곡선은 오른쪽(왼쪽)으로 이동한다.

③ ㉠은 유동성 함정이 존재하는 구간으로 금융정책은 완전히 무력해진다.

④ ㉡은 재정정책을 시행하는 경우 100% 구축효과가 발생하는 고전학파 영역이다.   [정답 | ③]

응용 TEST 3

IS-LM 모형에 관한 설명으로 옳지 않은 것은?

① IS-LM 모형에서 정부지출을 증가시켰을 때 투자의 이자율탄력성이 클수록 구축효과가 작아진다.

② 정부의 저금리정책에도 내수가 증가하지 않은 것은 투자의 이자율탄력성이 작기 때문이다.

③ 유동성 함정 구간에서는 정부지출에 따른 소득증대효과가 상대적으로 큰 경향이 있다.

④ 화폐수요의 소득탄력성이 크면 확대재정정책의 효과가 작아지는 경향이 있다.

MEMO

04 • 1996년

IS–LM 모델에서 다른 조건이 동일할 때, 금융정책의 효과가 가장 큰 것은?

	[화폐수요의 이자율탄력성]	[투자의 이자율탄력성]
①	크다	크다
②	크다	작다
③	작다	크다
④	작다	작다

📈 개념-이론 정리 | **학파별 재정정책과 금융정책 비교**

구분	생산물시장(IS곡선)	화폐시장(LM곡선)	금융정책 효과	재정정책 효과
통화주의 학파	투자의 이자율탄력도가 크다. ⇒ IS곡선의 기울기가 완만하다.	화폐수요의 이자율탄력도가 작고, 소득탄력도가 크다. ⇒ LM곡선의 기울기가 가파르다.	크다	작다
케인스 학파	투자의 이자율탄력도가 작다. ⇒ IS곡선의 기울기가 가파르다.	화폐수요의 이자율탄력도가 크고, 소득탄력도가 작다. ⇒ LM곡선의 기울기가 완만하다.	작다	크다

💲🔍 기출분석

금융정책은 투자의 이자율탄력도가 클수록(IS곡선의 기울기가 완만할수록), 화폐수요의 이자율탄력성이 작을수록(LM곡선의 기울기가 가파를수록) 효과가 커진다. [정답 | ③]

응용 TEST 4 📝

정부가 세금을 증가시켰을 때, 중앙은행의 정책효과를 분석하려고 한다. IS–LM 분석에서 중앙은행이 통화공급을 증가시켜 소득을 일정하게 유지하는 경우에는 이자율이 (㉠)하고, 중앙은행이 통화공급을 감소시켜 이자율을 일정하게 유지하는 경우에는 소득이 (㉡)한다. ㉠과 ㉡을 올바르게 채우면? (단, IS곡선은 우하향하고, LM곡선은 우상향하며, 폐쇄경제를 가정한다.)

MEMO

05 ● 2000년

다음을 읽고 물음에 답하시오.

> (가) 1929년부터 1930년대 초까지 세계를 휩쓸었던 세계 대공황 자본주의 경제체제에 대한 반성을 가져다주는 계기가 되었다. 이에, 자본주의 국가들은 공황을 극복하기 위해 여러 가지 정책수단을 강구하였다. 그러나 독점 자본에 의해 생산물이 과잉 공급되고 소비자들은 낮은 소득으로 구매력이 뒷받침되지 않는 '풍요 속의 빈곤'이라는 모순을 해결하기 위해 새로운 경제적 발상이 필요하게 되었다.
>
> (나) 장기분석은 현재 벌어지고 있는 상황을 이해하는데 도움이 되지 않는다. 장기적으로는 우리 모두가 죽는다. 만약 경제학자들의 역할이 고작 태풍이 닥치는 계절에 (① "태풍이 지나가고 한참 있으면 바다가 잠잠해질 것이다.")라고 말하는 정도에 그친다면 그 역할은 너무 쉽고 쓸모없는 것이다.

(가)와 같은 경제상황을 해결하기 위하여 (나)와 같은 생각을 가진 사람들은 정부지출을 늘려 총수요를 증가시키려고 한다. 이때 총수요의 증가폭은 정부지출의 증가폭과 같지 않을 수 있다. 그 이유를 두 가지로 설명하시오. (단, 소득, 소비지출, 이자율, 투자 등의 용어를 사용할 것)

📈 개념-이론 정리 │ **유동성 함정과 구축효과**

1. **유동성 함정(liquidity trap)**
   ① 이자율이 극히 낮은 상태에서는 사람들이 더 이상 이자율이 하락하지 않을 것이라고 예상을 하게 되며, 화폐 수요는 무한대가 되어 LM곡선은 수평인 경우를 말하며, 더 이상 화폐 공급의 증가로 이자율을 하락시킬 수 없게 되는 상태이다.
   ② Keynes 학파가 통화정책의 무력성을 주장하고 상대적으로 재정정책의 효과를 강조하는 주요 논거로 제시된다.

2. **구축효과(crowding-out effect)**
   ① 정부지출의 증대가 화폐시장에서의 이자율 상승을 가져옴으로써 민간부문의 투자를 위축시키는 것을 의미한다.
   ② 통화주의자들의 재정정책에 대한 비판의 강력한 무기로서 작용한다.

💲 기출분석

만약 화폐시장에 유동성 함정이 존재하는 경우라면 정부지출의 증가는 <u>소득</u> 증가를 가져오고, 이러한 소득 증가가 <u>소비지출</u>을 증가시키는 과정이 연속적으로 발생하는 승수효과로 인해 정부지출 증가보다 몇 배에 해당하는 총수요를 증가시킬 수 있다. 반면에 완벽한 구축효과가 발생하는 경우라면 정부지출의 증가가 <u>이자율</u>의 상승을 가져와 이로 인한 <u>투자</u>의 감소가 정부지출의 증가를 상쇄시켜 결국 정부지출이 증가했음에도 불구하고 총수요는 전혀 증가하지 않을 수 있다.

> **응용 TEST 5** ✏️
>
> IS-LM 모형을 이용한 분석에서 LM곡선은 수평이고 소비함수는 $C = 200 + 0.8Y$이다. 정부지출을 2,000억 원 증가시킬 때, 균형소득의 증가량은? (단, C는 소비, Y는 소득이다.)

한 나라의 거시경제와 관련된 다음의 내용을 읽고 물음에 답하시오.

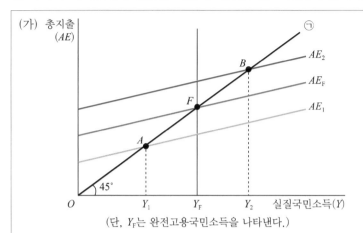

(가) 총지출(AE) / 실질국민소득(Y) 그래프
(단, Y_F는 완전고용국민소득을 나타낸다.)

(기본 가정) 폐쇄경제를 가정하고, 물가는 일정한 수준에서 고정된다. 소비지출은 처분가능소득(disposable income)의 함수이며, 투자지출, 정부지출 및 조세수입은 외생적으로 결정된다.

(나) 우리의 이론은 대략 다음과 같이 말할 수 있다. 고용이 증가하면 총실질소득이 증가한다. 공동체의 심리는, ⓒ 총실질소득이 증가하면 총소비도 증가하지만 소득만큼 증가하지는 않는 방식으로 작용한다. (중략) 이 분석으로 〈풍요 속의 빈곤〉이라는 역설을 설명할 수 있다. 왜냐하면 유효 수요가 부족하다는 사실만으로도 완전 고용의 수준에 도달하기 전에 고용의 증가가 멈출 수 있고, 또 실제로 그런 경우가 흔하기 때문이다. 노동의 한계생산의 가치가 여전히 고용의 한계 비효율을 초과함에도 불구하고, ⓒ 유효 수요의 부족이 생산 과정을 저해하는 것이다.　　　　　　　　　　　　　　　　　　　－ 존 메이너드 케인스, 『고용, 이자 및 화폐의 일반 이론』 －

(다) 국민경제는 언제나 순탄하게만 움직여 나가는 것은 아니다. 즉, 호황이 있으면 그 뒤를 따라 불황이 오기 마련이다. 불황이 닥치면 국민 생활이 어려워지지만, 지나친 과열도 좋은 현상은 못 된다. 산이 높으면 골이 깊듯이 경기과열도 가파른 경기침체를 몰고올 수 있기 때문이다. 그래서 현대 국가에서는 정부가 적극적으로 경기의 과열과 침체를 막기 위해 노력하고 있다.　　　　　　　　　　　　　　　　　　　　　　－ ○○출판사, 『고등학교 경제』 －

(다)의 내용을 토대로 ⓒ 상황에서 중앙은행과 정부가 실시할 수 있는 각 경제정책의 정의와 전달경로를 밝히고, (나)와 같은 생각을 가진 사람의 관점에서 ⓒ 상황에서의 두 정책의 효과를 평가하시오.(단, 구축효과는 없다고 가정한다.)

📉 개념-이론 정리 | 케인스(J. M. Keynes)와 한계소비성향

추가적인 소득 1단위의 증가에 따라 증가하는 소비의 크기$\left(MPC=\dfrac{\triangle C}{\triangle Y}\right)$인 한계소비성향($MPC$)은 1보다 작게 되는데 이는 소득이 증가함에 따라 증가된 소득 중 일부만이 소비되기 때문이다.

> 케인스의 한계소비성향 ⇒ "우리가 믿고 따르는 기본적인 심리적 원칙은 … 사람들은 일반적으로 그리고 평균적으로 소득이 증가함에 따라 소비를 증가시키지만 소득이 증가한 만큼 증가시키지는 않는다."

💲 기출분석

(다)는 경기가 주기적으로 상승과 하락을 반복하는 현상의 경기변동에 관한 내용이다. 유효수요가 부족한 ⓒ과 같은 경기불황에 대처하기 위한 경제정책에는 중앙은행의 확장적 금융정책과 재정당국의 확장적 재정정책이 있다. 이 경우 전자의 전달경로는 "통화량 증가 ⇒ 이자율 하락 ⇒ 소비, 투자 증가 ⇒ 총수요 증가 ⇒ 국민소득 증가"이고, 후자의 전달경로는 "정부지출 증가 ⇒ 총수요 증가 ⇒ 국민소득 증가"이다. (나)와 같은 생각을 가진 케인스는 화폐시장에서의 유동성 함정을 전제로 확장적 금융정책은 완전히 무력하다고 평가하고, 확장적 재정정책은 구축효과 없이 완벽한 승수효과로 인해 매유 유력한 경제정책이라고 평가한다.

응용 TEST 6 ✍

IS-LM 모형에서 화폐시장이 유동성 함정에 빠져 있을 때, 통화량 공급 증가와 재정지출 확대에 따른 각각의 정책 효과를 옳게 설명한 것은?

① 통화량 공급 증가는 이자율을 낮추고, 재정지출 확대는 소득을 증가시킨다.
② 통화량 공급 증가와 재정지출 확대는 모두 소득을 증가시킨다.
③ 통화량 공급 증가와 재정지출 확대는 모두 이자율 변동에 영향을 주지 않는다.
④ 통화량 공급 증가는 소득을 증대시키고, 재정지출 확대는 이자율 변동에 영향을 주지 않는다.

MEMO

07 • 2012년

다음 자료의 (가)의 〈그림〉을 이용하여 단기 총공급곡선의 기울기의 부호를 도출하고, 역시 (가)의 〈그림〉을 이용하여 명목임금 수준의 변동이 있을 때 그로 인해 단기 총공급곡선이 이동하는 방향에 대해 설명하시오. 그리고 국민경제가 (나)에 제시된 조건을 가지고 있을 때, 수요 충격으로 국민경제의 균형이 E_1을 거쳐 E_L로 이동해 가는 조정 과정을 '총수요－총공급 그래프'와 'GDP 갭' 개념을 이용하여 분석하고, E_L의 상태와 E_0와 비교하여 평가하시오.

(가) 다음 〈그림〉은 대표적인 기업의 한계비용 곡선을 보여주고 있다. 단기에서 완전경쟁 시장안의 기업은 주어진 시장가격 p와 한계비용이 같아지는 수준인 q^*만큼 제품을 생산해 이윤을 극대화한다. 시장가격이 변하게 되면 기업은 그에 맞추어 최적 생산량을 바꾼다. 또한 일정하게 주어져 있는 명목임금 수준이 바뀌게 되면 그에 따라 한계비용 곡선(MC)이 이동하게 되고 기업의 최적 생산량도 바뀌게 된다.

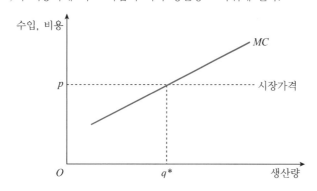

(나) 모든 생산물과 생산요소가 완전경쟁 시장에서 거래되는 어떤 폐쇄 국민경제가 있다. 이 경제에서 단기적으로 물가 P는 신축적이나 명목임금 수준 W는 경직적이다. 단기를 벗어나면 명목임금 수준의 조정이 가능하다. 즉, 단기란 명목임금 수준이 고정되어 있는 기간으로 정의된다. 현재 이 국민경제는 완전고용국민소득 Y_F 수준에서 최초의 균형 E_0를 이루고 있다. 이제 미래 경제 상태에 대한 기업들의 전망이 악화되어 투자지출이 감소하는 수요 충격이 발생한다면, 이 충격으로 국민경제는 새로운 단기 균형 상태 E_1에 머무르지 못하고 시간이 지나면서 장기균형점 E_L을 향해 움직여 나간다. 분석의 편의를 위하여, 이때 국민경제 내에서 생산기술의 진보나 기업들의 자본 스톡의 변화는 없다고 가정한다.

※ 완전고용국민소득은 한 나라 경제의 산출량이 장기적으로 수렴하는 수준으로 실업률이 완전고용 실업률에 있을 때의 산출량 수준이다. 실제 국민소득과 완전고용국민소득 수준과의 차이를 'GDP 갭'이라 한다. 실제 국민소득이 완전고용국민소득 수준보다 클 때 그 차이를 '인플레이션 갭', 작을 때 그 차이를 '경기침체 갭'이라 한다.

① 단기에 있어서는 총수요곡선과 단기 총공급곡선이 만나는 F 점에서 일시적으로 균형을 이루게 된다. F점에서는 화폐시장과 생산물시장은 균형 상태에 있지만 총생산량이 완전고용국민소득 수준보다 낮기 때문에 노동시장은 초과공급 상태에 있다. 그런데 단기에는 명목임금이 경직적이어서 경제는 당분간 F점에 머무르게 된다.
② 명목임금이 움직일 수 있는 충분한 시간이 경과한 장기에는 초과공급 상태인 노동시장에서 명목임금이 하락하기 시작하여 단기 총공급곡선이 우측으로 이동하게 된다. 이러한 단기 총공급곡선의 이동은 결국 장기균형점인 E점에 도달할 때까지 계속될 것이다.

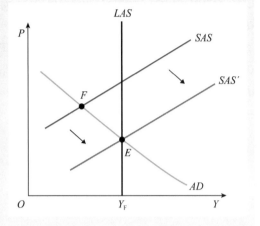

💲 **기출분석**

■ **단기 총공급곡선의 기울기** : 시장가격이 상승하게 되면 대표적 기업의 이윤극대화 수준에서의 생산량은 증가하게 된다. 따라서 시장가격과 대표적 기업의 생산량 사이에는 정(+)의 관계가 성립하게 된다. 이것은 모든 상품가격을 가중평균하여 도출하는 물가수준과 단기 총공급곡선 사이에도 정(+)의 관계가 성립할 수 있음을 시사해준다. ⇒ 이 문제의 출제 의도는 잘 알겠다. 그러나 미시에서 개별기업의 공급곡선을 수평으로 합하여 시장 전체의 공급곡선을 도출하는 것과 거시에서 단기 총공급곡선의 도출과정은 엄연히 서로 다르다. 단기 총공급곡선에서의 세로축 변수는 미시에서처럼 단순히 하나의 상품의 가격이 아니라 모든 상품을 가중평균해서 구한 물가 수준이다. 본 문제는 이를 혼동하며 출제한 듯하다.

■ **명목임금과 단기 총공급곡선의 이동** : 명목임금의 상승은 한계비용의 상승을 가져와 한계비용곡선의 상방이동을 야기한다. 이에 따라 주어진 가격수준(출제자는 이를 물가수준으로 간주하고 있는 것으로 보임)에서 새로운 균형생산량은 감소하게 된다. 반대로 명목임금의 하락은 한계비용의 하락을 가져와 한계비용곡선의 하방이동을 야기한다. 이에 따라 주어진 가격수준에서 새로운 균형생산량은 증가하게 된다. 결국 명목임금의 상승은 단기 총공급곡선을 왼쪽으로 이동시키고, 명목임금의 하락은 단기 총공급곡선을 오른쪽으로 이동시킨다.

■ **수요충격과 국민 경제의 조정과정** : 불리한 수요충격을 전제로 다음 〈그림〉이 성립한다.

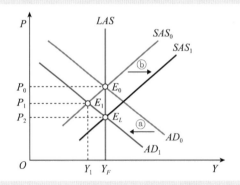

불리한 수요충격은 총수요곡선을 왼쪽으로 이동($AD_0 \rightarrow AD_1$)시켜 명목임금이 고정되어 있는 단기에서의 국민경제 균형은 E_0에서 E_1으로 이동하게 된다. 이에 따라 새로운 균형국민소득(Y_1)은 완전고용국민소득(Y_F)보다 작게 되어

'$Y_1 Y_F$'만큼의 GDP 갭(여기서는 경기침체 갭)이 발생하게 된다. 이러한 경기침체 갭으로 인하여 노동시장에서는 노동의 초과공급을 의미하는 비자발적 실업이 발생하게 된다. 이후 단기에서 벗어나 명목임금 수준의 조정이 가능한 장기가 되면, 노동시장에서는 노동의 초과공급을 해소하기 위해 명목임금이 하락한다. 이러한 명목임금 하락은 단기 총공급곡선을 오른쪽으로 이동($SAS_0 \rightarrow SAS_1$)시켜 국민경제균형은 E_1에서 E_L로 이동하게 되어 다시 완전고용국민소득 수준을 회복하게 된다. 최초의 국민경제균형이었던 E_0에서 불리한 수요충격으로 인한 새로운 국민경제균형인 E_L을 비교하면, 결국 국민소득 수준은 완전고용국민소득 수준으로 동일하고 물가수준만 하락하게 된다.

응용 TEST 7 📝

A점에서 장기균형을 이루고 있는 AD–AS 모형이 있다. 오일쇼크와 같은 음(−)의 공급충격이 발생하여 단기 AS곡선이 이동한 경우에 대한 설명으로 옳지 않은 것은?

① 단기균형점에서 물가수준은 A점보다 높다.

② A점으로 되돌아오는 방법 중 하나는 임금의 하락이다.

③ 통화량을 증가시키는 정책을 실시하면, A점의 총생산량 수준으로 되돌아올 수 있다.

④ 정부지출을 늘리면 A점의 물가수준으로 되돌아올 수 있다.

MEMO

다음은 어느 나라 ○○○○년 국민경제 상황을 기록한 것이다. 이에 대한 옳은 분석을 〈보기〉에서 고른 것은?

○○○○년에 국민경제는 물가가 P_1인 수준에서 경제활동이 이루어졌다. 단 국민경제는 가계와 기업의 민간부문으로만 구성되어 있으며, 생산 활동에 따르는 감가상각은 발생하지 않는다고 가정한다. (그래프에서 Y는 국민소득 수준, P는 물가수준, AD는 단기 총수요곡선, AS는 단기 총공급곡선, Y_P는 잠재 국민소득 수준을 나타낸다.)

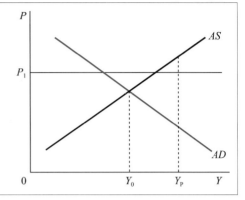

─────────── 보 기 ───────────

ㄱ. 인플레이션 갭이 존재하였다.
ㄴ. 실현된 투자지출이 계획된 투자지출보다 컸다.
ㄷ. 장기적으로 경제는 Y_O를 향해 움직여 갈 것이다.
ㄹ. 불균형 상태이며 국민소득 삼면 등가의 법칙이 성립하였다.

① ㄱ, ㄴ   ② ㄱ, ㄷ   ③ ㄴ, ㄷ   ④ ㄴ, ㄹ   ⑤ ㄷ, ㄹ

📈 개념-이론 정리 | 국민소득 3면 등가의 법칙의 내용

① 생산된 생산물은 생산, 분배 및 지출의 국민소득 순환과정을 따라 순환하므로 국민소득의 크기는 생산, 분배 및 지출의 세 국면의 어디에서 측정하여도 동일하다는 것을 말한다.

> 국내총생산(생산국민소득) = 국내총소득(분배국민소득) = 국내총지출(지출국민소득)

② 위의 세 가지의 국민소득은 모두 실제로 발생한 국민소득을 측정한 사후적(ex post)인 개념으로서의 국민소득이다. 특히 지출국민소득 중 투자지출에는 기업의 의도되지 않은 재고의 증감이 포함됨을 기억해야 한다. 따라서 국민소득 3면 등가의 법칙은 항상 성립하는 항등식이다.

💲 기출분석

ㄱ. 물가가 P_1인 수준에서는 총수요가 총공급보다 부족하다. 이것은 경기가 침체 상황을 의미하므로 디플레이션 갭이 존재하였다고 볼 수 있다.
ㄴ. 경기가 침체되면 이전에 비해 재고가 증가하게 된다. 이것은 (사후적으로) 실현된 투자지출이 (사전적으로) 계획된 투자지출보다 컸다는 것을 의미한다.
ㄷ. 기대물가 또는 임금의 하락 등으로 경제는 장기적으로 잠재 국민소득(완전고용국민소득 : Y_P) 수준에 도달하게 된다.
ㄹ. 물가가 P_1인 수준에서는 총수요가 총공급보다 부족하여 경기가 침체된 불균형 상태이지만, 재고의 증가가 재고투자로 간주되면서 사후적으로 국민소득 삼면 등가의 법칙은 항상 성립하게 된다.   [정답 | ④]

갑작스러운 국제유가 상승으로 A국에서 총생산이 줄어들고 물가가 높아지는 스태그플레이션(stagflation)이 발생하였다. 〈보기〉는 이에 대한 대책으로 중앙은행 총재와 재무부장관이 나눈 대화이다. 본 대화에 대한 논평으로 가장 옳지 않은 것은?

보 기

- 중앙은행 총재 : "무엇보다도 서민 생활안정을 위해 이자율을 올려 물가를 안정시키는 일이 급선무입니다."
- 재무부장관 : "물가안정도 중요하지만 경기침체 완화를 위해 재정을 확대하는 정책이 절실합니다."

① 이자율을 높이는 정책은 총수요가 감소하게 되어 이전에 비해 실업률이 상승할 수 있다.

② 재정확대정책은 자연산출량(Natural rate of output)을 증대할 수 있는 방안이다.

③ 재정확대정책을 실시할 경우, 현재보다 물가 수준이 더욱 높아질 것을 각오해야 한다.

④ 만약 아무 조치도 취하지 않는다면, 침체가 장기화될 수 있다.

MEMO

다음 그래프는 한 폐쇄 국민경제의 상황을 보여주고 있다. 이에 대해 〈작성 방법〉에 따라 서술하시오.

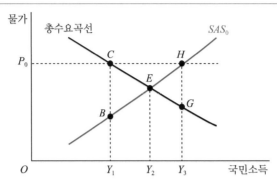

* 명목임금은 단기에서 경직적이며, 단기를 벗어나면 조정이 이루어질 수 있다. SAS_0는 단기균형점 E에 도달할 때
  까지의 명목임금 수준에 대응되는 단기 총공급곡선이다. 국민경제의 완전고용 산출량 수준은 Y_1이다.

작성 방법

- 한 해 동안 물가 수준 P_0에서 경제 활동이 이루어졌을 때, 그 해의 비자발적 재고투자의 크기가 얼마인지 쓰고,
  사후적 총지출의 크기가 총생산의 크기와 같음을 비자발적 재고투자 개념을 이용하여 설명할 것.
- 그래프에서 장기균형점이 무엇이지 밝히고, 단기균형점 E에서의 GDP 갭의 명칭을 쓰고, 국민경제가 장기균형점
  을 향해 스스로 움직여 나가는 과정을 GDP 갭, 명목임금, 단기 총공급곡선의 이동이라는 개념을 모두 사용하혀
  서술할 것.

📈 개념-이론 정리 | **재고투자의 의의**

1. 기초에 A기업의 재고 보유량이 200개이다.
2. 이 기업의 목표는 1,000개를 생산하며, 목표판매량은 900개이다.
3. 기말재고는 300개로 100개의 재고증가를 의도(사전적 투자는 100개)하고 있다.

• 기말재고량이 400개일 때	• 기말재고량이 250개일 때
• 기초재고 : 200개	• 기초재고 : 200개
• 기말재고 : 400개	• 기말재고 : 250개
• 의도된 재고(사전적－자발적 투자) : 100개	• 의도된 재고(사전적－자발적 투자) : 100개
• 의도되지 않은(비자발적) 재고증가 : ＋100개	• 의도되지 않은(비자발적) 재고증가 : －50개
• 사후적 투자 : 200개	• 사후적 투자 : 50개

- 물가가 P_0인 수준에서는 총수요(C)가 총공급(H)보다 부족하여 CH만큼의 의도하지 않은 재고가 발생하게 되고, 이것이 곧 비자발적 재고투자이다. 이러한 비자발적 재고투자의 존재는 일정기간 동안의 투자로 간주되면서 사후적으로 총지출의 크기를 총생산의 크기와 일치시켜 준다.
- 장기균형점은 C점이 된다. 단기균형점인 E점에서의 국민소득 수준인 Y_2가 장기균형점인 C점에서의 국민소득 수준인 Y_1보다 더 크다. 이에 따라 $Y_1 Y_2$만큼의 경기확장 갭이 존재하게 된다. 이러한 경기확장 갭의 존재는 노동시장에서 명목임금을 상승시키고, 명목임금의 상승으로 단기 총공급곡선이 왼쪽으로 이동하게 되어 C점에서 장기 균형에 도달하게 된다.

응용 TEST 9 📝

아래의 총수요－총공급 모형에 대한 설명 중에서 옳지 않은 것은?

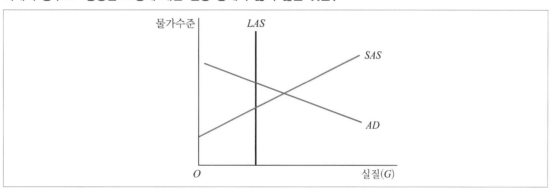

① 경기안정화를 위해 공개시장매도를 하는 통화정책이 필요하다.
② 경기안정화를 위해 정부지출을 감소시키는 재정정책이 필요하다.
③ 시간이 지남에 따라 단기 총공급곡선은 좌측으로 이동하여 장기균형에 도달한다.
④ 시간이 지남에 따라 총수요곡선은 좌측으로 이동하여 장기균형에 도달한다.
⑤ 시간이 지남에 따라 기대 물가수준은 높아진다.

MEMO

14 | 물가-실업이론

01 • 2012년

다음 〈표〉는 우리나라 소비자 물가지수에 관한 것이다. 이에 대한 분석 및 추론으로 옳은 것을 〈보기〉에서 모두 고른 것은?

(기준 연도 2005년 물가지수＝100) ─ 통계청, 『물가연보』

품 목	가중치	물가지수	
		2008년	2009년
식료품·비주료 음료	140.4	108.2	116.3
주류·담배	14.6	100.8	101.9
의복·신발	58.4	108.1	113.6
주거 및 수도·광열	170.4	109.7	110.9
…	…	…	…
합 계	1000.0		
가중 평균 물가지수		109.7	112.8

보 기

ㄱ. 2009년의 소비자 물가는 2008년 대비 12.8% 상승했다.
ㄴ. 모든 품목의 기준 연도 물가지수는 100으로 동일하다.
ㄷ. 각 연도의 소비자 물가지수를 산정할 때 그 연도의 품목별 가중치를 적용한다.
ㄹ. 물가 변화 시 소비자의 구매 적응 행동이 반영되지 않아 생계비 변화가 과대평가되는 경향이 있다.

① ㄱ, ㄴ   ② ㄱ, ㄷ   ③ ㄴ, ㄷ
④ ㄴ, ㄹ   ⑤ ㄷ, ㄹ

📈 개념-이론 정리 | **Laspeyres 물가지수의 한계**

Laspeyres 방식에 따라 계산된 소비자 물가지수는 가계의 생계비 상승정도를 과대평가할 우려가 있다. 왜냐하면 사람들은 어떤 품목의 가격이 다른 품목에 비해 상대적으로 상승할 경우 그 상품을 적게 소비하고 대신 상대적으로 가격이 하락한 대체재의 소비를 늘리기 때문이다. 이 경우 실제 생계비의 상승폭은 가격이 상승한 품목의 소비량이 변하지 않을 경우에 비해 작을 것이다. 그런데 Laspeyres 방식을 사용하는 소비자 물가지수는 각 품목의 비중을 기준시점의 바스켓으로 고정시키기 때문에 이를 이용하여 계산된 물가상승률은 실제 생계비 증가율보다 높게 나타날 것이다.

ㄱ. 2009년의 물가지수인 112.8은 2008년 대비가 아니라 기준연도인 2005년에 비해 12.8%만큼 상승했다는 것을 보여준다.

ㄴ. 기준연도의 물가지수는 항상 100이 된다.

ㄷ. 소비자 물가지수는 라스파이레스 방식으로 측정한다. 이에 따라 그 연도(비교연도)가 아닌 고정된 기준연도의 품목별 가중치를 적용한다.

ㄹ. 예컨대 물가가 상승할 때 소비자는 실제로는 그 상품의 소비량을 줄인다. 반면에 라스파이레스 방식으로 측정하는 소비자 물가지수는 여전히 기준연도의 소비량과 동일하다고 가정하므로 집계된 물가지수는 현실에 비해 과대평가되는 경향을 보이게 된다.

[정답 ┃ ④]

응용 TEST 1 ✏

다음 〈표〉를 기초로 하여 2022년을 기준연도로 할 때 2023년의 물가지수를 Laspeyres 지수로 구하면?

구분	2022		2023	
	가격(P)	수량(Q)	가격(P)	수량(Q)
쌀	100	500	80	600
면화	250	40	500	50

MEMO

다음 글을 읽고 물음에 답하시오.

15-16세기에 걸쳐 서유럽인들은 새로운 항로의 개척과 신대륙의 발견으로 외부 세계로의 팽창과 확대의 계기를 맞이하게 되었다. '지리상의 발견'이라고도 불리는 이 사건으로 유럽의 경제는 여러 가지 변화를 경험하게 되었다. 특히, 신대륙으로부터 많은 양의 금, 은 등 귀금속이 서유럽으로 유입되어 '물가가 앙등'하였고, 무역 중심지의 대이동 현상도 나타났다.

'물가 앙등'으로 경제적 타격을 받은 층과 이득을 본 층을 각각 쓰시오.

📈 개념-이론 정리 │ 인플레이션의 영향

예상된 인플레이션(anticipated inflation)	예상치 못한 인플레이션
① 인플레이션이 예상되면 채권자로부터 채무자에게로 부와 소득이 재분배되지 않는다. 왜냐하면 이 경우에 채권자와 채무자는 그 몫만큼을 명목 이자율에 반영하여 실질이자율을 일정하게 유지하기 때문이다. ② 예상된 인플레이션이 진행되면 메뉴판을 바꾸는데 따르는 '메뉴비용'과 화폐를 적게 보유하면서 은행을 자주 드나드는 데 따라 발생하는 '구두창비용' 그리고 계산단위 비용 등이 들지만 이 비용들은 그리 크지 않을 수 있다.	① 예상치 못한 인플레이션이 발생하면 금융자산(현금, 예금, 공채, 어음 등)의 실질가치가 하락하므로 금융자산을 가진 채권자는 손해를 보고, 개인이나 은행으로부터 돈을 빌린 채무자는 이득을 얻게 된다. ② 화폐자산 보유자는 불리하고, 실물자산보유자는 유리하게 부가 재분배된다.

💲 기출분석

'예상치 못한' 물가 앙등으로 인해 채권자, 화폐-금융자산 보유자는 불리해지고 채무자, 실물자산 보유자는 유리해진다.

응용 TEST 2 ✏️

인플레이션에 대한 설명 중 옳은 것을 모두 고르면?

㉠ 인플레이션은 현금보유를 줄이기 위한 구두창 비용(shoeleather cost)을 발생시킨다.
㉡ 인플레이션이 예측되지 못할 경우, 채권자와 채무자의 부가 재분배된다.
㉢ 인플레이션이 안정적이고 예측 가능한 경우에는 메뉴비용(menu cost)이 발생하지 않는다.
㉣ 인플레이션은 자원배분의 왜곡을 가져오지만, 상대가격의 변화를 발생시키지는 않는다.

03 ● 2004년, 공통사회

경제활동 인구 조사에 대한 〈표〉를 보고 아래 물음에 답하시오.

〈경제활동인구 조사〉 (단위 : 인구 1,000명, %)

연도	15세 이상 인구	취업자	실업자	경제활동 참가율	
				전체 인구	여성
1980	25,000	13,000	800	55.2	42.8
1990	31,000	18,000	500	59.7	47.0
2000	36,000	22,000	900	63.6	48.3

1. 1980년의 실업률을 계산하시오. (반올림하여 소수점 첫째 자리까지 표시)

2. 1980년과 2000년 사이에 여성 경제활동 참가율이 크게 높아졌다. 이와 같이 가사를 돌보던 여성의 경제 활동 참가율이 높아질 GDP의 변화 모습을 설명하고(여성 실업률은 일정하다고 가정한다.), GDP를 증가시키지만 사회후생 면에서 바람직하지 않은 경제활동의 보기를 1개만 제시하시오.

📈 개념-이론 정리 | **고용 통계 자료 도출**

• 경제활동 참가율수 $= \dfrac{경제활동인구}{노동가능인구} = \dfrac{경제활동인구}{경제활동인구 + 비경제활동인구}$

• 실업률 $= \dfrac{실업자수}{경제활동인구} = \dfrac{실업자수}{취업자수 + 실업자수}$

• 고용률 $= \dfrac{취업자수}{노동가능인구}$

💲 기출분석

1. 1980년의 실업률은 다음과 같이 도출된다.

• 실업률 $= \dfrac{실업자}{취업자 + 실업자} = \dfrac{800}{13,000 + 800} = \dfrac{800}{13,800} ≒ 5.8\%$

2. 여성 실업률과 여성 경제활동 참가율은 다음과 같이 측정된다.

• 여성 실업률 $= \dfrac{여성 실업자}{여성 경제활동인구}$

• 여성 경제활동참가율 $= \dfrac{여성 경제활동인구}{여성 15세 이상 인구}$

• 여성 경제활동참가율↑ ⇒ 여성 경제활동인구 증가율 > 여성 15세 이상 인구 증가율

그런데 주어진 가정처럼 여성 경제활동 참가율이 높아지는 상태에서 여성실업률이 일정하다는 것은 여성 경제활동인구가 증가하면서 여성 실업자도 증가하지만 여성 취업자 역시 증가한다는 것을 의미한다.

- 여성 실업자 증가율 = 여성 경제활동인구 증가율 $\Rightarrow$ $\dfrac{\text{여성 실업자}\uparrow}{\text{여성 경제활동인구}\uparrow}$ = 여성 실업률 일정
- 여성 경제활동인구 증가↑ $\Rightarrow$ 여성 실업자 증가↑ + 여성 취업자 증가↑

이에 따라 GDP가 이전에 비해 증가한다고 추론할 수 있다.
한편 환경오염을 수반하는 생산 활동은 GDP는 증가시킬 수 있지만 오염으로 인한 삶의 질을 악화시키게 된다.

응용 TEST 3

현재 우리나라 15세 이상 인구는 4,000만 명, 비경제활동인구는 1,500만 명, 실업률이 4%라고 할 때, 이에 대한 설명으로 옳은 것은?

① 현재 상태에서 실업자는 60만 명이다.
② 현재 상태에서 경제활동참가율은 61.5%이다.
③ 현재 상태에서 고용률은 최대 2.5%포인트 증가할 수 있다.
④ 현재 상태에서 최대한 달성할 수 있는 고용률은 61.5%이다.

MEMO

04 • 2002년

다음 〈표〉는 어떤 나라의 최근 물가와 실업에 대한 통계이다. 〈표〉를 보고 물음에 답하시오.

〈연도별 실업률과 물가상승률 추이〉 (단위 : %)

구분 \ 연도	1996	1997	1998	1999
실업률(%)	2.0	2.6	6.8	6.3
물가상승률(%)	4.9	4.5	7.5	0.8

1) 1997년과 1998년을 비교해 보면 물가와 실업률이 크게 상승하였다. 이와 같이 물가와 실업이 동시에 상승하는 현상을 무엇이라고 부르는가? 또 이러한 현상이 발생할 수 있는 요인을 한 가지만 쓰시오.

• 현상 :

• 요인 :

2) 인구가 불변이라고 할 때 1998년의 실질 국민소득은 1997년에 비하여 어떤 변화를 보였을지 추론하여 30자 이내로 쓰시오.

📈 개념-이론 정리 | 스태그플레이션

1. 의의 : 필립스곡선이 우상방으로 이동하여 물가와 실업률이 동시에 상승하는 현상이다.
2. 정책적 대안
   ① Tinbergen 정리 : N개의 정책목표를 달성하기 위해서는 N개의 정책수단을 사용해야 한다는 것으로서 정책결합(policy-mix) 필요성을 시사한다.
   ② 완전고용과 물가안정의 두 가지 목표를 동시에 달성하고자 한다면 총수요 관리정책 하나만으로 불가능하고 인력정책과 소득정책이 동시에 필요하다.

🔍 기출분석

1) 현상 : 스태그플레이션(stagflation)
   요인 : 한 경제의 총공급(AS) 능력이 감소하는 경우-생산비 상승(원자재 가격 상승, 임금 상승등), 전쟁이나 기후 불순 등으로 인한 불리한 공급 충격(생산력 급감)
2) 인구가 불변임에도 불구하고 1998년의 실업률은 1997년에 비해 4.2%p만큼 상승하였다. 이러한 변화는 취업자 수가 감소했다는 추론이 가능한 근거가 된다. 취업자 수의 감소는 총생산량의 감소를 가져올 것이므로 1998년의 실질 국민소득은 1997년에 비해 감소했을 것이라는 추론이 가능해진다.

한국의 고용통계가 다음 〈표〉와 같이 주어졌다고 가정하자. 2013년과 2023년의 노동시장 지표를 비교한 다음 설명 중 옳지 않은 것은?

	2013년	2023년
생산가능인구	3,000만 명	3,600만 명
경제활동인구	2,400만 명	3,000만 명
취업자	1,800만 명	2,250만 명

① 실업자의 수가 증가했다.
② 실업률은 변하지 않았다.
③ 경제활동참가율은 증가했다.
④ 비경제활동인구는 변하지 않았다.
⑤ 고용률은 변하지 않았다.

MEMO

05 • 2009년

다음에 제시된 경제 목표와 조사 자료를 근거로 새로운 일자리 창출을 위한 경기 부양책을 수행하기 위해 정부가 발행해야 할 국공채 발행의 규모로 옳은 것은? (단, 추가적인 정부지출의 재원은 오직 국공채 발행을 통해서 조달하는 것으로 한다.)

〈자료1〉 정부는 10만 명에게 새로운 일자리를 제공하고자 한다.
〈자료2〉 국내총생산이 2% 증가하면 실업률은 1% 감소한다.
〈자료3〉 경제활동인구 수는 1,000만 명이다.
〈자료4〉 정부지출 승수는 2이다.
〈자료5〉 국내총생산의 규모는 100조 원이다.

① 1조 원   ② 2조 원   ③ 4조 원   ④ 6조 원   ⑤ 8조 원

📈 개념-이론 정리 | **오쿤의 법칙(Okun's law)**

1. **의미**
   ① 경제성장률과 실업률 간에는 일정한 관계가 존재함이 경험적으로 발견되는데 이를 오쿤(A.Okun)의 법칙이라고 한다.
   ② 경제에 실업이 존재한다는 것은 노동을 효율적으로 활용하지 못하고 있다는 것을 의미하므로 실제 GDP가 완전고용 GDP(자연산출량)에 미달한다는 것을 의미하는 것이며 이는 곧 산출량의 손실이 존재한다는 것을 의미하기도 한다.

2. **기본식**

$$\frac{Y_P - Y}{Y_P} = \alpha(U - U_N) \text{ 또는 } \frac{Y - Y_P}{Y_P} = -\alpha(U - U_N)$$

   단, Y_P는 잠재 GDP, Y는 실제 GDP, U_N은 자연실업률, U는 실업률, α는 상수이다.

3. **기본식의 이해**
   ① 실업에 의한 GDP 손실 측정 : 어떤 국가의 Y_P=10조 원, U_N=3%, α=2.5이고, 현재 실업률(U)이 7%라고 가정하자.

$$\frac{Y_P - Y}{Y_P} = \alpha(U - U_N) \Rightarrow \frac{10조 - Y}{10조} = 2.5(7\% - 3\%) \Rightarrow 10조 원 - Y = 10조 원 \times 10\% = 1조 \Rightarrow Y = 9조 원$$

   따라서 실업에 의한 GDP 손실(GDP 갭)은 'Y_P(잠재GDP) − Y(실제 GDP) = 1조 원'이 된다.
   ② 재정정책을 실시할 때 정부지출 증가량(디플레이션 갭) 추정 : 현재 실업률이 7%, 정부지출 승수 5이고 실업에 의한 GDP 손실이 1조 원이라고 하자.

$$\text{디플레이션 갭} \times \text{정부지출 승수} = \text{GDP 갭} \Rightarrow \text{디플레이션 갭} = \frac{\text{GDP 갭}}{\text{정부지출 승수}} = \frac{1조 원}{5} = 2,000억 원$$

   이에 따라 정부지출을 2,000억 원을 증가시키면 산출량이 1조 원 증가하여 실업률이 자연실업률인 3%로 하락하게 된다.

물가안정책의 비용을 비교하기 위해서는 희생률을 사용한다. 희생률이란 물가상승률을 1%p 낮추기 위해서 발생하는 실업률 증가분의 누적 합으로 정의된다. 희생률은 실업률 증가분 대신에 생산량 감소분의 누적 합로 측정되기도 한다.

📑 기출분석

- 경제활동인구가 1,000만 명이므로 10만 명에게 새로운 일자리를 제공하기 위해서는 실업률을 1%만큼 감소시켜야 한다.
- 국내총생산 규모가 100조 원이므로 국내총생산이 2%만큼 증가하기 위해서는 2조 원만큼의 국내 총생산 증가가 필요하다. 결국 실업률을 1%만큼 감소시키기 위해서는 국내총생산이 2조 원만큼 증가해야 하는 것이다.
- 정부지출 승수가 2이므로 2조 원만큼의 국내총생산을 증가시키기 위한 정부지출 규모는 1조 원이 된다.
- 국공채 발행액 규모 : 1조 원   [정답 │ ①]

응용 TEST 5 ✏️

아래에 열거된 A국의 통계치를 전제로 할 때, A국 정부가 인플레이션율을 4.0%에서 2.0%로 떨어뜨리는 정책을 성공시킨다면 연간 GDP는 얼마나 감소하겠는가? (단, 다른 조건들이 일정하다고 가정)

| ㉠ 실업률 : 8.5% | ㉡ 인플레이션율 : 4.0% | ㉢ 희생비율 : 3 |
| ㉣ GDP : 1,000조 원 | ㉤ 청년 실업률 : 10.5% | ㉥ 예상인플레인션율 : 3.0% |

MEMO

06 • 1992년

실업과 그에 대한 대책으로 옳지 않은 것은?

① 경기적 실업 – 공공사업의 확대
② 구조적 실업 – 기술 교육의 강화
③ 마찰적 실업 – 적극 재정의 실시
④ 계절적 실업 – 농촌 가내 공업의 육성

📈 개념–이론 정리 │ **실업의 형태와 대책**

형태		정의	대책
자발적 실업	마찰적 실업	직업을 바꾸는 과정에서 일시적으로 실업상태에 있는 것이다.	고용기회에 관한 정보의 흐름을 원활하게 해야 한다.
	탐색적 실업	자신이 원하는 보다 나은 일자리를 탐색하면서 당분간 실업상태에 있는 것이다.	직장탐색과정을 촉진시키는 정책을 세워야 한다.
비자발적 실업	경기적 실업	경기침체에 수반하여 발생하는 케인스적인 실업으로 경기가 회복되면 해소될 수 있다.	단기에 총수요를 증가시키는 정책을 시행해야 한다.
	구조적 실업	기술혁신으로 종래의 기술이 경쟁력을 상실하거나 어떤 산업이 사양화됨에 따라 그 산업부문에서 일자리를 잃게 되는 경우이다. 마찰적 실업에 비해 장기화된다는 특징이 있고, 전반적인 경기호황 아래에서도 발생할 수 있다.	산업구조의 개편과 새로운 인력훈련을 시행해야 한다.

🔍 **기출분석**

적극재정의 실시는 경기적 실업과 같은 케인스적인 실업에 대한 대책이고, 전직 과정에서 발생하는 마찰적 실업에 대한 대책으로는 원활한 고용기회에 관한 정보 제공이다. [정답 │ ③]

응용 TEST 6 📝

비자발적 실업과 임금경직성 모형에 대한 설명으로 옳지 않은 것은?

① 현실적으로 비자발적 실업이 존재한다고 함은 임금이 하락하지 못하는 요인이 존재함을 뜻한다.
② 내부자–외부자이론의 주장이 맞는다면, 경제활동인구 중 노동조합원의 비율이 증가할 때 실업률이 하락할 것이다.
③ 효율임금이론은 기업의 이윤극대화 결과 실질임금이 경직적으로 유지되고 비자발적 실업이 발생한다고 본다.
④ 최저임금제도는 특히 가장 숙련도가 낮은 단순노동자들에 있어서 비자발적 실업의 존재를 설명할 수 있는 요인이다.

15 | 경기안정화이론

01 ● 1994년

필립스곡선에 대한 설명으로 옳은 것은?

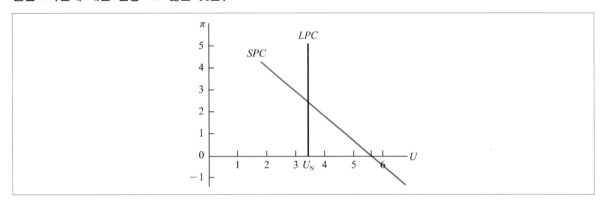

① 실업률의 저하에 따라 명목임금의 상승률은 낮아진다.

② 초과수요 인플레이션은 필립스곡선 자체의 상향 이동으로 나타난다.

③ 인플레이션율과 실업률이 동시에 상승하는 스태그플레이션을 설명하기는 어려운 이론이다.

④ 자연실업률보다 낮은 실업률을 실현하기 위해 재정 – 금융 정책을 시행하면 물가상승을 초래한다.

📈 개념–이론 정리 | **필립스곡선과 경기 안정화**

1. **고정된 기대와 전통적인 단기 필립스곡선**
   ① 현재의 실업률을 낮추기 위해 총수요를 증대시키면 고정된 기대에 의해 국민총생산이 증가하여 실업률은 감소하고 인플레이션이 일어나는 단기 필립스곡선이 성립한다.
   ② 필립스곡선이 우하향(좌상향)하는 과정

   > 물가 상승 ⇒ 실질임금 하락 ⇒ 노동에 대한 수요 증가 ⇒ 고용량 증가 ⇒ 실업률 하락

2. **적응적 기대와 장기 필립스곡선**
   ① 통화주의자들은 총수요증대에 의한 실업의 감소는 일시적일 뿐이며, 장기에서 사람들이 인플레이션을 인식하게 되면 적응적 기대에 의하여 그들의 행동을 예상되는 물가상승에 적응시켜가기 때문에 실업률은 다시 본래의 수준으로 증가하게 된다고 주장한다.
   ② 결국 인플레이션율과 실업률의 상충관계는 단기에 성립할 뿐 장기적으로는 자연실업률을 낮추지 못한 채 물가상승만 가져온다. 이것은 곧 장기 필립스곡선이 자연실업률 수준에서 수직이라는 것을 의미한다.

① 단기 필립스곡선에 따르면 실업률의 저하에 따라 명목임금(물가) 상승률은 높아진다.
② 단기 총공급곡선이 우상향하는 경우 총수요 증가로 인한 초과수요 인플레이션은 단기 필립스곡선상의 이동을 가져온다.
③ 자연실업률 수준에서 장기 필립스곡선이 수직이라는 것을 전제하는 자연실업률 가설에서는 예산 인플레이션율의 상승으로 필립스곡선 자체가 우상방으로 이동할 수 있음을 주장하여 인플레이션율과 실업률이 동시에 상승하는 스태그플레이션에 대한 설명을 가능하게 한다.

[정답 | ④]

응용 TEST 1 📝

다음 그림은 장단기 총공급곡선과 장단기 필립스곡선을 나타낸 것이다. 현재 경제가 'C'점과 '3'점에서 균형을 이루고 있다고 하자. 예상하지 못한 화폐공급의 감소로 총수요곡선이 이동하였을 때, 두 그림에서 새로운 단기 균형점으로 적절한 것은?

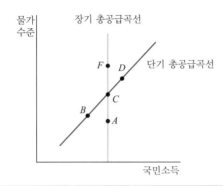
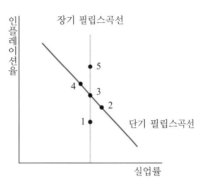

MEMO

다음에 제시된 〈그림〉 자료에 근거하여 물음에 답하시오.

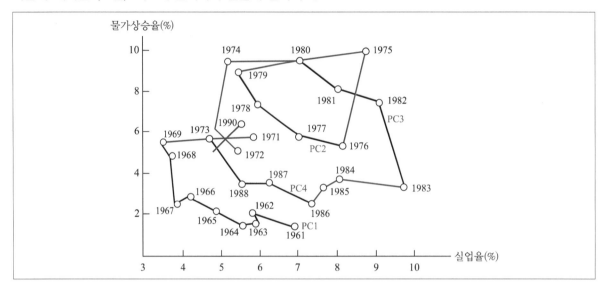

1) 1960년대는 PC_1에서 보는 바와 같이 두 경제변수의 안정적인 관계에 힘입어 정부의 어떤 경제정책들이 매우 주효하였다. 이 경제정책들을 통칭하는 용어를 쓰고, 이중 경기침체를 극복하기 위한 정책을 두 가지로 제시하시오.

2) 1970년대의 보라색 선 그래프가 나타내는 경제 상황을 지칭하는 개념은?

3) 위 자료에서 다루어진 경제 변수들은 보다 일반적인 수준에서 거시경제정책에서의 '두 마리 토끼'로 비유되기도 한다. 논쟁적 경제수업의 주제로 이용할 수 있는 두 가지 거시경제정책의 목표를 쓰시오.

📈 개념-이론 정리 | **우하향의 필립스곡선의 의의**

1. 50년대와 60년대의 케인지언들은 우하향의 필립스곡선을 장기적으로 안정적인 것으로 보고, 재량적인 총수요 관리정책을 통한 정부개입을 합리화하는 근거로서 제시되었다.
2. 어떤 경제에서든지 현실적으로 물가상승률과 실업률 간에는 안정적인 함수관계가 존재하고 이를 나타내는 것이 필립스곡선이다. ⇒ 정부는 총수요 관리정책을 통한 미조정(fine-tuning)으로 필립스곡선상의 한 점을 선택할 수 있다는 것이다.

📈 개념-이론 정리 | Friedman-Phelps 모형 : 자연실업률 가설

1. 1960년대 후반부터 스태그플레이션이 현저하게 나타나게 되어 케인지언들이 제시했던 총수요 관리정책이 장기에서
는 무력하여 필립스곡선이 장기적으로는 불안정한 것으로 나타나게 되었다.
2. Friedman, Phelps, Fellman 등의 통화주의자들은 우하향의 필립스곡선은 일시적인 관계만을 나타내는 것뿐이며, 실
업을 줄이기 위한 Keynes적인 총수요 관리정책은 장기에서 물가만 상승시킬 뿐이라는 자연실업률 가설을 주장하게
되었다.

🔍 기출분석

1) 총수요관리정책–경기침체 극복을 위한 확장적 재정정책, 확장적 금융정책
2) 물가상승률의 상승과 실업률의 상승이 동시에 나타나는 현실–스태그플레이션(stagflation)
3) 물가상승률을 낮추는 '<u>안정</u>'이라는 목표, 실업률을 낮추는 '<u>성장</u>'이라는 목표

─ 응용 TEST 2 📝 ──────────────────────────────

필립스곡선에 대한 설명으로 가장 옳지 않은 것은?

① 예상인플레이션율의 상승은 단기 필립스곡선을 위쪽으로 이동시킨다.
② 부(−)의 공급충격이 발생하면 단기 필립스곡선은 위쪽으로 이동하고 스태그플레이션이 발생한다.
③ 단기 필립스곡선의 기울기가 급할수록 인플레이션율 1%포인트를 낮추기 위해 필요한 GDP의 %포인트 감소
분으로 표시되는 희생비율이 높아진다.
④ 단기 필립스곡선의 기울기가 급할수록 총수요 – 총공급 모형에서의 단기 총공급곡선의 기울기도 급해진다.

MEMO

03 • 1999년

한 나라의 필립스곡선(Phillip's Curve)이 다음과 같은 방정식으로 표시된다고 가정하자. 이 방정식을 토대로 다음 물음에 답하시오.

$$\pi = 6.0 - 2u + \pi^e$$
(단, π는 인플레이션율, u는 실제 실업률, π^e는 기대 인플레이션율임)

1) 이 경제의 자연실업률을 구하시오.

2) 사람들이 물가가 전혀 오르지 않을 것으로 예상할 때 실업률을 3%로 낮추기 위해서는 얼마만큼의 인플레이션을 감수해야 하는가?

3) 사람들이 물가가 3%만큼 상승할 것으로 예상할 때 실업률을 2%로 낮추기 위해서는 얼마만큼의 인플레이션을 감수해야 하는가?

4) 이 경제의 장기 필립스곡선을 나타내는 식을 구하고, 그래프를 그리시오.

📈 개념-이론 정리 | 기대부가 필립스곡선(expectation augmented Phillips curve)

$$\pi = \pi^e - \alpha(U - U_N) + \epsilon \ (\alpha > 0)$$

π : 인플레이션율, π^e : 예상인플레이션, $\pi - \pi^e$: 예상치 못한 인플레이션, U : 실제실업률, U_N : 자연실업률, α : 반응계수, ϵ : 공급충격

1. π^e는 기대물가상승률이 높아짐에 따라 실제로 물가상승률이 높아짐을 보여준다. 이것이 필립스곡선 식에 들어 있는 이유는 물가상승에 대한 기대가 명목임금의 결정에 영향을 주기 때문이다.
2. $-\alpha(U - U_N)$에 의해 총수요의 증가에 따른 경기호황으로 인해 실업률이 자연실업률보다 낮아지면 그 차이에 필립스곡선의 기울기를 곱한 값만큼 물가상승률이 높아진다. 이에 따라 수요 견인 인플레이션이 발생한다.
3. 공급충격을 의미하는 ϵ은 양(+)의 값을 가질 때 가뭄이나 원유가격 상승과 같이 경제에 부정적인 영향을 주는 공급충격이 발생했음을 나타낸다. 이에 따라 비용인상 인플레이션이 발생한다.
4. 결국 예상물가상승률이 상승하거나 부(−)의 공급충격이 발생하면 필립스곡선은 상향 이동한다.

💲 기출분석

1) 주어진 식인 $\pi = 6.0 - 2u + \pi^e$를 정리하면 다음과 같다.

$$\pi = 6.0 - 2u + \pi^e \implies \pi = \pi^e - 2(u - 3)$$

따라서 이 경제의 자연실업률은 <u>3%</u>이다.

252   Part 02. 거시경제학

2) 사람들이 물가가 전혀 오르지 않을 것으로 예상하게 되면 '$\pi^e = 0$'이 된다. 이때 실업률(u)이 3%가 되기 위해서 감수해야 할 인플레이션율(π)은 <u>0%</u>가 되며, 이러한 결과는 다음과 같이 도출된다.

$$\pi = 6.0 - 2u + \pi^e \;\Rightarrow\; \pi = 6.0 - 2 \times 3 + 0 = 0(\%)$$

3) 사람들이 물가가 3%만큼 상승할 것으로 예상할 때 실업률(u)을 2%로 낮추기 위해서 감수해야 할 인플레이션율(π)은 <u>5%</u>가 되며, 이러한 결과는 다음과 같이 도출된다.

$$\pi = 6.0 - 2u + \pi^e \;\Rightarrow\; \pi = 6.0 - 2 \times 2 + 3 = 5(\%)$$

4) 이 경제의 장기 필립스곡선(LPC)을 나타내는 식을 구하고, 그래프를 그리시오.
장기 필립스곡선(LPC)은 자연실업률 수준에서 수직의 모습을 보이며, 이를 〈그림〉으로 그리면 다음과 같이 나타낼 수 있다.

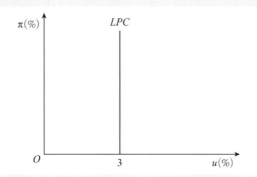

응용 TEST 3 📝

어느 한 국가의 기대를 반영한 필립스곡선이 다음과 같을 때 가장 옳은 것은? (단, π는 실제인플레이션율, π^e는 기대 인플레이션율, u는 실업률이다.)

$$\pi = \pi^e - 0.5u + 2.2$$

① 기대인플레이션율의 변화 없이 실제인플레이션율이 전기에 비하여 1%p 감소하면 실업률이 7.2%가 된다.
② 기대인플레이션율이 상승하면 장기 필립스곡선이 오른쪽으로 이동한다.
③ 잠재 GDP에 해당하는 실업률은 4.4%이다.
④ 실제 실업률이 5%이면 실제인플레이션율은 기대인플레이션율보다 높다.

MEMO

04 • 2010년

다음 자료에 대한 분석과 추론으로 옳지 않은 것은?

> 한 경제의 필립스곡선이 $\pi = 7 - 2u + \pi^e$와 같이 표현된다. (여기서 π는 물가상승률, π^e는 기대 물가상승률, u는 실업률을 나타낸다. 모든 경제변수들의 단위는 %이다.)

① 이 경제의 자연실업률은 3%보다 큰 수치이다.

② 실업률이 4%라면 물가상승률은 기대 물가상승률을 하회한다.

③ 물가상승률이 기대 물가상승률보다 높으면 실업률은 자연실업률보다 낮다.

④ 사람들이 합리적 기대를 하고 가격이 신축적이라면 통화정책의 효과는 무력해진다.

⑤ 기대 물가상승률이 고정되어 있다면 물가상승률이 1%p 낮아지면 실업률은 2%p 높아진다.

📈 개념-이론 정리 | **학파별 총수요관리정책의 유효성**

원래의 균형점이 A라고 가정할 때, 확장적 총수요관리정책의 효과에 관한 학파별 견해는 다음과 같다.

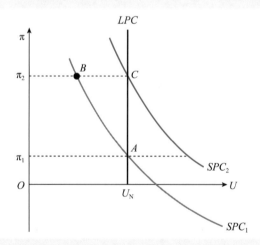

1. Keynes주의
   ① "장기적으로는 모르나 단기적으로는 유용하다."
   ② 필립스곡선은 이동하지 않음으로써 효과를 긍정($A \rightarrow B$)
2. 통화주의
   ① "단기적으로는 모르나 장기적으로는 무용하다."
   ② 단기에서의 효과는 긍정($A \rightarrow B$)하지만, 장기에서는 부정($B \rightarrow C$)
3. 합리적 기대론자
   ① "장기적으로는 물론 단기적으로도 무용하다."(⇒ 정책무력성의 명제).
   ② 장·단기 모두에서 효과를 부정($A \rightarrow C$)

기대부가 필립스곡선을 전제로 하여 주어진 필립스곡선을 정리하면 다음과 같다.

- $\pi = \pi^e - \alpha(u - u_n)$
- $\pi = 7 - 2u + \pi^e \Rightarrow \pi = \pi^e - 2(u - 3.5)$
- π는 물가상승률, π^e는 기대 물가상승률, u는 실업률, u_n는 자연실업률이며, 모든 경제변수들의 단위는 %이다.

기대 물가상승률이 고정($\overline{\pi^e}$)되어 있는 상태에서 물가상승률이 1%p 낮아지는 경우 실업률의 변화 추이는 다음과 같이 도출된다.

- $1\%p \downarrow (=\pi) = -2 \times u \updownarrow (=u) \Rightarrow u = 0.5\%p \uparrow$ …… ⑤

① 이 경제의 자연실업률은 3.5%이므로 3%보다 큰 수치이다.
② 실업률이 4%인 경우 주어진 필립스곡선을 다음과 같이 정리할 수 있다.

- $\pi = 7 - 2u + \pi^e \Rightarrow \pi = 7 - 2 \times 4 + \pi^e \Rightarrow \pi - \pi^e = -1\% \Rightarrow \pi < \pi^e$

따라서 물가상승률은 기대 물가상승률보다 작다는 것을 확인할 수 있다.
③ 물가상승률(π)이 기대 물가상승률(π^e)보다 높은 경우 기대부가 필립스곡선을 다음과 같이 정리할 수 있다.

- $\pi = \pi^e - \alpha(u - u_n) \Rightarrow \pi - \pi^e = -\alpha(u - u_n) \Rightarrow \pi - \pi^e = -\alpha(u - u_n) > 0 \Rightarrow u < u_n$

따라서 실업률이 자연실업률보다 낮다는 것을 확인할 수 있다.
④ 사람들이 합리적 기대를 하고 가격이 신축적이라면 항상 '$\pi = \pi^e$'이 성립하게 된다. 이에 따라 '$u = u_n$' 또한 항상 성립하게 된다. 이것은 실업률(u)을 그 경제에서 주어지는 자연실업률(u_n)보다 낮추려고 하는 통화정책이 효과가 없다는 것을 보여 준다.

[정답 | ⑤]

응용 TEST 4

기대를 반영한 필립스곡선이 아래와 같을 때 이에 대한 〈보기〉의 설명 중 옳지 않은 것을 모두 고르면?

$\pi = \pi^e - 0.4(u - 4)$
(π: 실제인플레이션, π^e: 기대인플레이션, u: 실제실업률)

보 기

ㄱ. 실제인플레이션이 기대인플레이션과 동일하면 실제실업률은 4%이다.
ㄴ. 기대인플레이션이 상승하면 필립스곡선은 위로 평행이동한다.
ㄷ. 잠재 GDP에 해당하는 실업률은 4%이다.
ㄹ. 실제실업률이 4%보다 크면 실제인플레이션은 기대인플레이션보다 높다.
ㅁ. 기대인플레이션이 전기의 실제인플레이션과 동일하다고 할 때, 실제인플레이션이 전기에 비해 2%p 감소하기 위해서는 실제실업률은 8%가 되어야 한다.

① ㄱ, ㄴ
② ㄴ, ㄹ
③ ㄹ
④ ㅁ
⑤ ㄹ, ㅁ

05 • 2018년

다음은 단기 필립스곡선에 대한 강의 장면의 일부이다. 괄호 안의 ㉠, ㉡에 들어갈 내용을 순서대로 쓰고, 밑줄 친 ㉢을 기대(예상) 인플레이션율의 변화와 단기 필립스곡선의 움직임으로 설명하시오.

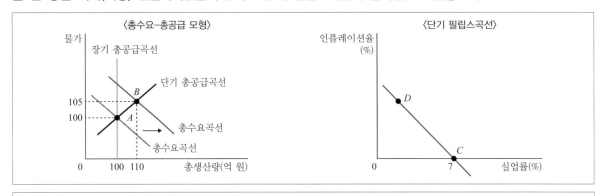

교수 : 〈총수요－총공급 모형〉에서의 A점은 t기의 장단기균형점, B점은 $t+1$기의 단기균형점이며, A점과 B점은 각각 〈단기 필립스곡선〉의 C점과 D점에 대응합니다. 총생산 갭 1%p 상승할 때, 실업률이 0.5%p 하락한다고 하면, D점의 실업률은 얼마가 될까요? 그리고 t기 대비 $t+1$기의 물가상승률을 의미하는 D점의 인플레이션율은 얼마가 될까요?

학생 : 총생산갭을 어떻게 계산하나요?

교수 : 총생산갭은 총생산량에서 잠재생산량을 뺀 값을 잠재생산량으로 나누어 주면 됩니다. 그리고 잠재생산량은 일정하다고 가정하고 계산하세요.

학생 : 그렇다면, D점의 실업률은 (㉠)%이고, D점의 인플레이션율은 (㉡)%입니다.

교수 : 정확히 맞추었습니다.

학생 : 단기 필립스곡선이란 결국 인플레이션율과 실업률 사이의 음(−)의 관계를 나타내는 곡선이군요. 그렇다면, 만약 정부가 인플레이션율을 낮추는 정책을 펼치면, 반드시 실업률이 증가하는 고통을 수반하겠군요.

교수 : 기대의 형성방식이 합리적이고, 정부의 정책을 경제주체가 신뢰하는 상황에서 정부가 인플레이션율을 낮추겠다는 정책을 발표할 경우, ㉢ <u>실업률 증가라는 고통을 수반하지 않고 인플레이션율을 낮출 수 있습니다.</u>

📈 개념-이론 정리 | **전통적 필립스곡선**

1. 도해적 설명

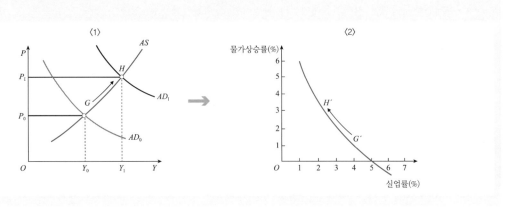

① 실업률을 낮추기 위해 총수요증대정책을 쓰면 경제의 균형점이 G점에서 H점으로 이동하게 되어 물가는 상승하고 실업률은 하락하게 된다.

② 이는 우하향하는 필립스곡선과 우상향하는 AS곡선과는 표리의 관계가 있음을 보여준다.

2. **우하향의 필립스곡선의 의의**

① 50년대와 60년대의 케인지언들은 우하향의 필립스곡선을 장기적으로 안정적인 것으로 보고, 재량적인 총수요 관리정책을 통한 정부개입을 합리화하는 근거로서 제시되었다.

② 어떤 경제에서든지 현실적으로 물가상승률과 실업률 간에는 안정적인 함수관계가 존재하고 이를 나타내는 것이 필립스곡선이다. ⇒ 정부는 총수요 관리정책을 통한 미조정(fine–tuning)으로 필립스곡선상의 한 점을 선택할 수 있다는 것이다.

기출분석

- ⑦ : 2% ⇒ D점에 대응하는 B점에서는 기존의 A점에서의 총생산량인 100억 원의 10%에 해당하는 10억 원만큼의 총생산 갭 증가가 이루어졌다. 그런데 총생산 갭 1%p 상승할 때, 실업률이 0.5%p 하락한다고 했으므로 D점에서의 실업률은 A점에 대응하는 C점에 비해 5%만큼 하락한 2%가 된다.

- ⓛ : 5% ⇒ D점에 대응하는 B점에서의 물가수준은 기존의 A점에서의 물가수준인 100에 비해 5%만큼에 해당하는 5가 증가한 105이다.

- ⓒ : 단기 필립스곡선이 불변이라면 인플레이션율의 하락은 반드시 실업률 증가를 수반하게 된다. 그러나 인플레이션율을 낮추겠다는 정부 정책에 대한 신뢰로 기대인플레이션율이 하락하게 되면 단기 필립스곡선 자체가 하방으로 이동하게 된다. 이에 따라 인플레이션율이 하락해도 실업률은 이전 수준을 유지할 수 있게 된다.

응용 TEST 5

다음 〈그림〉은 필립스곡선을 나타낸다. 현재 균형점이 A인 경우, (가)와 (나)로 인한 새로운 단기균형점은?

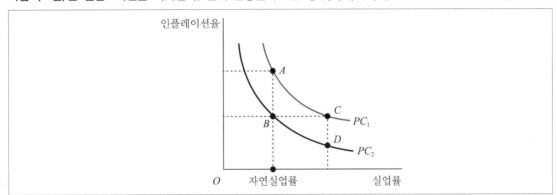

(가) 경제주체들의 기대형성이 적응적 기대를 따르고 예상하지 못한 화폐공급의 감소가 일어났다.

(나) 경제주체들의 기대형성이 합리적 기대를 따르고 화폐공급의 감소가 일어났다. (단, 경제주체들은 정부를 신뢰하며, 정부 정책을 미리 알 수 있다.)

인플레이션율과 실업률의 관계를 나타내는 필립스곡선의 식은 $\pi - \pi_e = -\alpha(u - u^*)$이며, 어떤 경제의 상황을 〈그림〉으로 나타내면 다음과 같다. 이에 대한 해석으로 옳은 것만을 〈보기〉에서 모두 고르면?

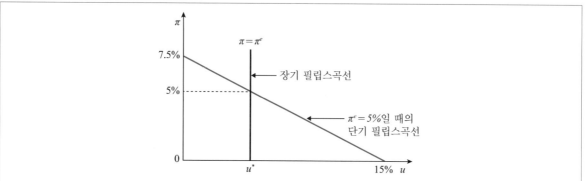

(단, π는 인플레이션율, π_e는 기대인플레이션율, u는 실업률, u^*는 자연실업률을 나타내며, 모든 경제변수들의 단위는 %이다. 그리고 α는 상수이다.)

보 기

ㄱ. π_e가 3%이고 실제인플레이션율이 4%일 때 실업률은 3%이다.
ㄴ. π_e가 5%라면 인플레이션율이 1%만큼 하락할 때 희생률은 6이다.
ㄷ. 경제주체들이 합리적 기대를 한다면, 통화정책당국은 실업률 상승 없이 인플레이션율을 낮출 수 있다.
ㄹ. 중앙은행의 정책목표가 실업률을 자연실업률에 맞춤으로써 안정적인 인플레이션율을 유지하는 것이라고 할 때, 경제주체들이 합리적 기대를 한다면 중앙은행이 자연실업률을 4%로 판단하고 통화정책을 시행할 경우 인플레이션이 무한히 증가하게 된다.
* 오쿤의 법칙 : 실업률 1% 상승은 GDP 2%의 하락
* 희생률 : 인플레이션 1% 감소에 수반되는 GDP의 감소%

① ㄱ, ㄷ   ② ㄱ, ㄹ   ③ ㄴ, ㄷ   ④ ㄱ, ㄷ, ㄹ   ⑤ ㄴ, ㄷ, ㄹ

📈 **개념-이론 정리 | 단기 필립스곡선과 장기 필립스곡선**

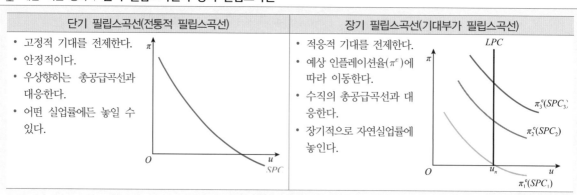

단기 필립스곡선(전통적 필립스곡선)	장기 필립스곡선(기대부가 필립스곡선)
• 고정적 기대를 전제한다. • 안정적이다. • 우상향하는 총공급곡선과 대응한다. • 어떤 실업률에든 놓일 수 있다.	• 적응적 기대를 전제한다. • 예상 인플레이션율(π^e)에 따라 이동한다. • 수직의 총공급곡선과 대응한다. • 장기적으로 자연실업률에 놓인다.

- 주어진 〈그림〉을 이용하여 필립스곡선을 도출하면 다음과 같다.

> - $\pi - \pi^e = -\alpha(u - u^*) \rightarrow \pi - \pi^e = -0.5(u - 5)$
> - π는 실제 인플레이션율, π^e는 예상 인플레이션율, α는 상수, u는 (실제)실업률, u^*는 자연실업률이다.

이에 따라 장기 필립스곡선은 자연실업률 수준에서 수직의 모습을 보이며, 이때 자연실업률은 5%가 된다.

- π^e가 3%이고 실제 인플레이션율(π)이 4%이면, 주어진 단기 필립스곡선에서 '$1\% = -0.5(u - 5\%)$'가 성립한다. 이에 따라 (실제)실업률(u)은 3%가 된다(ㄱ).
- π^e가 5%를 전제로 주어진 〈그림〉에 따르면 인플레이션율이 1%만큼 하락할 때마다 실업률은 2%만큼 상승한다(∵ 필립스곡선의 기울기는 0.5). 한편 실업률 1% 상승은 GDP 2%의 하락을 가져온다고 했으므로 인플레이션율이 1%만큼 하락하는 경우 실업률 2% 상승으로 GDP는 4%만큼 하락하게 된다. 결국 인플레이션율 1% 감소에 수반되는 GDP의 감소 %로 정의된 희생률은 4가 된다(ㄴ). 엄밀히 말하면 여기서 %로 출제된 것은 %p가 옳다.
- 경제주체들이 합리적 기대를 하고 인플레이션율을 낮추겠다는 통화정책 당국의 정책을 신뢰한다는 것이 전제된다면, 경제주체들은 즉각적으로 기대 인플레이션율을 하향 조정한다. 이에 따라 통화정책 당국은 실업률 상승 없이 인플레이션율을 낮출 수 있다(ㄷ).
- 현재 자연실업률이 5%임에도 불구하고 중앙은행이 자연실업률을 4%로 잘못 판단하고 (실제)실업률을 중앙은행이 잘못 판단한 4%에 맞추려고 한다는 것은 현실의 자연실업률(5%)보다 낮은 수준으로 실제 실업률(4%)을 유지하려고 하는 것과 동일한 결과를 초래한다. 일반적으로 경제주체들이 합리적 기대를 하게 되면, (실제)실업률을 자연실업률보다 낮추려는 중앙은행의 통화정책은 (실제)실업률을 낮추지는 못하고 인플레이션율만 지속적으로 상승시키게 된다(ㄹ).

[정답 | ④]

응용 TEST 6 ✏️

인플레이션 진정정책의 사회적 비용에 대한 설명 중 옳지 않은 것은?

① 산출량의 감소 또는 실업의 증가가 사회적 비용이다.
② 합리적 기대를 하는 경제일수록 사회적 비용이 크다.
③ 단기 필립스곡선이 수직적이면 사회적 비용은 적을 것이다.
④ 임금 및 가격 경직성이 높은 경제일수록 사회적 비용은 크다.

MEMO

07 • 2010년

그림에서 'A국의 직선'과 'B국의 직선'은 각각 A국과 B국에서 장기적으로 관찰된 실업률의 변화분과 경제성장률 간의 관계를 표현하고 있다. 이에 대한 해석으로 옳은 것은?

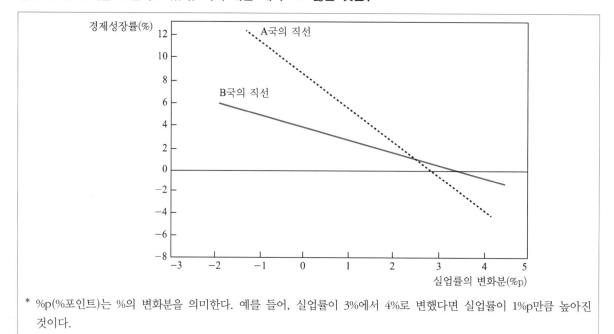

* %p(%포인트)는 %의 변화분을 의미한다. 예를 들어, 실업률이 3%에서 4%로 변했다면 실업률이 1%p만큼 높아진 것이다.

① 경제가 성장하면 실업률이 낮아진다.
② A국의 잠재성장률이 B국의 잠재성장률보다 높다.
③ 실업률의 변화 없이는 경제성장을 달성할 수 없다.
④ A국, B국 모두 경제성장률이 높을수록 실업률의 감소폭은 작다.
⑤ 어떤 실업률의 변화분에 상응하는 경제성장률의 절댓값의 크기는 A국이 B국보다 작다.

📈 개념-이론 정리 │ **자연 실업률에 대한 다양한 정의**

1. 노동시장이 균형을 이루고 있어 취업자와 실업자의 수가 변하지 않는 상태에서의 실업률을 의미하기도 한다. ⇒ 균형실업률
2. 마찰적 실업(혹은 자발적 실업)만 존재할 때의 실업률을 의미하기도 한다.
3. 물가상승이 가속되거나 감속되지 않고 안정적으로 유지될 수 있는 수준의 실업률을 의미하기도 한다. ⇒ 물가안정 실업률
4. 잠재 GDP 수준에서의 실업률을 의미하기도 한다.

① 두 나라 모두 일정수준인 양(+)의 경제성장률(%) 수준에서 실업률의 변화분(%p) 역시 양(+)의 값을 보이고 있으므로 경제가 일정 범위 내에서 성장하면 실업률이 높아질 수 있다.

② 잠재성장률은 자연실업률 수준에서의 성장률을 의미한다. 자연실업률은 다양한 의미를 갖지만 여기서의 자연실업률은 장기적으로 안정적으로 유지되는 실업률 수준으로 이해해야 한다. 이 경우 자연실업률 수준에서 실업률의 변화분(%p)은 '0%p'가 된다. 이 수준에서 A국의 직선이 B국의 직선보다 더 높게 위치하고 있으므로 A국의 잠재성장률이 B국의 잠재성장률보다 높다고 할 수 있다.

③ 실업률의 변화가 없는 실업률의 변화분(%p)은 '0%p' 수준에서 두 나라 모두 양(+)의 경제성장률(%)을 나타내고 있으므로 실업률의 변화 없이도 경제성장을 달성할 수 있음을 알 수 있다.

④ 실업률의 변화분(%p)이 0보다 작은 구간에서는 A국, B국 모두 경제성장률이 높을수록 실업률의 감소폭은 커진다.

⑤ 두 나라의 직선이 교차하는 점 아래의 일정구간에서는 어떤 실업률의 변화분에 상응하는 경제성장률의 절댓값의 크기는 A국이 B국보다 작다.

[정답 | ②, ⑤]

응용 TEST 7

노동시장이 안정상태(실업률이 상승하지도 하락하지도 않은 상태)에 있다. 취업인구의 1%가 매달 직업을 잃고 실업인구 24%가 매달 새로운 직업을 얻는다면, 안정상태의 실업률은? (단, 경제활동인구는 고정이며, 노동자는 취업하거나 또는 실업 상태에 있다.)

MEMO

08 ● 2019년

다음 대화를 읽고 〈작성 방법〉에 따라 서술하시오. (단, 폐쇄경제라고 가정한다.)

갑 : 최근 경기침체가 더욱 악화되며 실업자가 급증하고 있는 상황입니다. ㉠ <u>국채발행을 통해 정부지출을 증가시켜</u>
<u>경기침체를 극복해야 합니다.</u>

을 : 저는 국채발행을 통한 정부지출 증가는 경기를 활성화시키기에 한계가 있다고 생각합니다. 왜냐하면 저는 화폐
수요의 이자율탄력성은 (㉡), 투자수요의 이자율탄력성은 (㉢)(이)라고 생각하기 때문입니다. 오히려 화폐
시장을 통해 총수요를 증가시키는 정책을 추진해야 합니다.

작성 방법

- 화폐수요의 이자율탄력성과 투자수요의 이자율탄력성의 크기에 대해 갑이 어떻게 생각하고 있는지 제시하고, 이
를 근거로 밑줄 친 ㉠처럼 갑이 주장한 이유를 서술할 것.
- 괄호 안의 ㉡과 ㉢에 들어갈 단어를 순서대로 제시할 것

📈 개념-이론 정리 | **학파별 금융정책과 재정정책의 효과**

구분	생산물시장(IS곡선)	화폐시장(LM곡선)	금융정책 효과	재정정책 효과
통화주의 학파	투자의 이자율탄력도가 크다 ⇒ IS곡선의 기울기가 완만하다.	화폐수요의 이자율탄력도가 작고, 소득탄력도가 크다 ⇒ LM곡선의 기울기가 가파르다.	크다	작다
케인즈 학파	투자의 이자율탄력도가 작다 ⇒ IS곡선의 기울기가 가파르다.	화폐수요의 이자율탄력도가 크고, 소득탄력도가 작다 ⇒ LM곡선의 기울기가 완만하다.	작다	크다

💲 기출분석

- 경기침체를 극복하기 위해 국채발행을 통한 정부지출을 증가시킨다는 것은 확장적 재정정책의 내용이다. 이것은 확
장적 금융정책보다 확장적 재정정책이 더 효과가 있다는 것을 전제로 한다. 그런데 확장적 재정정책 시행은 화폐수
요의 이자율탄력성이 상대적으로 크고, 투자수요의 이자율탄력성이 상대적으로 작다는 전제 하에서 이루어질 때 효
과가 크게 나타나게 된다(㉠).
- 화폐시장을 통해 총수요를 증가시키는 정책은 확장적 금융정책을 의미한다. 이러한 확장적 금융정책이 확장적 재정
정책에 비해 더 효과적이기 위해서는 화폐수요의 이자율탄력성이 상대적으로 작고, 투자수요의 이자율탄력성이 상
대적으로 크다고 전제하여야 한다(㉡, ㉢).

응용 TEST 8 📝

**생산물시장의 균형을 나타내는 IS 곡선과 화폐시장의 균형을 나타내는 LM 곡선을 활용한 폐쇄경제하의 $IS-LM$
모형에서 재정정책이 가장 효과적인 경우는?**

① 투자적 화폐수요가 이자율에 탄력적이고, 투자가 이자율에 탄력적일 때
② 투자적 화폐수요가 이자율에 탄력적이고, 투자가 이자율에 비탄력적일 때
③ 투자적 화폐수요가 이자율에 비탄력적이고, 투자가 이자율에 탄력적일 때
④ 투자적 화폐수요가 이자율에 비탄력적이고, 투자가 이자율에 비탄력적일 때

09 • 2013년

다음에서 제시되고 있는 미국과 일본의 경제 상황에 대한 분석으로 가장 적절한 것은?

> 1930년대 미국의 단기 이자율(3개월 만기 재무성 채권의 이자율)은 대부분의 시기 동안 0의 수준에 머물렀다. 1990년대 말부터 2000년대까지 대부분의 시기 동안 일본은 0의 이자율 정책을 지속했다. 미국은 금융위기가 한창이었던 2008년 말에 이르러 다시 단기 이자율(콜금리)이 사실상 0의 수준으로 하락하였다.

① 생산물시장에서 인플레이션 갭이 존재하는 상황이다.
② 경기안정화를 위한 정책으로는 통화정책이 효과적이다.
③ 재정정책은 구축효과 때문에 경기안정화에 효과가 없다.
④ 화폐수요의 이자율탄력성은 매우 크고 투자의 이자율탄력성은 매우 작을 것이다.
⑤ 경기안정화 정책을 시행하더라도 장기적으로 국민소득은 현재의 균형국민소득 수준으로 회귀할 것이다.

📈 개념-이론 정리 | 구축효과와 구입효과

1. **구축효과(crowding-out effect)** : 정부가 공채를 발행하여 통화량의 증가 없이 정부지출을 증대시킬 때, 공채발행이 화폐시장에서 이자율 상승을 가져오고 이것이 민간투자를 감소시켜 국민소득을 감소시키는 효과를 말한다. 이는 재정정책의 효과를 작게 함으로써 통화주의학파가 재정정책의 무력성을 주장하는데 주요 논거로 제시된다.
2. **구입효과(crowding-in effect)** : 정부지출이 증가하여 국민소득이 증가하면 가속도의 원리에 따라 민간투자가 증가하는 효과를 말한다. 이러한 구입효과는 국민소득의 증가함수인 유발투자가 존재할 때 나타나게 된다. 이는 재정정책의 효과를 크게 함으로써 통화주의학파의 비판에 맞서 케인스 학파가 재정정책의 유효성을 주장하는데 주요 논거로 제시된다.

💲 기출분석

① 단기 이자율(콜금리)이 사실상 0 수준에 도달했다는 것은 경기가 대단히 침체국면이라는 의미이므로 생산물시장에서는 디플레이션 갭이 존재하게 된다.
② 단기 이자율(콜금리)이 사실상 0 수준에 도달했다는 것은 화폐시장에 이른바 '유동성 함정'이 존재한다는 의미이고 이에 따라 경기안정화 정책으로 통화정책은 무력해진다.
③ 단기 이자율(콜금리)이 사실상 0 수준에 도달했다는 것은 화폐시장에 이른바 '유동성 함정'이 존재한다는 의미이고 이에 따라 재정정책은 거의 완벽한 승수효과를 발휘하면서 대단히 유력한 경기안정화 정책수단이 될 수 있다.
④ 화폐수요의 이자율탄력성은 매우 크고 투자의 이자율탄력성은 매우 작을 것이다. 이것은 경기안정화 정책으로서 재정정책이 유력하며 금융정책은 무력하다는 근거가 된다.
⑤ 경기안정화 정책을 시행하는 경우 장기적으로는 완전고용국민소득 수준에 도달하게 된다. [정답 | ④]

응용 TEST 9 ✏️

다음 설명 중 옳은 것은?
① 화폐수요의 이자율탄력성이 무한대일 때 금융정책은 효과가 없다.
② 소비에 실질잔고효과(혹은 피구효과)가 도입되면 물가가 하락할 때 LM곡선이 우측으로 이동한다.
③ 유동성함정에서 사람들은 채권의 예상수익률이 정상적인 수준보다 높다고 생각한다.
④ 케인지안은 투자수요의 이자율탄력도가 크고 화폐수요의 이자율탄력도가 작다고 보는 반면, 통화주의자는 투자수요의 이자율탄력도는 작고 화폐수요의 이자율탄력도는 크다고 본다.

10 • 2015년

다음의 사례에서 재래식 통화정책의 한계가 무엇인지, 야당이 우려한 부작용이 무엇인지 설명하고, 이러한 우려를 일축한 정부의 확신은 어떤 이론적 근거를 가지고 있는지 설명하시오.

한 경제의 명목이자율이 0인 수준에 도달해 있음에도 불구하고 그래프에서와 같이 경기침체 갭을 겪고 있다. 재래식 통화정책이 한계에 봉착한 상황에서, 정부는 이 갭을 제거하기 위해 대량의 회사채와 주택담보채권을 매입하는 등 비재래식(unconventional) 통화정책인 양적 완화(Quantitative Easing)를 시행하면서 동시에 확장적 재정정책도 함께 시행할 것을 고려하고 있다. 확장적 재정정책에 비판적인 야당이 그 정책의 전형적인 부작용에 대해 우려를 표명하자 정부는 이 경우에는 그런 부작용이 발생하지 않을 것이라고 확신한다고 주장했다.

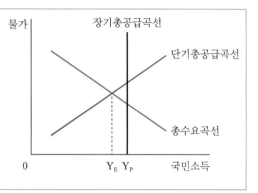

📊 개념-이론 정리 | 통화정책의 전달경로(transmission mechanism)

통화정책은 재정정책과는 달리 생산물시장에 직접적으로 개입하는 정책이 아니다. 따라서 통화정책이 총생산과 국민소득에 영향을 주기 위해서는 화폐공급 증가라는 화폐시장의 충격을 생산물시장에 전달하는 수단이 필요한데 이를 통화정책의 전달경로라고 한다.
이러한 전달경로가 효과적으로 작동하기 위해서는 우선 통화 공급 변화에 대응하여 이자율이 크게 변해야 하고, 이러한 이자율의 변화에 대응하여 투자수요가 크게 변해야 한다. 이러한 결과가 나타나기 위해서는 화폐수요의 이자율 탄력도가 작아야 하므로 LM곡선의 기울기가 클수록, 그리고 투자수요의 이자율탄력도가 커야 하므로 IS곡선의 기울기가 작을수록 통화정책의 효과는 커지는 것이다.

> 통화 공급의 증가 ⇒ 화폐시장 초과공급 ⇒ 이자율의 하락 ⇒ 투자의 증가 ⇒ 총수요의 증가 ⇒ 소득증가

📊 개념-이론 정리 | 구축효과(crowding-out effect)

정부가 공채를 발행하여 통화량의 증가 없이 정부지출을 증대시킬 때, 공채발행이 화폐시장에서의 이자율의 상승을 가져오고 이것이 민간투자를 감소시켜 국민소득을 감소시키는 효과를 말한다. 이는 재정정책의 효과를 작게 함으로써 통화주의학파가 재정정책의 무력성을 주장하는데 주요 논거로 제시된다.

📖 기출분석

- **재래식 통화정책의 한계** : 재래식 통화정책은 통화량과 이자율의 상호관계를 통해 총수요에 영향을 주는 정책이다. 그런데 화폐시장의 명목이자율이 0인 수준에서는 통화량의 변화가 이자율을 변화시킬 수 없게 되어 이자율의 변화를 통한 총수요 변화가 나타나는 경기안정화 효과를 더 이상 기대할 수 없게 된다.
- **야당이 우려한 부작용** : 확장적 재정정책은 이자율의 상승을 가져와 이로 인한 민간소비나 민간투자의 감소가 나타나는 구축효과를 초래할 수 있게 된다.
- **정부 확신의 근거** : 확장적 재정정책으로 인해 나타나는 이자율의 상승은 양적 완화를 통한 이자율 하락으로 상쇄시킬 수 있게 된다.

현재 명목이자율이 0이다. 명목이자율의 하한이 0일 때, 다음 설명 중 옳은 것은?

㉠ 명목이자율 하한이 존재하지 않는 경우에 비해 확장 재정정책은 안정화정책으로서 유효성이 작아진다.

㉡ 명목이자율 하한이 존재하지 않는 경우에 비해 전통적인 확장 통화정책은 안정화정책으로서 유효성이 작아진다.

㉢ 양적 완화정책(quantitative easing)을 실시하여 인플레이션 기대가 상승하면 실질이자율이 하락한다.

㉣ 양적 완화정책을 실시할 경우 전통적인 통화정책을 실시할 경우에 비하여 중앙은행이 보유하는 채권의 다양성이 줄어든다.

① ㉠, ㉡   ② ㉠, ㉢   ③ ㉡, ㉢   ④ ㉡, ㉣

MEMO

11 ● 1995년

〈보기〉와 같은 내용을 설명할 수 있는 개념은?

> 과소비 풍조가 갑자기 번지거나, 기업가가 동물적 직감으로 첨단 산업에 대규모로 투자할 것을 전격 결정하거나, 통화당국이 통화 공급을 올해 18%만 증가시키겠다고 공표하고는 22%로 슬그머니 증가시키는 경우가 있다.

① 수요충격   ② 공급충격   ③ 적자재정 정책   ④ 확대재정 정책

📈 개념-이론 정리 | 수요충격과 공급충격

1. **수요 충격(demand shock)**
   재정-통화정책과 정책적 요인, 수출여건상의 변화와 같은 해외요인, 투자자와 소비자의 기대심리 등에 의한 경제적 충격에 의해 총수요곡선이 이동하는 경우를 수요충격이라고 한다. 이때 총수요곡선을 오른쪽으로 이동시키는 경우를 유리한 수요충격(positive demand shock), 왼쪽으로 이동시키는 경우를 불리한 수요충격(negative demand shock)이라고 한다. 특히 총수요곡선은 IS-LM 모형에서 도출되었으므로 수요충격은 크게 IS 충격과 LM 충격으로 구분할 수 있다.

2. **공급충격(supply shock)**
   유가인상, 수입원자재 가격상승, 임금상승, 파업, 가뭄 등과 같이 생산비를 증가시키는 경제적 충격은 모두 총공급곡선을 좌측으로 이동시키는데 이를 불리한 공급충격(negative supply shock)이라고 한다. 반대로 기술진보와 같이 생산비를 감소시키는 경제적 충격은 모두 총공급곡선을 우측으로 이동시키는데 이를 유리한 공급충격(positive supply shock)이라고 한다.

💲 기출분석

주어진 〈보기〉의 내용은 급격한 소비나 투자의 증가, 예상치 못한 확장적 금융정책의 내용이다. 전자는 IS 충격, 후자는 LM 충격에 해당한다. 이러한 내용의 변화가 생기면 총수요가 급격하게 증가하는 수요 충격이 나타나게 된다.

[정답 | ①]

응용 TEST 11 📝

총수요-총공급 분석에서 부정적 수요충격과 일시적인 부정적 공급충격이 동시에 발생할 경우 장기적인 현상에 대한 설명으로 옳은 것은?

① 물가수준과 총생산은 초기 균형수준으로 돌아간다.
② 물가수준은 장기적으로 상승하는 반면, 총생산은 잠재생산량 수준으로 돌아간다.
③ 총생산은 잠재생산량 수준으로 돌아가나, 물가수준은 초기대비 상승할 수도 있고 하락할 수도 있다.
④ 물가수준은 장기적으로 하락하는 반면, 총생산은 잠재생산량 수준으로 돌아간다.
⑤ 물가수준은 장기적으로 하락하고, 총생산도 감소한다.

12 • 2003년, 공통사회

경기 변동과 대응 정책에 대한 다음 글을 읽고 물음에 답하시오.

> 총수요와 총공급곡선이 만나는 곳에서 국민경제의 단기 균형이 이루어진다. 이렇게 결정된 생산량이 한 경제의 ㉠ 적정 산출량 수준에 미치지 못하거나 지나치면 ㉡ 불균형이 발생한다. 한 나라의 경제가 장기 균형 상태에서 벗어나는 경우에 정부는 ㉢ 적극적인 경제정책을 통해서 경제의 산출량을 적정 산출량 수준으로 돌리려는 시도를 하는 경우가 많다. 그러나 정부가 경제를 미조정(fine tuning)하는 데는 여러 가지 문제가 따른다.

1) ㉠의 적정 산출량 수준은 어떤 상태의 산출량을 의미하는지 간단히 쓰시오.

2) ㉡에서 말하는 불균형은 어떤 상태를 말하는 것인지 2가지로 나누어서 쓰시오.
   - 미치지 못하는 경우 :

   - 지나친 경우 :

3) ㉢의 경제정책이 무엇인지 쓰고, 이런 정책이 효과가 있다고 하더라도 정부의 적극적인 경기조절 정책을 반대하는 사람들이 많다. 반대하는 사람들의 논리를 쓰시오.
   - 경제정책 :

   - 반대논리 :

📈 개념-이론 정리 | **동태적 불일치성(dynamic inconsistency)-시간 불일치성(time inconsistency)**

1. **의의** : 경제 상황에 따라서는 정부가 의도적으로 민간경제주체의 기대형성에 영향을 주기 위해서 사전에 정부의 정책의지를 천명하는 경우가 있다. 그런데 막상 발표된 정책이 시행될 것을 신뢰하고 민간경제주체들이 새로운 의사결정을 내린 후에는 정책담당자들의 입장에서 볼 때 가장 적합한 정책이 이미 발표한 정책과 다를 수가 있는데 이를 정책의 동태적 불일치성이라고 부른다.

2. **합리적 기대가설의 정책에 대한 시사점**
   ① 정책당국의 유인 : 예상치 못한 재량정책만이 효과를 거둘 수 있으므로 정책당국은 민간을 속일 유인을 갖고 있다.
   ② 민간의 대응 : 정책당국이 인플레이션을 안정시키기 위한 정책을 선언하고 민간이 그 선언을 신뢰한다면 경제는 실제로 저인플레이션을 유지할 수 있을 것이다. 그러나 민간은 정책당국이 결국에는 민간과의 약속을 지키지 않을 것이라는 것을 잘 알고 있기 때문에 처음부터 정책당국의 선언을 믿지 않고 인플레이션에 대한 기대수준을 여전히 높이게 된다.
   ③ 정부의 대책 : 정부는 발표된 정책에 신뢰감을 심어주기 위해서는 정책 자체를 재량에 의해 변경할 수 없도록 애초부터 준칙으로 확정시켜 놓으면 될 것이다. 즉, 이미 약속한 정책을 뒤바꿀 수 있는 재량보다는 그 정책을 변경할 수 없게 함으로써 신뢰감을 심어주는 것이 보다 바람직한 균형을 가져오게 할 수 있다.

1) ㉠의 적정 산출량 수준 : 완전고용 산출량
2) • 미치지 못하는 경우 : 경기 불황
   • 지나친 경우 : 경기 과열
3) • 경제정책 : 적극적 총수요 관리정책
   • 반대논리 : 가격과 임금의 신축성으로 경제는 자연스럽게 균형을 회복할 수 있다. 시차가 존재하는 경우 적극적 총수요 관리정책은 경제를 오히려 더 악화시킬 수 있다. 또한 정책당국의 자유 재량에 맡기는 경우 이른바 '최적 정책의 동태적 비일관성' 문제가 나타나게 되고 이로 인한 정책에 대한 불신으로 더 이상의 정책적 효과를 기대할 수 없게 된다.

응용 TEST 12

적극적인 경기안정화정책의 사용이 바람직한지에 대한 논쟁에서 정책의 동태적인 비일관성(또는 시간 비일관성)의 의미에 대한 서술로 가장 옳은 것은?

① 정책의 집행과 효과 발생 과정에 시차가 존재하기 때문에 정책 효과가 의도한 대로 나타나지 않을 수 있다.
② 정책 당국은 시장의 암묵적 신뢰를 깨고 단기적인 정책목표를 추구할 인센티브를 가진다.
③ 정권마다 다른 정책의 방향을 가지므로 거시경제정책은 장기적으로 일관성을 가지기 어렵다.
④ 시장의 상황은 지속적으로 변화하므로 정책의 방향을 시의 적절하게 선택하는 것이 바람직하다.

MEMO

13 • 2003년

다음은 경제정책에 대한 경제학파들 간의 견해를 나타내는 글이다. 물음에 답하시오.

> 케인스학파 사람들은 물가가 하락하면서 실업이 발생하는 불경기가 왜 발생하는지 잘 알고 있으며, 이런 ㉠ 불경기를 끝내기 위해서 어떤 일을 해야 하는지도 잘 알고 있다. 그러나 케인스 학파와 생각을 달리하는 사람들은 적극적인 경제정책에 반대하고 있다. 시장의 자율적 조정능력을 믿는 사람들의 입장에서 보면, 정부의 시장 개입은 불필요하며 오히려 더 큰 문제를 야기한다. 이들은 정부가 경제정책에 필요한 정보를 갖고 있지도 않으며, 더구나 선한 정부(benevolent government)로 행동한다는 보장도 없다고 생각한다.

1) ㉠의 불경기를 끝내기 위해서 사용되는 경제정책을 두 가지만 쓰시오.

　　① :

　　② :

2) 위의 불경기를 끝내기 위한 두 가지 경제정책 중에서, 대공황과 같이 심각한 불경기에는 상대적으로 효과가 약한 정책을 쓰고, 그 이유를 제시하시오.

　　① :

　　② :

3) 위의 글에서 지적한 문제점 외에, 정부의 적극적인 경제정책 시행을 반대하는 근거에는 어떤 것이 있는지 쓰시오.

📈 개념-이론 정리 | **경기안정화정책에 대한 찬반론**

1. **경기안정화정책의 의미** : 경기변동을 완화시키거나 개선시키기 위한 거시경제정책으로 대표적인 것은 금융정책과 재정정책이다.
2. **케인스 학파의 찬성론** : 경기변동은 주로 총수요의 과부족 때문에 발생하므로 안정화정책으로 총수요를 관리함으로써 경기변동을 완화하여 경제후생을 증가시킬 수 있다. 특히 가격과 임금의 경직성으로 인해 불황이나 호황이 조정되는 과정이 오래 지속될 수 있으므로 정부가 적절히 개입하여 호·불황의 기간을 단축시킬 필요가 있다.
3. **고전학파 계열의 반대론** : 경기변동 요인이 발생하더라도 가격과 임금이 신축적으로 움직이면서 자연스럽게 균형을 회복할 것이므로 정부의 개입은 불필요하며 도리어 경제후생을 감소시킨다.
   ① 합리적 기대론 : 정책당국이 민간경제주체보다 우월한 정보를 갖고 있지 않는 한 정부의 개입은 불필요하다.
   ② 실물경기변동이론 : 경기변동현상 자체가 경제에 가해지는 충격들에 대하여 경제주체가 반응하는 과정에서 자연스럽게 발생하는 것이므로 안정화정책은 불필요하다.

1) 침체된 경기를 부양시키기 위해서는 재정지출을 확대하거나 통화량 증가(또는 이자율 인하)를 내용으로 하는 정책이 필요하다.
  ① 확장적 재정정책
  ② 확장적 금융정책
2) 대공황과 같은 심각한 불경기 상태에서 화폐시장은 유동성 함정 상태가 존재하게 된다.
  ① 확장적 금융정책
  ② 유동성 함정 상태에서는 통화량 증가와 같은 확상석 금융정책은 이자율을 더 이상 하락시킬 수 없다. 이에 따라 이자율 하락을 통한 투자 증가와 같은 총수요 증대를 더 이상 기대할 수 없다.
3) 정책당국의 재량에 맡기는 경우 이른바 '최적정책의 동태적 비일관성' 문제가 나타나게 되고 이로 인한 정책에 대한 불신으로 더 이상의 정책적 효과를 기대할 수 없게 된다. 또한 경제주체들이 물가에 대한 합리적 기대를 하게 되면 적극적인 확장적 정책은 물가만을 올릴 뿐 국민소득에는 영향을 주지 못한다.

응용 TEST 13 ✏️

중앙은행은 아래와 같은 테일러 준칙(Taylor rule)에 따라 명목이자율을 조정한다. 이에 관한 설명으로 옳지 않은 것은? (단, i는 명목이자율, π는 인플레이션율, π^*는 목표 인플레이션율, Y^*는 잠재 GDP, Y는 실제 GDP, $\dfrac{(Y^* - Y)}{Y^*}$는 총생산 갭이다.)

$$i = 5\% + \pi + 0.5(\pi - \pi^*) - 0.5\frac{(Y^* - Y)}{Y^*}$$

① 목표 인플레이션율이 낮아지면 중앙은행은 명목이자율을 인상한다.
② 실제 GDP가 잠재 GDP보다 더 큰 경우에 중앙은행은 명목이자율을 인상한다.
③ 총생산 갭은 0이고 인플레이션율이 3%에서 4%로 상승하는 경우에, 중앙은행은 명목이자율을 0.5%포인트(%p) 인상한다.
④ 인플레이션율이 목표치와 같고 실제 GDP가 잠재 GDP와 같다면 실질이자율은 5%가 된다.
⑤ 인플레이션율은 목표치와 같고 총생산 갭이 0%에서 1%로 상승하는 경우에, 중앙은행은 명목이자율을 0.5%포인트(%p) 인하한다.

MEMO

14 • 2010년

다음은 ○○고등학교 경제연구 동아리의 지도 교사와 학생들 간의 대화이다. A, B에 들어갈 내용으로 옳은 것은?

교   사 : △△나라의 경제는 성장률의 전망이 낮고 경기가 후퇴하는 국면을 맞이하고 있습니다. 이 나라의 경제는 고용시장이 침체되고, 국내 투자 및 소비가 위축되고 있는 상황입니다. 만약 폐쇄경제라는 가정 하에 정부가 총수요관리정책을 편다면 어느 정책이 보다 더 효과적일까요?

학생 갑 : 저는 통화량을 증가시키는 정책이 보다 더 효과적이라고 봅니다. 왜냐하면 ___A___ 입니다.

학생 을 : 저는 국채 발행을 통해 정부 지출을 증가시키는 정책이 보다 더 효과적이라고 봅니다. 왜냐하면 ___B___ 입니다.

① A - 화폐시장에 유동성 함정이 존재하고 재정정책의 내부시차가 짧기 때문
② A - 확대통화정책은 이자율의 변화를 통해 실물시장에 간접적으로 영향을 미치는 반면, 재정정책은 내부시차가 길기 때문
③ B - 화폐시장에 유동성 함정이 존재하고 통화정책의 외부시차가 짧기 때문
④ B - 확대재정정책은 실물시장에 직접적으로 영향을 미치는 반면, 통화정책은 외부시차가 길기 때문
⑤ B - 국채 발행으로 재원을 조달하여 정부 지출을 증가시키면 구축효과가 발생하기 때문

📈 개념-이론 정리 | **안정화정책의 시차 문제**

1. 내부시차와 외부시차
   ① 내부시차 : 경제에 충격이 왔을 때 정책담당자가 충격의 실체를 인지(인식시차)하고 그에 대응하는 정책을 내놓기까지의 시간(실행시차)을 뜻한다.
   ② 외부시차 : 정책이 실시된 시점부터 실제 경제에 효과가 나타날 때까지의 시간을 뜻한다.

2. 금융정책과 재정정책의 장단점
   ① 금융정책 : 신속하게 결정되는 속성 때문에 내부시차는 짧지만 그 효과는 길고 가변적으로 나타나므로 외부시차는 긴 것으로 알려져 있다.
   ② 재정정책 : 입법과정 등으로 인해 내부시차는 길지만 총수요에 즉각 반영되는 측면이 있어 외부시차는 짧은 것으로 알려져 있다.

📈 개념-이론 정리 | **금융정책과 재정정책의 시차 비교**

구분	금융정책	재정정책
인식시차	서로 비슷한 시간 소요	서로 비슷한 시간 소요
실행시차	금융정책당국이 단독적으로 실시 ⇒ 시간이 짧다.	국회의 동의 등이 필요 ⇒ 시간이 길다.
외부시차	통화량·이자율 변동이 간접적으로 실물부문에 영향 ⇒ 시간이 길다.	조세·정부지출이 직접적으로 총수요 변동 유발 ⇒ 시간이 짧다.

- **학생 갑** : 확대통화정책 찬성 ⇒ 확대재정정책은 구축효과를 발생시키고 내부시차가 길다. 반면에 확대통화정책은 내부시차가 짧아 정책결정을 신속하게 할 수 있다.
- **학생 을** : 확대재정정책 찬성 ⇒ 확대통화정책은 이자율 변화를 통해 실물시장에 간접적으로 영향을 미쳐 외부시차가 길고 또한 화폐시장에 유동성 함정이 존재하면 확대통화정책은 완전히 무력해진다. 반면에 확대재정정책은 실물시장에 직접적으로 영향을 미쳐 외부시차가 짧다.　　　　　　　　　　　　　　　　　　　　　[정답 | ④]

응용 TEST 14

확장적 통화정책의 효과에 대한 서술 중 가장 옳은 것은?

① 경기회복을 위해서는 확장적 통화정책을 사용하여 이자율을 높이는 것이 효과적이다.

② 원화가치의 상승을 초래하여 수출에 부정적으로 작용할 수 있다.

③ 확장적 재정정책과 달리 정책의 집행에 긴 시간이 소요된다.

④ 이자율이 하락하여 민간지출이 증가함으로써 경기회복에 기여한다.

MEMO

15 • 1993년

케인스 학파, 통화주의 학파, 합리적 기대학파의 주장을 바르게 설명하고 있는 것은?

① 합리적 기대학파는 금융정책보다 재정정책의 효과가 크다고 본다.

② 통화주의 학파는 투자수요의 이자율 탄력도가 작다고 보는 반면, 화폐수요의 이자율 탄력도는 크다고 본다.

③ 케인스 학파는 *IS*곡선은 수직에, *LM*곡선은 수평에 가깝다고 본다.

④ 합리적 기대학파는 정부의 인위적 재정—금융정책이 단기적으로는 효과가 있지만 장기적으로는 효과가 없다고 본다.

📈 **개념-이론 정리 │ 케인스 학파와 통화주의 학파 비교**

1. 케인스 학파는 우하향의 안정적인 단기 필립스곡선을 전제하고, 통화주의 학파는 단기 필립스곡선은 우하향하지만, 장기 필립스곡선은 자연실업률 수준에서 수직이라고 본다.
2. 케인스 학파는 통화주의 학파에 비해 투자의 이자율 탄력성이 작다고 본다. 이에 따라 IS곡선의 기울기가 상대적으로 가파르다고 한다.
3. 케인스 학파와 통화주의 학파는 모두 적응적 기대를 수용한다.
4. 케인스 학파는 재량적인 경제안정화정책을 강조하고, 통화주의 학파는 구축효과를 강조한다.
5. 케인스 학파와 통화주의 학파는 모두 단기 총공급곡선이 우상향한다고 보고, 통화주의 학파는 장기 총공급곡선을 완전고용산출량 수준에서 수직이라고 본다.

📈 **개념-이론 정리 │ 새 케인스 학파와 새 고전학파(합리적 기대학파) 비교**

1. 새 케인스 학파에 따르면 설령 정부지출의 증가가 예상이 되었다고 하더라도 단기적으로는 여전히 임금과 물가와 같은 가격변수의 경직성이 성립하여 국민소득을 증가시킨다고 본다. 또한 새 케인스 학파에 따르면 예상치 못한 통화 공급의 증가는 가격변수가 경직적인 단기와 달리 가격변수가 신축적인 장기에는 국민소득은 이전 수준으로 되돌아간다고 본다. 새 케인스학파에게도 장기에는 가격변수는 신축적이다. 새 케인스 학파에게 장기란 가격변수가 비로소 신축적일 수 있는 기간을 의미한다. 다만 주로 단기적인 분석을 하고 있어 장기분석은 주요 연구대상이 아닐 뿐이다.
2. 새 고전학파에 따르면 예상치 못한 정부지출의 증가는 단기적으로만 국민소득을 증가시키고 장기적으로는 다시 이전 소득수준으로 되돌아간다. 반면에 새 고전학파에 따르면 예상된 통화 공급의 증가는 단기적으로도 국민소득을 증가시키지 못한다.

💲 **기출분석**

① 합리적 기대학파는 합리적 기대를 하는 경제주체들에 의해 예상된 금융정책과 재정정책 모두 효과가 없다고 주장한다.
② 통화주의 학파는 투자수요의 이자율 탄력도가 크다고 보는 반면, 화폐수요의 이자율 탄력도는 작다고 본다. 이에 따라 경기안정화정책으로는 재정정책에 비해 금융정책이 상대적으로 더 유력하다고 주장한다.
③ 케인스 학파는 투자의 이자율 탄력도가 작다고 보아 IS곡선은 수직에 가깝게 매우 가파른 기울기를 보이고, 화폐수요의 이자율 탄력도가 크다고 보아 LM곡선은 수평에 가깝게 매우 완만한 기울기를 보인다고 주장한다.
④ 합리적 기대학파는 정부의 인위적 재정—금융정책이 예상된 경우에는 장기는 물론 단기에도 효과가 없고, 다만 재정—금융정책이 예상되지 못한 경우에는 단기에서만큼은 효과가 있다고 주장한다. 　　　　　　[정답 │ ③]

각 경제학파별 경제안정화정책에 관한 설명으로 옳지 않은 것은?

① 고전학파는 구축효과, 화폐의 중립성을 들어 경제안정화정책을 쓸 필요가 없다고 주장한다.

② 케인스 경제학자(Keynesian)는 IS곡선이 가파르고, LM곡선은 완만하므로 적극적인 재정정책이 경제안정화정책으로 바람직하다고 주장한다.

③ 통화주의자(Monetarist)는 신화폐수량설, 자연실업률 가설을 들어 재량적인 경제안정화정책을 주장한다.

④ 새 고전학파(New Classical School)는 예상치 못한 경제안정화정책은 일시적으로 유효할 수 있다는 점을 인정한다.

⑤ 새 케인스 학파(New Keynesian School)는 임금과 물가가 경직적인 경우에는 경제안정화정책이 유효하다고 주장한다.

MEMO

16 | 경기변동과 경제성장론

01 • 1994년

〈보기〉에 나타난 정책은 허쉬만(A. O. Hirshman)의 불균형 성장이론 중 어떠한 경제적 효과에 해당하는가?

> **보 기**
>
> 갑국은 한정된 자본을 투자의 보완효과가 크다고 판단된 정유 산업 부문에 집중 투자하여, 정유공업의 발전을 통해 연쇄적으로 화학 공업을 발전시키려는 경제 개발 정책을 추진하였다.

① 전방 연관 효과
② 후방 연관 효과
③ 상방 연과 효과
④ 하방 연관 효과

📈 개념-이론 정리 | 경제 성장 전략

	균형 성장론	불균형 성장론
경제학자	R. Nurkse	A. O. Hirschman
후진국의 애로	빈곤의 악순환	자본과 기술의 취약
후진국 발전전략	• 상호수요를 통한 국내시장의 확대 • 잠재실업의 제거, 조세 증가, 인플레이션을 통한 자본축적	• 주요 선도산업에 대한 집중투자 • 후방연관효과가 큰 공업의 육성
현실적용	• 내수에 의존하는 국가 • 자원이 풍부한 국가 • 시장기능이 원활한 국가	• 수출시장개척이 용이한 국가 • 자원이 빈약한 국가 • 시장기능이 왜곡된 국가

📈 개념-이론 정리 | 연관효과

연관효과는 전방연관효과(forward linkage effect)와 후방연관효과(backward linkage effect)로 나누어진다. 전방연관효과는 A산업에 대한 투자가 A산업 제품을 사가는 B산업의 성장과 투자를 유발하는 효과를 말한다. 후방연관효과는 A산업이 C산업의 생산물을 투입물로 수요함으로써 A산업에 대한 투자가 C산업의 성장과 투자를 유발하는 효과를 말한다.

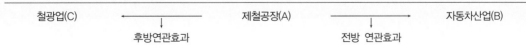

철광업(C) ← 후방연관효과 제철공장(A) → 전방 연관효과 자동차산업(B)

1. 내향적 개발전략

1) 의미 : 기존수입품을 국내에서 생산하여 수입을 억제하고 국내시장을 기반으로 성장하려는 전략 ⇒ 수입대체산업 육성전략이라고도 한다.

2) 장점 : 수입 대체산업 육성 시 최종가공단계부터 시작하면 후방연관효과에 의해 경제개발을 이룩할 수 있고 후진국의 외환부족문제를 해결할 수 있다.

3) 단점

① 원재료, 자본재 수입 증가로 외환부족이 누적된다.

② 보호무역으로 인해 국내기업의 효율성이 떨어진다.

③ 국내시장규모가 협소하여 규모의 경제가 나타나지 않을 수 있다.

2. 외향적 개발전략

1) 의미 : 해외 수출시장을 중심으로 경제개발을 시도하는 전략 ⇒ 수출주도형전략

2) 장점

① 외국기업과의 경쟁을 통해 기술개발이 용이 ⇒ 학습효과를 얻을 수 있다.

② 시장협소의 문제를 해결하여 규모의 경제의 이점을 살릴 수 있다.

3) 단점 : 외국의 경기 변동에 민감해진다.

💲 기출분석

A산업(정유 공업) 부문에 대한 투자가 A산업(정유 공업)을 전제로 하는 B산업(화학 공업)의 연쇄적 발전을 가져오는 것을 전방 연과 효과라고 한다. [정답 | ①]

응용 TEST 1 ✏️

개발도상국의 경제발전 전략에서 수출주도(export-led)발전전략에 대한 설명으로 옳은 것을 모두 고른 것은?

ㄱ 해외시장의 개발에 역점을 둔다.

ㄴ 내수시장의 발전에 주안점을 둔다.

ㄷ 경제자립도를 한층 더 떨어뜨리는 부작용을 초래할 수 있다.

ㄹ 단기적인 수출성과에 치중함으로써 장기적 성장 가능성을 경시할 가능성이 있다.

① ㄱ

② ㄱ, ㄴ, ㄷ, ㄹ

③ ㄱ, ㄷ

④ ㄱ, ㄷ, ㄹ

MEMO

02 • 1993년

국내 저축률이 35%인 국가가 10%의 경제성장을 이룩하고자 할 때, 이에 필요한 해외 저축률은? (단, 자본-산출 비율은 5이다.)

① 2%   ② 7%   ③ 15%   ④ 25%

거시경제학

📈 개념-이론 정리 | R. F. Harrod 모형

1. **의미** : 케인스의 단기적인 국민소득결정이론을 장기적인 경제성장이론으로 동태화하여 자본주의 경제가 장기적으로 어떠한 성장을 하게 되는가를 분석하고 하였다.
2. **경제성장의 불안정성** : 모든 생산요소가 완전고용되고 총수요와 총공급이 균형을 이루면서 지속적인 경제성장을 하기가 어렵다. ⇒ 면도날(razor-edge)이론, 이율배반(antinomy)이론

🔍 기출분석

해로드(R. F. Harrod) 경제성장론에 따른 경제성장률과 1인당 경제성장률은 다음과 같이 측정된다.

- 경제성장률 = $\dfrac{저축률}{(한계)자본-산출\ 비율}$
- 1인당 경제성장률 = 경제성장률 - 인구증가율

주어진 조건과 앞의 공식을 이용하여 필요한 해외저축률을 다음과 같이 도출할 수 있다.

- 경제성장률 = $\dfrac{저축률}{(한계)자본-산출\ 비율}$ ⇒ $10\% = \dfrac{35\% + 해외저축률}{5}$ ⇒ 해외저축률 = 15%

[정답 | ③]

응용 TEST 2 ✏️

Harrod의 성장모형에서 현재 균형성장이 이루어지고 있다고 하자. 자본-산출량 비율이 2이고 소비성향이 0.7, 인구증가율이 2%인 경우에 국민경제의 성장률과 1인당 경제성장률은 각각 얼마인가?

자료에 제시된 성장모형에 대한 설명으로 옳은 것을 〈보기〉에서 모두 고르면?

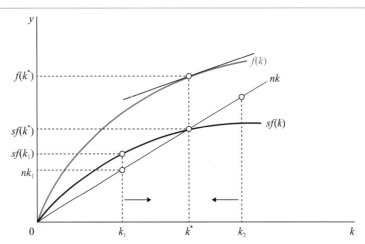

이 성장모형은 규모에 대한 보수가 불변인 1차동차 총생산함수를 가정하기 때문에 1인당 생산량(y)은 자본−노동비율(k)만의 함수가 된다. 그리고 경제가 최초에 어디에서 출발하든 간에 결국에는 $sf(k)=nk$를 만족시키는 k^*로 수렴한다. 이렇게 노동 및 자본의 완전고용이 동시에 달성되는 상태를 균제상태 또는 정상상태(steady state)라 부른다. (여기서 s는 저축성향, n은 인구증가율, k는 자본−노동비율 또는 1인당 자본량, y는 1인당 생산량 또는 1인당 국민소득을 나타낸다.)

보 기

ㄱ. k의 추가적인 증가에 따른 추가적인 y의 증가분은 체증한다.

ㄴ. 다른 조건이 일정할 때, 인구증가율이 높아지면 1인당 국민소득은 감소한다.

ㄷ. 다른 조건이 일정할 때, 시간이 지남에 따라 국가 간의 소득격차가 점차 확대된다.

ㄹ. 다른 조건이 일정할 때, 저축률이 증가하면 완전고용을 달성하는 1인당 자본량이 증가하고 1인당 국민소득도 증가한다.

① ㄱ, ㄴ   ② ㄱ, ㄷ   ③ ㄴ, ㄷ   ④ ㄴ, ㄹ   ⑤ ㄷ, ㄹ

📈 개념−이론 정리 | 1인당 실제 투자액(=저축액) 및 필요투자액의 의미와 균제 조건

1. **1인당 실제 투자액** : 1인당 생산함수는 $y=f(k)$이고, 한계저축성향을 s이므로 $s \cdot f(k)$는 1인당 실제저축액이다. 그런데 Solow 모형의 가정에서 저축(S)과 투자(I)는 항상 일치하므로 $sf(k)$는 1인당 실제투자액이 되고 $0<s<1$이므로 $y=f(k)$의 아래쪽에 위치한다.

2. **1인당 필요투자액** : 1인당 필요투자액이란 1인당 자본량을 일정하게 유지하기 위해 필요한 투자액으로 1인당 자본량$\left(k=\dfrac{K}{L}\right)$에 인구증가율($n$)을 곱하여 구한다. 즉 1인당 필요투자액$=nk$가 되는 것이다.

3. **균제 조건**

> 1인당 실제 투자액$[sf(k)]$ =1인당 필요투자액(nk)

- 솔로(R. Solow) 모형에서는 노동과 자본이 대체가능한 1차 동차 생산함수를 가정한다. 이에 따라 k의 추가적인 증가에 따른 추가적인 y의 증가분은 체감하게 된다(ㄱ).
- 다른 조건이 일정할 때, 인구증가율이 높아지면 필요투자선(nk)이 상방으로 이동하여 새로운 균제 상태에서 1인당 국민소득은 감소한다(ㄴ).
- 솔로(R. Solow) 모형에서는 노동과 자본이 대체가능한 1차 동차 생산함수를 가정한다. 이에 따라 경제는 궁극적으로 정체되어 시간이 지남에 따라 국가 간 소득격차가 점차 좁혀지는 수렴가설이 성립하게 된다(ㄷ).
- 다른 조건이 일정할 때. 저축률이 증가하면 실제투자선[$sf(k)$]이 상방으로 이동하여 새로운 균제 상태에서 1인당 자본량과 1인당 국민소득은 모두 증가한다(ㄹ). [정답 | ④]

응용 TEST 3 📝

솔로우(Solow)의 성장모형에서 1인당 생산함수가 $y = k^{0.5}$이고(y는 1인당 생산량, k는 1인당 자본량), 감가상각이나 기술진보가 없다고 가정하자. 만일 저축률이 20%이고 인구증가율이 5%라면, 안정 상태(steady state)에서의 1인당 생산량과 1인당 소비량은 얼마인가?

MEMO

국제경제학

AK

**임용 경제학
기출 길라잡이**

17 | 국제무역론

01 ● 1993년

다음 〈표〉는 A, B 국가에서의 상품 단위당 생산비(노동 투하량)를 나타낸 것이다. A, B 국가가 무역 이익을 얻기 위한 방법으로 옳은 것은? (단, 국가 간 생산요소의 이동은 없고, 생산기술 수준이나 기호 등도 같으며, 완전고용이 이루어진 상황을 전제로 함)

국가 \ 상품	기계	의류
A국	120인	140인
B국	110인	100인

① A국은 기계를, B국은 의류를 생산한다.
② A국이 기계와 의류를 모두 생산한다.
③ A국은 의류를, B국은 기계를 생산한다.
④ B국이 기계와 의류를 모두 생산한다.

📈 개념-이론 정리 | 리카도(D. Ricardo)의 비교우위론(비교생산비설)

1. 비교우위(comparative advantage)의 개념 : 어떤 나라가 어떤 상품의 생산에 있어서 생산비가 상대적으로 싼 경우 (⇒ 다른 나라보다 절대우위가 비교적 더 있거나 절대열위가 비교적 적게 있는 것)를 말한다.
2. 무역의 성립 : 한 국가가 모두 절대우위에 있다 하더라도 각국이 비교우위에 있는 재화에 특화(완전특화)하여 생산한 후 서로 생산물을 교환함으로써 교역당사국 모두가 사회적 이익을 증대시킬 수 있다.

💲 기출분석

양국 간 재화의 상대가격(기회비용)을 비교하여 상대가격이 작은 상품에 대하여 비교우위가 성립하여, 그 상품에 대해 완전특화가 이루어진다. 주어진 〈표〉를 전제로 각국 상품의 상대가격을 구하여 정리하면 다음과 같다.

국가 \ 상품	기계 1단위의 상대가격	의류 1단위의 상대가격
A국	$\frac{120인}{140인} = 0.86$	$\frac{140인}{120인} = 1.67$
B국	$\frac{110인}{100인} = 1.10$	$\frac{100인}{110인} = 0.91$

기계의 상대가격은 A국이 작고, 의류의 상대가격은 B국이 작다. 따라서 A국은 기계, B국은 의류에 완전특화하게 된다.

[정답 | ①]

다음은 A국과 B국이 노트북과 전기차를 생산하기 위한 단위당 노동소요량을 나타낸다. 이에 대한 설명으로 옳은 것은?

단위당 노동소요량(재화 한 단위 생산을 위한 노동투입시간)

구분	노트북	전기차
A국	10	120
B국	20	400

① A국은 노트북 생산에, B국은 전기차 생산에 비교우위가 있다.

② A국은 전기차 생산에, B국은 노트북 생산에 비교우위가 있다.

③ A국은 노트북과 전기차 두 재화 생산 모두에 비교우위가 있다.

④ B국은 노트북과 전기차 두 재화 생산 모두에 절대우위가 있다.

MEMO

다음 〈표〉는 A국과 B국이 자전거 1단위와 옷 1단위를 생산하는 데 소요되는 생산비를 나타낸 것이다. 이에 대한 설명으로 옳은 것을 〈보기〉에서 고른 것은? (단, A국과 B국에는 자유무역만 존재하며 두 상품 간 교역조건은 1:1이며, 단위는 달러이다.)

	자전거	옷
A국	90	100
B국	140	120

보 기

ㄱ. A국은 옷 생산에 비교우위가 있다.
ㄴ. 자전거의 옷 1단위당 교환비율은 1.2−1.6 사이에서 결정될 수 있다.
ㄷ. 자전거 1단위를 생산하는 데 따른 기회비용은 B국이 A보다 크다.
ㄹ. A국이 비교우위를 갖는 상품을 특화 생산한 후 교역할 경우, A국은 특화 상품의 $\frac{1}{9}$ 단위에 해당하는 무역이익을 얻을 수 있다.

① ㄱ, ㄴ   ② ㄱ, ㄷ   ③ ㄴ, ㄷ   ④ ㄴ, ㄹ   ⑤ ㄷ, ㄹ

📈 개념−이론 정리 | **교역조건(terms of trade : TOT)의 결정**

교역조건이란 본국의 수출재 1단위와 교환되는 수입재의 양을 말한다. 자국의 수출품을 X재, 수입품을 Y재라 하면 교역조건은 $\frac{Y}{X}=\frac{P_X}{P_Y}$이다. 교역조건은 무역의 이익을 측정하는 데 이용되며, 폐쇄경제하에서의 국내 상대가격과 개방 후의 교역조건의 차이가 크면 클수록 무역으로 인한 이득은 크다.

한편 Y재 수량으로 표시한 X재의 상대가격($\frac{Y}{X}=\frac{P_X}{P_Y}$)이 A국에서는 1.20이고 B국에서는 0.89라고 가정할 때, 두 나라 사이에서의 무역이 발생할 수 있는 교역조건 범위는 0.89 ≤가 된다. 단, 여기서 두 나라 모두 무역의 이익을 얻을 수 있는 교역조건의 범위를 구할 때는 '='이 빠져야 된다.

🔍 기출분석

양국 간 재화의 상대가격(기회비용)을 비교하여 상대가격이 작은 상품에 대하여 비교우위가 성립하여, 그 상품에 대해 완전특화가 이루어진다. 주어진 〈표〉를 전제로 각국 상품의 상대가격을 구하여 정리하면 다음과 같다.

국가＼상품	자전거 1단위의 상대가격	옷 1단위의 상대가격
A국	$\frac{90}{100}=0.90$	$\frac{100}{90}=1.10$
B국	$\frac{140인}{120인}=1.67$	$\frac{120인}{140인}=0.86$

ㄱ. A국은 B국에 비해 상대가격이 낮은 자전거 생산에 비교우위가 있다.

ㄴ. 자전거의 옷 1단위당 교환비율은 0.86~1.1 사이에서 결정될 수 있다.

ㄷ. 자전거 1단위를 생산하는 데 따른 기회비용(=상대가격)은 B국(=01.67)이 A국(=0.9)보다 크다.

ㄹ. A국이 비교우위를 갖는 상품인 자전거를 특화 생산한 후 옷과 1:1로 교역할 경우, A국은 기존의 옷 생산에 필요한 100이 아닌 자전거 생산에 필요한 90의 생산비만 가지고도 동일한 옷 1단위를 소비할 수 있게 된다. 이에 따라 10만큼의 생산비 절감이 가능하고, 이렇게 절감된 10의 생산비를 가지고 특화 상품인 자전거를 $\frac{1}{9}$ 단위만큼을 더 생산하여 소비할 수 있게 된다.

[정답 | ⑤]

응용 TEST 2 📝

A국과 B국은 노동만을 사용하여 X재와 Y재만을 생산한다. 재화 한 단위를 생산하기 위한 노동시간이 다음 〈표〉와 같을 때 옳은 것은? (단, 양국은 비교우위에 따라 교역을 하고, 교역에 따른 비용은 없다.)

(단위 : 시간)

국가 ＼ 재화	X	Y
A	3	6
B	3	7

① X재 1단위가 Y재 $\frac{1}{3}$ 단위와 교환되는 교역조건이면 두 나라 사이에 무역이 일어나지 않는다.

② A국은 X재 생산에, B국은 Y재 생산에 비교우위가 있다.

③ A국은 X재와 Y재의 생산에 절대우위가 있다.

④ X재 생산의 기회비용은 A국이 작다.

MEMO

다음의 주어진 상황에서 A국과 B국이 모두 무역의 이익을 얻을 수 있는 쌀과 컴퓨터의 교역조건(쌀/컴퓨터)을 X라고 할 때, 이 X의 범위를 구하시오.

A국과 B국 모두는 쌀과 컴퓨터만을 생산하고 있다. 두 나라 모두에서 자원은 노동뿐이고 노동의 질은 각 나라 안에서 동일하다. 두 나라의 생산가능곡선을 도출하기 위해 자료를 조사한 결과, 다음의 <표>와 같이 각각 생산가능곡선 위의 두 점씩을 확인할 수 있었다. <표>의 괄호 속 숫자는 (쌀의 생산량, 컴퓨터의 생산량)을 나타낸다. (단, 쌀의 생산량 단위는 톤(ton), 컴퓨터의 생산량 단위는 대임.)

나라	생산가능곡선 위의 점	
A국	(480, 100)	(420, 150)
B국	(80, 240)	(40, 320)

📈 개념-이론 정리 | **교역조건(terms of trade : TOT)의 결정**

교역조건이란 본국의 수출재 1단위와 교환되는 수입재의 양을 말한다. 자국의 수출품을 X재, 수입품을 Y재라 하면 교역조건은 $\frac{Y}{X} = \frac{P_X}{P_Y}$이다. 교역조건은 무역의 이익을 측정하는 데 이용되며, 폐쇄경제하에서의 국내 상대가격과 개방 후의 교역조건의 차이가 크면 클수록 무역으로 인한 이득은 크다.

한편 Y재 수량으로 표시한 X재의 상대가격($\frac{Y}{X} = \frac{P_X}{P_Y}$)이 A국에서는 1.2이고 B국에서는 0.89라고 가정할 때, 두 나라 사이에서의 무역이 발생할 수 있는 교역조건 범위는 $0.89 \leq$ 가 된다. 단, 여기서 두 나라 모두 무역의 이익을 얻을 수 있는 교역조건 범위를 구할 때는 '='이 빠져야 한다.

🔍 기출분석

쌀을 R, 컴퓨터를 C라고 가정하면 A국과 B국에서 쌀(R)의 수량으로 나타낸 컴퓨터(C)의 상대가격(=기회비용)은 각각 다음과 같다.

$$\text{A국} : \frac{R}{C} = \frac{60}{50} = 1.2, \qquad \text{B국} : \frac{R}{C} = \frac{40}{80} = 0.5$$

따라서 A국과 B국이 모두 무역의 이익을 얻을 수 있는 쌀과 컴퓨터의 교역조건(쌀/컴퓨터)은 '$0.5 < X < 1.2$가 된다.

X재와 Y재만을 생산하는 A국과 B국의 생산가능곡선표가 다음과 같다고 한다.

A국

X재	0	50	100	150	200
Y재	400	300	200	100	0

B국

X재	0	30	50	80	100
Y재	50	35	25	10	0

양국 모두가 이익을 얻을 수 있는 교역조건($(\frac{P_X}{P_Y})^T$)은? (P_X : X재 가격, P_Y : Y재 가격)

MEMO

다음 자료에서 자유무역 후 을국이 소비하는 A재와 B재는 각각 몇 단위인지 순서대로 쓰시오.

갑국과 을국에서 A재, B재 각 1단위를 생산하는 데 필요한 노동 투입 시간은 아래 <표>와 같다. 양국은 노동시간만을 투입하여 생산하며 가용 노동시간은 1,000시간으로 동일하다. 무역은 양국 사이에서만 자유롭게 이루어지며 거래비용은 없다. 자유무역 후 A재와 B재는 1대1로 교환되고 갑국이 소비하는 A재와 B재의 양은 동일하다.

〈갑국과 을국의 노동 투입 시간〉

국가 \ 제화	A재	B재
갑국	100시간	50시간
을국	20시간	40시간

📈 개념–이론 정리 | **리카도(D. Ricardo)의 비교우위론(비교생산비설)**

1. **비교우위(comparative advantage)의 개념** : 어떤 나라가 어떤 상품의 생산에 있어서 생산비가 상대적으로 싼 경우 (⇒ 다른 나라보다 절대우위가 비교적 더 있거나 절대열위가 비교적 적게 있는 것)를 말한다.
2. **무역의 성립** : 한 국가가 모두 절대우위에 있다 하더라도 각국이 비교우위에 있는 재화에 특화(완전특화)하여 생산한 후 서로 생산물을 교환함으로써 교역당사국 모두가 사회적 이익을 증대시킬 수 있다.

🔍 기출분석

■ 주어진 조건에 따른 양국의 생산가능곡선을 〈그림〉으로 나타내면 다음과 같다.

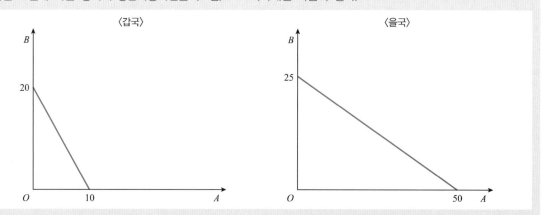

■ 갑국의 A재 상대가격은 '$2(=\frac{20}{10})$'이고, 을국의 A재 상대가격은 '$\frac{1}{2}(=\frac{25}{50})$'이다. 비교우위는 상대가격이 작은 재화에 대해 성립하게 되므로 A재에 대해서는 을국이 비교우위를 갖게 되고, B재에 대해서는 갑국이 비교우위를 갖게 된다. 이에 따라 을국은 A재에 완전특화를 하여 50단위를 생산하고, 갑국은 B재에 완전특화를 하여 20단위를 생산하게 된다.

- 자유무역 후 A재와 B재는 1대 1로 교환된다는 것은 교역조건($= \dfrac{B재\ 수량}{A재\ 수량}$)이 '1'이라는 의미이고, 갑국이 소비하는 A재와 B재의 양은 동일하다는 것은 갑국은 생산한 B재 20단위 중 10단위를 을국이 생산한 A재 10단위와 교환하여 소비하게 된다는 의미이다. 이것은 곧 을국이 A재 50단위를 생산하여 10단위를 갑국의 B재 10단위와 교환하여 소비한다는 의미이기도 하다.
- 을국이 소비하는 A재와 B재 : A재 40단위, B재 10단위

응용 TEST 4 ✏️

A국, B국은 X재와 Y재만을 생산하고, 생산가능곡선은 각각 $X = 2 - 0.2Y$, $X = 2 - 0.05Y$이다. A국과 B국이 X재와 Y재의 거래에서 양국 모두에게 이익을 주는 교역조건의 범위는?

MEMO

다음 자료에 대한 분석과 추론으로 옳은 것을 〈보기〉에서 모두 고른 것은?

	고기	밀
A국	$\dfrac{P_{고기}}{L_{고기\,A}}$	$\dfrac{P_{밀}}{L_{밀\,A}}$
B국	$\dfrac{P_{고기}}{L_{고기\,B}}$	$\dfrac{P_{밀}}{L_{밀\,A}}$

위 〈표〉는 A국과 B국의 고기와 밀 각 1단위에 대한 가격 및 비용 조건을 나타내고 있다. A국과 B국은 각각 $P_{고기}$, $P_{밀}$의 가격에서 고기와 밀을 자유교역하고 있다. 교역의 결과, A국은 고기 생산에, B국은 밀 생산에 완전특화하고 있다. 단, 생산요소로는 노동만이 유일하며, 각 재화는 경쟁적으로 생산되고 있다. 〈표〉에서 $L_{고기\,A}$, $L_{밀\,A}$는 A국에서 고기와 밀 각 재화 1단위의 생산에 들어가는 노동시간을 표시하는데, 예를 들어 $\dfrac{P_{고기}}{L_{고기\,A}}$는 A국에서 고기 생산의 시간당 생산성을 나타낸다. B국 및 밀에 대해서도 마찬가지 방식으로 표기된다.

보 기

ㄱ. A국에서 고기 생산의 시간당 생산성은 밀 생산의 시간당 생산성보다 크다.
ㄴ. A국에서는 고기의 밀에 대한 상대가격을 밀로 표시한 고기의 기회비용보다 크다.
ㄷ. A국의 B국에 대한 상대적 생산성은 고기 생산보다 밀 생산에서 더 크다.

① ㄱ   ② ㄴ   ③ ㄱ, ㄴ   ④ ㄱ, ㄷ   ⑤ ㄴ, ㄷ

📈 개념-이론 정리 | **노동(시간) 투입계수와 비교우위**

1. 노동(시간) 투입계수와 노동생산성

① 노동(시간) 투입계수(L_Q)는 상품 1단위를 생산하기 위해 필요한 노동량(시간)을 의미한다. 이에 따라 노동(시간) 투입계수와 노동생산성($\dfrac{Q}{L}$)을 다음과 같이 나타낼 수 있다.

$$Q = \frac{L}{L_Q} \Rightarrow \frac{1}{L_Q} = \frac{Q}{L}(=노동생산성) \ 또는 \ L_Q = \frac{L}{Q}\,[L은 \ 노동(시간) \ 투입량, \ Q는 \ 생산량]$$

② 이를 통해 노동(시간) 투입계수는 노동생산성과 역(−)의 관계에 있음을 알 수 있다.

2. 국내 상대가격 결정

① 양국의 노동이 동질적이며 X재와 Y재 산업 간 자유롭게 이동하고, 노동시장이 완전경쟁이라 가정하면 양국에서 두 재화의 가격은 단위당 노동투입량, 즉 노동(시간) 투입계수에 의하여 결정된다. 이에 따라 양국의 노동(시간) 단위당 임금이 W일 때, A국과 B국의 생산물가격과 두 재화의 국내 상대가격은 다음과 같이 결정된다.

- A국

  ⓐ X재 노동(시간) 투입계수 : $L_X^A = (\frac{L}{X})^A$, Y재 노동(시간) 투입계수 : $L_Y^A = (\frac{L}{Y})^A$

ⓑ 두 재화의 가격 : $P_X^A = L_X^A \times W^A$, $P_Y^A = L_Y^A \times W^A$

ⓒ X재의 상대가격 : $(\frac{P_X}{P_Y})^A = \frac{L_X^A \times W^A}{L_Y^A \times W^A} = \frac{L_X^A}{L_Y^A} = (\frac{L_X}{L_Y})^A = (\frac{L}{X})^A / (\frac{L}{Y})^A = (\frac{Y}{X})^A$

ⓓ X재의 상대적 생산성 : $(\frac{X}{L})^A / (\frac{Y}{L})^A = (\frac{1}{L_X})^A / (\frac{1}{L_Y})^A = (\frac{L_Y}{L_X})^A = (\frac{P_Y}{P_X})^A = 1/(\frac{P_X}{P_Y})^A$

⇒ X재의 상대적 생산성은 결국 X재의 상대가격의 역수와 같다는 것을 알 수 있다. 이것은 한 재화의 상대가격이 작을수록 상대적 생산성은 크다는 것을 의미한다.

- B국

ⓐ X재 노동(시간) 투입계수 : $L_X^B = (\frac{L}{X})^B$, Y재 노동(시간) 투입계수 : $L_Y^B = (\frac{L}{Y})^B$

ⓑ 두 재화의 가격 : $P_X^B = L_X^B \times W^B$, $P_Y^B = L_Y^B \times W^B$

ⓒ X재의 상대가격 : $(\frac{P_X}{P_Y})^B = \frac{L_X^B \times W^B}{L_Y^B \times W^B} = \frac{L_X^B}{L_Y^B} = (\frac{L_X}{L_Y})^B = (\frac{L}{X})^B / (\frac{L}{Y})^B = (\frac{Y}{X})^B$

ⓓ X재의 상대적 생산성 : $(\frac{X}{L})^B / (\frac{Y}{L})^B = (\frac{1}{L_X})^B / (\frac{1}{L_Y})^B = (\frac{L_Y}{L_X})^B = (\frac{P_Y}{P_X})^B = 1/(\frac{P_X}{P_Y})^B$

⇒ X재의 상대적 생산성은 결국 X재의 상대가격의 역수와 같다는 것을 알 수 있다. 이것은 한 재화의 상대가격이 작을수록 상대적 생산성은 크다는 것을 의미한다.

② 앞의 결과를 통해 각국의 국내 상대가격은 산업 간 상대적 노동생산성에 의해 결정됨을 알 수 있다. 또한 양국의 국내 상대가격과 각국의 산업 간 상대적 노동생산성 사이에는 다음 관계가 성립됨을 알 수 있다.

- $(\frac{P_X}{P_Y})^A < (\frac{P_X}{P_Y})^B \Rightarrow (\frac{L/X}{L/Y})^A < (\frac{L/X}{L/Y})^B \Rightarrow (\frac{X/L}{Y/L})^A > (\frac{X/L}{Y/L})^B$

⇒ A국 X재 상대가격 < B국 X재 상대가격, A국 X재 상대적 생산성 > B국 X재 상대적 생산성
⇒ A국이 X재에 비교우위, B국이 Y재에 비교우위 성립

기출분석

- A국은 고기 생산에, B국은 밀 생산에 완전특화하고 있다는 것은 A국과 B국이 각각 고기와 밀에 대해 비교우위를 갖는다는 것을 의미한다. 이는 곧 A국 고기(밀)의 상대가격이 B국 고기(밀)의 상대가격에 비해 낮다는(높다는) 것을 의미한다. 이것은 또한 A국에서 고기 생산의 시간당 생산성은 밀 생산의 시간당 생산성보다 크다는 것을 의미하기도 한다(ㄱ).
- "고기의 밀에 대한 상대가격"과 "밀로 표시한 고기의 기회비용"은 동일한 의미이다(ㄴ). 따라서 양자 중에서 "어느 것이 더 크다 또는 작다"라는 것은 성립할 수 없다.
- A국이 고기 생산에 완전특화하고 있다는 것은 A국의 B국에 대한 고기의 상대가격이 더 작다는 것을 의미한다. 이는 곧 상대적 생산성이 밀 생산보다 고기 생산에서 더 크다는 것을 의미한다. 왜냐하면 각 재화의 상대적 생산성과 각 재화의 상대가격 사이에는 역(−)의 관계가 성립하기 때문이다.
- 이 문제는 시험 당시에 논란이 있었던 문제였다. 애초에 정답을 ③으로 발표하였다가 추후에 ①도 복수정답으로 인정하였기 때문이다. 지금도 이해할 수 없는 것은 ③이 옳다면 왜 〈보기〉의 ㄴ은 옳지 않은 것인가에 대한 의문이다. ③에는 명백히 ㄴ도 포함되어 있는데도 말이다. 개인적인 견해는 ㄱ만이 옳은 내용이므로 ①을 정답으로 하고 싶다.

[정답 | ①, ③(복수정답 인정)]

다음 〈표〉와 같은 조건하에서 A국과 B국은 옷과 쌀 2가지 상품을 생산하고 있다. 노동만이 두 상품의 유일한 생산요소이고 노동의 한계생산물은 불변인 리카도 모형을 고려하자. 이제 자유무역으로 국제시장에서 상대가격 ($P_옷/P_쌀$)은 1이 되었다고 가정하자. 무역 전후에 대한 설명으로 옳은 것은? (단, $wage$는 명목임금, P는 가격, MP는 노동의 한계생산물을 나타낸다.)

A국		B국	
$wage = 12$		$wage^* = 6$	
$MP_옷 = 2$	$MP_쌀 =$	$MP_옷^* =$	$MP_쌀^* = 1$
$P_옷 =$	$P_쌀 = 4$	$P_옷^* = 3$	$P_쌀^* =$

① A국은 쌀을 수출할 것이다.

② 무역 이전에, 옷 생산의 경우 B국의 $MP_옷^*$이 A국의 $MP_옷$보다 높다.

③ 무역 이전에, 쌀 생산의 경우 B국의 $MP_쌀^*$이 A국의 $MP_쌀$보다 높다.

④ 무역이 발생하지 않을 것이다.

MEMO

06 • 2013년

다음 자료에 대한 분석으로 옳은 것을 〈보기〉에서 고른 것은?

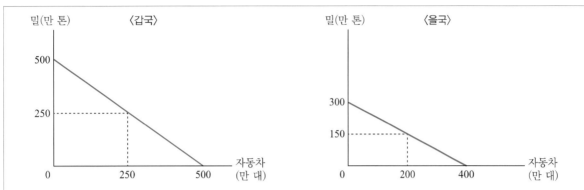

갑국과 을국은 밀과 자동차를 생산하고 있다. 〈그림〉은 갑국과 을국의 생산가능곡선을 보여 주고 있다. 무역 이전 각국은 가용 노동시간의 절반씩을 각각 밀과 자동차 생산에 투입하여 생산−소비하고 있다. 무역이 이루어질 경우 밀 : 자동차의 교환비율은 5 : 6이라고 가정한다. 또한 무역을 통해 어떤 나라의 사회적 효용이 증가하기 위해서는 무역 이전에 비하여 두 재화의 소비량이 모두 증가하거나, 한 재화의 소비량은 무역 이전과 같더라도 나머지 한 재화의 소비량은 반드시 무역 이전보다 증가해야 한다고 가정한다.

보 기

㉠ 밀의 양으로 표시한 자동차 한 대의 기회비용은 갑국이 더 작다.
㉡ 자동차의 양으로 표시한 밀 한 톤의 기회비용은 을국이 더 크다.
㉢ 갑국과 을국이 모두 비교우위 품목만을 생산한다면 무역을 통해 두 나라가 동시에 무역 이전보다 높은 효용을 누릴 수 있다.
㉣ 갑국이 자동차를 160만 대, 을국이 300만 대를 생산한다면 무역을 통해 두 나라가 동시에 무역 이전보다 높은 효용을 누릴 수 있다.

① ㄱ, ㄴ   ② ㄱ, ㄷ   ③ ㄴ, ㄷ   ④ ㄴ, ㄹ   ⑤ ㄷ, ㄹ

📈 개념−이론 정리 │ **비교우위론의 한계**

1. 노동가치설에 입각하여 생산요소가 노동 하나뿐이라고 가정함으로써 상품생산에 있어서 생산요소 간 대체관계가 감안되지 못했다.
2. 노동의 한계생산성이 일정하다고 전제하여 기회비용이 일정한 생산가능곡선과 비현실적인 완전특화가 이루어진다고 가정했다.
3. 무역에 아무런 장애가 없음을 전제하고 있지만, 무역은 관세와 같은 많은 장벽을 뛰어 넘어야 하는 것이 현실이다.

💲 기출분석

■ 밀의 양으로 표시한 자동차 한 대의 기회비용은 〈그림〉에서 주어진 생산가능곡선의 기울기와 같다. 이에 따라 갑국에서는 '1', 을국에서는 '$\frac{3}{4}$'으로 측정된다(ㄱ).

- 자동차의 양으로 표시한 밀 한 톤의 기회비용은 〈그림〉에서 주어진 생산가능곡선 기울기의 역수와 같다. 이에 따라 갑국에서는 '1', 을국에서는 '$\frac{4}{3}$'로 측정된다(ㄴ).
- 비교우위 상품은 기회비용이 작은 상품이다. 따라서 갑국의 비교우위 상품은 밀이고, 을국의 비교우위 상품은 자동차이다. 이에 따라 갑국과 을국이 모두 비교우위 품목만을 특화 생산하는 경우 두 나라가 생산하는 상품과 수량과 특화 전 상품의 생산량을 비교하면 다음과 같다.

구분	국가	자동차	밀
자급자족 생산(소비) 가능량	갑국	250만 대	250만 톤
	을국	200만 대	150만 톤
특화 후 소비 가능량	갑국	0	500만 톤
	을국	400만 대	0

위 〈표〉와 같이 양국에서 이루어진 특화 전 밀 총생산량(＝400)에 비해 특화 후 밀 생산량(＝500)은 더 증가했으나, 특화 전 자동차 총생산량(450)에 비해 특화 후 자동차 총생산량(500)은 오히려 더 감소했다. 따라서 갑국과 을국이 모두 비교우위 품목만을 생산하는 경우 어떤 조건으로도 무역을 통해 두 나라가 동시에 무역 이전보다 높은 효용을 누리는 것은 불가능하다(ㄷ).
- 갑국이 자동차를 160만 대, 을국이 300만 대를 생산한다는 것은 갑국은 340만 톤, 을국은 75만 톤의 밀을 각각 동시에 생산한다는 것을 의미한다. 이후 양국이 주어진 '밀(갑국):자동차(밀)＝5:6'이라는 비율로 밀 80만 톤과 자동차 96만 대의 교환이 가능해진다. 이러한 교환 후의 두 상품의 소비 가능량과 최초 자급자족 상태에서의 생산(소비) 가능량을 비교하면 다음 〈표〉와 같다.

구분	국가	자동차	밀
자급자족 생산(소비) 가능량	갑국	250만 대	250만 톤
	을국	200만 대	150만 톤
교환 전 생산량	갑국	160만 대	340만 톤
	을국	300만 대	75만 톤
교환 후 소비가능량	갑국	256만 대	260만 톤
	을국	204만 대	155만 톤

위 〈표〉를 보면 교환 후 양국의 자동차와 밀의 소비 가능량이 최초 자급자족 생산(소비) 가능량에 비해 모두 증가하고 있음을 확인할 수 있다. 이에 따라 "갑국이 자동차를 160만 대, 을국이 300만 대를 생산한다면 무역을 통해 두 나라가 동시에 무역 이전보다 높은 효용을 누릴 수 있다."는 진술은 옳다(ㄹ).   [정답 | ④]

응용 TEST 6 ✍

갑과 을만으로 구성된 A국에서 두 사람이 각각 하루 10시간 일하며 X재와 Y재만을 생산한다. 갑은 시간당 X재 2단위 또는 Y재 1단위를 생산할 수 있으며 을은 시간당 X재 1단위 또는 Y재 2단위를 생산할 수 있다. 다음 설명 중 옳지 않은 것은?

① A국의 X재 하루 최대 생산량은 30이다.
② A국의 Y재 하루 최대 생산량은 30이다.
③ A국의 생산가능곡선은 기울기가 −1인 직선 형태를 지닌다.
④ 두 사람 모두 하루에 5시간씩 X재와 Y재를 생산하는 것은 비효율적이다.
⑤ 갑은 X재 생산에, 을은 Y재 생산에 비교우위가 있다.

다음은 갑국의 교역 전후 상황에 대한 자료이다. 〈작성 방법〉에 따라 서술하시오.

그림은 두 재화 X재, Y재에 대한 갑국의 생산 가능 곡선을 나타낸다. 현재 A에서 생산 및 소비를 하고 있는 갑국은 비교우위가 있는 재화에 특화하여 교역에 참여하기로 하였다. 해외시장에서 X재와 Y재는 1:2의 비율로 거래되고 있고, 갑국이 교역에 참여하더라도 해외 시장에서 거래 비율은 변하지 않는다. (단, X재와 Y재는 완전경쟁시장에서 거래된다.)

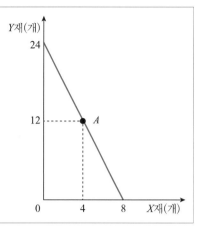

작성 방법

• 갑국의 X재와 Y재의 기회비용을 구하고, 어떤 재화에 비교우위가 있는지 서술할 것.
• 갑국이 교역에 참여하더라도 X재와 Y재 현재 소비량이 줄어들지 않기를 원한다면, 교역을 통해 갑국이 최대로 소비할 수 있는 X재와 Y재 각각의 수량을 쓸 것.

📈 개념-이론 정리 | **국내 상대가격과 교역조건**

무역을 통해 이익을 얻기 위해서는 자국의 상대가격이 국제 상대가격보다 낮은 재화를 수출해야 한다. 예컨대 A국 국내에서 Y재 수량으로 나타낸 X재의 상대가격($\frac{Y}{X} = \frac{P_X}{P_Y}$)이 '$\frac{1}{2}(= \frac{Y}{X})$'이라고 가정하자. 만약 국제시장에서 X재와 Y재가 동일한 가격에 거래된다면 Y재 수량으로 나타낸 X재의 국제 상대가격은 '$1(= \frac{P_X}{P_Y})$'이다. 이에 따라 국내시장에서는 X재 1단위에 대해 Y재 $\frac{1}{2}$단위를 얻을 수 있는 반면, 국제시장에서는 동일한 X재 1단위에 대해 Y재 1단위를 얻을 수 있게 된다. 따라서 A국은 국제시장에서 X재를 수출하는 교역에 참여하면 이익을 얻을 수 있게 된다.

- X재의 기회비용 : $\frac{Y}{X}=3(=\frac{24}{8})$, Y재의 기회비용 : $\frac{X}{Y}=\frac{1}{3}(=\frac{8}{24})$
- 국제상대가격(기회비용) : $\frac{Y}{X}=2$ 또는 $\frac{X}{Y}=\frac{1}{2}$
- 갑국의 비교우위 상품 : Y재($\because$ 비교우위는 국내 상대가격(기회비용)이 국제 상대가격(기회비용)보다 작은 경우에 성립한다.)
- 갑국은 비교우위 상품인 Y재에 완전특화를 하여 Y재 24단위만을 생산하며 무역에 참여하게 된다. 이때 갑국이 Y재의 현재 소비량인 12단위를 유지하고자 한다면 교역조건(X재와 Y재는 1:2로 교환)에 따라 Y재 생산량 24단위 중에서 12단위를 수출하고 X재 6단위를 수입하여 소비할 수 있게 된다. 이에 따라 X재 6단위, Y재 12단위를 동시에 소비할 수 있게 되어 무역 이전과 비교할 때 두 재화 모두 소비량이 줄지 않게 된다. 반대로 갑국이 X재의 현재 소비량인 4단위를 유지하고자 한다면 교역조건(X재와 Y재는 1:2로 교환)에 따라 Y재 생산량 24단위 중에서 8단위를 수출하고 나머지 Y재 16단위를 소비할 수 있게 된다. 따라서 교역을 통해 갑국이 최대로 소비할 수 있는 X재와 Y재는 각각 X재 6단위, Y재 16단위가 된다.

응용 TEST 7

세계에 두 나라(A국, B국)만 있다. 이 세계경제에는 사과와 바나나 두 재화만 있다. 폐쇄경제일 때 사과 가격을 바나나 가격으로 나눈 상대가격이 A국에서는 2이고, B국에서는 5이다. 개방경제하에서 교역가능조건이 아닌 것은?

① A국의 수출업자는 사과 150개를 수출하는데, 그 대가로 바나나 650개를 받는다.
② A국의 수입업자는 바나나 100개를 수입하는데, 그 대가로 사과 20개를 준다.
③ A국의 수입업자는 바나나 100개를 수입하는데, 그 대가로 사과 30개를 준다.
④ B국의 수출업자는 바나나를 200개를 수출하는데, 그 대가로 사과 100개를 받는다.
⑤ B국의 수입업자는 사과 100개를 수입하는데, 그 대가로 바나나 150개를 준다.

MEMO

08 • 1995년

그림은 미국의 경제학자 버논(R. Vernon)이 개념화한 첨단산업 신제품 사이클 곡선이다. 이 곡선에 의하면, 한국이 수출을 하게 되고 거꾸로 미국은 수입을 하게 되는, 무역 패턴의 역전이 일어나는 시점은?

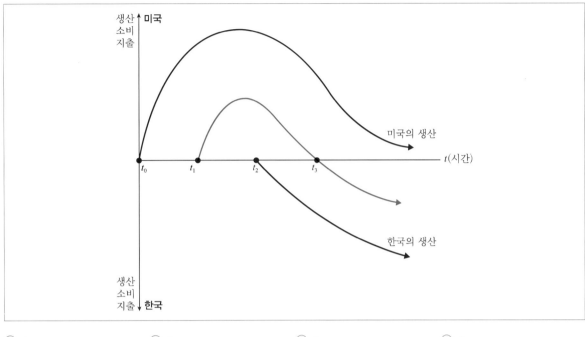

① t_0　　　　② t_1　　　　③ t_2　　　　④ t_3

📈 개념-이론 정리 | **제품수명 주기설(R. Vernon, L. T. Wells)**

1. **의미** : 제품의 수명주기는 신생단계, 성숙단계, 표준화단계로 구성된다.
2. **Vernon의 3단계 cycle**
    ① 신생단계(new product stage) : 새로운 제품을 개발히는 단계로서 기술풍부국이 수출을 독점하게 된다. 이 시기에는 기업의 R&D가 중요한 과제가 된다.
    ② 성숙 단계(maturing product stage) : 수요가 증가하고 생산이 증가하면서 비용과 가격이 떨어지는 단계로서 자본풍부국도 생산하여 수출을 시작하게 된다. 이 시기에는 기업의 경영능력이 중요해진다.
    ③ 표준화 단계(standardized product stage) : 생산 공정이 표준화되어 미숙련 노동에 의해서도 대량생산이 이루어지는 단계로서 후진국인 노동풍부국이 생산하여 수출하고, 비교우위를 잃게 된 최초의 제품 개발국은 오히려 수입하는 단계이다.

3. Wells의 4단계 cycle

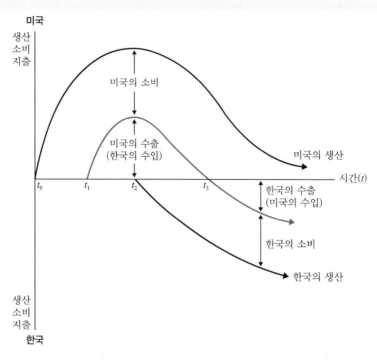

기출분석

문제에서 주어진 〈그림〉을 분석하여 재해석을 하면 앞의 〈개념-이론 정리〉 〈그림〉으로 나타낼 수 있다. 문제의 〈그림〉에서 t_3에서부터 한국에서는 소비량보다 생산량이 더 많아져서 그만큼 수출을 할 수 있게 된다. 반면에 미국에서는 생산량보다 소비량이 더 많아져서 그 차이만큼 수입을 하게 된다.

[정답 | ④]

응용 TEST 8

A국과 B국의 독점적 경쟁시장에서 생산되는 자동차를 고려하자. 두 국가 간 자동차 무역에 대한 다음 설명 중 옳은 것은?

> ⊙ 무역은 자동차 가격의 하락과 다양성의 감소를 초래한다.
> ⓛ 산업 내 무역(intra-industry trade)의 형태로 나타난다.
> ⓒ A국과 B국의 비교우위에 차이가 없어도 두 국가 간 무역이 일어난다.
> ⓔ 각각의 생산자 잉여를 증가시키지만, 소비자 잉여를 감소시킨다.

① ⊙, ⓛ   ② ⊙, ⓒ   ③ ⓛ, ⓒ   ④ ⓛ, ⓔ

09 • 2014년

다음 그래프는 국내의 X재 시장 상황을 나타낸다. 자유무역이 실시된다면, 무역이 이루어지지 않은 경우에 비해 X재 국내 생산량이 얼마나 증가 또는 감소하는지 쓰시오. (단, 국내공급 및 국내수요곡선은 직선의 형태이며 X재는 국제가격에서 얼마든지 수출하거나 수입할 수 있다.)

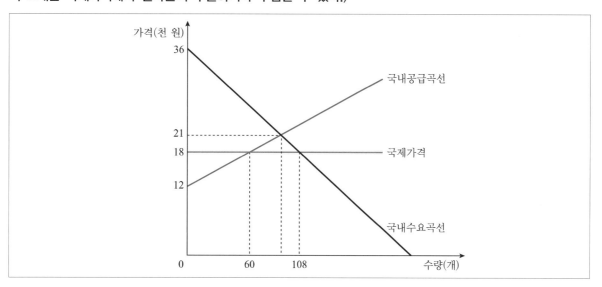

📈 개념-이론 정리 │ **자유무역-수입이 이루어지는 경우**

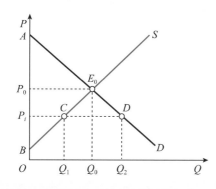

P_0는 개방 전 국내가격,
P_i는 개방 후 국제가격이다.

	개방 전	개방 후	비교
소비자 잉여	$\triangle AE_0P_0$	$\triangle ADP_1$	사다리꼴 $P_0E_0DP_i$ 증가 ⇒ 소비자 후생 개선
생산자 잉여	$\triangle P_0E_0B$	$\triangle P_iCB$	사다리꼴 $P_0E_0CP_i$ 감소 ⇒ 생산자 후생 악화
사회적 총잉여	$\triangle AE_0P_0 + \triangle P_0E_0B(=\triangle AE_0B)$	$\triangle ADP_i + \triangle P_iCB$	$\triangle E_0CD$ 증가 ⇒ 사회적 순후생 개선
수입량	0	Q_1Q_2 수입	국제수지 악화

■ 그림에서 주어진 국내수요곡선의 기울기는 '$\frac{18}{108} = \frac{1}{6}$', 공급곡선의 기울기는 '$\frac{6}{60} = \frac{1}{10}$'이다. 따라서 수요곡선은

'$P = 36 - \frac{1}{6}Q_D$', 공급곡선은 '$P = 12 + \frac{1}{10}Q_S$'가 된다. 두 식을 연립해서 풀면 무역이 이루어지지 않을 때의 국내 거

래량(=생산량)은 '$Q = 90$'이 된다.

다음과 같은 설명도 가능하다. 국내거래량을 X라고 한다면 동일한 국내수요곡선상에 있는 E점과 A점 사이에는

'$X : 15 = 108 : 18 \Rightarrow X = 90$' 관계가 성립한다. 직선인 국내수요곡선의 기울기 크기를 이용한 접근방법이다.

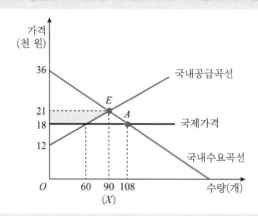

■ 국내생산량은 무역 전에 비해 30만큼 감소한다.

■ 이에 따라 무역으로 인한 생산자 잉여는 다음 〈그림〉의 색칠 한 부분만큼 감소하게 되며, 그 크기는 '$\frac{(90+60)}{2} \times 3$

$= 75 \times 3 = 225$'가 된다.

응용 TEST 9

소규모 폐쇄경제인 A국가의 X재에 대한 수요곡선과 공급곡선은 다음과 같고, 국제가격이 400이다. A국가가
경제를 개방할 때 발생하는 현상 중 옳은 것은?

| $Q_X^D = 500 - P_X$ | $Q_X^S = -100 + P_X$ |

(Q_X^D : X재 수요량, Q_X^S : X재의 국내공급량, P_X : X재의 가격)

① A국가는 X재를 수입하게 된다.
② 소비자 잉여는 10,000이 된다.
③ X재의 국내 거래량은 증가한다.
④ X재의 공급량은 감소한다.
⑤ 사회적 총잉여는 개방 전보다 10,000만큼 증가한다.

10 • 2002년

다음 〈표〉는 ○○나라의 주간(週間) 당근 수요·공급을 나타낸 것이다. 당근의 수량과 가격은 시장에서 수요와 공급에 의해서 결정된다. 이 〈표〉를 기초로 정부의 당근 가격 지지정책의 효과를 분석하려고 한다. 물음에 답하시오.

공급량(개)	12,000	10,000	7,000	4,000	1,000
가격(원)	100	80	60	40	20
수요량(개)	2,000	4,000	7,000	11,000	16,000

국제시장의 당근가격이 개당 40원일 경우 자유무역이 이루어질 때, ○○나라의 당근 수입량은 몇 개인지 쓰시오.(국내시장에서 정부의 개입이 없는 상태에서 당근의 거래가 이루어지고 있으며, 가격이 같으면 국산을 선호한다고 가정한다.)

📈 개념-이론 정리 | 자유무역-수입이 이루어지는 경우

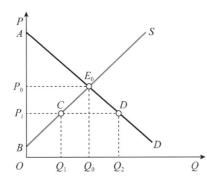

P_0는 개방 전 국내가격,
P_i는 개방 후 국제가격이다.

	개방 전	개방 후	비교
소비자 잉여	$\triangle AE_0P_0$	$\triangle ADP_i$	사다리꼴 $P_0E_0DP_i$ 증가 ⇒ 소비자 후생 개선
생산자 잉여	$\triangle P_0E_0B$	$\triangle P_iCB$	사다리꼴 $P_0E_0CP_i$ 감소 ⇒ 생산자 후생 악화
사회적 총잉여	$\triangle AE_0P_0 + \triangle P_0E_0B(=\triangle AE_0B)$	$\triangle ADP_i + \triangle P_iCB$	$\triangle E_0CD$ 증가 ⇒ 사회적 순후생 개선
수입량	0	Q_1Q_2 수입	국제수지 악화

💲 기출분석

국제시장의 당근가격인 개당 40원 수준에서 ○○나라 당근 시장에서는 공급량이 4,000단위, 수요량이 11,000단위가 되어 7,000단위의 초과수요가 존재한다. 자유무역이 이루어질 때 이러한 초과수요는 수입에 의해서 해소된다.

소규모 경제인 K국의 X재 시장에는 A와 B 소비자만 존재하고, A와 B의 개별수요곡선은 $P = 5,000 - 2Q$로 동일하다. 또한 시장 공급곡선은 $P = Q$이다. K국의 X재 시장의 개방으로 X재는 국제시장균형가격인 단위당 1.5 달러에 수입되며, 환율은 1달러 당 1,200원이다. X재에 대한 시장 개방 후 K국의 X재 수입량을 구하면?(단, Q는 수량, P는 가격을 나타낸다.)

MEMO

11 • 2012년

다음은 A국과 B국의 옥수수 교역에 대한 설명이다. 이에 대한 분석으로 옳은 것만을 〈보기〉에서 있는 대로 고른 것은?

A국과 B국 두 나라로 구성된 국제경제에서 각 나라의 옥수수에 대한 수요곡선과 공급곡선이 아래와 같다. 옥수수의 국제 균형가격은 옥수수의 수출량과 수입량이 일치하는 수준에서 형성된다. 단, 옥수수의 가격 P는 양국에서 동일한 통화로 표현되고 있으며, 무역에 따르는 어떤 비용과 규제도 없다.

A국	B국
수요곡선 $Q_{AD} = 100 - 2P$	수요곡선 $Q_{BD} = 80 - 4P$
공급곡선 $Q_{AS} = 20 + 2P$	공급곡선 $Q_{BS} = 40 + 4P$

보 기

ㄱ. 균형 교역량은 30이다.
ㄴ. A국이 수출하고 B국이 수입하게 된다.
ㄷ. 교역 시에 A국은 소비자 잉여가, B국은 생산자 잉여가 증가한다.

① ㄱ   ② ㄴ   ③ ㄷ   ④ ㄱ, ㄴ   ⑤ ㄴ, ㄷ

📈 개념-이론 정리 | **국제시장에서 무역량과 가격 결정**

1. 각국의 수요곡선을 수평으로 합하여 국제시장 수요곡선을 도출한다.
2. 각국의 공급곡선을 수평으로 합하여 국제시장 공급곡선을 도출한다.
3. 국제시장 수요곡선과 공급곡선을 연립하여 국제 무역량과 국제가격이 결정된다.

🔍 기출분석

■ A국과 B국의 수요곡선과 공급곡선을 각각 수평으로 합하면 국제시장에서의 옥수수 수요곡선(Q_{WD})과 공급곡선(Q_{WS})을 도출할 수 있다.

> • $Q_{WD} = Q_{AD} + Q_{BD} = 180 - 6P$
> • $Q_{WS} = Q_{AS} + Q_{BS} = 60 + 6P$

■ 앞에서 도출한 국제시장에서의 옥수수 수요곡선(Q_{WD})과 공급곡선(Q_{WS})을 연립해서 풀면 옥수수 국제가격(P_W)은 $P_W = 10$이 된다. 이 결과를 A국과 B국의 수요곡선과 공급곡선에 대입하면 다음과 같은 결과를 얻을 수 있다.

> • A국 : $Q_{AD} = 80$, $Q_{AS} = 40$ ⇒ 초과수요량=40 ⇒ 수입(ㄴ)
> • B국 : $Q_{BD} = 40$, $Q_{BS} = 80$ ⇒ 초과공급량=40 ⇒ 수출(ㄴ)
> • 균형교역량 : 40(ㄱ)

■ 양국 간 자유무역이 이루어지면 수입국인 A국에서는 소비자 잉여가 증가하게 되고, 수출국인 B국에서는 생산자 잉여가 증가하게 된다(ㄷ).

[정답 | ③]

응용 TEST 11 ✍

교역이 전혀 없던 두 국가 간에 완전한 자유무역이 개시된다고 하자. 다음 중 가장 옳은 것은?

① 어느 한 개인이라도 이전보다 후생수준이 낮아지는 일은 없다.

② 산업 간 무역보다는 산업 내 무역이 더 많이 생길 것이다.

③ 무역의 확대로 양국에서의 실업이 감소한다.

④ 수출재 시장의 생산자 잉여와 수입재 시장의 소비자 잉여가 모두 증가한다.

MEMO

12 • 2015년

A국은 철강을 수출하는 작은 나라이다. 수출을 장려하는 것이 국익에 도움이 된다고 판단한 A국 정부는 해외로 수출되는 철강에 대해 톤(ton)당 일정액의 보조금을 지급하기로 하였다. 이러한 정책시행 이후 A국의 소비자 잉여와 총잉여에 각각 어떤 변화가 있을지 판단하시오. (단, A국의 수출량 증가는 철강의 국제가격에 아무런 영향을 미치지 못하며 수출 및 수입에 따른 제반비용은 없다고 가정한다.)

개념-이론 정리 | 수출 보조금 지급 효과

1. 가격과 잉여의 변화
① 국내 판매가격은 지급된 보조금만큼 상승하고, 이보다 낮은 국제가격으로 수출한다.
② 국내 소비자 잉여는 감소하고 생산자 잉여는 증가한다.
③ 보조금 지급에 따른 정부의 재정손실이 발생한다.

2. 도해적 설명
① 국내가격(P_0)과 국제가격(P_f)이 같다고 가정하자. 여기서 정부가 수출보조금을 α만큼 지급하게 되면, 국내 판매가격은 국제가격에 보조금이 더 해진 '$P_f + \alpha$'가 된다. 이에 따라 국내소비량은 Q_0에서 Q_1으로 감소하고, 국제시장에 '$Q_1 \sim Q_2$'만큼을 국제가격인 P_f의 가격으로 수출하게 된다.

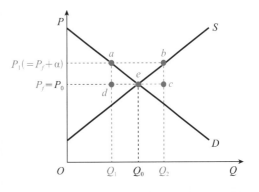

② 생산자의 총수입은 '국내 판매수입(사각형 $P_1 a Q_1 0$)+해외 판매수입(사각형 $Q_1 Q_2 cd$)+수출보조금 수입(사각형 $abcd$)'이 된다. 이에 따라 생산자 잉여는 보조금 지급 전에 비해 '사다리꼴 $P_1 b e P_f$'만큼 증가하게 된다.
③ 소비자 잉여는 보조금 지급 전에 비해 '사다리꼴 $P_1 a e P_f$' 만큼 감소한다.
④ 수출보조금 지급으로 인한 재정손실은 '사각형 $abcd$'만큼 증가한다.
⑤ 수출보조금 지급으로 인한 후생 변화를 정리하면 다음과 같다.

> • 생산자 잉여 : +(사다리꼴 $P_1 b e P_f$)
> • 소비자 잉여 : −(사다리꼴 $P_1 a e P_f$)
> • 재정 손실 : −(사각형 $abcd$)
> • 수출보조금 지급으로 인한 경제적 순손실(deadweight loss) : 삼각형 aed+삼각형 bec

기출분석

■ A국 소비자 잉여 : 감소, 총잉여 : 감소 ⇒ 소국인 A국이 국익에 도움이 되는 방향에서 수출 장려를 위한 수출보조금을 지급한다는 것은 현재의 국제가격 수준에서 동일 상품을 역수입할 수 없다는 것을 전제한다.

A국이 수출 물품에 단위당 일정액을 지급하는 보조금 정책이 교역조건에 미치는 효과에 대한 설명으로 옳은 것을 모두 고르면? (단, 다른 조건은 일정하다.)

ㄱ A국이 대국이면, 교역조건은 악화된다.
ㄴ A국이 소국이면, 교역조건은 개선된다.
ㄷ A국이 소국이면, 국내시장에서 수출품의 가격은 상승한다.

① ㄱ, ㄴ   ② ㄱ, ㄷ   ③ ㄱ, ㄴ, ㄷ   ④ ㄴ, ㄷ

MEMO

13 • 1996년

그림과 같이 어떤 상품에 $P_0 P_1$만큼의 수입 관세를 부과하였을 때, 관세의 경제적 효과를 잘못 설명한 것은?
(단, P_0 : 해외가격, P_1 : 해외가격 + 관세)

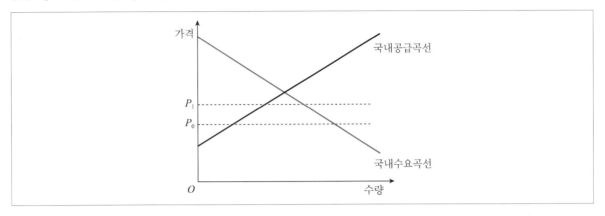

① 국내의 총소비량 감소   ② 국내 기업들의 생산량 증가
③ 국내 소비자들의 소비자 잉여 증가   ④ 국내 생산자들의 생산자 잉여 증가

📈 개념-이론 정리 | **관세부과의 효과(소국)**

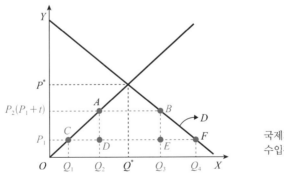

국제가격 : P_1
수입관세 : t

1. 소국이 관세를 부과하면 국내 판매가격(P_2)은 국제가격(P_1) 수준에서 정확히 관세부과(t) 크기만큼 상승한다. 이에 따라 국내생산량 증가($Q_1 \rightarrow Q_2$)와 국내 소비량 감소($Q_4 \rightarrow Q_3$)를 동시에 가져온다.
2. 생산자 잉여는 $P_1 P_2 AC$만큼 증가하고, 소비자 잉여는 $P_1 P_2 BF$만큼 감소한다. 이 경우 증가하는 생산자 잉여에 비해 감소하는 소비자 잉여가 더 크게 나타나게 된다.
3. 관세부과로 ABED만큼 정부의 재정수입이 증가하게 된다. 관세가 부과되면 수입량이 '$Q_1 Q_2 + Q_3 Q_4$'만큼 감소하게 되는데 이에 따라 △ACD + △BEF만큼의 사회적 순후생손실이 발생하게 된다.

소국 수입관세 부과의 효과로는 ⅰ) 국내 생산량 증가, ⅱ) 국내 소비량 감소, ⅲ) 국내 소비자 잉여 감소, ⅳ) 국내 생산자 잉여 증가, ⅴ) 재정수입 증가, ⅵ) 경제적 순손실(deadweight loss) 발생 등이 있다.   [정답 | ③]

응용 TEST 13

대국(Large country)이 수입재에 대하여 종량세 형태의 관세를 부과할 때 대국에 미치는 영향에 대한 다음 설명 중 옳지 않은 것은?

① 소비자 잉여는 감소한다.
② 관세부과 후 소비자가 지불하는 가격은 관세부과 이전 국제시장가격에 관세를 더한 금액과 일치한다.
③ 생산자 잉여는 증가한다.
④ 대국의 사회후생은 증가할 수도 있고 감소할 수도 있다.
⑤ 소비자 잉여와 생산자 잉여의 합은 항상 감소한다.

MEMO

연주와 민수는 최근 우리나라의 농업시장 개방 문제를 경제학 개념으로 설명해 보았다. ㉠, ㉡, ㉢에 들어갈 내용을 그래프에서 찾아 기호를 쓰시오.

> 연주 : 우리가 배운 이론에 따르면 쌀 수입을 금지할 때보다 개방할 때에 더 많은 이득이 있어. 아래 그래프를 보면, 쌀 수입을 전면적으로 개방할 때 소비자 잉여와 생산자 잉여의 합이 쌀 수입을 금지할 때보다 E+F+G+H+I 만큼 더 늘어난다는 것을 알 수 있잖아.
>
> 민수 : 소비자들이 이익을 보는 것은 맞아. 하지만 우리나라 농민의 이득, 즉 생산자 잉여는 종전의 B+C+D에서 (㉠)로 줄었잖아. 우리나라 농민들이 피해를 많이 본단 말이야.
>
> 연주 : 맞아. 그러니까 그 피해를 줄이기 위해 우리나라 정부는 수입쿼터제를 도입해서 $Q_2 - Q_3$ 만큼만 한정하여 수입하고 있어. 이 경우는 완전개방보다는 소비자 잉여가 줄지만, 그래도 개방을 전혀 하지 않는 것과 비교하면 B+E 만큼은 이익이야.
>
> 민수 : 이 경우 농민은 개방하지 않는 것보다는 여전히 손해이지만, 완전히 개방했을 때와 비교하면 (㉡)만큼은 생산자 잉여가 회복되겠지.
>
> 연주 : 그렇다면 (㉢)만큼의 이익은 누가 가져가지?
>
> 민수 : 그건 수입업자가 가져가겠지.

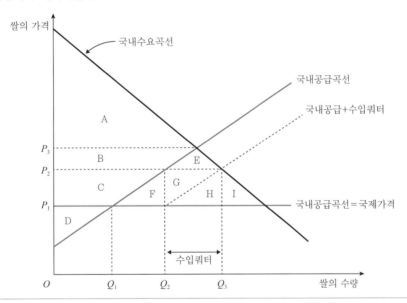

• ㉠ :

• ㉡ :

• ㉢ :

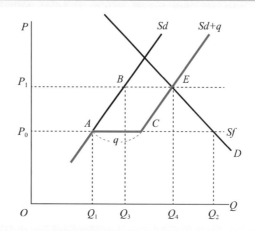

1. 초기에 국내의 수요곡선은 D이고 국내공급곡선은 S_d이며 자유무역 하에서의 세계의 공급곡선은 S_f이다. 따라서 OP_0의 국제가격이 형성되었다. 이 경우 국내생산은 OQ_1, 수입은 $Q_1 Q_2$이다.
2. 만약 수입할당제가 실시되어 AC만큼 쿼터(q)가 배정되면 국내공급을 포함한 새로운 공급곡선은 $S_d + q$로 이동하고 이때 E점에서 새로운 균형이 달성된다.
3. 이에 따라 국내 판매가격은 OP_1으로 상승하게 된다. 이때 국내생산은 OQ_1에서 OQ_3로 증가하고, 국내소비는 $Q_2 Q_4$ 만큼 감소한다.
4. 사각형 ABEC에 해당하는 만큼 수입업자의 이익이 발생한다.

🔍 기출분석

- 전면적 개방(자유무역)으로 생산자 잉여는 'B+C+D'에서 'D(㉠)'로 감소
- 개방 이후 수입쿼터제 실시로 생산자 잉여는 'D'에서 'C(㉡)'만큼 증가
- 개방 이후 수입쿼터제 실시로 수입업자는 'G+H(㉢)'만큼 할당지대를 얻음

응용 TEST 14 📝

어느 나라가 kg당 10달러에 땅콩을 수입하며, 세계 가격에는 영향을 미칠 수 없다고 가정한다. 이 나라의 땅콩에 대한 수요곡선과 공급곡선은 각각 $Q_D = 4{,}000 - 100P$ 및 $Q_S = 500 + 50P$로 표현된다. 수입을 500kg으로 제한하는 수입할당제를 시행할 때, 새로운 시장가격과 이때 수입업자가 얻게 되는 할당지대는? (단, Q_D는 수요량, Q_S는 공급량, P는 가격이다.)

MEMO

15 ● 2019년

다음 글을 읽고 〈작성 방법〉에 따라 서술하시오.

다음 <그림>은 국내의 X재 시장 상황을 나타낸다. 정부가 관세정책을 실시한 결과, X재의 국내공급량이 2,000개로 나타났다. 정부가 관세정책을 수입할당제(수입쿼터)로 변경하여 X재 수입량을 3,000개로 제한하려 한다.(단, 국내공급곡선 및 국내수요곡선은 직선의 형태이며, X재는 국제시장에서 국제가격으로 얼마든지 공급이 가능하다.)

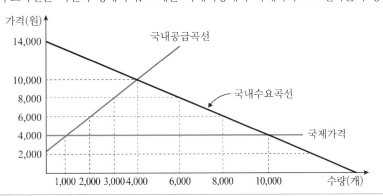

작성 방법

- 관세정책하에서 X재 1개당 정부가 부과한 관세가 얼마인지와 X재의 국내수요량을 순서대로 제시할 것.
- 관세정책에서 수입할당제로 변경할 때, 이런 정책변화가 X재의 국내가격과 국내공급량에 미치는 영향을 구체적인 수치를 포함하여 서술할 것.

📈 개념−이론 정리 | **수입관세와 수입할당제 효과 비교**

구분	관세부과	수입할당제
수단	수입가격규제	수입물량규제
국내가격	상승	상승
수입량	감소	감소(할당량)
생산량	증가	증가
재정수입	증가	수입업자의 이익

💲 기출분석

- 관세 : 2,000원, 국내수요량 : 8,000개 ⇒ 정부가 관세정책을 실시한 결과, X재의 국내공급량이 2,000개가 되었다는 것은 수입 X재의 국내 판매가격이 6,000원이라는 것을 의미한다. 따라서 X재 1개당 정부가 부과한 관세는 2,000원이 되며, 이때 국내수요량은 8,000개가 된다.
- X재 국내가격 : 8,000원, 국내공급량 : 3,000개 ⇒ 정부가 관세정책을 수입할당제(수입쿼터)로 변경하여 X재 수입량을 3,000개로 제한하게 되면 현재 수준의 국내공급곡선을 오른쪽으로 3,000개만큼 이동시키는 효과를 가져 온다. 이에 따라 새로운 균형점에서 X재 국내가격은 8,000원이 되고, 국내공급량은 3,000개가 된다.

A국에서 어느 재화의 국내 수요곡선과 국내 공급곡선은 다음과 같다.

- 국내 수요곡선 : $Q_D = 16 - P$
- 국내 공급곡선 : $Q_S = -6 + P$

A국이 자유무역을 허용하여 이 재화가 세계시장 가격 $P_W = 6$으로 거래되고 있다고 하자. 이때 단위당 2의 수입관세를 부과할 경우의 국내시장 변화에 대한 설명으로 옳지 않은 것은? (단, P는 이 재화의 가격이며, A국의 수입관세 부과는 세계시장 가격에 영향을 미치지 못한다.)

① 소비자잉여는 18만큼 감소한다.
② 생산자잉여는 2만큼 증가한다.
③ 수요량은 4만큼 감소한다.
④ 사회후생은 4만큼 감소한다.

MEMO

다음은 갑국의 무역정책에 관한 자료이다. 〈작성 방법〉에 따라 서술하시오.

그림은 외국으로부터 국제가격($P_W = 20$)으로 X재를 수입하고 있는 갑국의 X재 시장상황을 나타낸다.

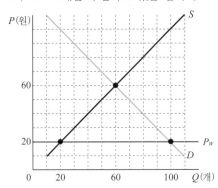

갑국은 자국의 X재 생산자들을 보호하기 위해 아래의 [정책 1], [정책 2] 중 한 가지를 시행하고자 한다. 단, 정부는 수입되는 X재를 판매할 수 있는 면허를 수입업자에게 무상으로 제공하였으며, 갑국은 소국이어서 X재의 국제가격에 영향을 주지 않는다.
• [정책 1] X재 수입량을 60개로 제한하는 수입할당제를 실시한다.
• [정책 2] 수입되는 X재 한 단위 당 t원의 관세를 부과하여 [정책 1]과 수입량이 동일해지도록 한다.

작성 방법

• [정책 1]의 실시 후 증가하는 국내 생산자잉여와 감소하는 소비자잉여를 순서대로 쓸 것.
• [정책 2]에서 수입되는 X재 한 단위당 부과해야 하는 관세의 금액을 쓸 것.
• [정책 1]과 [정책 2]의 차이점을 정부의 재정수입에 관한 계산결과를 포함하여 서술할 것.

📈 개념-이론 정리 │ **수입할당제와 동등수입관세(Equivalent import tariff)**

1. 의의
   수입할당제를 실시하는 경우와 동일한 효과를 얻기 위해 부과되는 관세를 '동등수입관세(Equivalent import tariff)'라고 한다. 이러한 동등수입관세를 부과하게 되면 수입할당제 실시에 따른 경제적 효과와 비교할 때 한 가지만을 제외하고는 완전히 동일하다.
2. 비교
   ① 차이점 : 관세를 부과하는 경우에는 관세부과에 따른 재정수입이 정부에 귀속되지만, 수입할당제를 실시하게 되면 재정수입의 크기는 수입업자의 이익으로 전환된다는 것이다.
   ② 공통점 : 소비자잉여 감소, 생산자잉여 증가, 경제적 순손실 발생 등의 경제적 효과 모두는 양자에서 모두 동일하다.

💲 기출분석

주어진 조건에 따라 수요곡선과 공급곡선을 도출하면 다음과 같다.
■ 수요곡선 : $P = -Q + 120$
■ 공급곡선 : $P = Q$
이를 전제로 국제가격($P_W = 20$)으로 X재를 수입하는 국내 생산자잉여와 소비자잉여를 구하면 다음과 같다.

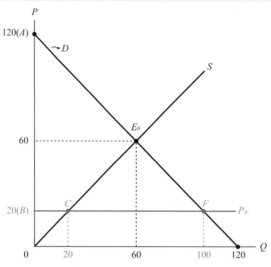

- 국내 생산자잉여(삼각형 OBC) : $20 \times 20 \times \frac{1}{2} = 200$

- 국내 소비자잉여(삼각형 ABF) : $100 \times 100 \times \frac{1}{2} = 5,000$

또한 [정책 1]과 같이 X재 수입량을 60개로 제한하는 수입할당제를 실시하는 경우, 공급곡선과 국내 생산자잉여와 소비자잉여를 구하면 다음과 같다.

- 수요곡선 : $P = -Q + 120$
- 공급곡선 : $P = Q \Rightarrow P = (Q-60) \Rightarrow P = Q - 60$

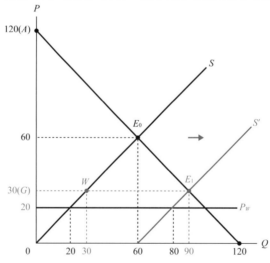

- 국내 생산자잉여(삼각형 OWG) : $30 \times 30 \times \frac{1}{2} = 450$

- 국내 소비자잉여(삼각형 AE_1G) : $90 \times 90 \times \frac{1}{2} = 4,050$

이에 따라 [정책 1]의 실시 후 국내 생산자잉여는 '250(=450-200)'만큼 증가하고, 소비자잉여는 '-950(=4,050-5,000)'만큼 감소하게 된다.

- [정책 2]와 같이 수입되는 X재 한 단위 당 t원의 관세를 부과하여 [정책 1]과 수입량(=60)이 동일해지도록 하기 위해서는 수입품의 국내 판매가격이 국제가격($P_W = 20$)보다 10만큼 높은 30이 되어야 한다. 따라서 수입되는 X재 한 단위당 부과해야 하는 관세(=동등관세)의 금액은 '10'이다.
- [정책 1]에서 정부의 재정수입은 '0'인 반면에 수입업자는 **할당된 수입량** 60단위를 단위당 '20'에 수입하여 '30'에 판매할 수 있게 되어 '600(=60×10)'만큼의 할당지대를 얻을 수 있다.

반면에 [정책 2]에서 수입업자의 할당지대는 '0'인 반면에 **정부의 재정수입**은 600(60×10 = '수입량×단위당 관세')이 된다. 결국 국내 생산자잉여와 소비자잉여의 변화에는 차이가 없고, 동일한 금액만큼 [정책 1]에서는 수입업자의 할당지대만 발생하게 되고, [정책 2]에서는 정부의 재정수입만 발생하게 된다.

참고로 [정책 1] 또는 [정책 2]를 시행하는 경우 자원배분의 변화를 〈표〉로 정리하면 다음과 같다.

구분	소비자잉여	생산자잉여	정부 재정수입 (또는 수입업자 할당지대)	사회적 총잉여
정책 시행 전	5,000	200	0	5,200
정책 시행 후	4,050	450	600	5,100

결국 [정책 1] 또는 [정책 2]의 시행 결과, 사회적 총잉여가 100만큼 감소하게 되고, 이 크기가 [정책 1] 또는 [정책 2]의 시행으로 인해 발생하는 자중손실(deadweight loss)이다.

응용 TEST 16

관세와 수입할당제 간의 근본적인 차이에 대한 설명으로 옳은 것은?

① 관세는 경제적 순손실(deadweight losses)을 발생시키지만, 수입할당제는 경제적 순손실을 발생시키지 않는다.

② 관세는 정부에 대해서 관세수입을 증가시키지만, 수입할당제는 수입면허 소유자의 잉여를 증가시킨다.

③ 수입할당제는 경제적 순손실을 발생시키지만, 관세는 경제적 순손실을 발생시키지 않는다.

④ 관세는 국내 소비자에게 도움이 되지만, 수입할당제는 국내 생산자에게 도움이 된다.

⑤ 수입할당제는 국내 소비자에게 도움이 되지만, 관세는 국내 생산자에게 도움이 된다.

MEMO

17 ● 1993년

신보호주의에 대한 설명으로 옳은 것은?

① 주로 후진국에서 채택되고 있다

② 보호수단으로는 주로 관세장벽을 이용한다.

③ 국내 유치산업을 보호하는 데 그 목적이 있다.

④ 무역 제한 조치가 차별적–선별적으로 이루어진다.

📈 개념–이론 정리 | **신보호무역주의**

1. 의의 : 1970년대 이래 증가하는 선진국 중심의 무역 제한조치를 말한다.
2. 등장 배경
   ① 1970년대 이후의 지속적인 세계 경제의 불황과 미국 경제가 상대적으로 쇠퇴하고 리더십이 약화되었다.
   ② 일본과 아시아 신흥공업국(NICs : 한국, 홍콩, 싱가포르, 대만)에 의한 급격한 수출증대로 선진국들이 구조조정을 하게 되었는데, 이 조정부담을 완화하기 위한 수단으로 보호주의를 채택하게 되었다.
3. 특징
   ① 후진국의 보호무역주의가 아니라 선진국 중심의 보호무역주의이다.
   ② 보호의 대상이 후진국의 경쟁력을 갖지 못한 유치산업이 아니라 이전에 비해 경쟁력을 상실한 선진국의 사양산업이다.
   ③ 보호무역의 수단이 주로 비관세장벽(non–tariff barried : NTB)에 의존한다.
   ④ 보호무역의 조치가 차별적·선별적으로 적용된다.

💲 기출분석

① 주로 선진국 중심으로 채택되고 있다.

② 보호수단으로는 전통적인 관세수단보다 주로 비관세장벽을 이용한다.

③ 이전에 비해 경쟁력을 상실한 국내 사양산업을 보호하는 데 그 목적이 있다.   [정답 | ④]

응용 TEST 17 📝

수출자율규제(Voluntary Export Restraint)를 실시하는 경우 수입국 및 수출국 두 나라에 미치는 영향에 대한 설명으로 옳지 않은 것은?

① 수입국은 별도의 규제나 제한 없이 수입물량을 줄일 수 있다.

② 수입국은 국내 생산업체로부터 보호무역주의 압력을 낮출 수 있다.

③ 수출자율규제가 관세나 수입수량제한 규제의 경우보다 수출국에게 더 유리하다.

⑤ 수출자율규제를 하면 관세나 수입수량제한을 규제받을 때에 비하여 수출국의 교역조건이 더 악화된다.

18 • 2004년. 공통사회

다음은 유럽연합(EU)과 관련된 진술들이다. 내용을 읽고 물음에 답하시오.

> 무역장벽을 허물고 자유무역으로 가려는 움직임은 세계적으로 그리고 지역적으로 활발하게 일어나고 있다. 1947년에 출범한 GATT가 무역환경이나 교역상품의 변화를 반영하여 1995년에는 세계무역기구(WTO)로 탄생하였다. 그러나 자유무역지역, 관세동맹, 공동시장 등은 자유무역을 향한 지역적 움직임이다. 상품의 이동은 물론이고 노동과 자본과 같은 생산요소의 이동 자유화를 넘어서 단일통화제도까지 달성한 것이 유럽 연합이다.

밑줄 친 것으로 인하여 회원국들에게 생기는 경제적으로 유리한 점과 불리한 점을 각각 1개씩 쓰시오.

• 유리한 점 :

• 불리한 점 :

📈 개념-이론 정리 | **경제통합의 유형(B. Balassa의 분류)**

1. **자유무역협정(free trade agreement : FTA)** : 가맹국 간에는 자유무역을 지향하고 비가맹국에 대하여는 독자관세를 부과하는 형태를 말한다.
2. **관세동맹(custom union)**
   1) 의미 : 가맹국 사이에 관세를 완전히 철폐하고 비가맹국에 대하여는 공동 관세로 대처하는 형태를 말한다.
   2) 효과
   ① 무역 창출 효과(trade creation effect) : 관세동맹이 체결되어 역내무역이 확대되고 재화의 공급원이 역내 높은 생산비의 공급자에서 낮은 생산비의 공급자로 대체되는 효과로 후생의 증가를 가져온다.
   ② 무역 전환 효과(trade diversion effect) : 관세동맹이 체결되어 가맹국 상호간에 관세가 철폐되고 비가맹국에게 관세가 부과되면, 가맹국 간의 수입가격은 비가맹국으로부터의 수입가격보다 낮아져 종래 비가맹국(효율적인 공급원)으로부터 수입하던 상품을 체결상대국(비효율적인 공급원)에서 수입하는 효과로 후생의 감소를 가져온다.
   ③ 위의 두 가지 효과에 의해 관세동맹의 후생효과는 증가할 수도 있고, 감소할 수도 있다.
3. **공동시장(common market)** : 관세의 완전철폐 및 공동관세 적용에서 한 걸음 더 나아가 생산요소의 자유로운 이동까지 허용하는 형태를 말한다.
4. **경제동맹(economic union)** : 가맹국 간의 관세의 철폐와 생산요소의 자유로운 이동은 물론 가맹국 간의 대내적인 재정금융정책에서도 상호협력이 이루어지는 형태를 말한다.
5. **완전경제통합** : 초국가적 기구를 설립하여 그 기구로 하여금 회원국의 통일된 금융·재정 및 기타 사회정책들을 결정하게 하는 하나의 단일화된 경제로 통합되는 것을 말한다.

종류＼특징	가맹국 간의 관계	비가맹국과의 관계
자유무역지역	완전한 관세철폐	독자적인 관세부과
관세동맹	완전한 관세철폐	공동관세 부과
공동시장	관세 철폐 및 생산요소의 이동까지 허용	공동관세 부과
경제동맹	관세철폐＋생산요소의 자유로운 이동＋재정금융정책의 협조	－
완전경제통합	경제의 모든 면에서 한 국가로 통일	－

- 단일통화제도까지 도입한 유럽연합(EU)은 발라쌔(B. Balassa)가 분류한 경제통합 유형 중 경제동맹에 해당한다고 볼 수 있다.
- 유리한 점
  ⓐ 무역장벽 제거로 자유무역의 이점을 살릴 수 있다.
  ⓑ 무역창출효과를 통해 가맹국의 후생을 증가시킬 수 있다.
  ⓒ 단일통화제도는 고정환율제도와 동일한 효과를 얻을 수 있다. 이에 따라 재정정책을 보다 효과적으로 사용할 수 있다.
- 불리한 점
  ⓐ 유치산업 보호가 어려워진다.
  ⓑ 무역전환효과로 인해 가맹국의 후생이 감소할 수도 있다.
  ⓒ 단일통화제도는 고정환율제도와 동일한 효과를 얻을 수 있다. 이에 따라 독자적인 금융정책을 시행하기 어려워진다.

응용 TEST 18

다음 〈표〉는 A, B, C 3개국의 재화별(신발, 의류, 컴퓨터) 단위 생산비용이다. 다음 물음에 답하시오.

	국가 A	국가 B	국가 C
신발	13	11	10
의류	15	18	20
컴퓨터	17	15	16

국가 A가 모든 재화에 대해 20%의 관세를 부과하는 정책에서 국가 B에 대해 모든 관세를 철폐하는 자유무역협정(FTA)을 체결할 때 무역창출효과(trade creation effect)가 발생하는 재화는? (단, 국가 C에 대해서는 20%의 관세를 유지한다.)

① 신발　　　　② 의류　　　　③ 컴퓨터　　　　④ 신발, 컴퓨터

MEMO

18 | 국제수지-환율론

01 • 1992년

외화의 수요 – 공급곡선을 나타낸 [그림]에서 인플레이션이 발생할 경우에 균형 환율이 결정되는 영역은?

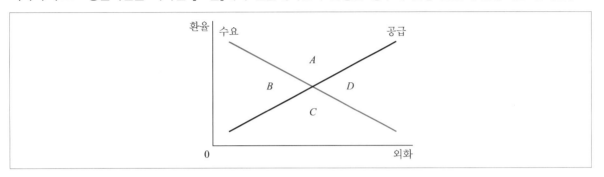

① A

② B

③ C

④ D

📈 개념–이론 정리 | **환율 변동의 원인**

	환율 상승	환율 하락
원인	① 수출의 감소 ② 수입의 증가 ③ 이자율의 하락으로 인한 국내자본의 유출 ④ 물가 상승	① 수출의 증가 ② 수입의 감소 ③ 이자율의 상승으로 인한 외국자본의 유입 ④ 물가 하락

🔍 기출분석

인플레이션이 발생할 경우 수출은 감소하고 수입은 증가하게 된다. 이러한 수출 감소는 외화 공급을 감소시켜 외환시장에서 외화 공급곡선을 왼쪽으로 이동시키고, 수입 증가는 외화 수요를 증가시켜 외화 수요곡선을 오른쪽으로 이동시킨다. 이에 따라 환율은 이전에 비해 반드시 상승하게 된다. [정답 | ①]

다음은 A국의 2024년 3월 경상수지와 4월에 발생한 모든 경상거래를 나타낸 것이다. 전월 대비 4월의 경상수지에 대한 설명으로 옳은 것은?

경상수지 (2024년 3월)	상품수지	서비스수지	본원소득수지	이전소득수지
100억 달러	60억 달러	20억 달러	50억 달러	−30억 달러

<2024년 4월 경상거래>

• 상품 수출 250억 달러, 상품 수입 50억 달러
• 특허권 사용료 30억 달러 지급
• 해외 투자로부터 배당금 80억 달러 수취
• 국내 단기체류 해외노동자의 임금 20억 달러 지불
• 지진이 발생한 개도국에 무상원조 90억 달러 지급
• 외국인 여객 수송료 10억 달러 수취

① 상품 수출액은 150억 달러 증가하였다.
② 경상수지 흑자 폭이 감소하였다.
③ 서비스수지는 흑자를 유지하였다.
④ 본원소득수지는 흑자 폭이 증가하였다.

MEMO

02 • 1993년

환율을 인상할 때, 수입품의 국내가격과 수출품의 국제가격의 변동을 바르게 설명한 것은?

	수입품의 국내가격	수출품의 국제가격
①	올라간다	올라간다
②	올라간다	내려간다
③	내려간다	올라간다
④	내려간다	내려간다

📈 개념–이론 정리 | 환율 변동의 효과

	환율 상승	환율 하락
효과	① 외화표시 수출품 가격이 하락하여 수출이 증가하고, 원화표시 수입품 가격이 상승하여 수입이 감소한다. ② 수출기업의 수익성이 커진다. ③ 외채부담이 커진다. ④ 원유, 식량 등 원자재 비용이 늘어 생산비 증가 효과가 나타난다. ⑤ 교역조건이 악화된다.	① 외화표시 수출품 가격이 상승하여 수출이 감소하고, 원화표시 수입품 가격이 하락하여 수입이 증가한다. ② 수출기업의 수익성이 저해된다. ③ 외채 부담이 줄어든다. ④ 원유, 식량 등 원자재 비용이 줄어 생산비 감소 효과가 나타난다. ⑤ 교역조건이 개선된다.

💲 기출분석

환율이 상승하면 수입품의 원화표시 가격이 상승하게 되고, 수출품의 외화표시 가격이 하락하게 된다. 예컨대 1$=1,000원에서 1$=2,000원으로 환율이 상승한다면 가격이 1달러짜리 수입품의 원화표시 가격은 1,000원에서 2,000원으로 상승하게 된다. 반면에 가격이 2,000원짜리 수출품의 달러표시 가격은 2달러에서 1달러로 하락하게 된다. [정답 | ②]

응용 TEST 2 📝

1달러당 1,100원 수준이었던 환율이 상승하여 1,300원 수준이 되었다면 이와 같은 환율변동이 미치는 영향으로 가장 적절하지 않은 것은?

① 미국에 자동차를 수출하는 한국자동차 기업의 가격경쟁력은 올라갈 것이다.
② 미국에 자회사를 가지고 있는 한국의 모기업은 투자수익을 원화로 환산했을 때 큰 손해를 볼 수 있다.
③ 수입가격이 상승하고 독점력 있는 수입업자는 가격상승분을 소비자에게 전가할 가능성이 크다.
④ 국내에서 생산되는 재화 및 서비스에 대한 총수요가 증가하여 인플레이션 압력이 발생한다.

환율이 '1달러 : 700원'에서 '1달러 : 800원'으로 되었다. 이때 나타날 수 있는 현상으로 가장 적합한 것은?

① 한국에서 J곡선 효과가 나타나면 초기에 무역수지가 악화될 수 있다.

② 한국 수출품의 달러 가격이 상승하게 된다.

③ 한국 수입품의 원화 가격이 하락하게 될 것이다.

④ 한국은 달러 표시 외채 상환이 용이해질 것이다.

📈 개념-이론 정리 | J-Curve 효과

1. 의미

① j-curve 효과란 환율의 변동 이후 경상수지가 당초 예상과는 달리 반대방향으로 움직이다가 시간이 경과함에 따라 점차 기대대로 변동하는 현상을 말한다. 이는 단기에는 수요탄력도가 작고, 장기에는 수요탄력도가 크므로, Marshall-Lerner 조건이 단기에는 성립하지 않기 쉽고, 장기에 비로소 성립하기 때문에 발생하는 효과이다.

> • Marshall-Lerner 조건
>
> $$\eta(\text{자국의 수입수요 탄력도}) + \eta^*(\text{해외의 수입수요 탄력도}) > 1$$
>
> 이것은 외환시장의 안정성 조건이면서도, 평가절하 시(평가절상 시) 경상수지가 개선(악화)되기 위한 조건이기도 하다.

② 경상수지 변동의 패턴이 환율이 변화한 후 J자를 눕혀 놓은 것과 같은 모양을 하기 때문에 j-curve 효과라 부르게 되었다.

2. 발생요건

① Marshall-Lerner 조건이 충족되어야 하고, 시간이 경과할수록 이들 탄력성이 점차 커진다는 전제가 충족되어야 한다.

② 동질적인 상품보다는 차별적인 상품으로 국제시장의 시장지배력을 가진 대국에서, 그리고 수출계약을 자국통화 표시로 체결하는 나라에서 뚜렷하게 나타난다.

③ 수출품을 생산할 때 필요한 원자재에 대한 수입의존도가 높은 경우에 나타난다.

3. 도해적 설명

① 경상수지 변동 패턴이 J자 모양으로 나타나는 기본적인 메커니즘은 환율변동에 따른 수출입가격 변동과 수출입물량변동 간에 존재하는 시차로 설명할 수 있다.

② 그래프에서 평가절하 직후(단기 : $t_0 \to t_1$)에는 수출입가격 변동효과로 교역조건이 악화되어 무역수지 적자폭이 커지다가 t_1 시점을 지나 시간이 경과(장기 : t_2 이후)함에 따라 수출입물량 변동효과(수출량 증가와 수입량 감소)가 수출입가격 변동효과보다 크게 나타나서 교역조건이 점차 개선되는 국제수지 조정과정을 밟게 된다.

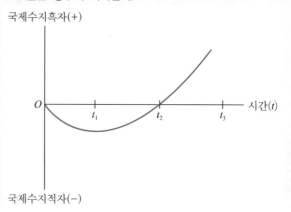

환율이 상승하는 초기에 수출과 수입이 모두 환율 상승에 즉각적으로 반응하지 않아 상승한 환율로 인한 수입대금 지급 부담만 커져서 오히려 무역수지가 악화된다.
② 한국 수출품의 달러(표시) 가격이 하락하게 된다.
③ 한국 수입품의 원화(표시) 가격이 상승하게 된다.
④ 한국은 달러 표시 외채 상환 부담이 이전에 비해 커진다.   [정답 | ①]

응용 TEST 3

다음 〈그림〉은 국내 통화의 실질 절하(Real depreciation)가 t_0에 발생한 이후의 무역수지 추이를 보여준다. 이에 대한 설명 중 옳지 않은 것은? (단, 초기 무역수지는 균형으로 0이다.)

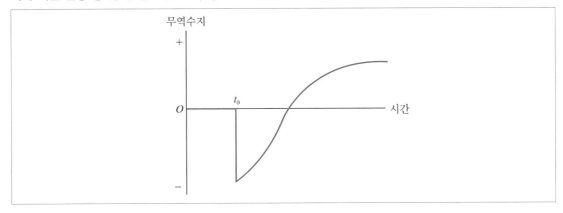

① 〈그림〉과 같은 무역수지의 조정과정을 J−곡선(J−curve)이라 한다.
② 실질 절하 초기에 수출과 수입이 모두 즉각 변화하지 않아 무역수지가 악화된다.
③ 실질 절하 후 시간이 흐름에 따라 수출과 수입이 모두 변화하므로 무역수지가 개선된다.
④ 수출수요탄력성과 수입수요탄력성의 합이 1보다 작다면 장기적으로 실질 절하로 무역수지가 개선된다.
⑤ 마샬−러너 조건(Marshall−Lerner condition)이 만족되면 장기적으로 실질 절하로 무역수지가 개선된다.

MEMO

다음은 '환율의 변동'이란 주제의 경제 수업 계획서이다.

〈도입〉

1. 이번 시간의 학습 목표가 '환율의 변동'임을 안내하고 관련된 언론상의 보도 내용에 대해 물어보고 학생들의 관심을 환기한다.
2. 중학교 사회 시간에 배운 상품 시장에서 수요·공급 원리에 의한 가격의 결정변동을 다시 한 번 정리한다.

〈전개〉

1. 환율은 외환시장에서 수요와 공급에 의해 결정되는 '가격'의 일종임을 이해한다.
2. 환율은 기본적으로 수요와 공급에 의해 변동될 수 있음을 이해한다.
3. 외환시장에서 외환에 대한 수요와 공급이 어떤 이유로 발생하는지를 이해한다.
4. 최근의 신문자료와 관련 보고서 등을 분석하여 우리나라 환율 상승의 구체적인 원인을 수요 측 요인과 공급 측 요인으로 나누어 제시할 수 있다.

〈정리〉

1. 수요와 공급 요인 이외에 환율의 변동에 영향을 미치는 요인을 알아본다.
2. 환율을 안정시킬 수 있는 방안에 대해 논의해 본다.

다음 중 수업 활동이 끝난 이후에 학생들이 내린 추론으로 옳은 것은? (단, 다른 조건은 일정하다고 가정한다.)

① 영희 : 환율이 오르면 외환의 공급은 증가할 것이다.
② 철수 : 외환에 대한 수요가 감소하고 공급도 감소한다면 환율이 내릴 거야.
③ 미연 : 환율이 오른다는 것은 외환에 대한 수요가 공급에 비해 상대적으로 작다는 것을 의미해.
④ 영웅 : 환율이 더 오를 것을 예상하여 발생한 외환에 대한 가수요는 환율 상승을 부채질할거야.
⑤ 지혜 : 요즘과 같은 시기에 국내 기업의 해외 투자 증가는 우리나라의 환율 안정을 위해 도움이 될 거야.

📈 개념-이론 정리 | **환율 변동의 원인과 효과**

	환율 상승	환율 하락
원인	① 수출의 감소 ② 수입의 증가 ③ 이자율의 하락으로 인한 국내자본의 유출 ④ 물가 상승	① 수출의 증가 ② 수입의 감소 ③ 이자율의 상승으로 인한 외국자본의 유입 ④ 물가 하락
효과	① 외화표시 수출품 가격이 하락하여 수출이 증가하고, 원화표시 수입품 가격이 상승하여 수입이 감소한다. ② 수출기업의 수익성이 커진다. ③ 외채부담이 커진다. ④ 원유, 식량 등 원자재 비용이 늘어 생산비 증가 효과가 나타난다. ⑤ 교역조건이 악화된다.	① 외화표시 수출품 가격이 상승하여 수출이 감소하고, 원화표시 수입품 가격이 하락하여 수입이 증가한다. ② 수출기업의 수익성이 저해된다. ③ 외채 부담이 줄어든다. ④ 원유, 식량 등 원자재 비용이 줄어 생산비 감소 효과가 나타난다. ⑤ 교역조건이 개선된다.

기출분석

환율이 상승하고 있는 상황에서 경제주체들이 앞으로도 환율이 더 오를 것이라 예상하게 되면 환투기로 인한 외환 수요가 더욱 증가하게 되어 환율은 급속도로 상승하는 모습을 보일 수 있다.

① 영희 : 환율이 오르면 외환의 공급'량'은 증가하고, 외환의 수요'량'이 감소한다.

② 철수 : 외환에 대한 수요가 감소(환율 하락 요인)하고 공급도 감소(환율 상승 요인)한다면 수요 감소와 공급 감소의 상대적 크기에 따라 환율은 상승할 수도 하락할 수도 불변일 수도 있다.

③ 미연 : 환율은 외환에 대한 수요가 공급에 비해 큰(작은) 경우에 상승(하락)한다.

⑤ 지혜 : 요즘과 같은 시기에 국내 기업의 해외 투자 증가는 외환의 수요 증가를 수반하기 때문에 환율 상승의 요인으로 작용한다.

[정답 | ④]

응용 TEST 4

원화, 달러화, 엔화의 현재 환율과 향후 환율이 다음과 같을 때 옳지 않은 것은?

현재 환율	향후 환율
1달러당 원화 환율 1,100원	1달러당 원화 환율 1,080원
1달러당 엔화 환율 110엔	100엔당 원화 환율 900원

① 한국에 입국하는 일본인 관광객 수가 감소할 것으로 예상된다.

② 일본 자동차의 대미 수출이 감소할 것으로 예상된다.

③ 미국에 입국하는 일본인 관광객 수가 감소할 것으로 예상된다.

④ 달러 및 엔화에 대한 원화 가치가 상승할 것으로 예상된다.

MEMO

다음 자료는 어느 나라의 미국달러화에 대한 환율 변화의 추이를 나타낸 것이다. 이 〈표〉를 보고 물음에 답하시오.

연도	1995	1996	1997	1998	1999
대미 환율	775	884	1,415	1,208	1,145

1) 1996년에서 1997년의 환율 변동을 기초로 하여, 경상수지 변화를 추측해 보고 그 논리를 설명하시오.

2) 이와 같이 환율이 급상승하는 원인을 설명하시오.

📈 개념-이론 정리 │ **환율 변동의 원인과 효과**

	환율 상승	환율 하락
원인	① 수출의 감소 ② 수입의 증가 ③ 이자율의 하락으로 인한 국내자본의 유출 ④ 물가 상승	① 수출의 증가 ② 수입의 감소 ③ 이자율의 상승으로 인한 외국자본의 유입 ④ 물가 하락
효과	① 외화표시 수출품 가격이 하락하여 수출이 증가하고, 원화표시 수입품 가격이 상승하여 수입이 감소한다. ② 수출기업의 수익성이 커진다. ③ 외채부담이 커진다. ④ 원유, 식량 등 원자재 비용이 늘어 생산비 증가 효과가 나타난다. ⑤ 교역조건이 악화된다.	① 외화표시 수출품 가격이 상승하여 수출이 감소하고, 원화표시 수입품 가격이 하락하여 수입이 증가한다. ② 수출기업의 수익성이 저해된다. ③ 외채 부담이 줄어든다. ④ 원유, 식량 등 원자재 비용이 줄어 생산비 감소 효과가 나타난다. ⑤ 교역조건이 개선된다.

$Q 기출분석

1) 마샬-러너 조건(Marshall-Lerner condition)이 충족되는 경우 환율 상승으로 수출이 증가하고 수입이 감소하여 경상수지가 이전에 비해 개선될 것이다.
2) 국내외 금리차가 커지거나 국가신용도의 하락으로 급격한 자본유출이 일어나는 경우 환율은 급등할 수 있다.

응용 TEST 5 ✍

최근 우리나라의 대미 달러 환율이 급속히 상승하였다. 이의 원인에 대한 설명으로 경제적 논리에 가장 부합하지 않는 것은?
① 글로벌 금융위기로 인해 외국 기관투자가들이 우리나라 주식을 매각하였다.
② 대미 달러 환율 상승의 기대가 달러화에 대한 가수요를 부추겼다.
③ 국제 금융시장의 불확실성 증가로 인해 달러 수요가 증가하였다.
④ 우리나라 채권에 대한 미국 투자자들의 수요가 증가하였다.

06 • 1995년

다음 〈그림〉에서 정부가 환율을 OP_1 수준에 고정시킬 경우에 외환시장에서 발생되는 문제점과 정부의 해결책은?

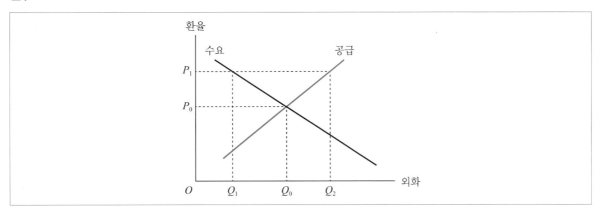

① 경상수지 적자가 생기므로 OP_1 수준으로 평가절상을 단행한다.
② 경상수지 흑자가 생기므로 Q_1Q_2만큼의 차관을 상환한다.
③ 경상수지 적자가 생기므로 Q_1Q_2만큼의 외자를 도입한다.
④ 경상수지가 균형을 이루므로 자율적으로 해결된다.

📈 개념–이론 정리 | **환율제도 비교**

구분	고정환율제(fixed exchange rate system)	변동환율제(flexible exchange rate system)
의미	외환당국이 적정하다고 판단하는 수준으로 환율을 고정시키는 제도	외환시장에서 외환의 수급에 따라 환율이 자유롭게 결정되도록 하는 제도
장점	① 환위험이 없어서 국제무역을 확대시킨다. ② 투기적인 단기자본이동을 제거할 수 있다 ③ 국가 간의 자본이동이 자유로우면 재정정책이 사용가능한 정책수단인 경우에 유리하다.	① 국제수지가 자동적으로 조정되므로 대내균형을 유지하는 데 전념할 수 있다. ② 교란요인이 해외에 있는 경우에 국민 경제안정화에 도움이 된다. ③ 국가 간의 자본이동이 자유로우면 금융정책이 사용가능한 정책수단인 경우에 유리하다.
단점	① 외환시장 안정을 위해 국제 유동성이 과다하게 필요해서 유동성 딜레마(liquidity dilemma)에 빠진다. ② 해외에 교란요인이 있는 경우 국민 경제안정화 달성이 어렵다. ③ 통화정책이 무력하다.	① 환위험에 따른 국제무역축소가 우려된다. ② 환투기로 외환시장이 불안정해진다. ③ 국내에 교란요인이 있는 경우에 국민 경제안정화 달성이 어렵다. ④ 재정정책이 무력하다. ⑤ 수출입의 가격탄력성이 작은 경우, 혹은 「J 커브효과」가 발생하는 경우 환율변동만으로 대외균형이 달성되지 못한다.

정부가 환율을 OP_1 수준에 고정시킬 경우에 외환시장에서는 Q_1Q_2만큼의 외환의 초과공급(경상수지 흑자)이 발생하게 되어 그 부분만큼 기존의 차관(외채)을 상환할 수 있다.

① 경상수지 흑자가 생기므로 OP_0 수준으로 평가절상(환율인하)을 단행한다.

③ 경상수지 흑자가 생기므로 외자 도입의 필요성이 없다.

④ 경상수지가 흑자상태이며 고정 환율 제도이므로 이러한 불균형은 자율적으로 해결될 수 없어 외환 당국의 인위적인 개입이 필요하다.

[정답 | ②]

응용 TEST 6 ✏️

고정환율제도와 이 제도에서 나타날 수 있는 현상에 대한 설명으로 옳은 것을 모두 고르면?

㉠ 국제수지* 흑자가 발생할 경우 국내 통화 공급이 감소한다.

㉡ 국제수지* 적자가 발생할 경우 중앙은행이 외환을 매각해야 한다.

㉢ 고정 환율 제도는 해외에서 발생한 충격을 완화시켜 주는 역할을 한다.

㉣ 국내 정책목표를 달성하기 위한 통화정책이 제약을 받는다.   * 국제수지 = 경상수지 + 자본수지

① ㉠, ㉡, ㉣   ② ㉠, ㉢   ③ ㉠, ㉣   ④ ㉡, ㉢   ⑤ ㉡, ㉣

MEMO

07 • 2008년

다음을 읽고 '달러화에 대한 원화의 환율'과 '빅맥 지수'가 얼마인지를 도출하고, 이를 근거로 '현재의 환율이 원화의 실제 구매력을 어떻게 평가'하고 있는지 쓰시오. (단, 환율에서 매도율과 매입율의 차이는 없다고 가정한다.)

> 김 씨는 미국의 공항에서 3달러짜리 빅맥 햄버거를 사먹으려다 탑승시간에 쫓겨 그냥 비행기에 올랐다. 한국의 공항에 도착해서 배가 고픈 김 씨는 수중에 남아 있는 3달러를 은행에서 환전한 돈 2,700원을 가지고 식당을 찾다가, 미국에 있던 것과 똑같은 빅맥 햄버거를 팔고 있는 가게를 발견하였다. 메뉴를 보니 한국에서 빅맥 햄버거의 가격은 3,000원이었다.

📈 개념-이론 정리 | 빅맥 지수

현재 판매되고 있는 빅맥의 가격을 현물환율을 적용하여 미 달러화로 환산한 수치를 의미한다. 이렇게 도출한 빅맥 지수가 미국 빅맥 가격보다 높은(낮은) 경우 달러화는 저(고)평가, 자국화폐는 고(저)평가 되었다고 판단한다.

💲 기출분석

- 한국의 국내 은행에서 3달러를 2,700원으로 환전했으므로 달러화에 대한 원화의 현물환율은 '1달러＝900원'이 된다.
- 한국의 빅맥 햄버거 가격 3,000원을 현물환율인 '1달러＝900원'을 적용하여 환산한 빅맥 지수는 3.33달러가 된다. 이러한 빅맥 지수는 미국 빅맥 가격인 3달러보다 높으므로 현재의 환율이 원화의 실제 구매력을 고평가(달러화 저평가)하고 있음을 알 수 있다.

응용 TEST 7 ✏️

다음 〈표〉는 일정시점에 5개 국가의 빅맥(Big Mac)가격과 실제 환율을 기록한 것이다. 당시 미국에서 빅맥은 3달러에 판매되었다고 하자. 빅맥에 대해 구매력 평가설이 성립한다고 가정할 때, 각국의 빅맥 지수를 전제로 달러화가 저평가되어 있는 국가를 고르면?

	국가	빅맥 가격	현물 환율
㉠	일본	250엔	107엔/달러
㉡	인도네시아	14.6루피아	9.5루피아/달러
㉢	영국	1.9파운드	0.6파운드/달러
㉣	스위스	6.3스위스 프랑	1.3스위스 프랑/달러
㉤	캐나다	3.3캐나다 달러	1.2캐나다 달러/달러

① ㉠, ㉡   ② ㉠, ㉡, ㉢   ③ ㉡, ㉢, ㉣   ④ ㉢, ㉣

다음 〈표〉에 기초한 각국 환율에 대한 분석 및 추론으로 옳은 것은?

(물가와 환율은 연중 일정하다고 가정함)

나라	빅맥 햄버거 가격 (각국 통화)		대미 환율 (각국 통화/달러)	
	2008년	2009년	2008년	2009년
미국	3	4	–	–
갑국	300	400	150	200
을국	60	80	20	10
병국	6.6	4.4	2.0	1.1

* 빅맥 지수 : 미 달러화로 환산된 빅맥 햄버거 가격

① 빅맥 지수에 따르면 2008년 갑국의 통화는 저평가되어 있다.

② 2008년 대비 2009년에 갑국의 수출가격 경쟁력이 약화되었다.

③ 명목 환율이 구매력 평가설에 가장 근접한 나라와 시기는 갑국 2008년이다.

④ 2008년 대비 2009년에 미국인들의 을국과 병국으로의 여행이 증가했을 것이다.

⑤ 빅맥으로 구매력 평가가 성립한다면 2008년 병국의 구매력 평가환율은 달러 당 3.3이 되어야 한다.

📈 개념-이론 정리 | **구매력 평가설(purchasing power parity : PPP)**

1. **가정**
   ① 무역규제조치와 조세징수가 없다.
   ② 수송비, 거래 수수료 등 거래비용이 없다.
   ③ 시장정보 취득비용이 없다.

2. **일물일가의 법칙(law of one price)**
   ① 상품시장이 완전하다고 가정하는 세계에서는 동일한 품질의 상품은 어떤 나라의 시장에서든 동일한 가격을 가지게 되므로 국제적인 차익거래(arbitrage)를 통해서 이익을 실현할 수 있는 가능성은 없다는 것이다.
   ② 단, 서비스와 같은 비교역재는 거래비용이 너무 커서 국제무역이 이루어지지 않는 상품으로서 일물일가의 법칙이 성립하지 않게 된다.

3. **환율과 물가**
   ① 국제적인 교역이 가능한 상품에 대해, 한 나라에서의 가격(P)이 다른 나라에서의 그 상품에 대한 가격(P_f)과 같도록 하게 하는 환율(e)이 균형 환율이라고 보는 것이 구매력 평가설의 출발점이다.
   ② 동일한 상품이라면 외화로 구입하는 것이나 외화를 원화로 바꾸어 원화로 구입하는 것이나 지불하는 가격이 같아야 한다.

■ 주어진 〈표〉를 전제로 각국의 빅맥 지수와 구매력 평가환율을 정리하면 다음 〈표〉와 같다.

나라	빅맥 햄버거 가격 (각국 통화)		대미 환율 (각국 통화/달러)		빅맥 지수 (각국 빅맥 가격/대미환율)	
	2008년	2009년	2008년	2009년	2008년	2009년
미국	3	4	–	–	3	4
갑국	300	400	150	200	2	2
을국	60	80	20	10	3	8
병국	6.6	4.4	2.0	1.1	3.3	4

나라	빅맥 햄버거 가격 (각국 통화)		대미 환율 (각국 통화/달러)		구매력 평가환율 (각국 빅맥 가격/ 미국 빅맥 가격)	
	2008년	2009년	2008년	2009년	2008년	2009년
미국	3	4	–	–	–	–
갑국	300	400	150	200	100	100
을국	60	80	20	10	20	20
병국	6.6	4.4	2.0	1.1	2.2	1.1

■ 각국의 빅맥 지수가 미국 빅맥 가격에 비해 낮으면(높으면) 각국의 통화는 저평가(고평가)된 것을 의미한다. 또한 현재 대미 환율이 구매력 평가환율보다 낮으면(높으면) 각국의 통화는 고평가(저평가)되어 있음을 의미한다.

① 2008년 미국 빅맥 가격은 '3', 갑국의 빅맥 지수는 '2'이므로 빅맥 지수에 따를 때 2008년 갑 국의 통화는 저평가되어 있음을 알 수 있다.

② 명목환율(=표에서 대미 환율)이 상승하면 수출품의 달러 표시가격이 하락하게 되어 대외 수출가격 경쟁력이 강화된다. 갑국에서는 2008년 대비 2009년 대미 환율이 150에서 200으로 상승했으므로 갑국의 수출가격 경쟁력은 2008년에 비해 2009년에 강화되었음을 알 수 있다.

③ 2008년 갑국의 명목 환율(=표에서 대미 환율)은 150, 구매력 평가환율은 100이므로 구매력 평가설이 성립하지 않음을 알 수 있다.

④ 명목환율(=표에서 대미 환율)이 하락하면 각국에서 미국 달러가치가 하락한다는 것을 의미한다. 이에 따라 미국인들의 해외여행은 이전에 비해 감소하게 된다. 2008년 대비 2009년의 각국 대미 환율이 하락하고 있으므로 미국인들의 을국과 병국으로의 여행이 감소했다는 것을 알 수 있다.

⑤ 구매력 평가설이 성립하기 위해서는 양국의 빅맥 가격이 일치해야 한다. 이에 따라 2008년도 병국의 구매력 평가환율은 다음과 같이 도출된다.

> · '미국 빅맥 가격=병국 빅맥 가격' ⇒ '3달러=6.6(병국 통화)' ⇒ '1달러=2.2(병국 통화)'

[정답 | ①]

국가 간 일물일가의 법칙(the law of one price)에 대한 설명으로 옳은 것은?

① 일물일가의 법칙은 비교역재의 경우에만 성립한다.

② 관세 등 무역장벽이 있어야 일물일가의 법칙이 성립할 수 있다.

③ 일물일가의 법칙은 동일한 물품이 동일한 시기에 다른 장소에서 다른 가격으로 팔릴 수 없다는 것을 의미한다.

④ 일물일가의 법칙이 성립할 때 미국에서 50달러에 판매되는 가방이 국내에서 6만 원에 판매된다면, 달러의 원화환율은 1,100원이 된다.

MEMO

09 • 2017년

다음 자료는 A국과 B국 두 나라로 구성된 국제경제에서 교역이 이루어지고 있는 상황에 관한 것이다. 이에 대해 〈작성 방법〉에 따라 서술하시오.

> A국과 B국 두 나라의 교역에는 어떤 규제도 없으며 비용도 발생하지 않는다. A국과 B국의 화폐 단위는 각각 '링기'와 '페수'이다. 동일한 햄버거에 대한 두 나라의 수요곡선과 공급곡선은 다음과 같다. 식에서 Q와 P는 각각 햄버거의 수량과 가격을 나타낸다.
>
> | A국 | B국 |
> |---|---|
> | 수요곡선 : $Q_{DA} = 100 - P_A$ | 수요곡선 : $Q_{DB} = 80 - 2P_B$ |
> | 공급곡선 : $Q_{SA} = 40 + P_A$ | 공급곡선 : $Q_{SB} = 20 + 2P_B$ |

작성 방법

> - 두 나라에서 햄버거 1개의 구입비용이 같도록 환율이 결정되어야 한다면, A국의 화폐 1링기는 B국의 화폐 몇 페수와 교환되어야 하는지를 제시할 것.
> - 현재 A국과 B국 두 나라의 외환시장에서 링기 1단위와 페수 1단위가 교환되는 비율로 환율이 형성되어 있다면, 두 나라 간에 햄버거의 국제교역이 균형을 이루는 가격을 제시하고, A국과 B국 중에 어느 나라가 햄버거를 몇 개 수출하게 되는지를 제시할 것.

📈 개념-이론 정리 │ **구매력 평가설에 따른 환율결정 과정**

예컨대 미국에서 10달러인 상품이 우리나라에서는 10,000원이라면 원/달러 환율은 1,000원이어야 한다. 만약 원/달러 환율이 900원이라고 해 보자. 이러한 경우에 9,000원을 10달러로 바꾸어 미국에서 이 상품을 구입하여 우리나라에서 10,000원에 되팔면 1,000원의 이익을 얻을 수 있다. 그러나 이러한 차익거래는 무한히 지속될 수 없다. 왜냐하면 거래가 이루어짐에 따라 달러에 대한 수요가 증가하여 원/달러 환율이 상승하게 되고, 결국 차익거래의 기회가 사라짐에 따라 원/달러 환율은 1,000원으로 조정될 것이다.

💲 기출분석

- <u>1링기=0.5페수</u> ⇒ 주어진 A국과 B국의 수요곡선과 공급곡선을 연립하여 풀면 A국과 B국의 국내 가격을 각각 다음과 같이 구할 수 있다.

  > - A국 : $P_A = 30$(링기)
  > - B국 : $P_B = 15$(페수)

  이에 따라 구매력 평가설에 의해 두 나라에서 햄버거 1개의 구입비용이 같도록 환율이 결정되기 위해서는 A국의 화폐 1링기는 B국의 화폐 0.5페수와 교환되어야 한다.

- <u>균형가격 : 20, B국이 20개 수출</u> ⇒ 현재 A국과 B국 두 나라의 외환시장에서 링기 1단위와 페수 1단위가 교환되는 비율로 환율이 형성되어 있다는 것은 두 나라의 화폐단위가 동일하다는 것과 같은 의미이다.

- A국과 B국의 수요곡선과 공급곡선을 각각 수평으로 합하면 국제시장에서의 햄버거 수요곡선(Q_{DW})과 공급곡선(Q_{SW})을 도출할 수 있다.

  - $Q_{DW} = Q_{DA} + Q_{DB} = 180 - 3P$
  - $Q_{SW} = Q_{SA} + Q_{SB} = 60 + 3P$

- 앞에서 도출한 국제시장에서의 햄버거 수요곡선(Q_{DW})과 공급곡선(Q_{SW})을 연립해서 풀면 햄버거 국제가격(P_W)은 $P_W = 20$이 된다. 이 결과를 A국과 B국의 수요곡선과 공급곡선에 대입하면 다음과 같은 결과를 얻을 수 있다.

  - A국 : $Q_{DA} = 80$, $Q_{SA} = 60 \Rightarrow$ 초과수요량 = 20 $\Rightarrow$ 수입
  - B국 : $Q_{DB} = 40$, $Q_{SB} = 60 \Rightarrow$ 초과공급량 = 20 $\Rightarrow$ 수출
  - 균형 교역량 : 20

응용 TEST 9

교역재인 자동차와 비교역재인 돌봄 서비스만을 생산하는 갑국과 을국의 생산량과 가격은 다음과 같다. 이에 대한 설명으로 옳지 않은 것은? (단, 교역재와 비교역재를 모두 포함한 표준적 소비바구니(consumption basket)는 자동차 1대와 돌봄 서비스 10회로 구성된다.)

구분 국가	자동차		돌봄 서비스	
	1인당 생산량(대)	가격	1인당 생산량(회)	가격
갑	10	10	100	2
을	1	10	10	1

① 교역재만을 대상으로 한 갑국 통화와 을국 통화의 교환비율은 1:1이다.

② 표준적 소비바구니를 대상으로 한 구매력평가(purchasing power parity) 반영 환율은 갑국 통화 3단위에 대해 을국 통화 2단위이다.

③ 교역재만을 대상으로 한 환율을 적용하면 을국 1인당 GDP는 갑국 1인당 GDP의 $\frac{1}{10}$이다.

④ 표준적 소비바구니를 대상으로 한 구매력평가 반영 환율을 적용하면 을국 1인당 GDP는 갑국 1인당 GDP의 $\frac{1}{10}$이다.

MEMO

10 • 2016년

다음 그래프의 A점은 국내균형(완전고용)과 대외균형(국제수지균형) 측면에서 어떤 경제 상태에 있는지 서술하고, 재정정책과 통화정책을 활용하여 A점이 균형점 E에 도달하는 과정을 설명하시오. (단, 고정환율제도를 가정한다.)

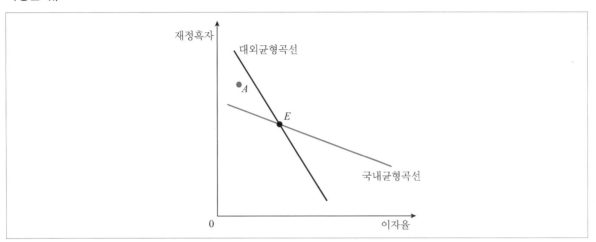

국제경제학

📈 개념–이론 정리 | **지출변경정책과 지출전환정책**

1. **지출변경정책(expenditure changing policy)**
   ① 국제수지가 적자인 경우 국민경제의 총지출 크기를 직접적으로 억제함으로써 수입을 감소시키고, 또한 수출상품에 대한 국내수요를 줄여 수출을 증대시킴으로써 국제수지 균형을 달성하려는 정책을 말한다.
   ② 재정·금융정책이 대표적인 정책수단이다. ⇒ 총수요 관리정책
2. **지출전환정책(expenditure switching policy)**
   ① 총지출(총수요) 규모의 변경 없이 국제시장에서 수출품의 상대가격을 인하하고 국내시장에서 수입품의 상대가격을 인상시킴으로써 국민경제의 수입을 위한 지출의 일부와 외국의 자국 및 제3국에 대한 지출의 일부를 국내생산물에 대한 지출로 전환시켜 국제수지 균형을 달성하고자 하는 정책이다. 즉, 총지출의 구성에 영향을 끼치는 것이다.
   ② 환율인상, 관세부과, 수입할당제, 수출보조금제도, 외환에 대한 통제 등의 정책수단이 있다.

📈 개념–이론 정리 | **정책할당(policy assignment)**

1. **Tinbergen's rule** : n개의 정책목표를 달성하기 위해서는 최소한 n개 이상의 정책수단이 필요하다는 것을 의미한다. 만약 정책수단이 정책목표 수에 미달한다면 정책당국은 모든 정책목표를 달성할 수 없으므로 어떤 정책목표를 우선할 것인지에 대한 선택 상황에 직면하게 된다.
2. 일반적으로 총지출정책은 대내균형, 환율정책은 대외균형 목표를 달성하는 데 보다 더 효과적이라고 알려져 있다. 이에 따라 정책당국은 이러한 상대적 특징을 고려하여 두 목표에 접근해야 한다. 이를 먼델(R. Mundell)의 '효율적 시장분할 원칙'이라고 한다.

- 국내 : 경기침체, 대외 : 국제수지 적자 ⇒ 현재 A점에서는 국내균형(완전고용)을 달성하기 위해 필요한 재정흑자 수준에 비해 높은 상태이다. 이것은 완전고용을 위해 필요한 재정적자(지출)가 부족하다는 것을 의미한다. 따라서 현재 국내경제는 실업이 존재하는 경기침체 상태이다. 또한 A점은 대외균형(국제수지균형)을 달성하기 위해 필요한 이자율 수준에 비해서는 낮은 상태이다. 따라서 국제수지는 자본유출로 인해 적자 상태이다.
- 국내균형을 달성하기 위해 확장적 재정정책으로 재정지출을 늘리면 국내균형곡선을 향해 움직이게 되고, 대외균형을 달성하기 위해 긴축적 통화정책으로 이자율을 상승시키면 대외균형곡선을 향해 움직이게 된다. 이러한 과정이 반복되면서 경제는 A점에서 E점을 향해 움직이게 된다.

응용 TEST 10

지출전환정책(expenditure switching policy)의 수단이 아닌 것은?

① 관세　　　　　　② 통화정책　　　　　　③ 평가절하　　　　　　④ 수출보조금

MEMO

19 | 개방경제 거시균형이론

01 • 2011년

다음의 글을 설명할 수 있는 경제모형을 〈보기〉에서 제시하였다. A, B, C, D에 들어갈 내용으로 옳은 것은?

- 최근 크게 늘어난 미국의 경상수지 적자 문제에는 더 큰 이유가 있다. 경기불황과 조지 W. 부시 대통령이 의회에서 밀어붙인 막대한 세금감면정책 탓에 눈덩이처럼 불어난 재정적자가 그 이유다. 1990년대 재정적자는 다소 해소되었지만 2000년대 들어와서 미국은 다시 한 번 많은 채권을 발행하기 시작했다.

　　　　　　　　　　　　　　　　　　　　　　　　　　　　　– 누리엘 루비니 외(2010),「위기경제학」

- 미국 경제는 변동환율제를 채택하고 있다.

──────────── 보 기 ────────────

재정적자가 발생하면 대부자금시장에서 국민저축이 __A__ 하여 이자율이 __B__ 하고, 이에 의해 순자본유출이 __C__ 한다. 순자본유출의 __C__ 는 외환시장에서 달러가치 __D__ 을 유발하여 경상수지 적자를 초래한다.

	(A)	(B)	(C)	(D)		(A)	(B)	(C)	(D)
①	감소	상승	감소	상승	②	감소	상승	증가	상승
③	감소	하락	감소	상승	④	증가	상승	증가	하락
⑤	증가	하락	감소	하락					

📈 **개념-이론 정리** | **저축-투자 항등식과 쌍둥이 적자(twin deficit)**

$$S+(T-G-TR)+(M-X) \equiv I$$

- S는 민간저축, T는 조세, G는 정부지출, TR은 이전지출, M은 수입, X는 수출, I는 국내 총투자이다.

1. $(T-G-TR)$은 정부의 조세수입에서 정부지출 및 이전지출과 같은 재정지출을 뺀 것인데 이를 정부저축이라 부를 수 있다. 왜냐하면 정부의 입장에서 보면 조세수입은 소득이고 정부지출 및 이전지출을 합한 재정지출은 소비라고 볼 수 있기 때문이다.
2. $(M-X)$는 해외저축이라 부를 수 있다. 왜냐하면 한 나라의 수입은 해외부문의 입장에서 보면 이 나라에 물건을 팔아서 벌어들인 소득이고, 수출은 해외부문이 이 나라의 제품을 사기 위해서 지불한 지출이라고 볼 수 있기 때문이다.
3. 위의 항등식은 국내투자의 재원은 가계, 기업, 정부 등에 국민저축이나 해외부문에 의한 해외저축으로부터 충당되어야 함을 의미한다.
4. 위 항등식에서 저축(S)과 투자(I)가 같다면 $(T-G-TR)<0$일 때 $(M-X)>0$이 성립할 수 있다. 이러한 경우 생산물시장이 균형을 이룸에도 불구하고 재정적자와 경상수지 적자가 동시에 발생할 수 있다. 이를 쌍둥이 적자(twin deficit)라고 한다.

(미국) 재정적자 ⇒ 대부시장에서 국민저축 감소 ⇒ 이자율 상승 ⇒ 순자본유출 감소(순자본유입 증가) ⇒ 외환시장에서 달러가치 상승(환율 상승) ⇒ (미국) 순수출 감소 ⇒ 경상수지 적자 ⇒ 쌍둥이 적자 가능성   [정답 | ①]

응용 TEST 1 📝

어떤 나라의 국제수지표에서 경상수지와 재화 및 서비스수지의 크기는 같고, 준비자산의 증감은 없었다. 재화 및 서비스수지가 흑자를 나타내고 있는 경우에 다음 설명 중 적절한 것을 모두 고르면? (단, 오차 및 누락은 0이다.)

ⓐ 순자본유출(Net capital outflow)은 양의 값을 가진다.
ⓑ 국내저축의 크기는 국내투자의 크기보다 작다.
ⓒ 국민소득의 크기는 소비, 투자, 정부지출의 합보다 크다.
ⓓ 순수출과 순자본유출의 크기는 서로 같다.

MEMO

(가)에 진술된 정책의 전달 경로를 참고하고 (나)에서 제시한 두 개의 이론 모형을 활용하여, 미국에서 재정적자와 중앙은행의 국채 매입이 각각 미국의 이자율과 화폐가치(환율) 그리고 순수출에 미치는 효과를 비교하시오(단, 재정적자가 이자율에 미치는 영향의 분석에는 대부자금시장 모형을, 국채 매입이 이자율에 미치는 영향의 분석에는 화폐시장 모형을 사용하시오.). 그리고 중앙은행의 국채 매입이 물가 및 국민소득에 미치는 단기적 효과가 폐쇄경제와 개방경제에서 어떻게 다른지 (다)의 조건을 고려하여 비교·설명하시오.

(가) 1980년대 미국의 레이건 정부는 세금을 대폭 감면한 반면 재정지출은 비슷한 폭으로 감축하지 않아 대규모 재정적자가 발생했다. 재정적자는 이자율을 변화시켰으며, 이자율의 변화는 외환시장에서 달러에 대한 수요와 공급을 변화시켜 달러가치의 변화를 초래하였고, 나아가 이러한 달러가치의 변화는 같은 시기 미국의 대규모 무역적자의 원인이 되었다.

(나) 이러한 미국의 쌍둥이 적자를 설명하기 위해서는 두 개의 이론 모형과 몇 가지 가정이 필요하다. 첫째는 이자율 결정 모형이다. 이자율 결정 모형에는 이자율이 대부자금의 수요와 공급에 의해 결정된다는 대부자금시장 모형과 이자율이 화폐의 수요와 공급에 의해 결정된다는 화폐시장 모형이 있다. 모형의 단순화를 위하여 단기에 명목이자율의 변화와 실질이자율의 변화는 완전히 동일하다고 가정한다. 둘째는 환율결정 모형으로 자본이동이 완전히 자유롭다는 가정 하에 외환시장에서 수요와 공급에 의해 한 나라의 화폐가치 또는 환율이 결정되는 과정을 분석하기 위한 것이다. 역시 단순화를 위하여 단기에 명목환율의 변화는 실질환율의 변화와 완전히 동일하다고 가정한다. 또한 미국의 수출품과 수입품 모두 수요의 가격탄력성이 1보다 크며, 환율의 변화가 순수출의 변화에 즉각적으로 반영된다고 가정한다.

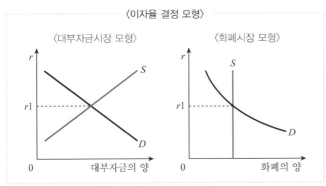
〈이자율 결정 모형〉
〈대부자금시장 모형〉   〈화폐시장 모형〉

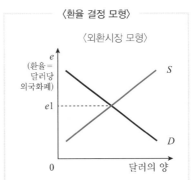
〈환율 결정 모형〉
〈외환시장 모형〉

(다) 환율의 변화는 총수요와 총공급을 변화시켜 국민소득과 물가에 영향을 미친다. 동일한 환율 변화로 인한 총수요곡선의 이동 폭이 총공급곡선의 이동 폭보다 더 크다고 가정한다.

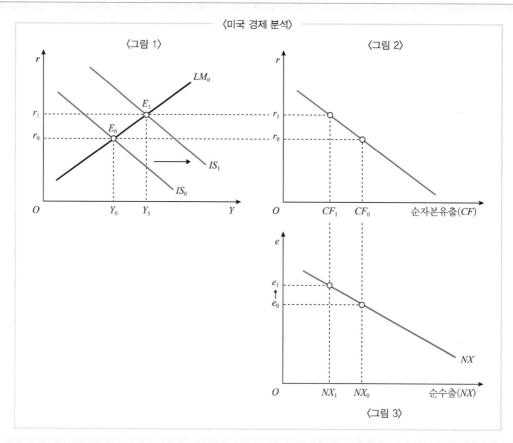

1. 미국에서 경기를 부양하기 위하여 대규모 재정지출을 하게 되면 〈그림 1〉에서 보는 바와 같이 IS곡선이 오른쪽으로 이동($IS_0 \rightarrow IS_1$)하고, 이에 따라 미국의 국민소득은 증가($Y_0 \rightarrow Y_1$) 이자율은 상승($r_0 \rightarrow r_1$)하게 된다. 이때 상승한 미국의 국내이자율은 현실적으로 세계이자율의 상승을 의미하게 된다.
2. 이러한 이자율의 상승은 〈그림 2〉에서 보는 바와 같이 미국으로의 자본유입을 가져와 순자본유출을 감소시킨다.
3. 한편 〈그림 3〉에서 보는 바와 같이 미국의 외환시장에서는 자본유입으로 인한 달러가치의 상승($e_0 \rightarrow e_1$)으로 순수출이 감소하게 되어 경상수지가 악화된다. 이러한 미국의 경상수지 악화는 교역상대국은 경상수지가 개선된다는 의미이기도 하다.

💲 기출분석

■ 재정적자 효과

• 재정적자 ⇒ 이자율 상승 ⇒ 자본유입 ⇒ $수요 증가 ⇒ 환율($가치) 상승 ⇒ 순수출 감소

■ 국채매입 효과

• 국채매입 ⇒ 통화량 증가 ⇒ 이자율 하락 ⇒ 자본유출 ⇒ $공급 증가 ⇒ 환율($가치) 하락 ⇒ 순수출 증가

- 국채매입 효과 비교

  - 폐쇄경제 : 국채매입 ⇒ 통화량 증가 ⇒ 이자율 하락 ⇒ 투자 증가 ⇒ 총수요 증가(AD곡선 우측 이동 ⋯ ⓐ) ⇒ 국민소득 증가, 물가 상승

  - 개방경제
    (국채매입 ⇒ 통화량 증가 ⇒ 이자율 하락 ⇒ 투자 증가 ⇒ 총수요 증가(AD곡선 우측 이동 ⋯ ⓐ) ⇒ 국민소득 증가, 물가 상승)
    +
    (국채매입 ⇒ 통화량 증가 ⇒ 이자율 하락 ⇒ 자본유출 ⇒ $공급 증가 ⇒ 환율($가치) 하락 ⇒ 순수출 증가 ⇒ 총수요 증가(AD곡선 우측 이동 ⋯ ⓑ) ⇒ 국민소득 증가, 물가 상승
    +
    (국채매입 ⇒ 통화량 증가 ⇒ 이자율 하락 ⇒ 자본유출 ⇒ $공급 증가 ⇒ 환율($가치) 하락 ⇒ 수입(원자재)가격 상승 ⇒ 총공급 감소(AS곡선 좌측 이동 ⋯ ⓒ) ⇒ 국민소득 감소, 물가 상승

  - 동일한 환율 변화로 인한 총수요(AD) 곡선 이동 폭이 총공급(AS)곡선의 이동 폭보다 크다는 가정 ⇒ 'ⓑ>ⓒ' ⇒ 폐쇄경제에 비해 개방경제에서 국민소득이 더 크게 증가하고, 물가 역시 더 크게 상승한다.

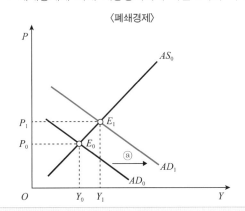

〈폐쇄경제〉

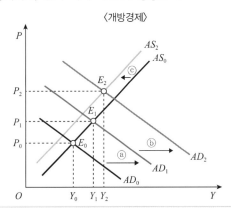

〈개방경제〉

응용 TEST 2

만성적인 국제수지 적자를 기록하고 있는 나라에서는 확대재정정책이 확대금융정책보다 더 효과적일 수 있다. 그 이유로 옳은 것은?

① 확대재정정책과 확대금융정책은 수입을 증가시킬 우려가 있다.

② 확대금융정책의 실시로 단기자본이 유출될 가능성이 있다.

③ 확대금융정책은 이자율을 상승시키고, 투자와 생산성을 위축시킨다.

④ 확대재정정책은 자국통화의 평가절하를 가져오고 이로 인해 수출이 감소한다.

03 • 1999년

다음은 Internet에서 구한 신문자료의 일부이다. (··· 중략 ···) 부분의 내용을 아래에 〈조건〉을 고려하여 완성해 보시오.

사실 모든 대외변수의 움직임에 대해 일희일비할 필요는 없다. 모든 경제변수는 선이 될 수도 있고, 동시에 악이 될 수도 있기 때문이다. 엄밀히 따지고 보면 엔고(円高)의 장기화가 반드시 우리에게 유리한 것은 아니다. 왜냐하면 엔고가 지속되면,

(··· 중략 ···)

그러나, 단기적으로 엔고(円高)는 우리의 수출경쟁력과 맞물려 호재임이 분명하고 따라서 이의 변동에 관심이 집중되는 것이 사실이다.

조 건

일본 기업의 수출, 일본의 경기회복, 일본 국내의 수요, 아시아 국가들의 대일본 수출, 경기활성화 등의 용어를 반드시 넣어 90자 내외로 완성할 것.

📈 개념-이론 정리 | **환율 상승이 총수요에 미치는 경로(마샬-러너 조건이 충족되는 경우)**

환율 상승 ⇒ 수출품의 외화표시 가격 하락, 수입품의 원화표시 가격 상승 ⇒ 수출 증가, 수입 감소 ⇒ 순수출 증가 ⇒ 총수요 증가 ⇒ 국민소득 증가

💲 기출분석

엔고로 인해 일본기업의 수출이 감소하여 일본의 경기회복에 악영향을 준다. 이것이 일본 국내의 수요 감소로 이어져 우리를 포함한 아시아 국가들의 대일본 수출이 감소하여 오히려 우리 경제의 경기활성화를 더디게 할 것이다.

응용 TEST 3 ✏️

외부로부터 디플레이션 충격이 발생하여 국내경제에 영향을 미치고 있을 때, 확장적 통화정책을 시행할 경우의 거시경제 균형에 대한 효과로 옳지 않은 것은?

① 폐쇄경제모형에 따르면 이자율이 하락하여 투자가 증가한다.
② 자본시장이 완전히 자유로운 소규모 개방경제모형에서는 고정환율을 유지하려면 다른 충격에 대응하는 통화정책을 독립적으로 사용할 수 없다.
③ 변동환율제를 채택하고 자본시장이 완전히 자유로운 소규모 개방경제모형에서는 수출이 감소한다.
④ 교역상대국에서도 확장적 통화정책을 시행할 경우 자국 통화가치를 경쟁적으로 하락시키려는 '환율전쟁' 국면으로 접어든다.

04 • 2006년

변동환율제도를 채택하고 있는 자본 이동이 자유로운 소규모 개방경제를 상정하자. 물가 하락은 가계의 소비 지출과 기업의 투자 지출뿐 아니라 순수출에도 영향을 미친다. (A) 물가 하락이 화폐시장에서 이자율에 영향을 미치게 되는 과정을 쓰시오. (B) 화폐시장에서의 이런 변화가 순수출에 어떤 경로로 영향을 미치게 되는지를 자본 유출입, 환율, 수출입에 대한 영향의 순서에 따라 쓰시오.

📈 개념-이론 정리 | **개방경제하의 금융정책 전달경로(변동환율제도)**

① 대내 영향 : 확장적 금융정책(긴축적 금융정책) ⇒ 이자율 하락(상승) ⇒ 투자 증가(감소)
② 대외 영향 : 확장적 금융정책(긴축적 금융정책) ⇒ 이자율 하락(상승) ⇒ 순자본유출(유입) ⇒ 환율 상승(하락) ⇒ 순수출 증가(감소)

💲 기출분석

- A : 물가가 하락하면 화폐시장에서 실질통화량이 증가하여 이자율이 하락하게 된다.
- B : 이자율의 하락으로 자본유출이 이루어지면 환율이 상승하게 되어 순수출이 증가한다.

응용 TEST 4 📝

화폐금융정책에 대한 설명으로 가장 옳지 않은 것은?
① 통화량 등의 정책변수의 변화가 실물부문에 파급되는 경로를 화폐금융정책의 전달경로라고 한다.
② 확장적 화폐금융정책은 폐쇄경제보다 변동환율제도하의 개방경제에서 더 큰 총수요증대효과를 가져온다.
③ 고정환율제도에서 이자율을 내리는 확장적 화폐금융정책은 국제수지를 악화시키고, 이자율을 올리는 긴축적 화폐금융정책은 실업의 감소를 가져온다.
④ 물가안정목표제는 화폐금융정책의 대외적 측면을 중시하고 정책의 비일관성에서 오는 신뢰 문제를 완화한다.

05 •2014년

다음 자료를 바탕으로 A국이 통화 공급을 확대할 경우 B국의 국민소득과 물가에 미치는 영향과 그 과정을 B국이 선택하는 환율제도에 따라 구분하여 설명하시오. (단, 환율은 A국 통화 1단위에 대한 B국 통화의 교환비율이고, J 곡선 효과는 무시하며, 환율 변동은 총공급에 영향을 미치지 않는다고 가정한다.)

- A국은 대규모 개방경제로 B국에 경제적 영향을 주지만 B국은 소규모 개방경제로 A국에 영향을 주지 않는다. A국과 B국 간 자본 이동은 자유로우며 자본은 이자율이 낮은 나라에서 높은 국가로 이동한다.
- A국 또는 B국에서 통화 공급이 증가(감소)하면 해당 국가의 총수요가 증가(감소)하고 이자율이 하락(상승)한다.
- 변동환율제도하에서는 환율의 변동에 따라 순수출이 변하며 환율 변동이 순수출 변화의 가장 중요한 요인이다. 고정환율제도에서는 중앙은행의 외환시장 개입에 따라 통화량이 변한다.

📈 개념-이론 정리 │ 고정환율제도하에 통화량이 내생변수가 되는 이유

고정환율제도하에서는 명목환율이 미리 정해진 수준에 고정되어 있으므로 외생변수가 된다. 그리고 통화량이 내생변수가 된다. 그 이유는 고정된 환율을 유지하기 위해서는 중앙은행이 외환시장에 개입해야 하며 그 과정에서 통화량이 변하기 때문이다. 그리고 이와 같이 외환시장 개입의 결과 통화량의 변화를 허용하는 것을 비중화 외환시장 개입(nonsterilized intervention)이라고 한다.

💲 기출분석

- A국(대국)의 통화 공급 확대로 A국에서는 이자율이 하락하게 된다. 이에 따라 B국으로 자본이 유입된다.
- 자본유입에 따른 B국에서 나타나는 경제적 효과(변동환율제도를 전제)
  - 자본유입 ⇒ 환율 하락 ⇒ 순수출 감소 ⇒ 총수요 감소(AD곡선 좌측 이동) ⇒ 국민소득 감소, 물가 하락
- 자본유입에 따른 B국에서 나타나는 경제적 효과(고정환율제도를 전제)
  - 자본유입 ⇒ 환율 하락 압력 발생 ⇒ 외환시장 안정을 위한 중앙은행의 외환 매입 ⇒ 통화량 증가 ⇒ 이자율 하락 ⇒ 투자 증가 ⇒ 총수요 증가(AD곡선 우측 이동) ⇒ 국민소득 증가, 물가 상승

응용 TEST 5 📝

세계는 A국, B국, C국의 세 국가로 구성되어 있으며, 국가 간 자본이동에는 아무런 제약이 없다. B국은 고정환율제도를 채택하고 있으며, C국은 변동환율제도를 채택하고 있다. A국의 경제 불황으로 인하여 B국과 C국의 A국에 대한 수출이 감소하였을 때, B국과 C국의 국내경제에 미칠 영향에 대한 설명으로 옳지 않은 것은? 단, IS-LM 모형을 전제한다.

① B국 중앙은행은 외환을 매각할 것이다.
② C국의 환율(C국 화폐로 표시한 A국 화폐 1단위의 가치)은 상승할 것이다.
③ B국과 C국 모두 이자율 하락에 따른 자본유출을 경험한다.
④ C국이 B국보다 A국 경제 불황의 영향을 더 크게 받을 것이다.

06 • 2002년

불황기에 국민소득을 증대시키기 위한 확대 재정정책의 효과가, 개방경제에서 더 큰지 폐쇄경제에서 더 큰지 알아보고자 한다. 다음 자료를 읽고, 이자율 변동, 자본 이동, 환율변동, 총수요 변동을 고려하여 150자 이내로 설명하시오. (총공급곡선은 이자율이나 환율에 의해서 영향을 거의 받지 않는다고 가정한다.)

상품과 자본의 이동이 자유로운 개방경제는 폐쇄경제와는 다른 특징들을 보이고 있다. 자본이동이 자유로우면 국가 간 이자율의 차이에 따라 자본이 이동하는데, 이렇게 이동한 자본은 외환시장에서 수요나 공급을 변화시켜 환율을 변동시킨다. 환율의 변동은 다시 여러 경제변수에 영향을 준다. 따라서 경제정책의 효과를 분석할 때, 개방경제에서는 폐쇄경제에서와는 달리 환율 변동에 따른 효과까지 분석해야 한다. 즉 개방경제에서 재정정책과 통화정책의 효과를 분석할 때는 폐쇄경제에서의 효과 외에 환율이 총수요와 총공급을 어떻게 변화시키는지 추가적으로 고려해야 한다.

개념-이론 정리 | 개방 여부에 따른 확대 재정정책의 효과의 비교

• 개방경제
  1. (확대 재정정책 ⇒ 이자율 상승 ⇒ 투자 감소 ⇒ 총수요 감소(AD곡선 좌측 이동) ⇒ 국민소득 감소) + (확대 재정정책 ⇒ 이자율 상승 ⇒ 순자본유입 ⇒ 환율 하락 ⇒ 순수출 감소 ⇒ 총수요 감소(AD곡선 좌측 이동) ⇒ 국민소득 감소
  2. 확대 재정정책 시행의 결과 정부지출↑, 투자↓, 순수출↓

• 폐쇄경제
  1. (확대 재정정책 ⇒ 이자율 상승 ⇒ 투자 감소 ⇒ 총수요 감소(AD곡선 좌측 이동) ⇒ 국민소득 감소)
  2. 확대 재정정책 시행의 결과 정부지출↑, 투자↓

기출분석

■ 개방경제 : 확대 재정정책을 실시하게 되면 이자율이 상승하여 투자가 감소하게 된다. 또한 이자율의 상승은 순자본유입으로 인한 환율하락을 가져와 순수출도 감소하게 된다.
■ 폐쇄경제 : 확대 재정정책을 실시하게 되면 이자율이 상승하여 투자가 감소하게 된다. 다만 폐쇄경제하에서는 이자율 상승으로 인한 순자본유입을 가져오지 않게 되어 순수출에 영향을 주지 않는다.
■ 결국 불황기에 국민소득을 증가시키기 위한 확대 재정정책의 효과는 개방경제에 비해 폐쇄경제에서 상대적으로 더 크다는 것을 알 수 있다. 이에 따라 불황기에 국민소득을 증대시키기 위한 확대 재정 정책의 효과는 개방경제에 비해 폐쇄경제에서 더 크게 나타난다.

응용 TEST 6

소국경제인 A국은 자본의 국제이동성이 완전한 변동환율제도를 채택하고 있다. 경제가 균형을 이루고 있는 상태에서 A국 정부가 재정지출을 증가시킬 때 발생할 것으로 기대되는 현상으로 옳지 않은 것은? 단, IS-LM-BP 모형을 전제한다.
① 새로운 균형에서는 국민소득이 증가한다.
② 새로운 균형에서는 이자율이 변하지 않는다.
③ 재정지출 증가 후 해외로부터 자본이 유입된다.
④ A국의 화폐가치가 상승하는 방향으로 환율이 변한다.

응용 TEST 해설

01 경제학 일반론

응용 TEST _ 1

- 합리적 선택은 '한계적 판단'에 의해서 이루어진다. 여기서 '한계적 판단'은 선택을 하게 되는 '현재 시점을 기준'으로 미래를 향한 판단을 한다는 것이다. 즉, 과거 회귀적 판단이 아닌 미래 지향적인 판단을 한다는 것이다. 이러한 이유로 현재 어떤 판단을 해도 미래에 회수가 불가능한 비용인 이른바 '매몰비용(Sunk cost)'은 판단을 할 때 고려해서는 안 되는 것이다.

- 주어진 〈상황〉에서 A 프로젝트에 투자할 때의 총편익은 A 프로젝트에 투자할 때 얻을 수 있는 편익(=25억 원)과 A 프로젝트에 투자하게 되면 더 이상 진행하지 않게 되는 B 프로젝트에서 회수가 가능한 금액(=10억 원)의 합이다. 그 크기는 '25억 원+10억 원=35억 원'이 된다. 이러한 총편익을 얻기 위해 필요한 총비용은 10억 원이다. 따라서 A 프로젝트에 투자할 때의 순편익(=총편익-총비용)은 '25억 원'이 된다.

- 한편 B 프로젝트에 투자할 때의 총편익은 30억 원이다. 이러한 총편익을 얻기 위해 필요한 총비용은 기존에 투자된 20억 원 중에서 회수가 가능한 금액(=10억 원)과 현재 추가적으로 필요한 예산(=10억 원)의 합인 20억 원이다. 따라서 B 프로젝트에 투자할 때의 순편익(=총편익-총비용)은 '10억 원'이 된다. 여기서 기존에 투자된 금액 중에서 회수가 불가능한 10억 원은 매몰비용으로 경제적 선택을 하는 경우에 고려해서는 안 된다는 것을 주의한다(다).

  이러한 내용을 〈표〉로 정리하면 다음과 같다.

구분	총편익	총비용	매몰비용	순편익 (=총편익-총비용)
A 프로젝트	25억 원+B프로젝트에서 회수 가능한 10억 원=35억 원	10억 원	0 원	25억 원
B 프로젝트	30억 원	20억 원	10억 원	10억 원

- 여기서 기회비용(Opportunity cost)은 어떤 선택을 위해 포기해야 하는 최상의 가치를 의미한다. 어떠한 선택이 합리적 선택이라고 평가받기 위해서는 기회비용이 가장 작은 대안을 선택해야 한다. 그런데 A 프로젝트에 투자할 때의 기회비용은 B 프로젝트에 투자할 때 얻을 수 있는 순편익이고, 그 크기는 10억 원이다(가). 또한 B 프로젝트에 투자할 때의 기회비용은 A 프로젝트에 투자할 때 얻을 수 있는 순편익이고, 그 크기는 25억 원이다(나). 따라서 주어진 〈상황〉하에서 甲 국장의 합리적 선택의 대안은 'A 프로젝트'가 된다(라).

[정답 | 나, 다]

응용 TEST _ 2

- 분실된 영화 관람권은 재발급이나 환불이 불가능하므로 영화 관람권 구입비용(10,000원)은 전형적인 매몰비용이다. 따라서 영화 관람권을 재구입할 때 고려해서는 안 된다.

- 영화 관람권을 재구입하면 추가로 비용을 지불해야 하므로 기회비용으로 10,000원이 발생한다. 이때 영화 관람으로부터 20,000원만큼의 가치를 얻을 수 있으므로 재구입하는 것이 합리적이다.

- 영화 관람'만을' 하는 경우의 영화 관람에 따른 기회비용은 관람권 구입비용이고, 영화 관람과 연극 관람 '중에서' 영화 관람을 선택하는 경우의 기회비용은 관람권 구입비용이 아니고 연극 관람을 통해 얻을 수 있는 '만족'의 가치이다.

응용 TEST 해설

응용 TEST – 3

- 주어진 자료를 다음과 같이 정리할 수 있다.

  ㉮ : 신자유주의, ㉯ : 수정자본주의, ㉰ : 산업자본주의, ㉱ : 독점자본주의, ㉲ : 상업자본주의

  따라서 등장 순서에 따라 나열하면 다음과 같다.

- ㉲ ⇒ ㉰ ⇒ ㉱ ⇒ ㉯ ⇒ ㉮

---

02 소비자이론

응용 TEST – 1

- 주어진 예산하에서 여러 재화를 동시에 소비하는 경우에 각 재화에 지출되는 동일한 화폐 단위당 한계효용이 같도록 소비할 때 효용의 극대화가 달성된다.

[정답 | ①]

> **AK TIP. 한계효용 균등의 법칙(Law of equimarginal utility)：Gossen의 제2법칙**
>
> 상품가격이 각각 다를 때, 화폐 한 단위당 한계효용(MU)이 균등하게 되도록 재화를 소비하면 극대의 총효용을 얻을 수 있다. ⇒ 고센(Gossen)의 제2법칙
>
> $$\frac{MU_X}{P_X} = \frac{MU_Y}{P_Y}$$

응용 TEST – 2

- 영화의 가격이 음악에 비해 2배이므로 주어진 영화의 한계효용을 2로 나누면 다음과 같이 영화와 음악 모두가 동일한 3,000원 기준의 한계효용표가 된다.

수량	1	2	3	4	5	6	7
영화	540	510	480	450	420	390	360
음악	600	570	540	510	480	450	420

- 앞의 〈표〉에서 나타난 영화와 음악의 3,000원당 한계효용이 같아지는 조합 중에서 33,000원의 소득으로 소비가 가능한 조합은 '영화 3편＋음악 5곡(＝18,000원＋15,000원＝33,000원)'이다.
- 단, 앞의 〈표〉에서 영화 1편의 가격은 6,000원으로 변함이 없고, 편의상 음악과 동일한 가격 수준에서 한계효용을 비교하기 위하여 3,000원당 한계효용으로 나타낸 것뿐이라는 것을 주의해야 한다.

응용 TEST – 3

- X재와 Y재를 동시에 소비하는 경우 효용을 극대화하기 위해서는 한계효용 균등의 법칙에 따라 소비해야 한다. 즉, $\frac{MU_X}{P_X} = \frac{MU_Y}{P_Y}$를 충족해야 한다.
- 주어진 조건을 위 식에 대입하면 $\frac{200}{100} = \frac{MU_Y}{50}$이므로 $MU_Y = 100$이 된다.

• '가치의 역설'을 설명하는 개념인 '사용가치'에 해당하는 효용 개념은 '총효용'이고 '교환가치'에 해당하는 효용 개념은 '한계효용'이다. 한계효용이론에서 상품의 가격은 '총효용'의 크기에 의해 결정되는 것이 아니고, '한계효용'의 크기에 의해서 결정된다.

응용 TEST _ 5

• 한계대체율($MRS_{XY} = \dfrac{MU_X}{MU_Y}$)은 무차별곡선의 접선의 기울기이고, 상대가격($\dfrac{P_X}{P_Y}$)은 예산선의 기울기이다. 동일한 무차별 곡선인 U_0 A점에서의 접선의 기울기가 B점에서의 접선의 기울기보다 더 가파르게 도출되므로 한계대체율은 A점이 B점보다 더 크다.

• 무차별곡선은 원점에 더 멀리 떨어질수록 더 높은 수준의 효용에 도달한다. 따라서 무차별곡선 U_0에서의 모든 상품묶음은 무차별곡선 U_1에서의 다른 어떤 상품묶음보다도 효용이 작다.

• B점에서는 '한계대체율($MRS_{XY} = \dfrac{MU_X}{MU_Y}$) < 상대가격($\dfrac{P_X}{P_Y}$)'이 성립하고 있다. 따라서 X재 소비를 줄이고 Y재의 소비를 늘릴 때 효용은 증가하게 된다.

• A점에서는 '한계대체율($MRS_{XY} = \dfrac{MU_X}{MU_Y}$) > 상대가격($\dfrac{P_X}{P_Y}$)'이 성립하고 있으므로 '$\dfrac{MU_X}{P_X} > \dfrac{MU_Y}{P_Y}$'도 성립하게 된다. 따라서 X재의 1원당 한계효용의 크기는 Y재의 1원당 한계효용의 크기보다 더 크다는 것을 알 수 있다.

[정답 | ④]

응용 TEST _ 6

• 주어진 효용함수는 한계대체율(MRS_{XY})이 '1'인 선형함수이므로 두 재화는 완전대체재이다. 이에 따라 소비자 균형은 다음과 같이 3가지 경우로 나타날 수 있다.

• $MRS_{XY}(=1) > \dfrac{P_X}{P_Y}$ ⇒ 오직 X재만 소비하는 구석해 성립

• $MRS_{XY}(=1) < \dfrac{P_X}{P_Y}$ ⇒ 오직 Y재만 소비하는 구석해 성립

• $MRS_{XY}(=1) = \dfrac{P_X}{P_Y}$ ⇒ 예산선상의 모든 점에서 균형 성립 가능

• 만약 X재의 가격이 Y재의 가격보다 낮다면 '$MRS_{XY}(=1) > \dfrac{P_X}{P_Y}$'이 성립하므로, 소득의 크기와 무관하게 X재만 소비하는 구석해가 성립하게 된다.

① · ③ $MRS_{XY} = -\dfrac{\varDelta Y}{\varDelta X} = \dfrac{MU_X}{MU_Y} = \dfrac{1}{1} = 1$이다. 효용함수의 한계대체율($MRS_{XY}$)은 '1'로 정의될 수 있다.

② 만약 $\dfrac{P_X}{P_Y} < MRS_{XY}$라면, 오직 X재만을 소비하는 구석해가 성립하게 된다.

[정답 | ④]

(응용) TEST _7

〈보기〉의 내용을 검토해 보면 다음과 같다.

ㄱ. 정상재는 소득이 증가(감소)할 때 소비량이 증가(감소)하는 재화이다. 따라서 소득과 소비량 간에 정(+)의 관계가 존재한다.

ㄴ. 가격 상승 시 해당 재화의 상대가격이 상승하여 소비량이 감소하는 대체효과가 나타난다. 이러한 효과는 정상재는 물론 열등재에서도 나타난다.

ㄷ. 가격 하락 시 소비자의 실질소득이 증가하고, 이에 따라 정상재의 소비량이 증가하는 소득효과가 나타난다.

ㄹ. 정상재는 가격이 하락(상승)하는 경우 실질소득이 증가(감소)하여 소비량이 증가(감소)하는 소득효과가 나타나고, 상대가격이 하락(상승)하여 소비량이 증가(감소)하는 대체효과가 나타나는 재화이다. 따라서 정상재는 가격 변화 시 소득효과와 대체효과가 동일한 방향으로 작용하게 된다.

[정답 | ㄱ, ㄷ]

(응용) TEST _8

· 가격이 상승할 때 수요량이 증가한다면 이 재화는 기펜재이다(①).

· 기펜재는 소득이 증가할 때 수요량이 오히려 감소하는 열등재이다. 이에 따라 수요의 소득탄력성은 0보다 작다(②).

· 열등재는 가격이 상승할 때 대체효과에 따라 수요량이 감소하고, 소득효과에 따라 수요량이 증가하는 재화이다(③).

· 기펜재는 가격이 상승할 때 소득효과의 크기가 대체효과보다 큰 재화이다(④).

[정답 | ④]

(응용) TEST _9

효용함수가 선형함수(= 직선)로 주어지면 소비자 균형은 한계대체율(MRS_{XY})과 상대가격($\frac{P_X}{P_Y}$)의 크기에 따라 다음과 같이 결정된다.

· $MRS_{XY} > \frac{P_X}{P_Y}$: 오직 X재만 소비하는 구석해 존재

· $MRS_{XY} = \frac{P_X}{P_Y}$: 예산선상의 모든 점이 소비자 균형점

· $MRS_{XY} < \frac{P_X}{P_Y}$: 오직 Y재만 소비하는 구석해 존재

여기서 MRS_{XY}와 $\frac{P_X}{P_Y}$는 모두 절대치이다.

· 주어진 효용함수에서 '$MRS_{XY} = 1$', 각 재화의 가격에서 '$\frac{P_X}{P_Y} = \frac{2}{3}$'이므로 '$MRS_{XY} > \frac{P_X}{P_Y}$'가 성립하여 오직 X재만 소비하는 구석해가 존재하게 된다.

· 소득-소비곡선(ICC)은 소비자의 소득이 변화할 때 소비자 균형점의 궤적을 의미한다. 그런데 소득이 변화한다고 하더라도 두 재화의 가격이 변화하지 않는 한 두 재화의 상대가격은 불변이다. 따라서 소비자 균형은 여전히 X재만 소비하는 점에서 이루어진다. 결국 소득-소비곡선은 X축과 겹치게 되고, 모든 점에서 '$Y=0$'이 성립하게 된다.

[정답 | $Y=0$]

응용 TEST – 10

- 가격–소비곡선(PCC)이 수평이라는 것은 두 재화가 독립재 관계에 있어 X재(가로축)의 가격이 하락하는 경우에 Y재(세로축)의 소비량은 불변이라는 의미이다.
- 앞의 내용을 〈그림〉으로 나타내면 다음과 같다.

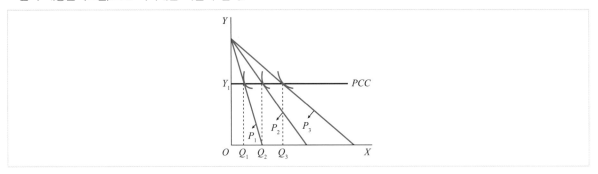

- 〈그림〉에서 X재의 가격이 $P_1 \Rightarrow P_2 \Rightarrow P_3$로 하락함에 따라 Y재의 소비량은 Y_1 수준에서 일정($=Y$재에 대한 소비지출액 $(P_Y \times Y)$ 일정)하고, X재 소비량만 $X_1 \Rightarrow X_2 \Rightarrow X_3$로 증가하고 있다.
- 이것은 소득(I)이 일정하게 주어진 상태에서 X재의 가격과 소비량 사이에는 역($-$)의 관계가 성립한다는 의미이고, 이에 따라 X재의 수요곡선은 직각쌍곡선의 모습을 갖게 된다.
- 앞의 내용을 예산제약식을 이용하여 정리하면 다음과 같다.

$$P_X \times X + P_Y \times Y(\text{일정}) = I(\text{일정}) \Rightarrow P_X \times X = \alpha(\text{일정})$$
$$\Rightarrow P_X = \frac{\alpha}{X} \Rightarrow \text{직각쌍곡선}$$

[정답 ∣ 우하향하는 직각 쌍곡선]

응용 TEST – 11

- 보상변화 : ab(또는 tv)

응용 TEST – 12

- 주어진 문제에서 시간당 임금률을 w, 노동시간을 N, 여가시간을 L, 노동소득을 M이라고 할 때 예산선을 다음과 같이 나타낼 수 있다.

- $24 = N + L \Rightarrow N = 24 - L$
- $M = wN = w(24 - L)$

- 주어진 〈그림〉에서 A에서 B로 변한다는 것은 예산선의 기울기, 즉 시간당 임금률(w)이 이전보다 더 높아졌기 때문이다 (①).
- 임금률(w)이 상승하는 경우에도 임금 상승에 따른 소득효과(여가를 늘리고 노동을 감소시키는 효과)가 대체효과(여가를 줄이고 노동을 증가시키는 효과)보다 훨씬 크게 나타나게 되면, 노동시간이 이전보다 오히려 더 감소할 수도 있다(②).
- 노동시간 감소율이 시간당 임금률 상승보다 상대적으로 작게 나타나면 여가와 노동소득이 동시에 증가할 수도 있다(③).
- 예산선이 A에서 B로 변화하게 되면 예산선과 접하는 무차별곡선이 보다 원점에서 멀리 벗어나게 되므로 가계의 효용은 증가할 수 있다(④).

[정답 ∣ ④]

응용 TEST – 13

- 임금률의 변화는 다른 조건이 일정할 때 노동의 '가격'이 상승하는 경우이고, 이를 바탕으로 임금(가격) 변화에 따른 노동시장에서의 <u>가격－소비</u> 곡선을 도출할 수 있고 이를 통해 노동공급곡선을 유도할 수 있다.
- 노동공급곡선이 좌상향(우하향)하는 후방굴절 구간에서는 <u>대체효과보다 소득효과가 더 크게 작용</u>하게 된다.

응용 TEST – 14

- 효용함수 $U = Ly$는 원점에 볼록하면서 45°선을 중심으로 대칭인 형태를 한 효용함수 모습을 보인다. $y = \dfrac{U(일정)}{L}$ 형태이므로 직각쌍곡선 형태임을 기억하면 된다.
- 주어진 효용함수는 $U = Ly$를 전제로 한계대체율(MRS_{Ly})을 도출하면 다음과 같다.

$$MRS_{Ly} = \frac{MU_L}{MU_y} = \frac{y}{L}$$

- 주어진 조건을 이용하여 예산제약식을 도출하면 다음과 같다. 여기서 40시간을 초과한 노동시간은 매주 주어진 80시간 중 처음 노동에 투입한 40시간을 뺀 나머지 40시간 중 여가시간(L)을 차감한 크기이므로 $(40 - L)$로 나타낼 수 있다. 또한 여가시간이 40시간보다 많으면 노동시간은 40시간 미만이므로 시간당 임금은 1만 원이 된다. 그러나 여가시간이 40시간보다 작으면 노동시간은 40시간을 초과하게 되므로 초과된 노동시간의 시간당 임금은 2만 원이 된다. 이에 따라 예산제약식은 다음과 같이 나타낼 수 있다.

- 여가시간이 40시간 초과인 경우 : $y = 1 \times (80 - L) = 80 - L$
- 여가시간이 40시간 미만인 경우 : $y = 1 \times 40 + 2 \times (40 - L) = 120 - 2L$

따라서 이를 〈그림〉으로 나타내면 여가시간이 40시간인 점에서 꺾이는 모습을 보이게 된다.
- 앞의 조건들을 이용하여 소비자 균형이 달성되는 수준을 〈그림〉으로 나타내면 다음과 같다.

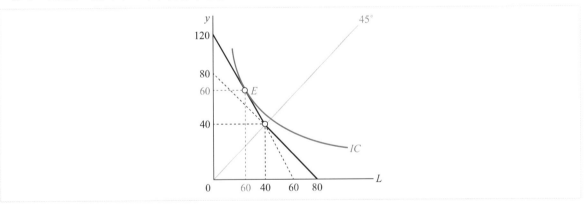

- 〈그림〉에 따르면 소비자 균형점은 효용함수와 여가시간이 40시간 미만인 경우의 예산선 '$y = 120 - 2L$'이 접하는 수준인 E점에서 달성된다. E점은 한계대체율(MRS_{Ly})과 예산선의 기울기인 상대가격이 일치하는 수준이기도 하다.

- $MRS_{Ly} = \dfrac{MU_L}{MU_y} = \dfrac{y}{L}$, 여가의 상대가격 ＝ 예산선의 기울기 ＝ 2

- $\dfrac{y}{L} = 2 \implies y = 2L$

- 앞의 결과를 예산제약식에 대입하면 효용 극대화 수준에서의 여가시간과 소득을 도출할 수 있다.

$$y = 120 - 2L \implies 2L = 120 - 2L \implies 4L = 120 \implies L = 30, \; y = 60$$

03 생산자이론

응용 TEST _ 1

- 외국의 노동 부존량이 '3 ⇒ 4 ⇒ 5 ⇒ 6 ⇒ 7'로 4명이 증가함에 따라 총생산량은 62(=17+16+15+14)만큼 증가한다.
- 자국의 노동 부존량이 '11 ⇒ 10 ⇒ 9 ⇒ 8 ⇒ 7'로 4명이 감소함에 따라 총생산량은 46(=10+11+12+13)만큼 감소한다.
- 자국의 노동이 외국으로 4명만큼 이동하여 자국과 외국에서 모두 7명씩 투입되면 결과적으로 세계 총생산량은 16(=62-46)만큼 증가하게 된다.

[정답 ┃ 16개 증가]

응용 TEST _ 2

- 자본을 고정생산요소, 노동을 가변생산요소라 할 때, 자본투입량이 고정되고 노동투입량만 변화시키는 단기에서 노동의 평균생산물(AP_L)과 노동의 한계생산물(MP_L)의 관계를 〈그림〉으로 나타내면 다음과 같다.

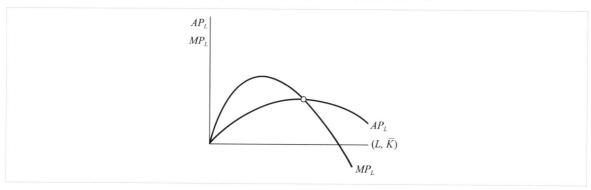

- 여기서 수확체감의 법칙이란 노동투입량이 증가할 때 한계생산의 크기가 지속적으로 감소하는 현상을 의미한다.
  ① 총생산량은 한계생산이 0이 될 때까지는 완만하게 증가하고, 한계생산이 음(−)의 값을 갖게 되면 이때부터 비로소 총생산량은 감소하게 된다. 따라서 증가할 수도 있고 감소할 수도 있다.
  ② 한계생산물이 양(+)의 값에서 음(−)의 값으로 바뀌므로 (+)일 수도 있고 (−)일 수도 있다.
  ③ 한계생산물은 반드시 감소한다. 그러나 총생산물과 평균생산물은 증가하다가 감소하게 된다. 따라서 증가할 수도 있고 감소할 수도 있다.
  ④ 평균생산물과 총생산물은 증가하다가 감소하게 된다. 따라서 증가할 수도 있고 감소할 수도 있다.

[정답 ┃ ⑤]

응용 TEST - 3

* 주어진 조건을 〈표〉로 정리하면 다음과 같다.

총수입	경제학적 비용(1,250만 원)	
	명시적 비용(1,000만 원)	암묵적 비용(250만 원)
1,400만 원	• 가게 임대료(300만 원) • 원료비(400만 원) • 인건비(300만 원)	귀속임금(250만 원)
	경제적 이윤(150만 원)	

응용 TEST - 4

* 문제에서 주어진 내용을 〈그림〉으로 나타내면 다음과 같다.

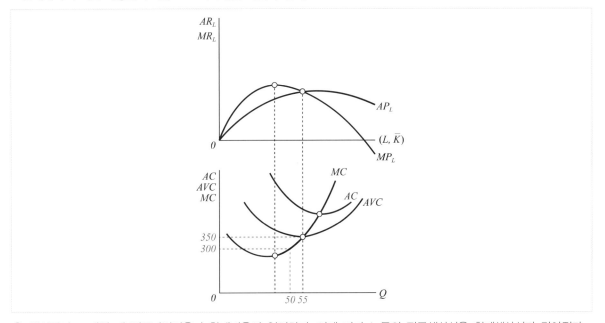

① 생산량이 55개일 때 평균가변비용과 한계비용이 일치하며, 이에 따라 노동의 평균생산성은 한계생산성과 같아진다.

② 기계 한 대의 시장가격이 350만 원 미만으로 하락하면 판매수입으로 가변비용도 충당하지 못하므로 손실은 생산을 하지 않는 경우보다 커진다. 따라서 조업을 중단해야 한다.

③ 이 회사가 50개를 생산하고 있을 때에는 평균가변비용이 한계비용보다 위에 위치하고 있다.

⑤ 생산량을 50개에서 55개로 늘릴 때에 한계비용이 상승하는 것은 같은 구간에서 노동의 한계생산이 체감하고 있기 때문이다. 한계비용과 한계생산이 역(−)의 관계가 성립한다는 것을 알면 쉽게 이해할 수 있다.

④ 손익분기점은 상품의 시장가격이 평균비용(AC)의 최저점과 일치하는 경우이다. 평균가변비용(AVC)의 최저점은 조업 중단점이다.

[정답 | ④]

응용 TEST _ 1

- '밴드왜건 효과(Bandwagon effect)'는 특정 상품을 소비하는 사람이 많아질수록 그 상품에 대한 수요가 더욱 늘어나게 되는 현상을 말한다. 유행에 민감한 소비자들에 주로 나타날 수 있는 소비행태이다.
- '스놉 효과(Snob effect)'는 다른 사람들과 뚜렷이 구별되는 배타적인 상품을 차별적으로 소비하는 것을 의미한다. 즉 다른 사람들의 소비를 따라가는 편승효과와 반대되는 소비를 말한다.
- '베블렌 효과(Veblen effect)'는 오직 자신들의 우월한 사회적 신분을 다른 사람에게 상기시키기 위한 과시소비를 의미한다. 여기서 스놉 효과는 타인의 소비량에 영향을 받는 것에 비해, 베블렌 효과는 상품의 가격에 의해 영향을 받는다는 측면에서 양자는 구분된다.

[정답 │ ③]

응용 TEST _ 2

- 소비자가 소득이 늘 때 과자 소비를 줄인다고 했으므로 과자는 열등재이고, 아무런 전제가 없는 도넛은 정상재이다.
- 문제에서 주어진 도넛 가격 하락으로 인한 변화와 결과를 〈표〉로 정리하면 다음과 같다.

변화	결과
해당 재화(도넛)의 가격 하락	도넛 소비량 증가
과자의 상대가격 상승	과자 소비량 감소
실질소득 증가	• 열등재인 과자 소비량 감소 • 정상재인 도넛 소비량 증가

- 도넛 가격이 하락하면 과자의 소비량은 반드시 감소하고, 도넛의 소비량은 반드시 증가한다.

[정답 │ ①]

응용 TEST _ 3

- '$M=25$'일 때, 시장수요곡선은 $Q=400-2P$이다. 이를 주어진 시장공급곡선과 연립하여 풀면, 시장 균형가격은 '$P=90$'이다.
- '$M=20$'일 때, 시장수요곡선은 $Q=380-2P$이다. 이를 주어진 시장공급곡선과 연립하여 풀면, 시장 균형가격은 '$P=86$'이다.
- M이 25에서 20으로 감소할 때 시장 균형가격은 '4만큼 하락'하게 된다.

응용 TEST _ 4

- 4대 보험료의 크기가 '$a-e$'이므로 근로자와 고용주에게 4대 보험료를 반반씩 나누어 부담시키면, 노동수요곡선은 '$a-c$'만큼 하방으로 평행이동하고, 노동공급곡선은 '$c-e$'만큼 상방으로 평행이동하게 된다.
- 두 그래프의 기울기의 절댓값이 서로 동일하므로 새로운 균형점은 c에서 이루어진다. 이에 따라 균형 급여수준은 c의 높이가 되고, 여기서 노동공급자인 근로자가 부담한 4대 보험료인 '$c-e$'만큼을 제외한 e의 높이가 실질임금수령액이 된다.

[정답 │ 균형 급여수준(c), 실질임금수령액(e)]

응용 TEST _ 5

- Amorozo–Robinson 공식에 따라 다음이 성립한다.

$$MR = P\left(1 - \frac{1}{E_P}\right)$$

여기서 MR은 한계수입, P는 시장가격, E_P는 수요의 가격탄력성이다.

- 수요의 가격탄력성이 '1'이면, 이때의 한계수입은 '$MR=0$'이 되고, 가계의 총지출(=기업의 총수입)은 극대가 된다(②).
- 동일한 비율의 가격변화에 대해 사치재는 필수재에 비해 더 큰 비율의 수요량 변화를 보인다. 이에 따라 수요의 가격탄력성이 보다 탄력적이다(①).
- 수요의 가격탄력성은 다음과 같이 구성된다.

$$E_P = -\frac{dQ}{dP} \times \frac{P}{Q}$$

여기서 '$-\frac{dQ}{dP}$'는 수요곡선의 접선의 기울기의 역수이고, '$\frac{P}{Q}$'는 원점에서 수요곡선상의 한 점까지 그은 직선의 기울기이다.

- 만약에 수요함수가 직선으로 주어지면 모든 점에서 접선의 기울기는 수요곡선 자체의 기울기와 일치하므로 동일한 크기를 갖는다. 따라서 그 역수 또한 동일한 크기를 갖는다. 그러나 탄력성의 크기는 서로 다르다.
- 원점에서 수요곡선상의 한 점까지 그은 직선의 기울기는 그 한 점이 수요곡선의 어느 곳에 위치하는가에 따라 달라진다. 이에 따라 수요곡선 상의 모든 점에서 수요의 가격탄력성은 서로 다른 값을 갖게 된다(③, ④).

[정답 ┃ ②]

응용 TEST _ 6

주어진 조건을 전제로 수요의 가격탄력성(E_P)을 구하면 다음과 같이 도출할 수 있다.

- $E_P = -\frac{dQ}{dP} \times \frac{P}{Q}$
- $E_P = -(-2) \times \frac{P}{2,400-2P} = \frac{P}{1,200-P} = \frac{1}{2} \implies 2P = 1,200-P \implies 3P = 1,200 \implies P = 400$

[정답 ┃ $P^* = 400$]

응용 TEST _ 7

- 주어진 조건을 대입하면 수요곡선과 공급곡선은 다음과 같다.

- 수요곡선 : $Q_D = 70 - 30P$ …… ⓐ
- 공급곡선 : $Q_S = 10P - 10$ …… ⓑ

- ⓐ식과 ⓑ식을 연립해서 풀면 $P=2$, $Q=10$을 구할 수 있다.
- 이 균형점에서 수요의 가격탄력성(E_P)은 다음과 같이 도출된다.

$$E_P = -\frac{dQ}{dP} \times \frac{P}{Q} = -(-30) \times \frac{2}{10} = 6$$

응용 TEST _ 8

- 사적재의 시장수요함수는 개별수요함수를 수평으로 도출한다. 이때 개별수요함수가 동일한 경우에는 다음과 같은 방법으로 시장수요함수를 도출한다.

  - 개별수요함수 : $P=a-bq \Rightarrow P=7-q$
  - 전체수요함수 : $P=a-b \times \dfrac{1}{n}q \Rightarrow P=7-\dfrac{1}{10}Q$ ······ ⓐ
  - 여기서 a와 b는 상수이며, n은 수요자의 수이다.

- 시장공급함수 역시 개별공급함수를 수평으로 합하여 도출한다. 이때 개별공급함수가 동일한 경우에는 다음과 같은 방법으로 시장공급함수를 도출한다.

  - 개별공급함수 : $P=c+dq \Rightarrow P=2+q$
  - 전체공급함수 : $P=c+d \times \dfrac{1}{n}q \Rightarrow P=2+\dfrac{1}{15}Q$
  - 여기서 c와 d는 상수이며, n은 공급자의 수이다.

- 그런데 문제에서는 X재 생산의 기술진보 이후 모든 공급자의 단위당 생산비가 1만큼 하락한다고 한다. 이와 같이 개별공급자의 단위당 생산비가 1만큼 하락하게 되면, 모든 생산단위에서 공급가격이 '1'만큼 하락한 것과 동일한 효과를 가져 온다. 이에 따라 개별공급함수는 '1'만큼 아래쪽으로 평행이동하게 된다. 이 경우 개별공급함수와 시장공급함수는 다음과 같이 도출된다.

  - 개별공급함수 : $P=2+q \Rightarrow P+1=2+q(\because$ 한계비용이 1만큼 하락$) \Rightarrow P=1+q$
  - 전체공급함수 : $P=c+d \times \dfrac{1}{n}q \Rightarrow P=1+\dfrac{1}{15}Q$ ······ ⓑ
  - 여기서 c와 d는 상수이며, n은 공급자의 수이다.

- 앞에서 도출된 ⓐ식과 ⓑ식을 연립해서 풀면 새로운 시장균형가격은 '$P=3.4$'이 되고, 시장균형거래량은 '$Q=36$'이 된다.
- 새로운 균형점에서의 수요의 가격탄력성은 다음과 같이 도출된다.

$$E_p = -\frac{dQ}{dP} \times \frac{P}{Q} = -(-10) \times \frac{3.4}{36} = \frac{34}{36} = \frac{17}{18}$$

응용 TEST _ 9

- 수요의 가격탄력성(E_P) 공식과 주어진 조건을 이용하여 담배가격 변화율을 구한다.

$$E_P = -\frac{\text{수요량의 변화율}}{\text{가격의 변화율}} \Rightarrow 0.4 = -\frac{20\% \downarrow}{\text{가격변화율} \uparrow} \Rightarrow \text{가격변화율} \uparrow = -\frac{20\% \downarrow}{0.4} = 50\%$$

- 가격은 기존가격에서 50%만큼 인상되어야 하므로 2,000원의 50%인 1,000원만큼 인상되어야 한다.

응용 TEST _ 10

- 기업의 입장에서는 매출액(=총수입액)을 다음의 식으로 나타낼 수 있다.

$$TR = P \times Q$$

- 이 식의 양변에 대수를 취하고 미분을 하면 각 변수의 변화율의 관계로 바뀌어 다음과 같은 식으로 나타낼 수 있다.

$$\frac{\Delta TR}{TR}(총수입\ 변화율)=\frac{\Delta P}{P}(가격\ 변화율)+\frac{\Delta Q}{Q}(수요량\ 변화율)$$

- 문제에서 주어진 조건에 따라 가격이 2% 인상될 때 매출액(=총수입액)이 1% 감소하였으므로 판매량은 3% 감소한다.

$$\frac{\Delta TR}{TR}=\frac{\Delta P}{P}+\frac{\Delta Q}{Q}\ \Rightarrow\ -1\%=2\%+\frac{\Delta Q}{Q}\ \Rightarrow\ \frac{\Delta Q}{Q}=-3\%$$

- 앞의 결과를 이용하여 수요의 가격탄력성(E_P)을 구하면 다음과 같다.

$$E_P=-\frac{수요량의\ 변화율(\%)}{가격의\ 변화율(\%)}=-\frac{-3\%}{2\%}=1.5$$

[정답 | ④]

응용 TEST – 11

- 수요의 가격탄력성에 따른 상품의 가격 변화와 판매수입과의 관계를 〈그림〉으로 나타내면 다음과 같다.

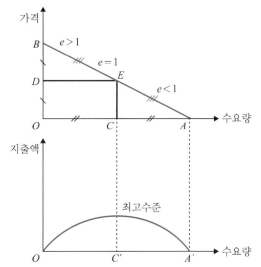

수요의 가격탄력성이 비탄력적인 구간에서는 가격 상승으로 판매수입은 증가하게 되고, 수요의 가격탄력성이 탄력적인 구간에서는 가격 상승으로 판매수입은 오히려 감소하는 것을 알 수 있다.

- 어느 재화의 가격이 1천 원에서 1% 상승할 때 판매수입이 0.2% 증가한다는 것은 이 가격에서의 수요의 가격탄력성이 비탄력적이라는 의미이다(①).
- 5천 원에서 가격이 1% 상승할 때 판매수입이 0.1% 감소한다는 것은 이 가격에서의 수요의 가격탄력성이 탄력적이라는 의미이다(②).
- 판매수입(TR)과 가격 그리고 수요량의 변화율과의 관계를 다음 근사식으로 나타낼 수 있다.

$$TR=P\times Q\ \Rightarrow\ \frac{\Delta TR}{TR}\fallingdotseq\frac{\Delta P}{P}+\frac{\Delta Q}{Q}\ \Rightarrow\ 판매수입변화율(\%)=가격변화율(\%)+수요량변화율(\%)$$

- 앞의 식을 전제로 각각의 주어진 가격에서 1% 상승하는 경우 수요량의 변화율은 다음과 같이 도출된다.

- 1천 원 : 판매수입변화율(%) = 가격변화율(%) + 수요량변화율(%) ⇒ 0.2% = 1% − 0.8%(③)
- 5천 원 : 판매수입변화율(%) = 가격변화율(%) + 수요량변화율(%) ⇒ −0.1% = 1% − 1.1%(④)

- 가격이 1천 원에서 1% 상승 시 수요량은 0.8% 감소한다(③).
- 가격이 5천 원에서 1% 상승 시 수요량은 1.1% 감소한다(④).

[정답 | ④]

응용 TEST – 12

- 다음 〈그림〉은 수요와 공급의 가격탄력성이 모두 탄력적인 경우(왼쪽)와, 모두 비탄력적인 경우(오른쪽)를 비교한 것이다.

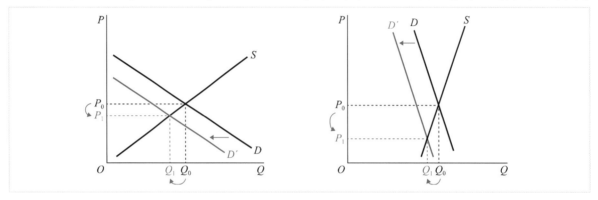

- 가격과 거래량 모두가 하락(감소)하는 경우는 공급이 일정한 경우 수요가 감소하는 경우에 발생할 수 있다(왼쪽 〈그림〉). 가격의 하락폭에 비해 이에 대한 거래량 하락폭이 상대적으로 작은 경우는 수요곡선과 공급곡선의 기울기 모두 가파른 경우에 발생한다(오른쪽 〈그림〉). 이것은 수요와 공급의 가격탄력성이 모두 비탄력적인 경우이다(㉠).
  ㉡ 매달 소득의 일정비율 또는 일정금액을 지출하는 경우는 수요의 가격탄력성이 단위탄력적($E_P = 1$)인 경우이다.
  ㉢ 수요의 가격탄력성이 1보다 큰 경우 상품가격의 인상은 총수입을 오히려 감소시킨다.
  ㉣ 다른 모든 요인이 일정한 경우, 담배세를 인상하면 담배 가격 역시 상승한다. 이에 따라 담배세수입이 증가했다는 것은 담배 수요가 가격에 대해 비탄력적이라는 것을 보여 준다.

[정답 | ㉠, ㉡]

응용 TEST – 13

- 일반적으로 배추와 무와 같은 농산물은 수요의 가격탄력성이 비탄력적인 필수재의 특성을 지닌다. 이에 따라 농산물의 공급이 증가하게 되면 수량의 변화율보다 가격의 변화율이 더 크게 나타난다.
- 농산물 생산이 풍년을 이루었음에도 불구하고 농민의 소득은 오히려 감소하게 되는 '풍년의 비극' 또는 '풍년 기근 현상'이 발생하게 되는 것이다.

[정답 | ④]

응용 TEST – 14

- 소득 수준에 상관없이 소득의 절반을 지출하는 경우를 식으로 나타내면 다음과 같다.

$$P \times Q = \frac{1}{2} \times I \Rightarrow Q = \frac{1}{2} \times I \times P^{-1} \text{ (여기서 } P\text{는 가격, } Q\text{는 수량, } I\text{는 소득이다.)}$$

- 수요함수가 지수함수 형태로 주어지는 경우 특정 변수(소득, 가격 등)의 지수가 곧 그 변수의 탄력성이다.
- 식료품에 대한 소득탄력성과 가격탄력성의 절대치는 모두 '1'이 된다.

[정답 | ㄴ, ㄹ]

응용 TEST – 15

- 지하철 수요의 소득탄력성이 0.20이므로 지하철 이용자의 소득이 10% 상승함에 따라 지하철의 수요는 2%만큼 증가하게 된다.
- 지하철 수요의 가격탄력성이 1.20이므로 지하철 요금이 5% 상승하면 지하철 수요는 6%만큼 감소한다. 그 결과 지하철 전체 수요는 4%만큼 감소하게 된다.
- 지하철 수요가 요금 인상 전과 동일한 수준으로 유지되기 위해서는, 지하철 수요를 4%만큼 증가시킬 수 있도록 지하철과 대체관계에 있는 시내버스 요금 인상이 필요하다.
- 이를 위해서는 지하철 수요의 시내버스 요금에 대한 교차탄력성이 0.4이므로 시내버스 요금은 10% 인상이 필요하다.

응용 TEST – 16

- 보완재에서 수요의 교차탄력성은 0보다 작고, 대체재에서 수요의 교차탄력성은 0보다 크며, 독립재에서 수요의 교차탄력성은 0이 된다. 잉크젯 프린터와 잉크 카트리지는 서로 보완재 관계에 있으므로 수요의 교차탄력성은 0보다 작다.
① 수요의 소득탄력성이 0보다 큰 경우는 정상재인 경우이고, 열등재인 경우의 수요의 소득탄력성은 0보다 작은 값을 갖는다.
③ 가격이 1% 상승할 때 수요량이 4% 감소했다면 수요의 가격탄력성은 4이다.
④ 기펜재는 가격의 변화 방향과 수요량의 변화 방향이 같아서 수요의 법칙이 성립하지 않는 재화를 의미한다. 또한 기펜재는 열등재 중에서 소득효과가 대체효과를 압도할 때 성립하는 재화이다. 소득이 5% 상승할 때 수요량이 1% 증가했다면 이 재화는 정상재(구체적으로 필수재)이므로, 열등재를 전제로 하는 기펜재와는 거리가 멀다.

[정답 | ②]

응용 TEST – 17

- 문제에서 주어진 내용을 〈그림〉으로 그리면 다음과 같다.

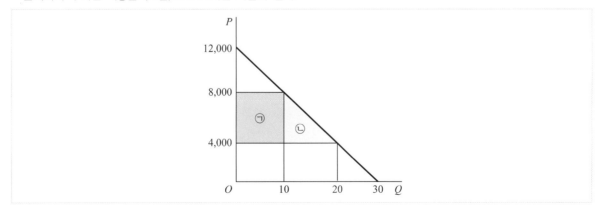

- 위 〈그림〉에서는 회원이 되는 경우 철수가 새롭게 얻을 수 있는 소비자 잉여(㉠+㉡)의 크기가 나타나 있다.
- 비회원의 1회 관람가격이 8,000원일 때 연간 이용횟수는 10회이지만, 회원의 1회 관람가격이 4,000원일 때 연간 이용횟수는 20회로 증가한다. 이에 따라 동일한 이용횟수에서 관람가격 하락으로 인해 얻을 수 있는 새로운 소비자 잉여는 ㉠이고, 하락한 관람가격 아래에서 증가한 이용횟수로 인해 얻을 수 있는 새로운 소비자 잉여는 ㉡이다.
- 철수가 회원이 되었을 때 새롭게 얻을 수 있는 소비자 잉여(㉠+㉡)만큼 최대 연회비를 지불할 용의를 갖게 된다. 그 크기는 다음과 같다.

$$\text{지불용의 최대 연회비} = \text{소비자 잉여}(㉠+㉡): (10+20) \times \frac{1}{2} \times 4,000 = 60,000(\text{원})$$

응용 TEST – 18

- 독점기업에 부과된 정해진 일정 금액의 세금은 고정비용의 성격을 가지고 있으므로 한계비용에 영향을 미치지 못한다. 따라서 이윤극대화 조건 $MR=MC$가 변하지 않으므로 기존의 생산량과 가격도 변하지 않는다.
① 독점이윤에 부과된 조세는 생산과 판매가 모두 이루어지고 난 후에 부과되는 조세이므로 이미 이루어진 생산조건에는 영향을 미칠 수 없다. 따라서 생산량과 가격은 조세 부과 이전과 동일하다.
② 생산량 1단위당 100원씩 세금을 부과하면 한계비용곡선이 상방으로 평행이동하여 이윤극대화 수준에서 생산량은 감소하고 가격은 상승하게 된다.
③ 독점기업의 매출액에 10%의 세금을 부과하면 한계수입(MR)이 작아져서 생산량은 감소하고 가격은 상승한다.
④ 독점이윤에 부과된 조세는 생산과 판매가 모두 이루어지고 난 후에 부과되는 조세이므로 이미 이루어진 생산조건에는 영향을 미칠 수 없다. 따라서 독점기업은 이러한 조세를 소비자에게 떠 넘길 수 없다.

[정답 | ⑤]

응용 TEST – 19

- 조세부과의 결과 소비자 잉여와 생산자 잉여의 일부가 정부의 재정수입으로 전환되어 소비자 잉여와 생산자 잉여 모두가 감소한다(①).

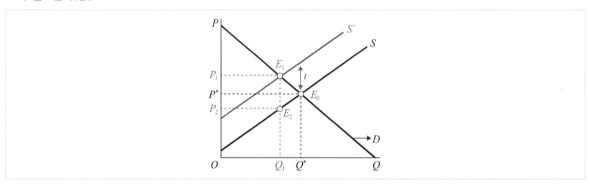

위 〈그림〉에서 조세부과 전에 시장에서는 E_0에서 균형을 이루고 있다. 그런데 t원의 조세부과로 균형점은 E_1으로 이동하고, 이에 따라 조세부과로 소비자 잉여는 $P_1 E_1 E_0 P^*$만큼 감소하고, 생산자 잉여는 $P^* E_0 E_2 P_2$만큼 감소한다. 그중의 일부인 $P_1 E_1 E_2 P_2$는 정부의 재정수입이 된다.
- 조세부과에 따른 조세귀착의 효과는 조세를 소비자에게 부과하든, 생산자에게 부과하든 차이가 없다.

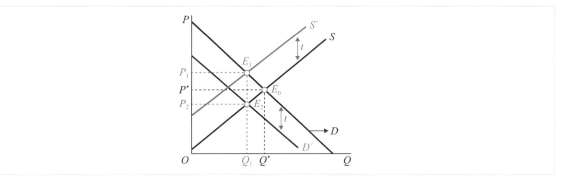

조세가 소비자에게 부과되면 수요곡선이 부과된 조세만큼 하방으로 평행이동하여 새로운 균형점에서 소비자가 지불하는 가격과 생산자가 실질적으로 받게 되는 가격은 모두 이전보다 낮아진다. 그리고 조세가 생산자에게 부과되면 공급곡선이 부과된 조세만큼 상방으로 평행이동하여 새로운 균형점에서 소비자가 지불하는 가격은 이전보다 높아지고, 생산자가 실질적으로 받게 되는 가격은 이전보다 낮아진다(②, ④, ⑤).

- 조세가 생산자에게 부과되어 공급곡선이 S에서 S'으로 상방으로 평행이동하는 경우 균형점은 E_0에서 E_1이 되어, 소비자는 이전의 가격(P^*)보다 $P^* P_1$만큼을 더 부담해야 하며, 생산자는 P_1의 시장가격 중 $P_1 P_2$만큼의 조세를 납부하고 P_2만큼을 얻게 되어 결국 조세부과 전의 가격(P^*)보다 $P^* P_2$만큼을 적게 얻게 되므로 그만큼을 부담하는 결과가 된다.

- 동일한 크기의 조세(t)를 수요자에게 부과하면 수요곡선이 D에서 D'으로 하방으로 평행이동하는 경우 균형점은 E_0에서 E_2가 되어, 소비자는 시장에서 이전의 가격(P^*)보다 $P^* P_2$만큼을 덜 지불하게 되지만 부과된 조세 t($P_1 P_2$와 같은 크기)만큼을 납부해야 하므로 이전보다 $P^* P_1$만큼을 더 부담하게 되고, 생산자는 조세부과 전의 가격(P^*)보다 낮은 가격(P_2)을 얻게 되어 $P^* P_2$만큼을 적게 얻게 되므로 그만큼을 부담하는 결과가 된다. 결국 조세를 생산자에게 부과하든 소비자에게 부과하든 조세 귀착의 크기는 동일하다.

- 탄력성이 클수록 부담은 작아지고, 탄력성이 작을수록 부담은 커진다.

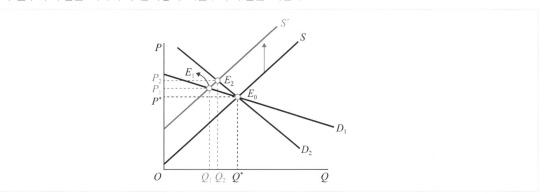

상대적으로 탄력성이 큰 수요곡선 D_1과 탄력성이 작은 수요곡선 D_2에서 생산자에게 조세가 부과되면 공급곡선은 S에서 S'으로 상방으로 평행이동하게 되어 균형점은 각각 E_1과 E_2로 이동하게 된다. 이에 따라 D_1에서는 $P^* P_1$만큼, D_2에서는 $P^* P_2$만큼의 조세부담이 발생하게 된다. 결국 탄력성이 클수록 부담이 작아짐을 알 수 있다.

[정답 | ③]

• 주어진 〈표〉를 기초로 수요함수와 공급함수를 도출하면 다음과 같다.

• 수요함수 : $P = 45 - \dfrac{5}{6}Q$	• 공급함수 : $P = \dfrac{5}{3}Q$

• 정부가 밀가루 1kg당 15원씩의 소비세를 소비자에게 부과하는 경우의 수요함수는 다음과 같다.

• $P + 15 = 45 - \dfrac{5}{6}Q \Rightarrow P = 30 - \dfrac{5}{6}Q$

• 앞에서 도출한 내용을 〈그림〉으로 나타내면 다음과 같다.

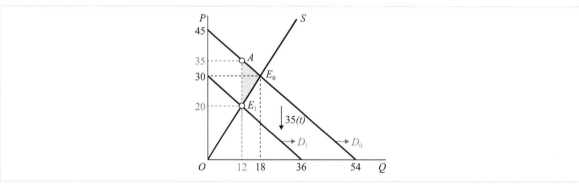

㉠ 구매자의 지불가격 : 35(∵ 새로운 균형점에서 시장에서 20원을 지불하고 동시에 15원만큼의 조세를 납부해야 하므로)
㉡ 정부의 조세수입 : 12 × 15 = 180(∵ 새로운 균형점에서 12kg이 거래되고, 이에 따라 단위당 15원의 조세를 징수하고 있으므로)
㉢ 밀가루 1kg당 소비세 15원에 대한 조세귀착에서 공급자의 부담 : 10(∵ 조세부과 전에는 1kg당 30원을 받을 수 있었는데, 조세부과 후에는 20원을 받게 되므로)
㉣ 후생 순손실(Deadweight loss) : 색칠한 부분 $\triangle AE_1E_0$의 넓이($= 15 \times 6 \times \dfrac{1}{2} = 45$)

• 종량세 부과에 따른 수요자와 공급자의 조세부담의 크기는 가격탄력성의 크기에 달려 있다. 이 관계를 식으로 나타내면 다음과 같다.

$$\frac{\text{수요의 가격탄력성}}{\text{공급의 가격탄력성}} = \frac{\text{공급자의 조세부담}}{\text{수요자의 조세부담}}$$

이 관계식은 가격탄력성이 클수록 귀착되는 조세부담의 크기는 작아진다는 것을 보여준다. 그런데 종량세가 부관된 상품의 대체재가 많을수록 수요의 가격탄력성은 커진다. 따라서 공급자에 비해 수요자에게 귀착되는 조세부담의 크기가 작아지게 된다.
① 공급의 가격탄력성이 완전탄력적인 재화의 공급자에게 종량세를 부과할 경우, 공급자에게 귀착되는 조세부담은 0이 되고, 모든 조세 부담은 소비자에게 귀착된다.
③ 조세부과에 따른 자중손실의 크기는 거래량 감소가 크게 나타날 때 커진다. 그런데 수요와 공급의 가격탄력성이 큰 재화일수록 조세부과에 따른 거래량 감소가 크게 나타나게 되고, 이에 따른 자중손실 역시 커지게 된다.

④ 조세부과에 따른 자중손실의 발생은 거래량 감소에서 비롯된다. 따라서 종량세가 부과되었음에 불구하고 균형거래량이 변동하지 않았다면 자중손실 역시 발생하지 않게 된다.

[정답 | ②]

응용 TEST – 22

- 담배 1갑당 500원의 소비세가 부과되면 공급곡선은 부과된 조세 500원만큼 위로 평행이동을 한다.
- 주어진 내용을 〈그림〉으로 나타내면 다음과 같다.

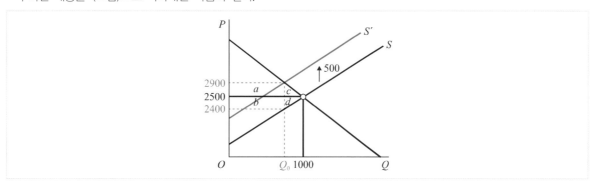

① 정부가 담배 소비세 부과를 통해 얻는 세수는 '$a+b$'이다. 즉 '$500 \times Q_0 = 400,000$(원)'이 성립한다. 이에 따라 $Q_0 = 800$ (갑)이 된다.

② 담배 소비세로 인한 소비자 잉여의 감소분은 '$a+c$'이다. 즉 '$\dfrac{(800+1,000)}{2} \times 400 = 360,000$(원)'이 된다.

③ 정부가 부과한 담배 소비세 중에서 소비자가 부담하는 크기는 400(원)이고, 생산자가 부담하는 크기는 100(원)이다. 조세 부담의 크기는 가격탄력성이 작을수록 커진다. 따라서 담배 수요의 가격탄력성은 공급의 가격탄력성보다 작다.

④ 담배 소비세로 인한 후생손실(deadweight loss)은 '$c+d$'이다. 즉 $500 \times 200 \times \dfrac{1}{2} = 50,000$(원)이 된다.

[정답 | ④]

응용 TEST – 23

- 공급자에 대해 재화 단위당 일정액의 세금(정액세)을 부과하면, 공급곡선은 부과된 세금만큼 상방으로 평행이동하게 된다.

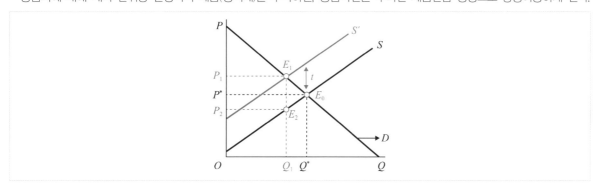

- 이에 따라 시장가격은 P^*에서 P_1으로 상승한다. 그러나 그 상승폭은 $P_1 P_2$와 동일한 크기인 세금의 크기(t)보다는 적게 상승한다(①).
- 수요가 가격에 탄력적일수록 수요곡선의 기울기는 보다 완만해진다.

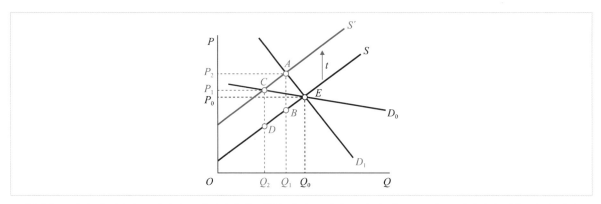

동일한 크기의 세금(t)이 부과되어도 탄력성이 큰 경우(D_0)의 소비자 부담부분은 P_0P_1이고, 탄력성이 작은 경우(D_1)의 소비자 부담부분은 P_0P_2가 되어 그 크기는 탄력성이 클수록 소비자가 부담하는 세금의 부담은 작아지게 된다(②). 또한 수요의 가격탄력성이 작은 경우에는 △ABE만큼의 자중적 손실이 발생하고, 가격탄력성이 큰 경우에는 △CDE만큼의 자중적 손실이 발생하게 된다. 양자의 크기를 비교해보면 △의 밑변의 길이는 세금의 크기와 같으므로 양자 모두는 같다($AB = CD$). 그러나 그 높이는 탄력성이 큰 경우(Q_1Q_0)가 탄력성이 작은 경우(Q_2Q_0)보다 크다. 따라서 수요가 가격에 대해 탄력적일수록 세금부과에 따른 자중적 손실은 더 커지게 된다(④).

- 단위당 부과하는 세금이 커지면 공급곡선은 그 크기만큼 더 상방으로 이동하게 되어 자중적 손실은 △ABE 또는 △CDE으로 측정된다. 이를 〈그림〉으로 나타내면 다음과 같다.

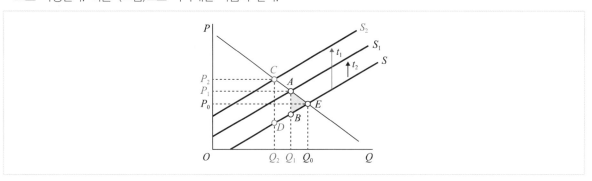

공급곡선이 S_1인 경우의 자중적 손실은 △ABE의 크기인 반면 더 큰 세금부과가 이루어져 공급곡선이 S_2가 되면 자중적 손실은 증가되어 △의 밑변의 크기도 증가($AB \rightarrow CD$)하고, △의 높이의 크기도 증가($Q_1Q_0 \rightarrow Q_2Q_0$)하여 그 크기가 더욱 빠르게 커지게 된다(③).

[정답 | ③]

응용 TEST – 24

- 가격상한제 실시 후 이에 대한 경제주체들의 대응이 이루어져, 이전에 비해 수요와 공급 모두에서 가격탄력성이 커지게 된다. 이에 따라 단기에 비해 장기에는 수요곡선과 공급곡선 모두 이전에 비해 그 기울기가 완만해진다.
- 앞의 내용을 〈그림〉으로 나타내면 다음과 같다.

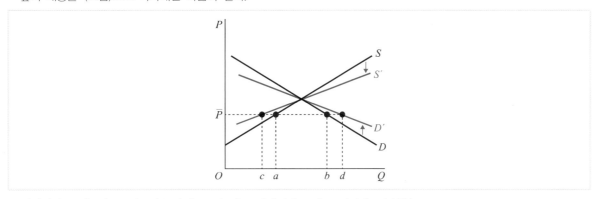

- 시장에서 주택물량 부족(초과수요)의 규모는 '$a \sim b$'에서 '$c \sim d$'로 커지게 된다(①).
- 최고가격제도 시행 시 통제력이 약화되면 최고가격보다 높은 가격수준에서 탈법적인 거래가 이루어지는 암시장이 발생할 수 있다(②).
- 최고가격제와 같은 정책당국의 개입은 시장에서 비효율성을 초래한다(③)
- 기존의 균형가격보다 낮은 최고가격에 만족하지 못하는 공급자에 의해 품질이 떨어지는 주택공급이 이루어질 수 있다(④).

[정답 ┃ ④]

응용 TEST – 25

- 문제에서 주어진 조건을 〈그림〉으로 나타내면 다음과 같다.

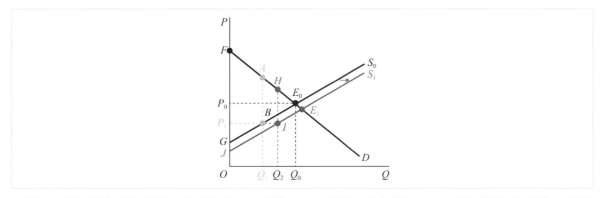

- 최초의 시장 균형(E_0)하에서의 가격 상한제(P_1)로 인한 소비자 잉여는 사다리꼴 $FABP_1$, 공급자(생산자) 잉여는 삼각형 P_1BG, 자중후생손실은 삼각형 AE_0B이다.
- 유리한 기후조건으로 쌀 공급이 증가하면 기존의 공급곡선은 오른쪽으로 이동($S_0 \Rightarrow S_1$)하게 되어 시장 균형가격은 E_1으로 하락하게 된다. 그러나 가격상한은 여전히 유효하다. 이에 따라 새로운 시장 균형하에서 소비자 잉여는 사다리꼴 $FHIP_1$, 공급자(생산자) 잉여는 삼각형 P_1IJ, 자중후생손실은 삼각형 HE_1I이다. 이에 따라 소비자 잉여와 생산자 잉여는 모두 증가하고, 자중후생손실은 감소하게 된다.

- 이 결과들을 〈표〉로 정리하면 다음과 같다.

구분	시장 균형가격	소비자 잉여	생산자 잉여	자중후생손실
기존	E_0	사다리꼴 $FABP_1$	삼각형 P_1BG	삼각형 AE_0B
공급 증가 후	E_1	사다리꼴 $FHIP_1$	삼각형 P_1IJ	삼각형 HE_1I
비교	하락(가격상한은 불변)	증가	증가	감소

[정답 | ①]

응용 TEST – 26

- 주어진 조건들을 반영하여 〈그림〉으로 나타내면 다음과 같다.

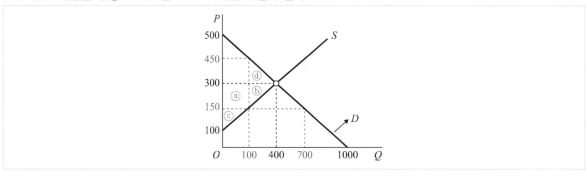

㉠ 현재 상품시장의 생산자 잉여는 'ⓐ+ⓑ+ⓒ' 부분이다. 그 넓이는 다음과 같다.

$$\text{생산자 잉여} : 400 \times 200 \times \frac{1}{2} = 40,000$$

㉡ 최고가격이 150으로 설정되는 경우, 수요량은 700이 되고 공급량은 100이 된다. 이에 따라 초과수요량은 600(=700 –100)이 된다.

㉢ 최고가격이 150으로 설정되는 경우, 현실적 공급량은 100이 된다. 이 경우 공급량 100 수준에서 소비자가 지불하고자 하는 최대금액인 수요가격은 450이고, 이 수준까지 암시장에서는 거래가 될 수 있다.

㉣ 최고가격이 150으로 설정되는 경우, 사회적 후생손실은 'ⓑ+ⓓ' 부분이다. 그 넓이는 다음과 같다.

$$\text{사회적 후생손실} : 300 \times 300 \times \frac{1}{2} = 45,000$$

[정답 | ㉠, ㉢]

응용 TEST – 27

- 주어진 식을 연립해서 풀면 현재의 균형임금 수준은 $w = 10$이 된다.
- 최저임금수준을 이보다 20%만큼 인상시키면 최저임금은 12가 된다. 이에 따라 노동수요량(L_D)은 16, 노동공급량(L_S)은 18이 되어 '2'만큼의 노동의 초과공급, 즉 비자발적 실업이 발생하게 된다.

응용 TEST – 28

• 주어진 조건을 〈그림〉으로 나타내면 다음과 같다.

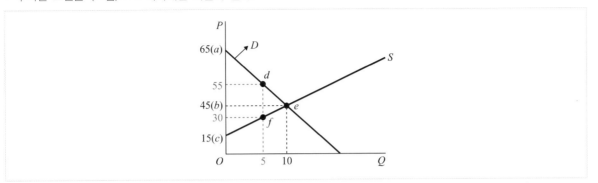

• 실효성 있는 가격상한제를 실시하기 위해서는 시장균형가격보다 낮은 수준에서 가격상한을 설정해야 한다. 그런데 균형가격이 45이므로 가격상한을 55로 설정하는 것은 실효성이 없다. 이에 따라 시장에서는 'e'점에서 균형이 계속 유지된다. 이때 총잉여는 '삼각형 aec'가 되고, 그 크기는 '$250(= 50 \times 10 \times \frac{1}{2})$'이 된다.

• 실효성 있는 가격하한제를 실시하기 위해서는 시장균형가격보다 높은 수준에서 가격하한을 설정해야 한다. 그런데 균형가격이 45이므로 가격하한을 55로 설정하는 것은 실효성이 있다. 이에 따라 시장수요량은 5에 그치게 된다. 이때 총잉여는 '사다리꼴 $adfc$'가 되고, 그 크기는 '$187.5[= (50 + 25) \times \frac{1}{2} \times 5]$'가 된다.

• 앞의 내용을 〈표〉로 정리하면 다음과 같다.

구분	총잉여(사회적 잉여)	크기
가격상한제 실시	삼각형 aec	250
가격하한제 실시	사다리꼴 $adfc$	187.5

응용 TEST – 29

② 이중곡가제는 고가로 매수해서 저가로 판매하는 제도이다. 그런데 이 제도를 시행하면 매수비용과 판매수입 차이만큼의 재정손실이 발생한다. 이러한 재정손실은 수요와 공급의 가격탄력성이 모두 상대적으로 비탄력적일 때 줄일 수 있다. 따라서 이중곡가제가 효과적이기 위해서는 수요와 공급이 비탄력적이어야 한다.

① 공금리 수준이 정상적인 금리보다 낮으면, 대부시장에서는 공금리 수준에서 초과수요가 발생하고, 이에 따라 정상적인 대부시장에서 자금을 대출받지 못한 사람들은 사채시장의 문을 두드리게 된다.

③ 공공요금을 통제할 때는 요금 상한제를 실시한다. 이에 따라 사회적 총잉여가 감소하여 자원배분이 왜곡된다.

④ 이중곡가제가 시행되면 소비자는 제도 시행 전보다 낮은 가격으로 많은 수량을 소비할 수 있으므로 소비자 잉여는 증가한다.

[정답 | ②]

응용 TEST _1

* 영희가 장기적으로 가게를 폐업할 계획이라는 것은 현재 아이스크림 가격이 평균비용보다 낮아 손실을 보고 있다는 의미이다. 그런데 단기적으로 가게를 운영한다는 것은 아이스크림 가격이 평균가변비용보다는 높다는 것이기도 하다.
* 현재 영희의 월간 총비용이 50,000원이고, 이중 고정비용은 10,000원이므로 총가변비용은 40,000원이 된다. 따라서 50개를 판매할 때의 평균비용은 1,000원, 평균가변비용은 800원이 된다.
* 결국 현재 아이스크림의 가격은 800원 이상이고 1,000원보다 작다는 것을 알 수 있다.

응용 TEST _2

* 고정비용인 사무실 임대료의 상승은 한계비용(MC)과 무관하다. 즉 기존의 한계비용에는 변화가 없게 된다.
* '$MR = MC$'인 이윤극대화 조건 역시 불변이므로 생산량도 변화가 없게 된다.

[정답 | ④]

응용 TEST _3

* 현재 피자집의 총수입($P \times Q$)은 10,000원이고, 총비용($AC \times Q$) = 16,000원이다. 따라서 현재 손실을 보고 있는 중이다.
* 고정비용이 5,000원이라고 했으므로 총가변비용이 11,000원이 된다.
* 총가변비용은 총수입보다도 높으므로 생산 또한 중단하는 것이 현재 상황하에서 손실을 극소화할 수 있는 합리적 선택이다.

응용 TEST _4

* 주어진 〈그림〉에서 평균수입이 100으로 일정하므로 이 기업은 완전경쟁기업이다. 따라서 이 기업의 평균수입이 곧 한계수입이다.
* 주어진 〈그림〉을 한계비용까지 포함한 〈그림〉으로 다시 나타내면 다음과 같다.

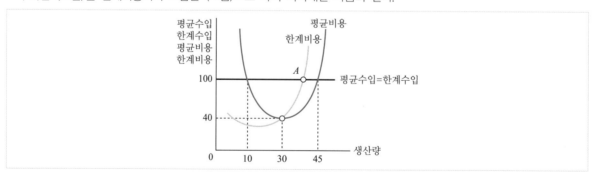

* 평균비용이 감소하는 구간에서는 한계수입이 한계비용보다 커서 한계이윤이 양(+)의 값을 갖게 되므로, 생산량을 늘릴수록 이윤이 증가한다.
① 완전경쟁시장에서는 생산량과 관계없이 상품의 가격은 항상 일정하다.
② 생산량을 44에서 45로 늘리면 한계비용 > 한계수입이 성립하여 이윤은 오히려 감소한다.
③ 생산량이 30일 때 한계비용은 40이고 한계수입은 100이므로 한계비용은 한계수입보다 작다.

[정답 | ④]

응용 TEST _5

- 단기에 손실을 감수하면서도 생산을 계속하는 경우는 시장가격이 손익분기점과 조업중단점 사이에 존재한다는 의미이다.
- 평균비용 극솟점에 해당하는 손익분기점은 다음과 같이 도출된다.

> - $AC = \dfrac{TC}{Q} = Q^2 - 6Q + 12 + 32Q^{-1}$
> - $\dfrac{dAC}{dQ} = 2Q - 6 - 32Q^{-2} = 0 \Rightarrow Q - 3 = 16Q^{-2} \Rightarrow Q^3 - 3Q^2 = 16 \Rightarrow Q^3 - 3Q^2 - 16 = 0 \Rightarrow (Q-4)(Q^2 + Q + 4) = 0$
> $\Rightarrow Q = 4$
> - $AC = Q^2 - 6Q + 12 + 32Q^{-1} = 16 - 24 + 12 + 32 \times \dfrac{1}{4} = 12$

- 평균가변비용 극솟점에 해당하는 조업중단점은 다음과 같이 도출된다.

> - $AVC = Q^2 - 6Q + 12$
> - $\dfrac{dAVC}{dQ} = 2Q - 6 = 0 \Rightarrow Q = 3$
> - $AVC = Q^2 - 6Q + 12 = 9 - 18 + 12 = 3$

[정답 | 3~12]

응용 TEST _6

- 주어진 조건에 따르면 완전경쟁기업이 생산을 중단하면 단기에 총고정비용 40만큼의 손실이 발생한다. 따라서 완전경쟁기업은 생산을 할 때 손실이 40보다 커진다면, 생산 자체를 중단하는 것이 손실을 극소화하는 선택이다.
- 손실이 40보다 커진다는 것은 이윤이 −40보다 더 작아진다는 의미이다. 이에 따라 완전경쟁기업은 이윤이 −40 미만이 되면 생산 자체를 중단하게 된다.

응용 TEST _7

- 완전경쟁시장의 장기균형 조건은 다음과 같다.

> - 시장가격 = 장기평균비용(LAC)의 극솟값
> - $TC(q) = 2q^3 - 12q^2 + 48q \Rightarrow LAC = \dfrac{TC}{q} = 2q^2 - 12q + 48$
> - $\dfrac{dLAC}{dq} = 4q - 12 = 0 \Rightarrow q = 3$일 때 LAC 극솟값 $= 18 - 36 + 48 = 30$
> - 개별기업의 생산량(q) = 3
> - 장기시장 균형가격 = 장기평균비용(LAC)의 극솟값 = 30

- 주어진 시장수요곡선을 전제로 장기시장균형가격($P = 30$) 수준에서 시장수요량은 450임을 알 수 있다. 이때 개별기업의 생산량이 '$q = 3$'이므로 결국 시장수요량을 충족하기 위해서는 150개의 기업이 필요함을 알 수 있다.

응용 TEST _8

- 기업의 균형 수준에서 독점도를 측정할 수 있는 러너 지수(Lerner index)는 다음과 같다.

> 러너 지수(Lerner index) : $\dfrac{P - MR}{P} = \dfrac{P - MC}{P}$

- 주어진 수요함수와 비용함수를 이용하여 한계수입(MR)과 한계비용(MC)을 구하고, 이를 전제로 이윤극대화 수준에서의 수량(Q)과 가격(P)을 다음과 같이 각각 구할 수 있다.

> - $Q = 100 - P \Rightarrow P = 100 - Q \Rightarrow MR = 100 - 2Q$
> - $C(Q) = 20Q + 10 \Rightarrow MC = \dfrac{dC}{dQ} = 20$
> - $MR = MC \Rightarrow 100 - 2Q = 20 \Rightarrow Q = 40,\ P = 60$

- 앞의 결과들을 러너 지수(Lerner index)에 대입하게 되면 러너 지수는 다음과 같이 도출된다.

> 러너 지수(Lerner index) : $\dfrac{60-20}{60} = \dfrac{40}{60} = \dfrac{2}{3}$

응용 TEST _ 9

④ 독점기업의 단기균형은 '$MR = MC$' 수준에서 이루어진다. 따라서 균형가격은 'e'가 되고, 균형생산량은 'b'가 된다. 또한 이 수준에서 '$AC > MC$'가 성립하게 된다.
① 단기균형에서 이 기업의 생산량은 b이다.
② 단기균형에서 이 기업의 이윤은 다음과 같이 도출된다.

> 총이윤(π) = 총수입($TR = P \times Q$) - 총비용($TC = AC \times Q$) = $Q(P - AC)$

따라서 '$b \times (e - b$ 수준에서의 AC의 크기)'이다.
③ 단기균형에서 균형가격은 e이다.

[정답 ㅣ ④]

응용 TEST _ 10

- 제약회사는 특허기간 중에는 독점공급이 가능하므로, '$MR = MC$' 수준에서 독점기업 생산량, 곧 시장 균형생산량이 결정된다.
- 수요함수가 선형함수(1차 함수)인 경우에, 기업의 한계수입곡선(MR)은 절편은 수요함수와 동일하고 기울기는 수요함수보다 두 배가 된다.
- 문제에서 주어진 수요함수를 이용하여 한계수입(MR)을 구하면 다음과 같다.

> $P = 20 - Q \Rightarrow MR = 20 - 2Q$ …… ⓐ

- 주어진 총비용함수를 이용하여 한계비용(MC)을 구하면 다음과 같다.

> $TC(Q) = 4Q \Rightarrow MC = \dfrac{dTC}{dQ} = 4$ …… ⓑ

- 앞에서 도출한 ⓐ와 ⓑ를 연립해 풀면, 이윤극대화 생산량 '$Q = 8$'을 구할 수 있다.
- 반면에 특허소멸 후에는 경쟁상태가 되므로 '$P = MC$' 수준에서 시장 균형생산량이 다음과 같이 결정된다.

> - $P = 20 - Q$
> - $MC = 4$
> - $P = MC \Rightarrow 20 - Q = 4 \Rightarrow Q = 16$

• 모든 내용을 〈표〉로 정리하면 다음과 같다.

	경쟁상태	생산 조건	생산량
특허기간 중	독점	MR＝MC	Q＝8
특허소멸 후	경쟁	P＝MC	Q＝16

응용 TEST – 11

• 문제에서 주어진 조건을 〈그림〉으로 나타내면 다음과 같다.

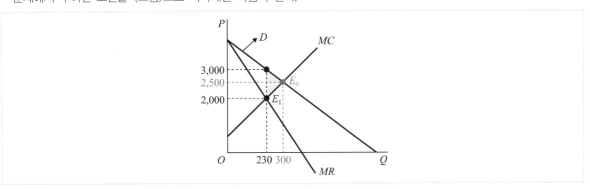

• 독점시장에서는 'MR＝MC' 수준(E_1)에서, 완전경쟁시장에서는 'P＝MC' 수준(E_0)에서 이윤극대화가 달성된다.
• 〈그림〉에서 색칠한 부분이 완전경쟁시장이 아닌 독점기업에 의해 생산이 이루어질 때 발생하게 되는 경제적 순손실 (Deadweight loss)의 크기이다. 이때 그 크기는 다음과 같다.

$$1000 \times 70 \times \frac{1}{2} = 35,000$$

응용 TEST – 12

• 문제에서 주어진 조건들을 〈그림〉으로 나타내면 다음과 같다.

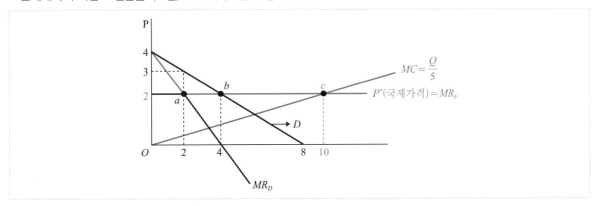

• 국내시장과 국제시장의 한계수입을 각각 MR_D와 MR_F라고 하면 가격차별을 통한 이윤극대화 조건은 $MR_D = MR_F = MC$ 가 된다.
• 국내시장의 피아노 수요함수는 '$P = 4 - \frac{1}{2}Q_D$'와 같으므로 국내시장의 한계수입은 '$MR_D = 4 - Q_D$'가 된다.

- 국제 피아노 시장은 완전경쟁적이므로 이 기업이 직면하는 국제시장의 수요곡선은 시장가격 2인 수준에서 수평의 수요곡선에 직면하게 되고, 이때의 한계수입은 $MR_D = 2$가 성립한다. 따라서 A기업의 실효MR은 $4abc$를 잇는 선이 된다.
- $MR_D = MR_F$인 조건을 충족하는 국내수요량은 $4 - Q_D = 2$에서 $Q_D = 2$가 된다.
- 이윤극대화 조건은 $MR_D = MR_F = MC$이므로 $MR_D(=2) = MR_F(=2) = MC(\frac{Q}{5})$가 되어 $Q = 10$이 된다. 즉 이 기업의 이윤극대화 생산량은 10대가 된다. 그런데 국내수요량이 2대이므로 이를 제외한 <u>8대가 수출</u>로 판매되는 것이다. 이 경우에 국내 피아노 가격은 3이 되고, 피아노 수출가격은 2가 된다.

응용 TEST _13

- 상품별로 동일한 가격으로 개별판매를 할 때 각각의 상품 조합에 따른 A씨의 판매수입은 다음과 같다.

수영복 판매가격	수영모자 판매가격	샌들 판매가격	수영복＋수영모자 A씨 판매수입	수영복＋샌들 A씨 판매수입
400	250	100	$650 \times 2 = 1,300$	$500 \times 2 = 1,000$

- 동일한 가격으로 수영복과 다른 상품 간의 묶음 상품을 판매할 때 A씨의 판매수입은 다음과 같다.

수영복＋수영모자 판매가격	수영복＋샌들 판매가격	수영복＋수영모자 A씨 판매수입	수영복＋샌들 A씨 판매수입
650	550	$650 \times 2 = 1,300$	$550 \times 2 = 1,100$

- 〈표〉에 따르면 '수영복과 수영모자'는 개별판매를 하든, 묶어 팔기를 하든 A씨의 판매수입은 1,300으로 동일하다.
- 반면에 '수영복과 샌들'은 개별판매를 하는 것에 비해 묶어 팔기를 하는 경우에 100만큼의 판매수입이 증가한 1,100만큼의 판매수입을 얻을 수 있다.

응용 TEST _14

- 생산규모가 확대될 때 장기평균비용이 지속적으로 하락하는 규모의 경제가 성립하는 경우 자연독점은 성립한다. 만약 여러 기업이 진입하여 서로 경쟁을 한다면 개별기업은 규모의 경제의 이점을 살리지 못하게 되므로 평균비용은 상승하게 된다(① · ③).
- 정책당국이 자연독점기업에게 한계비용(MC) 또는 평균비용(AC) 수준으로 가격규제를 실시하는 경우를 그림으로 나타내면 다음과 같다.

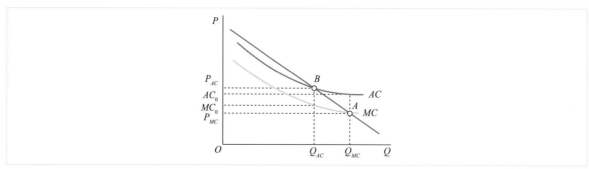

- 자연독점기업이 부과할 가격을 한계비용과 일치하도록 규제(A점)한다면 $P_{MC} = MC$를 만족하여 최적 생산이 이루어지는 경제적 효율성은 달성되지만, $P_{MC} < AC_0$가 되어 이 독점기업은 손실을 보게 된다(④).
- 자연독점기업이 부과할 가격을 평균비용과 일치하도록 규제(B점)한다면 $P_{AC} = AC$가 되어 이윤은 0이 되고, $P_{AC} > MC_0$이 되어 최적 생산이 이루어지지 못하는 자원배분의 비효율성이 나타난다(②).

[정답 | ②]

응용 TEST – 15

- B국이 Y사를 대형항공기 시장의 유일한 생산자가 되도록 하기 위해서는 일단 Y사로 하여금 '생산' 전략을 우월전략으로 선택하도록 해야 한다.
- 그런데 Y사가 '생산' 전략을 선택하는 경우, X사가 역시 '생산' 전략을 선택한다면 Y사는 생산을 하지 않는 것보다 오히려 2백만 달러의 손실을 볼 수도 있게 된다. 따라서 이러한 Y사의 위험부담을 제거해주기 위해서 B국은 Y사에게 최소한 2백만 달러보다 많은 보조금을 지급해야 한다.

응용 TEST – 16

- 내쉬균형은 현재 상황에서 더 이상 전략을 바꿀 유인이 존재하지 않는 상태에 도달할 때 달성된다.
- ㉠ 세 경기자 모두 대회에 참가한다면 각 경기자의 순이익은 '0원'이다. 이 경우 대회에 참가하지 않는 경우의 순이익 역시 '0원'이므로 기존전략을 굳이 바꿀 유인이 존재하지 않는다. 따라서 이 경우는 내쉬균형에 해당한다.
- ㉡ 두 경기자가 대회에 참가하고, 한 경기자는 참가하지 않는다면 참가자의 순이익은 '5천 원'이고, 미참가자의 순이익은 '0원'이 된다. 이 경우 참가자가 참가하지 않으면 순이익은 '0원', 미참가자가 참가하면 순이익은 '0원'이 되어 기존 전략을 바꾼다고 하더라도 이전에 비해 더 높은 이익을 얻을 수 없다. 이에 따라 세 경기자는 기존 전략을 고수하게 되므로 이 경우는 내쉬균형에 해당한다.
- ㉢ 한 경기자만 대회에 참가하고, 다른 두 경기자는 참가하지 않는다면 참가자의 순이익은 '2만 원'이고, 미참가자의 순이익은 '0원'이다. 이 경우 참가자가 참가하지 않으면 순이익은 '0원', 미참가자가 참가하면 순이익은 '5천 원'이 되어 미참가자는 참가하는 것이 유리한 전략이다. 즉, 미참가자가 전략을 바꿀 유인이 존재하므로 이 경우는 내쉬균형이 아니다.
- ㉣ 세 경기자 모두 대회에 참가하지 않는다면 모두의 순이익은 '0원'이다. 이 경우 미참자가 참가하게 되면 순이익이 '2만 원'으로 증가하게 되므로 참가하는 것이 유리한 전략이다. 즉, 미참가자가 전략을 바꿀 유인이 존재하므로 이 경우는 내쉬균형이 아니다.

[정답 | ㉠, ㉡]

응용 TEST – 17

- 주어진 조건들을 이용하여 각 경기자의 '순'편익으로 나타낸 보수행렬을 〈표〉로 나타내면 다음과 같다.

보수행렬		B	
		'태만'(노력수준 = 0)	'열심'(노력수준 = 1)
A	'태만'(노력수준 = 0)	(1, 1)	(11, −4)
	'열심'(노력수준 = 1)	(−4, 11)	(5, 5)

표에서 '순'편익은 각 경기자의 편익에서 노력비용을 뺀 값이며, 앞의 것은 A, 뒤의 것은 B의 순편익이다.
- 만약 경기자 A가 '열심'을 선택한다면, 경기자 B는 '태만'을 선택하는 것이 유리(∵ 5 ⇒ 11)하다.
- 경기자 B가 '태만'을 선택하면, 경기자 A도 '태만'을 선택하는 것이 유리(∵ −4 ⇒ 1)하다.
- 경기자 A가 '태만'을 선택하면, 경기자 B도 '열심'보다는 '태만'을 선택하는 것이 유리(∵ 1 > −4)하므로 결국 경기자 A와 경기자 B 모두 '태만'을 선택하는 순수전략 내쉬(Nash) 균형이 성립하게 된다.

> 경기자 A '열심' 선택 ⇒ 경기자 B '태만' 선택 ⇒ 경기자 A '태만' 선택 ⇒ 경기자 B '태만' 선택

응용 TEST – 18

- 죄수의 딜레마는 과점시장에서 서로 담합(협조)을 약속한 당사자들이 막상 최종적인 의사결정을 할 때는 담합 약속을 지키는 것보다는 위반하는 것이 더 유리하다는 판단하에 애초의 담합 약속을 지키지 않고자 하는 유인이 존재하고, 이에 따라 당사자 간에 사전 담합 내용이 잘 지켜지지 않고 '담합이 쉽게 이루어지는 것만큼 쉽게 깨지는 것'을 비유적으로 설명한 예이다.

- 다만 죄수의 딜레마 상황이 무한 반복되는 경우에는 담합 약속을 위반하게 되면 동일한 다음 상황에서는 상대방에게 보복을 당할 수 있다는 불이익 때문에 쉽게 담합 약속을 위반할 수 없어 상대적으로 참가자들 간의 협조가 잘 이루어지게 된다.

[정답 | ④]

06 분배이론

응용TEST _1

- 생산물시장과 노동시장이 모두 완전경쟁시장인 경우, 이윤극대화를 위한 노동고용량은 다음과 같은 조건을 충족해야 한다.

- $MRP_L(= MR \times MP_L) = MFC \Rightarrow VMP_L(= P \times MP_L) = MFC(\because$ 생산물시장이 완전경쟁시장인 경우 $MR = P$가 성립)
- $MFC = w(\because$ 노동시장이 완전경쟁시장인 경우 $MFC = AFC = w$가 성립)

- 주어진 생산함수를 전제로 MP_L을 구하면 다음과 같다.

- $MP_L = \dfrac{dQ(L)}{dL} = 200 - 2L$

- 앞의 조건들을 전제로 이윤극대화를 위한 생산물가격을 구하면 다음과 같다.

- $VMP_L(= P \times MP_L) = MFC \Rightarrow P \times (200 - 2L) = 300 \Rightarrow P(200 - 100) = 300 \Rightarrow 100P = 300 \Rightarrow P = 3$

[정답 | $P = 3$]

응용TEST _2

- 주어진 조건들을 전제로 〈그림〉으로 나타내면 다음과 같다.

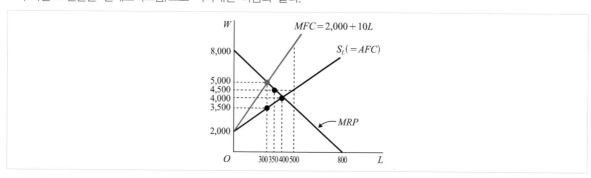

④ 최저임금 도입 이전 균형에서의 한계수입생산은 5,000이고, 도입 이후 균형에서의 한계수입생산은 4,500이 되어 이전보다 감소하게 된다.
① 최저임금 도입 이전의 균형에서 고용량은 300이다.
② 최저임금 도입 이전의 균형에서 한계수입생산은 5,000이고 임금은 3,500이다.
③ 최저임금 도입으로 고용량은 300에서 350으로 오히려 증가한다.

[정답 | ④]

응용 TEST –3

- 요소시장이 수요독점인 경우이다. 이것을 전제로 〈그림〉으로 나타내면 다음과 같다.

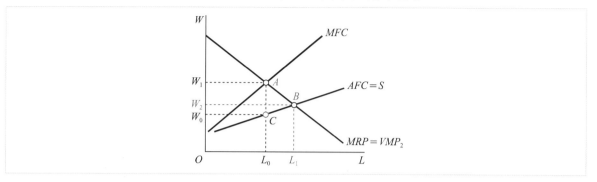

- 위 〈그림〉에서 $MRP = MFC$ 수준에서 균형노동량 L_0가 결정되고 이때의 시장균형임금은 요소공급자들이 받고자 하는 최소 수준의 임금인 W_0에서 결정된다.

① 노동의 한계생산물 가치 수준의 임금(W_1)을 공정임금이라고 한다. 이 공정임금은 기업이 자신이 지불할 용의가 있는 요소가격을 의미한다. 이러한 공정임금과 시장균형임금(W_0)과의 차이를 '수요독점적 착취'라고 한다.

③ 요소투입량을 한 단위 증가시킬 때 기업이 지불하고자 하는 총요소비용의 증가분을 한계요소비용(MFC)이라고 하고 이 한계요소비용곡선은 요소공급곡선($AFC = S$)보다 위에 위치한다.

④ 정부가 요소시장에 개입하여 W_2 수준에서 최저임금으로 규제를 하면 규제 전에 발생하는 $\triangle ABC$만큼의 사회적 후생손실을 줄일 수 있다.

[정답 | ②]

응용 TEST –4

- 요소공급 곡선이 수직에 가까울수록 경제지대가 커지고(이전수입이 작아지고), 수평에 가까울수록 경제지대는 작아진다(③, ④). 이때 경제지대는 다음과 같이 측정된다.

> 경제지대(rent) = 그 요소가 받는 총 보수 − 이전수입(전용수입)

- 이전수입(전용수입)이란 요소가 다른 용도로 전용되어 사용되는 것을 막기 위해 지불해야 하는 최소한의 보수크기를 의미한다.
- 지대추구행위란 특정 생산요소시장에의 진입장벽을 높이는 행위로서 이로 인해 공급측면의 축소를 통해 높은 소득(경제지대)을 추구하는 행위이다. 이로 인해 자원배분을 왜곡하여 사회후생을 저해하는 요인으로 작용하게 된다(①).
- 요소공급곡선이 수직인 경우 요소에 대한 총보수는 모두 렌트(rent)에 해당한다(②).

[정답 | ③]

응용 TEST –5

- 지니 계수는 로렌츠 곡선을 전제로 해서 소득 분배의 평등도를 기수적으로 평가한 지표이다.
- 로렌츠 곡선은 대각선에서 멀어질수록 불균등의 정도가 크다는 것을 의미하고, 지니 계수는 '$0 \leq G \leq 1$'의 값을 가지며, 그 수치가 1에 가까울수록 불평등의 정도가 크다는 것을 의미한다. 즉 로렌츠 곡선이 대각선에서 가장 멀어져 직각선의 모습을 보이면 이때 지니 계수는 '1'의 값을 갖게 되어 완전 불평등한 소득 분배를 보이게 된다.
- 로렌츠 곡선이 완전평등선을 의미하는 대각선과 겹치는 경우 지니 계수는 '0'의 값을 갖게 되고 완전 평등한 소득 분배를 보이게 된다.
- 10분위분배율은 '$0 \leq G \leq 2$'의 값을 가지며, 그 값이 커질수록 더욱 평등한 분배 상태를 나타낸다.

[정답 | ③]

- A국의 5분위의 소득분배 상태를 구체적으로 알 수는 없기 때문에 A국의 지니 계수는 다만 0.8 이상이라는 것을 알 수 있을 뿐이다. 그리고 10분위분배율($=\dfrac{\text{하위 40\%의 소득점유비율}}{\text{상위 20\%의 소득점유비율}}$)은 '0'이 된다.
- B국은 완전평등 상태이므로 지니계수는 '0', 10분위분배율은 '2'가 된다.
- C국의 지니계수는 알 수 없고, 10분위분배율은 '$\dfrac{1}{3}$'이 된다.
- 지니계수는 작을수록, 10분위분배율은 클수록 소득분배가 상대적으로 평등하다고 평가된다.

[정답 | ⑤]

- 문제에서 주어진 내용을 로렌츠 곡선으로 나타내면 다음과 같다.

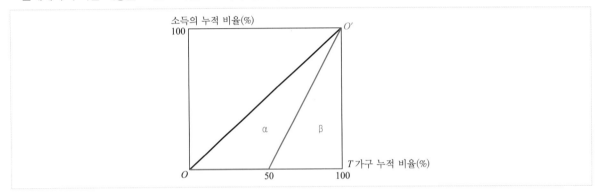

- 지니계수는 〈그림〉에서와 같이 대각선과 로렌츠 곡선으로 이루어진 면적(α)을 삼각형 OTO'의 넓이 (α+β)로 나누어 측정한다.
- α와 β의 넓이가 같으므로 지니계수(G)는 '$G=\dfrac{\alpha}{\alpha+\beta}=\dfrac{1}{2}=0.5$'가 된다.

[정답 | 0.5]

07 일반균형과 시장의 실패

- 선택지 내용을 각각 살펴보면 다음과 같다.
- 주어진 조건에 따를 때 A의 한계대체율(MRS_{XY}^{A}) = 2, B의 한계대체율(MRS_{XY}^{B}) = $\dfrac{1}{3}$이다(②).
- 두 소비자의 한계대체율이 일치하지 않으므로 현 상태는 파레토 최적상태가 아니다(①).
- 한계대체율은 두 재화의 한계효용 비($\dfrac{MU_X}{MU_Y}$)로 나타낼 수 있다. 그런데 A의 경우 $(\dfrac{MU_X}{MU_Y})_A$ = 2이므로 X재의 한계효용은 Y재의 한계효용보다 2배가 크다(③).
- $(\dfrac{MU_X}{MU_Y})_A > (\dfrac{MU_X}{MU_Y})_B$가 성립하므로 A와 B의 X재와 Y재로부터 각각 발생하는 한계효용의 비율은 서로 다르다(④).

- 한계대체율은 X재와 같은 한 재화에 대한 선호정도를 의미하며, 한계대체율이 크다는 것은 결국 상대적으로 Y재에 비해 X재를 더 선호한다는 것이다. 문제에서는 A가 B보다 X재를 더 선호하므로 X재가 A로 양도되는 교환이 이루어지면 현 상태가 개선될 수 있다. 이때 교환비율은 '$\frac{1}{3} < \frac{Y}{X} < 2$' 범위에서 이루어져야 한다(⑤).

[정답 | ⑤]

응용 TEST _ 2

- 소비에 있어서 양(+)의 외부효과가 나타나는 경우를 〈그림〉으로 나타내면 다음과 같다.

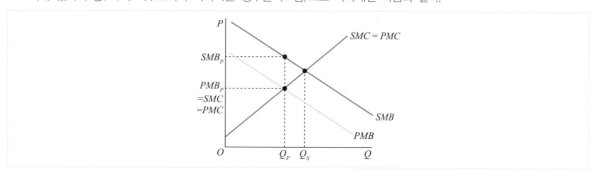

- 〈그림〉에서 시장의 균형 수량은 Q_P이고. 사회적 최적 수량은 Q_S이다.
① 사회적 한계편익(SMB_P)은 사회적 한계비용(SMC)보다 크다.
② 사회적 한계편익(SMB_P)은 개인적 한계비용(PMC)보다 크다.
④ 개인적 한계편익(SMB_P)은 사회적 한계비용(SMC)과 같다.
결국 사회적 한계편익(SMB_P) > 개인적 한계편익(PMB_P) = 사회적 한계비용(SMC) = 개인적 한계비용(PMC)이 성립하게 된다.

[정답 | ③]

응용 TEST _ 3

외부효과(외부성)는 시장 내부에서 해결되지 않는 현상으로. 가격 메커니즘을 통하지 않고 다른 경제주체에게 일방적으로 영향을 미치는 현상을 의미한다. 이때 내부와 외부의 구분은 시장(가격 메커니즘)이 기준이고, '외부효과의 내부화'는 조세나 보조금 등을 통해 시장메커니즘이 작동하도록 유도하는 것을 말한다. 그런데 국정교과서 사용을 의무화한다는 것은 정부에 의한 직접 규제에 해당되는 것이므로, 외부효과의 내부화와는 무관하다.

[정답 | ④]

응용 TEST _ 4

- 주어진 조건에 따른 각각의 한계비용은 다음과 같다.

- 개별기업의 한계비용 : $PMC = 2Q + 4$
- 외부 한계비용 : $EMC = 2Q + 1$
- 사회적 한계비용 : $SMC = PMC + EMC = 4Q + 5$

- 동일한 비용조건을 갖는 기업이 100개 있으므로 시장 전체의 각각의 한계비용은 다음과 같다.

- $PMC_M = \dfrac{1}{50}Q + 4$

- $EMC_M = \dfrac{1}{50}Q + 1$

- $SMC_M = \dfrac{1}{25}Q + 5$

- 개별기업의 한계비용이 $MC = aQ + b$로 동일하면 시장 전체의 한계비용은 $MC_M = \dfrac{1}{N}Q + b$가 된다. 여기서 N은 기업의 수이다.

- 주어진 시장수요곡선은 다음과 같다.

$$Q = 1,000 - 100P \;\Rightarrow\; P = 10 - \frac{1}{100}Q$$

- 기업들이 외부비용을 고려하지 않는 경우 균형생산량은 다음과 같다.

$$P = PMC_M \;\Rightarrow\; 10 - \frac{1}{100}Q = \frac{1}{50}Q + 4 \;\Rightarrow\; \frac{3}{100}Q = 6 \;\Rightarrow\; Q = 6 \times \frac{100}{3} = 200$$

- 기업들이 외부비용을 고려하는 경우의 사회적 최적 생산량은 다음과 같다.

$$P = SMC_M \;\Rightarrow\; 10 - \frac{1}{100}Q = \frac{1}{25}Q + 5 \;\Rightarrow\; \frac{5}{100}Q = 5 \;\Rightarrow\; Q = 5 \times \frac{100}{5} = 100$$

- 결국 사회적으로 최적인 생산량과 외부비용을 고려하지 않는 균형생산량 간의 차이는 100이 된다.

응용 TEST _5

- 사례에서 평상시에 김 씨와 이 씨가 누릴 수 있는 만족의 크기는 100만 원만큼이다. 여기서 평상시란 음악을 틀지 않은 상태를 의미한다.
- 김 씨에게 권리가 있는 경우 : 김 씨가 음악을 틀게 되면 김 씨는 200만 원만큼의 만족을 누릴 수 있고, 반면에 이 씨는 50만 원 만큼의 만족을 누릴 수 있게 된다. 이에 따라 김 씨는 평상시보다 100만 원만큼 더 많은 만족을 누릴 수 있게 되고, 이 씨는 50만 원만큼 더 적은 만족을 누리게 된다. 이때 이 씨가 음악을 틀지 않음으로써 평상시 같이 100만 원만큼의 만족을 얻기 위해서는, 이로 인해 감소하는 김 씨의 만족인 100만 원만큼의 최소한의 보상이 김 씨에게 이루어져야 한다. 이것은 보상을 통해 이 씨가 추가적으로 얻을 수 있는 50만 원만큼의 만족보다 큰 금액이다. 따라서 이 씨는 협상을 포기하고 김 씨에 의해 음악이 틀어지는 것을 그대로 감수하게 된다.
- 이 씨에게 권리가 있는 경우 : 이 씨가 음악을 틀지 않게 되면 김 씨는 100만 원만큼의 만족을 누릴 수 있고, 이 씨도 100만 원만큼의 만족을 누릴 수 있게 된다. 이때 김 씨가 음악을 틀어 200만 원만큼의 만족을 얻기 위해서는, 이로 인해 감소하는 이 씨의 만족인 50만 원만큼의 최소한의 보상이 이루어져야 한다. 그런데 이 경우 김 씨는 이러한 보상을 통해 100만 원만큼의 만족을 더 얻을 수 있으므로 기꺼이 이러한 협상에 응하게 될 것이다. 물론 이 경우에도 김 씨의 보상금액은 보상을 통해 얻게 되는 100만 원만큼의 크기를 넘을 수는 없다. 이에 따라 50만 원과 100만 원 사이의 보상금액을 통해 김 씨는 음악을 틀 수 있게 된다.
- 권리가 누구에게 있는가와 관계없이 집 안에서는 음악이 틀어지게 될 것이다.

[정답 | ④]

응용 TEST _6

- 〈표〉에서 '사적 한계효용(= 한계편익) < 사회적 한계효용(= 한계편익)'이 성립하고 있으므로 소비 측면에서 외부경제가 발생하고 있다.
- 사회적 최적 수준은 '사적 한계비용 = 사회적 한계효용'에서 달성되므로 2,200원 수준에서 5개가 소비된다.
- 시장의 균형거래 수준은 '사적 한계비용 = 사적 한계효용'에서 달성되므로 1,800원 수준에서 4개가 소비된다. 그 결과 사회적 최적 수준에 비해 과소소비의 문제가 발생한다.
- 과소소비의 문제를 해결하기 위해서 사회적 최적 수준(=5개)에서 사회적 한계효용(=2,200원)과 사적 한계효용(=1,500원)의 차이만큼 보조금을 지급하면 되는데, 그 크기는 700원이다.
- 앞의 내용들을 〈그림〉으로 나타내면 다음과 같다.

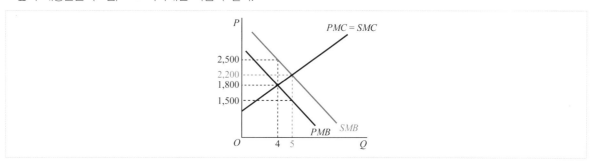

[정답 | 사회적 최적거래량=5, 보조금=700원]

응용 TEST _7

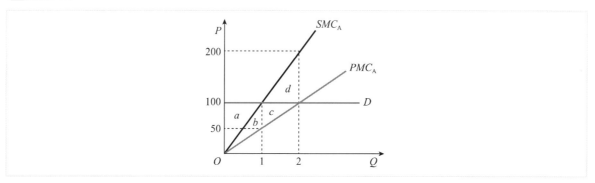

1. 재산권이 A에게 있는 경우
   1) 사회적 최적 생산량이 1인 반면에 오염자 A가 재산권을 행사하는 경우의 시장 생산량은 2가 되어 피해자 B는 사회적 최적 생산량 수준에 비해 $c+d(=75)$만큼 피해를 입게 된다.
   2) 오염자 A가 사회적 최적 생산량을 생산하게 되면 재산권을 행사하여 생산하는 수준에 비해 $c(=25)$만큼의 이익이 감소하게 된다.
   3) 이에 따라 피해자 B는 오염자 A에게 최소한 c만큼의 보상금을 지급해야 한다. 또한 오염자 A가 재산권을 행사할 때 입게 되는 피해인 $c+d$보다는 적은 보상금을 지급하고자 할 것이다.
   4) 결과적으로 협상금액 범위(X)는 $c(=25) < X < c+d(=75)$가 성립하게 된다.
2. 재산권이 B에게 있는 경우
   1) 재산권이 B에게 있으므로 오염자 A는 B에게 피해를 줄 수 없으므로 생산을 할 수 없다. 그런데 오염자 A가 사회적 최적 생산량인 1을 생산할 수 있다면, 오염자 A는 $a+b(=75)$만큼 이익을 얻을 수 있다.
   2) 오염자 A가 사회적 최적 생산량을 생산하게 되면 재산권을 갖고 있는 B에게는 $b(=25)$만큼의 피해가 발생한다.

3) 이에 따라 오염자 A는 피해자 B에게 최소한 $b(=25)$의 보상금을 지급해야 한다. 또한 사회적 최적 생산량인 1만큼을 생산할 때 얻을 수 있는 이익인 $a+b(=75)$보다는 적은 보상금을 지급하고자 할 것이다.

4) 결과적으로 협상금액 범위(X)는 $b(=25) < X < a+b(=75)$가 성립하게 된다.

응용 TEST _8

• 양식장 A의 한계비용은 사적 한계비용(PMC)이고, 사회적 한계비용(SMC)은 PMC에 한계피해액(EMC)을 더한 값이 된다. 이를 전제로 주어진 내용을 〈그림〉으로 나타내면 다음과 같다.

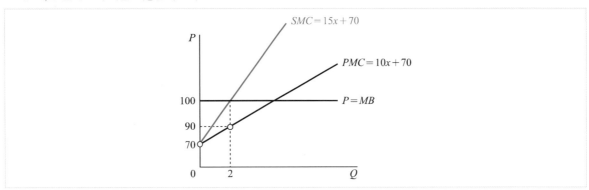

• 사회적 최적 생산량은 '$P=SMC$'가 충족되는 수준에서 결정된다. 이에 따라 사회적 최적 생산량은 $Q=2$가 되며, 이때 사회적 한계비용(SMC)은 100, 사적 한계비용(PMC)은 90이 된다. 따라서 정부가 x 1단위당 일정액의 세금을 부과하여 사회적 최적 생산량을 유도할 때 단위당 세금은 SMC와 PMC의 차이인 10(만 원)이 된다.

• 사회적 최적 생산량을 결정할 때 필요한 비용은 한계비용이다. 따라서 문제에서 주어진 고정비용 15만 원은 이 문제를 해결하는 데 필요 없는 항목임을 유의한다.

응용 TEST _9

• 현재 각 기업은 오염배출량에 비해 오염배출권이 A기업은 40장, B기업은 30장, C기업은 20장씩 부족하다. 각 기업은 오염배출권 가격이 오염저감비용보다 낮으면 매입하려 하고 높으면 매각하려 할 것이다.

• 오염배출권 가격이 10만 원보다 높고 20만 원보다 낮다면 A기업과 B기업은 부족한 오염배출권을 매입하려 할 것이므로 시장의 수요는 70장(40장+30장)이고, C기업은 매각하려 할 것이므로 시장의 공급은 30장이 되어 시장에서는 초과수요가 발생하게 된다.

• 오염배출권 가격이 20만 원보다 높고 25만 원보다 낮다면 B기업은 부족한 오염배출권을 매입하려 할 것이므로 시장의 수요는 30장이고, A기업과 C기업은 오염배출권을 매각하려 할 것이므로 시장의 공급은 60장(30장+30장)이 되어 시장에서는 초과공급이 발생하게 된다.

• 오염배출권 가격이 20만 원이 되면 A기업은 매입과 매각의 유인이 존재하지 않는다. 반면에 B기업은 부족한 오염배출권을 매입하려 할 것이므로 시장의 수요는 30장이고, C기업은 오염배출권을 매각하려 할 것이므로 시장의 공급도 30장이 된다. 이에 따라 오염배출권 시장은 균형에 도달하게 된다.

• 한편 오염배출에 대해 직접 규제를 한다는 것은 각 기업의 오염물질 배출량의 허용량을 정하고 이를 초과하는 배출량은 정화시설의 설치 등을 의무화하여 스스로 오염정화비용을 부담시키는 방법이다. 이에 따른 각 기업의 오염저감비용은 다음과 같다.

• A기업의 오염저감비용 = 40×20만 원 = 800만 원
• B기업의 오염저감비용 = 30×25만 원 = 750만 원

- C기업의 오염저감비용 = 20×10만 원 = 200만 원
- 정부의 직접규제로 인한 총오염저감비용 : 800+750+200 = 1,750(만 원)

- 반면에 오염배출권 제도를 시행하면 A기업은 40톤을, C기업은 50톤을 스스로 정화해서 배출해야 하므로 이때의 총오염저감비용은 다음과 같다. 단 B기업은 매입한 오염배출권으로 모든 오염배출량을 충족하므로 오염저감비용을 지불할 필요가 없다.

- A기업의 오염저감비용 = 40×20만 원 = 800만 원
- B기업의 오염저감비용 = 0 원
- C기업의 오염저감비용 = 50×10만 원 = 500만 원
- 정부의 직접규제로 인한 총오염저감비용 : 800+500 = 1,300(만 원)

- 결국 오염배출권제도하에서의 총오염저감비용은 각 기업의 오염배출량을 30톤으로 직접 규제할 때보다 450만 원만큼 절감될 것이다. 단, 여기서 B기업의 오염배출권 구입비용인 600만 원은 C기업의 오염배출권 판매수입인 600만 원과 서로 상쇄되므로 사회적인 총비용 계산에서는 제외하였다.
- 한편 B기업은 오염배출권제도 아래에서는 부족한 30톤에 해당하는 오염배출권을 20만 원에 구입하게 되어 총 600만 원의 비용이 발생하고, 직접규제제도 아래에서는 부족한 30톤을 25만 원의 오염저감비용을 지출하여 정화해야 하므로 총 750만 원의 비용이 발생하게 된다. 따라서 B기업은 직접규제보다 오염배출권제도를 선호하게 될 것이다.

[정답 | ㉠, ㉡, ㉢]

응용 TEST – 10

- 폐수 방출 감소 변화분과 주민의 복지 개선 변화분에 따른 사회후생의 변화분을 〈표〉로 나타내면 다음과 같다.

폐수 방출 감소량	0톤	1톤	2톤	3톤	4톤	5톤
폐수 감소비용 변화분	0원	100원	120원	140원	160원	170원
주민복지 개선 변화분	0원	200원	150원	130원	120원	100원
사회 후생 변화분	0원	100원	30원	−10원	−40원	−70원

위 〈표〉에서 나타난 바와 같이 사회후생을 가장 크게 하는 폐수방출 감소량은 2톤이고, 이때의 사회후생의 크기는 130원 (350원−220원=100원+30원)이다. 따라서 폐수 방출 감소량이 0톤이면 130원만큼의 사회후생 감소를 초래하게 된다.

응용 TEST – 11

- 각 기업은 오염배출권 가격과 감축비용을 비교하여 전자가 클 경우에는 자신에게 부여된 오염배출권을 판매하려고 하고, 후자가 클 경우에는 오염배출권을 구매하려고 할 것이다.
- 오염배출권 가격 범위에 따라 각 기업이 하게 되는 선택을 〈표〉로 나타내면 다음과 같다.

배출권 가격 (만 원)	선택		
	기업 A	기업 B	기업 C
20~30	판매(50단위)	구매(10단위)	구매(20단위)
30~40	판매(50단위)	판매(50단위)	구매(20단위)
20~40	판매(50단위)	알 수 없음	구매(20단위)

- 오염배출권 가격이 30만 원보다 높고 40만 원보다 낮다면, 기업 C가 판매자인 기업 A와 기업 B 중에서 어떤 기업으로부터 오염배출권을 구입할 것인가는 주어진 조건을 가지고서는 알 수 없다.

- 따라서 오직 기업 A가 판매자인 경우인 오염배출권 가격이 20만 원에서 30만 원 사이에서 기업 A에 의해 기업 B와 기업 C의 필요한 오염배출권 판매가 이루어진다는 사실만 확인할 수 있다.

[정답 | ①]

응용 TEST – 12
- 공공재는 비배제성과 비경합성을 특징으로 하는 재화이고, 공유자원은 비배제성과 경합성을 특징으로 하는 재화이다. 따라서 공유자원은 공공재에 비해 경합성이 높다(ㄱ).
- 공유자원은 비배제성이라는 특징으로 인해 필요 이상의 소비를 하게 되어, 이로 인한 남획으로 이른바 '씨가 말라버리는' 자원고갈 문제를 유발하게 된다. 이것이 이른바 '공유자원의 비극'이다(ㄴ).
- '공유자원의 비극'이 생기는 근본원인이 비배제성에 있으므로 이를 해결하기 위한 방법으로 자원에 대한 사유재산권 설정을 도입할 수 있다. 이는 배타적인 사유재산권을 가지고 있다면 "자신의 것은 누가 시키지 않아도 스스로 아낀다"는 인간의 이기심을 이용한 접근방법이다(ㄷ).
- 막히지 않는 유료도로는 '비경합성(⇐ 막히지 않는)'과 '배제성(⇐ 유료도로)'을 특징으로 하는 '준공공재'이다(ㄹ).

[정답 | ③]

응용 TEST – 13
- 가로등은 대표적인 공공재이다. 공공재의 최적 생산량은 개별 수요자의 수요곡선을 수직적으로 합하여 도출한 시장수요곡선을 전제로 '$P_{시장} = MC$' 조건을 만족하는 수준에서 결정된다.
- 주어진 조건들을 이용하여 시장수요함수를 다음과 같이 도출할 수 있다.

$$P_{시장} = P_1 + P_2 = (10 - Q) + (10 - Q) = 20 - 2Q$$

- 공공재(=가로등)의 사회적 최적 생산량은 다음과 같다.

$$P_{시장} = MC \Rightarrow 20 - 2Q = 6 \Rightarrow Q = 7$$

응용 TEST – 14
- 중고차에 대한 정보를 정확히 모르는 구매자는 기댓값을 이용한 최대지불가격으로 구매하려고 한다.
- p의 값에 따른 구매자의 지불용의가격은 다음과 같다.

- $p = 0.2$인 경우 : $0.2 \times 1,400 + 0.8 \times 800 = 280 + 640 = 920$(만 원)
- $p = 0.5$인 경우 : $0.5 \times 1,400 + 0.5 \times 800 = 700 + 400 = 1,100$(만 원)

- $p = 0.2$라면 구매자의 지불용의가격은 920만 원이 되어 최소 1,000만 원을 받고자 하는 고품질 중고차 소유자들은 시장에서 퇴장하게 되고, 이에 따라 최소 600만 원만 받아도 되는 저품질 중고차만 거래된다.
- $p = 0.5$라면 구매자의 지불용의가격은 1,100만 원이 되어 모든 판매자가 받고자 하는 가격수준을 충족하게 되어 모든 유형의 중고차가 거래된다.

[정답 | ①]

응용 TEST _ 15

• 역선택은 중고차시장, 노동시장, 대부시장, 생명보험시장 등에서 숨겨진 특징에서 비롯된다. 이 문제를 해결하기 위해서 선별(장치), 신호발송, 신용할당, 효율성 임금 등의 수단을 활용할 수 있다.

• 도덕적 해이는 손해보험시장, 노동시장, 주인 – 대리인 관계 등에서 숨겨진 행위로 인해서 비롯된다. 이 문제를 해결하기 위해서는 유인설계, 감시 강화, 성과급 지급, 기초 공제, 공동보험, 효율성 임금 등의 수단이 있다.

[정답 ┃ ③]

응용 TEST _ 16

• 화재보험에서 손실의 일부만을 보전해주는 것은 보험 가입자의 화재발생 방지의무를 높여 도덕적 해이를 방지하기 위한 장치이다.

①, ② 품질보증과 자격증의 취득은 역선택을 방지하기 위한 신호발송에 해당한다.

③ 역선택으로 인해 시장에서는 우량품(peach)은 퇴장하고 불량품(lemon)만 남게 된다.

④ 대부시장에서는 자금에 대한 초과수요를 해소하기 위해 이자율 상승 수단이 아닌 신용도가 높은 사람에게 대부해 주는 신용할당을 함으로써 역선택을 방지한다.

[정답 ┃ ⑤]

08 국민소득 일반론

응용 TEST _ 1

- 폐쇄경제하의 국민소득 계정에서의 항등식은 다음과 같다.

$$민간저축(Y - T + TR - C) + 정부저축(T - G - TR) = 투자(I)$$

- 민간저축이 50억 달러이므로 $(300 - 70 + 30 - C) = 50$이 성립한다. 따라서 민간소비(C)는 210억 달러가 된다.
- 정부저축($T - G - TR$)이 $(70 - 50 - 30) = -10$이므로 투자는 다음과 같이 도출된다.

$$민간저축 + 정부저축 = 투자 \Rightarrow 50 + (-10) = 투자 \Rightarrow 투자 = 40(억 \ 달러)$$

응용 TEST _ 2

- 주어진 내용을 〈표〉로 정리해 보면 다음과 같다.

농부(밀 생산 : 2,000억 원)						소비자(1,000억 원)
	$\Rightarrow$	제분회사 (1,000억 원)		$\Rightarrow$		소비자(800억 원)
			$\Rightarrow$	제빵회사 (800억 원)	$\Rightarrow$	소비자(3,200억 원)

- GDP는 최종생산물의 가치로 측정된다. 〈표〉에서 소비자는 최종생산물을 소비한다. 따라서 GDP는 소비자의 소비총액인 5,000억 원(1,000억 원 + 800억 원 + 3,200억 원)이 된다.
- GDP는 각 경제주체들에 의해 창출된 (순)부가가치의 총합으로도 측정할 수 있다. 따라서 그 크기는 '2,000억 원(농부) + 600억 원(제분회사) + 2,400억 원(제빵업자) = 5,000억 원'이 된다. 이를 통해 양자의 크기가 동일하다는 것을 확인할 수 있다.

응용 TEST _ 3

- 국내총생산은 자국 내에서 생산된 총생산액을 의미하며 다음과 같이 측정된다.

$$GDP = 소비지출(C) + 투자지출(I) + 정부지출(G) + 순수출(X - M) = 400 + 200 + 100 + (250 - 200) = 750(조 \ 원)$$

- GNP와 GDP의 관계는 다음과 같다.

$$GNP = GDP - 대외지급 \ 요소소득 + 대외수취 \ 요소소득 = GDP + 대외순수취 \ 요소소득 = 750 + 10 = 760(조 \ 원)$$

응용 TEST _4

- 주어진 문제에서 교역조건에 대한 언급이 없으므로 불변인 것으로 이해한다면, 실질 GNI와 실질 GNP의 크기는 동일하다.
- 한국 : 실직한 김 씨가 생산활동을 한 곳은 미국이므로 이로 인한 한국의 GDP는 영향을 받지 않는다. 그러나 한국 국민인 김 씨의 실직으로 한국의 GNP는 감소하게 되어 결국 GNI 역시 감소하게 된다.
- 미국 : 실직한 김 씨가 생산활동을 한 곳은 미국이므로 이로 인한 미국의 GDP는 감소한다. 그러나 한국 국민인 김 씨의 실직은 미국의 GNP와는 무관하므로 결국 GNI 역시 영향을 받지 않는다.

[정답 | ④]

09 소비-투자이론

응용 TEST _1

- 소비자 A의 효용함수가 $U = (C_1, C_2) = \min[C_1, C_2]$로 주어져 있으므로 효용을 극대화할 수 있는 방법은 '$C_1 = C_2$'를 만족시키는 것이다.
- 1기의 소득이 210만 원이고 2기의 소득이 0원이므로 1기 소득의 일부를 저축하여 이를 기초로 1기 소비의 크기와 동일한 크기로 2기에 소비를 해야 한다.
- 1기 소득의 210만 원 중에서 110만 원을 소비하고 나머지 100만 원을 저축을 하면, 이자율이 10%이므로 2기 때 소비 가능액이 '100(1+0.1)=110(만 원)'이 되어 $C_1 = C_2$를 만족시키는 효용극대화를 달성할 수 있게 된다.
- 수식을 통해 1기의 소비(C_1)를 구하면 다음과 같다.

$$\text{`}C_1 = C_2\text{'} \Rightarrow C_1 = (210 - C_1)(1 + r) \Rightarrow C_1 = (210 - C_1)(1 + 0.1) \Rightarrow C_1 = 231 - 1.1C_1 \Rightarrow 2.1C_1 = 231$$
$$\Rightarrow C_1 = 110(\text{만 원}), \ 1\text{기 저축} = 100(\text{만 원})$$

[정답 | ①]

응용 TEST _2

- (가)는 현재소득의 절대적인 크기에 의해 현재소비가 영향을 받는다는 케인스의 절대소득가설에 대한 내용이고, (나)는 전 생애의 평균적인 소득의 흐름에 의해 현재소비가 영향을 받는다는 항상소득가설 또는 생애주기가설(MBA가설)에 가까운 내용이다.
① 소액 복권에 당첨된 경우에도 현재의 가처분소득이 증가하게 되므로 (가)에 따르면 현재소비는 증가하게 된다. 그러나 (나)에 따르면 복권 당첨금액은 임시소득의 성격을 가지므로 생애평균소득(또는 항상소득)에 큰 영향을 주지 못하게 되어, 이로 인한 소비는 거의 영향을 받지 않는다.
② 경기 상승으로 회사 영업실적이 좋아져 받은 특별 상여금은 현재의 가처분소득을 증가시키므로 (가)에 따르면 소비로 연결된다.
③ 실업이 일시적으로 그치면 생애평균소득(또는 항상소득)의 흐름에는 큰 변화가 나타나지 않는다. 그 결과 (나)에 따르면 소비의 변화는 거의 나타나지 않게 된다. 그러나 일시적인 실업이라고 해도 이것은 현재소득을 당장 감소시키게 되므로 (가)에 따르면 현재소비는 감소하게 될 것이다.
④ 장기간의 소득세 감면은 생애평균소득(또는 항상소득)을 증가시키므로 (나)에 따르면 소비 증가가 나타나게 될 것이다. 결과적으로 이러한 소비증가에 따른 총수요의 증가는 경기 활성화에 도움이 될 것이다.

[정답 | ④]

응용 TEST _ 3

· 문제에서 주어진 예상수익(R)으로 각각의 투자안을 2023년 기준 현재가치(PV)로 환산하기 위해서는 다음과 같은 도출 과정이 필요하다.

$$PV = \frac{R_{2023}}{(1+0.11)^0} + \frac{R_{2024}}{(1+0.11)^1} + \frac{R_{2025}}{(1+0.11)^2} + \frac{R_{2026}}{(1+0.11)^3}$$

· 문제에서 주어진 투자안에 대한 현재가치를 도출하면 다음과 같다.

투자안	현재가치
A	$PV = \frac{-50}{(1+0.11)^0} + \frac{1,000}{(1+0.11)} + \frac{500}{(1+0.11)^2} + \frac{200}{(1+0.11)^3} = -50 + 900 + 400 + 140 = 1,390$
B	$PV = \frac{-100}{(1+0.11)^0} + \frac{500}{(1+0.11)} + \frac{500}{(1+0.11)^2} + \frac{500}{(1+0.11)^3} = -100 + 450 + 400 + 350 = 1,100$
C	$PV = \frac{-200}{(1+0.11)^0} + \frac{200}{(1+0.11)} + \frac{500}{(1+0.11)^2} + \frac{1,100}{(1+0.11)^3} = -200 + 180 + 400 + 770 = 1,150$

· 갑 회사는 현재가치가 가장 큰 투자안인 A를 선택하게 될 것이다.

10 국민소득 결정론

응용 TEST _ 1

③ 고전학파는 노동시장에서 임금의 신축성으로 인해 완전고용이 달성된다고 이해함으로써 케인스식의 인위적인 총수요 관리정책을 반대한다.
① 고전학파는 공급, 케인스 학파는 수요를 중시하는 학파이다.
② 고전학파는 화폐의 중립성을 주장하지만, 케인스학파는 화폐시장에서 결정되는 이자율이 생산물시장에서 투자에 영향을 준다고 이해하기 때문에 화폐가 실물경제에 영향을 미친다고 본다.
④ 고전학파는 대부자금시장에서 결정되는 이자율의 신축성을 전제하고, 케인스학파는 가격의 경직성을 전제하기 때문에, 가격조정이 아닌 국민소득 조정과 같은 수량조정을 통해 불균형 해소를 도모한다.

[정답 | ③]

응용 TEST _ 2

· 개방경제하에서의 국민소득 균형식은 다음과 같다.

· $Y = C + I + G + (X - M)$
· Y는 국민소득, C는 소비지출, I는 투자지출, G는 정부지출, $(X-M)$은 순수출이다.

· 문제에서 주어진 조건들을 국민소득 균형식에 대입하여 정리하면 다음과 같은 균형국민소득이 도출된다.

$$Y = C + I + G + (X - M) \implies Y = 30 + 0.75(Y - 0.2Y) + 120 + 150 + 100 - 0.1Y \implies 0.5Y = 400 \implies Y = 800$$

응용 TEST -3

- 폐쇄경제하에서의 국민소득 균형식은 다음과 같다.

> - $Y = C + I + G$
> - Y는 국민소득, C는 소비지출, I는 투자지출, G는 정부지출이다.

- 문제에서 주어진 조건들을 국민소득 균형식에 대입하여 정리하면 다음과 같은 균형이자율이 도출된다.

$$Y = C + I + G \Rightarrow 4,000 = 300 + 0.8(4,000 - 500) + 1,000 - 100r + 500 \Rightarrow 100r = 600 \Rightarrow r = 6(\%)$$

응용 TEST -4

- 케인스의 단순모형은 화폐시장을 제외하고 생산물시장만을 대상으로 분석하는 국민소득 결정모형이다. 이에 따라 이자율은 일정하다는 가정하에서 승수효과를 분석하게 된다.
- 디플레이션 갭은 국민소득이 완전고용 수준에 도달하기 위해 '필요한 총수요'에 '현실의 총수요'가 부족한 경우, 그 부족한 크기를 말한다.

  ① 가장 간단한 투자승수는 다음과 같다.

$$투자승수 = \frac{1}{1 - 한계소비성향} = \frac{1}{한계저축성향}$$

    따라서 한계저축성향이 클수록(한계소비성향이 작을수록) 투자의 승수효과는 작아진다. '소비는 미덕이고, 저축은 악덕'이라는 케인스의 인식을 엿볼 수 있는 항목이다.

② 디플레이션 갭(Deflation gap)이 존재하면 실제 국민소득이 완전고용국민소득 수준에 미치지 못하게 되어 실업이 발생하게 된다.

④ 정부지출의 증가는 직접적으로 총수요에 영향을 미치는 반면에 조세감면은 소비를 통해 간접적으로 총수요에 영향을 미치게 된다. 이에 따라 정부지출 증가액과 조세감면액이 동일하다면 정부지출 증가가 조세감면보다 국민소득 증가에 미치는 영향이 더 크게 나타난다. 이러한 결과는 가장 간단한 정부지출 승수와 감세승수의 크기를 비교해 보면 간단히 알 수 있게 된다.

> - A : 정부지출 승수 $= \dfrac{1}{1 - 한계소비성향} = \dfrac{1}{한계저축성향}$
> - B : 감세승수 $= \dfrac{한계소비성향}{1 - 한계소비성향} = \dfrac{한계소비성향}{한계저축성향}$
> - $A > B (\because 0 < 한계소비성향 < 1)$

[정답 ┃ ③]

응용 TEST -5

- 총수요(= 총지출 : AE)의 크기는 '소비(C) + 투자(I) $= C_0 + c \times Y + I_0$'의 크기이고, 완전고용국민소득 수준(Y_3)에 도달하기 위해 필요한 총수요 수준은 3000이다(②).
- 〈그림〉에서 주어진 총수요(= 소비 + 투자)의 크기는 '250(= 200 + 50)'에 불과하므로 완전고용을 달성하기 위해 필요한 총수요 수준인 300에 비해 50만큼 부족하다. 따라서 50만큼의 디플레이션 갭이 존재하고 있음을 알 수 있다(①, ④).
- 〈그림〉에서 투자는 소득과 무관하게 일정한 크기만큼 이루어지고 있어, 독립투자만이 존재하고 유발투자를 고려하고 있지 않다(③).

[정답 ┃ ④]

- 처분가능소득이 10,000달러가 증가하고, 소비가 7,000달러 증가했으므로 저축은 3,000달러만큼 증가했다. 따라서 한계 저축성향은 다음과 같이 측정된다.

$$한계저축성향(MPS) = \frac{\Delta S}{\Delta Y} = \frac{3,000}{10,000} = 0.3$$

- 문제에서 주어진 정부지출의 증가분은 180에서 200으로 증가한 20만큼이다.
- 조세율(⇒ 비례세율과 동일)이 0인 경우 국민소득의 변화는 다음과 같다.

- 정부지출 승수(m) : $\dfrac{1}{1 - MPC(1 - 조세율)} = \dfrac{1}{1 - 0.8} = 5$
- 국민소득 증가분 : 정부지출 증가분×정부지출 승수 ⇒ $20 \times 5 = 100$

- 조세율(⇒ 비례세율과 동일)이 0.25인 경우 국민소득의 변화는 다음과 같다.

- 정부지출 승수(m) : $\dfrac{1}{1 - MPC(1 - 조세율)} = \dfrac{1}{1 - 0.8(1 - 0.25)} = \dfrac{1}{1 - 0.8 \times 0.75} = \dfrac{1}{1 - 0.6} = \dfrac{1}{0.4} = 2.5$
- 국민소득 증가분 : 정부지출 증가분×정부지출 승수 ⇒ $20 \times 2.5 = 50$

[정답 | ⑤]

- 정부지출의 증가는 곧바로 유효수요를 증가시키지만, 조세의 감소는 가처분소득을 증가시키고, 이를 전제로 해서 한계 소비성향 배만큼만 소비를 증가시켜 이것이 유효수요를 증가시키게 된다. 이에 따라 정부지출 증가가 유효수요 증가에 미치는 효과가 조세 감소가 유효수요 증가에 미치는 효과보다 큰 것이다(ㄷ).

- 폐쇄경제하에서의 국민소득 균형식은 다음과 같다.

- $Y = C + I + G$
- Y는 국민소득, C는 소비지출, I는 투자지출, G는 정부지출이다.

- 자연생산량(완전고용 국민소득)을 달성할 수 있는 적정 한계세율을 't'라고 하면, 문제에서 주어진 조건들을 국민소득 균형식에 대입하여 정리하면 다음과 같이 자연생산량 수준에서의 't'값을 도출할 수 있다.

$$Y = C + I + G \Rightarrow 750 = 50 + 0.75(750 - 200 - t \times 750) + 150 + 250 \Rightarrow 562.5t = 112.5 \Rightarrow t = 0.2$$

- 앞의 결과는 문제에서 주어진 현재의 한계조세율(= 0.25)이 적정 한계조세율(= 0.2)보다 높다는 것을 보여 주고 있다. 이것은 현재 적정 수준을 넘는 과도한 조세로 인한 국민소득 '누출'로 현재의 균형국민소득이 자연생산량에 미달하고 있는 '경기침체' 상태임을 알려 준다. 따라서 현재의 한계조세율인 0.25에서 0.2로의 조정이 필요하다는 것을 알 수 있다. 결국 필요한 조정의 크기는 0.05에 해당하는 5%p만큼 낮추어야 하는 것이다.

[정답 | 한계세율을 5%p만큼 낮춘다.]

응용 TEST – 10

- a가 한계소비 성향인 경우 주어진 조건에 따른 투자 승수와 정부지출 승수는 '$m = \dfrac{1}{1-a}$', 감세 승수는 '$m = \dfrac{a}{1-a}$'이다.
- 동일한 크기의 독립지출이 이루어지는 경우의 승수효과는 다음과 같이 나타난다.

> 투자 승수 = 정부지출 승수 > 감세 승수($\because 0 < a < 1$)

[정답 | ③]

응용 TEST – 11

- 재정지출이 모두 조세로 충당되고, 재정수지가 균형이므로 '$G = T(= tY + 10)$'가 성립하게 된다.
- 폐쇄경제하에서의 국민소득 균형식은 다음과 같다.

> - $Y = C + I + G$
> - Y는 국민소득, C는 소비지출, I는 투자지출, G는 정부지출이다.

- 문제에서 주어진 조건들을 국민소득 균형식에 대입하여 정리하면 't'값을 도출할 수 있다.

> $Y = C + I + G \implies Y = 0.7(Y - tY - 10) + 25 + 32 + tY + 10 \implies 300 = 0.7(300 - t \times 300 - 10) + 25 + 32 + t \times 300 + 10$
>
> $\implies 300 = 0.7(290 - 300t) + 67 + 300t \implies 300 - 203 - 67 = 90t \implies 30 = 90t \implies t = \dfrac{1}{3}$

응용 TEST – 12

- 주어진 거시경제 모형은 한계소비성향이 0.85이고, 한계수입성향이 0.1인 개방경제모형이다.
- 주어진 조건에 따른 무역승수(= 개방경제승수 = 수출승수)는 다음과 같다.

> 무역승수 : $\dfrac{1}{1 - \text{한계소비성향} + \text{한계수입성향}} = \dfrac{1}{1 - 0.85 + 0.1} = \dfrac{1}{0.25} = 4$

- 수출이 1억 달러 감소하면 국민소득은 수출 감소분이 승수 배 만큼인 4억 달러만큼 감소하게 된다.
- 개방 거시경제 모형에서 투자승수는 무역승수의 크기와 동일하다.

[정답 | ②]

11 화폐-금융론

응용 TEST – 1

- 피셔(I. Fisher)의 화폐수량설인 거래수량설에 따른 교환방정식은 다음과 같다.

> $M \times V = P \times Y$
> 단, M은 통화량, V는 화폐유통속도, P는 물가수준, Y는 실질GDP, $P \times Y$는 명목GDP이다.

- 화폐유통속도(V)와 변화율($\frac{\Delta V}{V}$)은 다음과 같이 도출된다.

> - $2{,}500($조 원$) \times V = 1{,}650($조 원$) \Rightarrow V = 0.66$
> - $\dfrac{\Delta V}{V} = \dfrac{0.0033}{0.66} = 0.005 = 0.5\%$

- 한편 'EC 방정식'에 따라 각 변수의 변화율 사이에는 다음과 같은 관계가 성립하고, 이를 통해 통화공급 증가율($\frac{\Delta M}{M}$)이 도출된다.

> - $\dfrac{\Delta M}{M} + \dfrac{\Delta V}{V} = \dfrac{\Delta P}{P} + \dfrac{\Delta Y}{Y}$ ($\dfrac{\Delta P}{P}$는 물가상승률, $\dfrac{\Delta Y}{Y}$는 실질 GDP 증가율이다.)
> - $\dfrac{\Delta M}{M} = \dfrac{\Delta P}{P} + \dfrac{\Delta Y}{Y} - \dfrac{\Delta V}{V} = 2\% + 3\% - 0.5\% = 4.5\%$

응용 TEST _ 2

⑤ 케인스 학파는 우하향의 안정적인 단기 필립스곡선을 전제하고, 통화주의 학파는 단기 필립스곡선은 우하향하지만, 장기 필립스곡선은 자연실업률 수준에서 수직이라고 본다.

① 케인스 학파는 통화주의 학파에 비해 투자의 이자율 탄력성이 작다고 본다. 이에 따라 IS곡선의 기울기가 상대적으로 가파르다고 한다.

② 케인스 학파와 통화주의 학파는 모두 적응적 기대를 수용한다.

③ 케인스 학파는 재량적인 경제안정화정책을 강조하고, 통화주의 학파는 구축효과를 강조한다.

④ 케인스 학파와 통화주의 학파는 모두 단기 총공급곡선이 우상향한다고 보고, 통화주의 학파는 장기 총공급곡선을 완전고용산출량 수준에서 수직이라고 본다.

[정답 ┃ ⑤]

응용 TEST _ 3

① 신용카드가 사용이 가능하다면 경제주체들은 거래를 위한 화폐를 보유할 유인이 적어진다.

② 경기가 좋아지면 일반적으로 소비가 증가하므로 거래를 위한 화폐수요가 증가할 것이다.

③ 이자율이 증가하면 화폐보유에 따른 기회비용이 증가하므로 화폐수요는 감소할 것이다.

④ 경제 내의 불확실성이 커지면 경제주체들은 안전한 자산을 선호하게 되므로 화폐수요가 증가하게 될 것이다.

[정답 ┃ ①]

응용 TEST _ 4

- 피셔(I. Fisher)의 거래수량설에서 강조된 것은 화폐의 교환 매개수단이다.

[정답 ┃ ②]

응용 TEST _ 5

- 채권 가격이 매우 높아 더 이상 높아지지 않으리라 예상하는 경우, 즉 이자율이 매우 낮아 더 이상 낮아지지 않으리라 예상하는 경우 유동성 함정 구간에서는 화폐수요의 이자율 탄력성이 무한대가 되어 화폐수요곡선은 수평의 모습을 보인다.

- 유동성 함정 구간에서는 추가되는 화폐공급은 모두 투기적 화폐수요로 흡수되어 이자율에 영향을 주지 못한다. 결국 이자율 변화를 통해 총수요에 영향을 주고자 하는 통화정책은 무력해진다.

[정답 | ③]

응용 TEST _ 6

- 유동성 함정이란 화폐시장에서 화폐수요의 이자율 탄력성이 무한대가 되어 이자율이 더 이상 하락하지 않는 구간을 의미한다.
- 채권 가격은 이자율과 역(−)의 관계이므로 채권 가격은 더 이상 상승하지 않는다. 따라서 유동성 함정 상황 속에서 채권을 매입하게 되면 채권 가격 상승을 통해 얻을 수 있는 자본이득은 존재하지 않는다. 따라서 채권보다는 화폐를 그대로 보유하는 것이 더 낫다.
- 유동성 함정 구간에서의 확장적 통화정책은 이자율을 하락시킬 수 없기 때문에 이자율 하락을 통한 총수요 증대를 기대할 수 없다. 따라서 통화정책은 무력하고 재정정책이 유력하다.

[정답 | ③]

응용 TEST _ 7

- 갑의 예금을 통하여 추가적으로 창출된 통화량은 제1은행의 대출액과 제2은행의 대출액의 합 만큼이다.

제1은행 대출액 + 제2은행 대출액 = $100 \times (1 - 0.2) + 80 \times (1 - 0.1) = 100 \times 0.8 + 80 \times 0.9 = 80 + 72 = 152$(만 원)

응용 TEST _ 8

③ 공개시장조작이란 중앙은행이 유가증권시장에서 유가증권을 매입(매각)하여 본원통화를 증가(감소)시켜 통화량에 변동을 주는 것을 말한다.
① 중앙은행은 주식시장에는 개입하지 않는다.
② 재할인율 정책에 해당한다.
④ 지급준비율 정책에 해당한다.

[정답 | ③]

응용 TEST _ 9

- 고전학파는 화폐수량설에 기초하여 화폐의 중립성을 주장한다. 이에 따라 통화량이 증가해도 실질변수에는 영향을 주지 못하고 물가만 비례해서 상승시킨다.
- 고전학파에서 실질이자율은 화폐시장이 아닌 대부시장에서 투자와 저축이 일치하는 수준에서 결정된다.

[정답 | ①]

응용 TEST _ 10

- 한국은행의 기준금리 인하는 채권수익률을 떨어뜨리고, 이에 따라 시중의 유동자금은 주식시장이 부동산시장으로 유입되어 주식가격과 부동산가격을 상승시키게 된다(①).
- 기준금리 인하는 시중은행의 중앙은행으로부터의 대출비용 부담 경감을 가져와 이전에 비해 대출능력이 커지게 된다(③).
- 기준금리 인하는 외국으로의 자본유출을 가져와 환율이 상승하고, 이에 따라 순수출 증가로 국내물가가 상승하고(②), 국내기업의 달러표시 해외부채의 원화평가액을 증가시킨다(④).

[정답 | ④]

– 11

- 중앙은행이 법정지급준비율을 낮추면 통화승수($m = \dfrac{1}{c + z(1-c)}$: c는 현금–통화 비율, z는 지급준비율)가 커져 통화량의 증가를 가져 온다. 그 결과 이자율이 하락하여 기업의 투자가 증가하게 된다(③).
- 이자율 하락으로 인한 기업의 투자 증가로 총수요가 증가하여 국민소득이 증가하고 이에 따른 소비의 증가가 수입의 증가를 가져와 무역적자를 증가시키며(①), 실업률은 낮추고 물가를 상승시킨다(④).
- 통화정책은 중앙은행이 수행하고, 재정정책은 정부가 수행하므로 양자는 서로 직접적으로 영향을 주지 않는다(②).

[정답 | ③]

– 12

- 통화정책은 LM곡선의 기울기가 가파를수록, IS곡선의 기울기가 완만할수록 그 효과가 크게 나타난다.
- LM곡선의 기울기는 화폐수요의 이자율 탄력성이 작을수록 가팔라진다.
- IS곡선의 기울기는 투자의 이자율 탄력성이 클수록, 한계소비성향이 클수록 완만해진다.

[정답 | ③]

12 재정론

– 1

- 주어진 누진세율에 의한 광수의 소득과 조세 구조는 다음과 같다.

소득구간	처음 1,000만 원	추가 1000만 원 (누적 2,000만 원)	추가 1,000만 원 (누적 3,000만 원)	추가 1,000만 원 (누적 4,000만 원)	추가 3,500만 원 (누적 7,500만 원)	총액
소득세율	0%	10%	15%	25%	50%	–
소득세액	0	100만 원	150만 원	250만 원	1,750만 원	2,250만 원

- 광수의 평균세율은 다음과 같이 도출된다.

$$\text{평균세율} \left(= \frac{\text{총조세액}}{\text{총소득}} \right) : \frac{2,250\text{만 원}}{7,500\text{만 원}} = 0.3 = 30\%$$

– 2

- 조세부과에 따라 자중적 손실이 커진다는 것은 그만큼 효율성이 떨어진다는 것을 의미한다.
- ⊙ 과세부담의 수평적 공평성의 원칙이란 동일한 세금부담능력(동일한 소득 수준)이라면 설령 소득의 종류가 서로 달라도 세금은 동일하게 부과하는 것을 의미한다. 이에 반해 과세부담의 수직적 공평성의 원칙이란 서로 다른 세금부담능력(상이한 소득 수준)이라면 설령 소득의 종류가 동일하더라도 세금은 상이하게 부과하는 것을 의미한다. 전자에는 소득공제제도가 해당하고 후자에는 누진세율제도가 해당한다.
- ⓒ 고가의 모피코트에 부과되는 대표적인 세금이 개별소비세이다. 그런데 이것은 비례세율이 적용되는 간접세이다. 세금부담능력이 더 큰 사람이 더 많은 세금을 내야 한다는 원칙에 보다 더 합치되는 세제는 누진세 제도이다.

ㄹ 과세표준소득과 관계없이 일정한 세율(1%)이 부과되는 것은 비례세율을 적용하고 있는 예이다.

[정답 | ②]

응용TEST - 3

• 주어진 글은 이른바 '리카도 대등 정리'에 관한 내용이다. 민간이 예산제약에 따라 소비를 결정하는 것처럼 정부 역시 예산제약에 따라 행동한다는 것이 '리카도 대등 정리'의 주요 내용이다. 정부와 소비자의 예산제약식은 다음과 같이 나타낼 수 있다.

• 정부의 예산제약식 : $G_1 + \dfrac{G_2}{1+r} = T_1 + \dfrac{T_2}{1+r}$

• 소비자의 예산제약식 : $C_1 + \dfrac{C_2}{1+r} = (Y_1 - T_1) + \dfrac{(Y_2 - T_2)}{1+r}$

• 여기서 G는 정부지출, T는 조세, C는 소비, Y는 소득, 하첨자 1과 2는 각각 현재와 미래를 의미한다.

• 합리적 기대를 하는 소비자는 정부가 정부지출을 일정하게 유지하면서 현재조세(T_1)를 감면할 때, 정부는 결국 예산제약식을 충족하기 위해서 미래조세(T_2)를 증가시킬 것이라는 것을 인식하게 된다(③).

• 정부의 예산제약식 : $G_1 + \dfrac{G_2}{1+r} = T_1 \downarrow + \dfrac{T_2 \uparrow}{1+r}$

• 합리적 기대를 하는 소비자는 이러한 정부의 현재조세(T_1) 감면은 결국 미래조세(T_2) 증가를 가져와 자신의 예산제약식에서 현재조세 감면으로 인한 현재가처분소득의 증가와 미래조세 증가로 인한 미래가처분소득의 감소가 서로 상쇄되어 현재가처분소득과 미래가처분소득의 현재가치의 합은 결국 불변이라는 것을 인식하게 된다(②).

• 소비자의 예산제약식 : $C_1 + \dfrac{C_2}{1+r} = (Y_1 - T_1 \downarrow) \uparrow + \dfrac{(Y_2 - T_2 \uparrow)}{1+r} \downarrow$ ⇒ 우변 불변

• 이에 따라 소비자는 현재소비(C_1)를 증가시킬 유인이 없으므로 현재의 조세감면으로 인한 현재가처분소득의 증가분을 모두 미래조세에 대비하기 위해 저축하게 된다.(①).

• 한편 '리카도 대등 정리'가 성립하게 되면, 국채발행으로 인한 정부저축의 감소는 민간저축의 증가로 서로 상쇄가 되어 국민저축은 불변이 된다. 이에 따라 소비자들은 정부의 재정정책에 따른 금리가 불변일 것이라고 예상하게 된다(④).

[정답 | ④]

13 거시경제 균형이론

응용TEST - 1

• 생산물시장 균형식인 IS 방정식은 다음과 같이 도출된다.

$Y = C + I + G \Rightarrow Y = 100 + 0.8(Y - 0.5Y) + 150 - 600r + 200 \Rightarrow 0.6Y = 450 - 600r \Rightarrow Y = 750 - 1,000r$ ……ⓐ

• 화폐시장 균형식인 LM 방정식은 다음과 같이 도출된다.

$$\frac{M^s}{P} = \frac{M^d}{P} \implies 1,000 = 2Y - 8,000r \implies Y = 500 + 4,000r \cdots\cdots ⓑ$$

- ⓐ식과 ⓑ식을 연립해서 풀면 '$r = 0.05$, $Y = 700$'이 도출된다.

응용 TEST _ 2

- 주어진 두 식을 연립해서 풀면 $r = 2.5$, $Y = 25$가 도출된다. 이를 주어진 조건과 함께 〈그림〉으로 나타내면 다음과 같다.

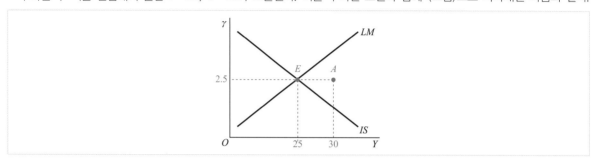

- 국민소득은 30이고 이자율이 2.5인 상태는 앞 〈그림〉의 A점에 위치하게 된다. 따라서 IS곡선 위쪽에 위치하므로 상품시장은 초과공급 상태이고, LM곡선 아래쪽에 위치하므로 화폐시장은 초과수요 상태임을 알 수 있다.

[정답 | ㉠=초과공급, ㉡=초과수요]

응용 TEST _ 3

- $IS - LM$ 모형에서 정부지출이 증가하면 IS곡선이 우측으로 이동하여 이자율이 상승한다. 이때 투자의 이자율탄력성이 클수록 투자가 크게 감소하여 총수요가 감소하는 구축효과가 크게 나타난다.
② 투자의 이자율탄력성이 작으면 정부가 금리를 낮춘다고 하더라도 투자가 크게 증가하지는 않아 내수 증가의 효과는 상대적으로 작게 나타난다.
③ 유동성 함정 구간에서는 정부지출에 따른 소득증대효과가 승수 배만큼 나타나게 된다.
④ 화폐수요의 소득탄력성이 크면 LM곡선의 기울기가 상대적으로 가팔라져서 확대재정정책의 효과가 작아지는 경향이 있다.

[정답 | ①]

응용 TEST _ 4

- 주어진 내용을 〈그림〉으로 나타내면 다음과 같다.

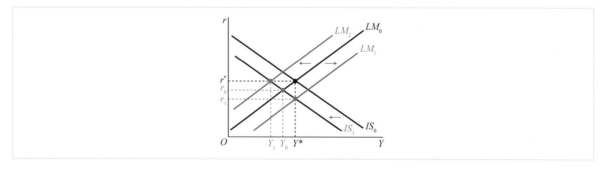

- 정부가 세금을 증가시키면 총수요가 감소하여 IS곡선이 IS_0에서 IS_1으로 이동하게 된다. 그 결과 이자율은 하락($r^* \to r_0$)하고, 소득은 감소($Y^* \to Y_0$)한다.
- 중앙은행이 통화 공급을 증가시켜 소득을 일정하게 유지(Y^*)하기 위해서는 LM곡선이 LM_0에서 LM_1으로 이동해야 하고 이에 따라 이자율은 r_0에서 r_1 수준으로 더욱 하락하게 된다.
- 중앙은행이 통화 공급을 감소시켜 이자율을 일정하게 유지(r^*)하기 위해서는 LM곡선이 LM_0에서 LM_2로 이동해야 하고 이에 따라 소득은 Y_0에서 Y_1으로 더욱 감소하게 된다.

[정답 | ㉠=하락, ㉡=감소]

응용 TEST -5
- LM곡선이 수평이므로 승수효과가 완전히 나타나게 된다. 주어진 조건에 따른 정부지출 승수는 다음과 같다.

$$정부지출 \ 승수 = \frac{1}{1-MPC} = \frac{1}{1-0.8} = \frac{1}{0.2} = 5$$

- 정부지출이 2,000억 원만큼 증가하게 되면 균형소득은 정부지출 증가분의 '5배'인 1조 원만큼 증가하게 된다.

응용 TEST -6
- 화폐시장이 유동성 함정에 빠져 있다는 것은 LM곡선이 수평인 상태에 놓여 있다는 의미이다.
- IS곡선이 우하향하고, LM곡선은 수평인 경우를 가정하자.
- 통화량 공급을 증가시킨다고 하더라도 기존의 균형점에는 변화가 없다. 이에 따라 확대금융정책은 이자율은 물론 소득에도 영향을 주지 못하게 되어 완전히 무력하다.
- 재정지출을 확대하는 확대재정정책은 이자율에는 전혀 영향을 주지 못하지만 새로운 균형점에서 소득은 증가시킬 수 있게 되어 유력한 경기안정화 수단이 될 수 있다.

[정답 | ③]

응용 TEST -7
- 주어진 상황을 〈그림〉으로 나타내면 다음과 같다.

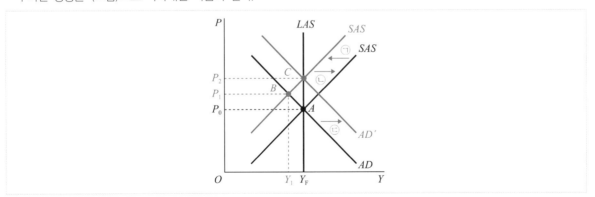

- 오일쇼크와 같은 음(-)의 공급충격이 발생하면 단기 AS곡선은 왼쪽으로 이동(㉠)하게 된다. 이에 따라 단기 균형은 B점에서 이루어지고, 이전 균형점인 A점 수준에 비해 물가수준은 상승하게 된다(①).
- B점의 국민소득(Y_1)은 완전고용국민소득(Y_F)보다 낮다. 따라서 경기는 침체가 되고, 노동시장에서는 비자발적 실업이 존재하게 된다. 만약 노동시장에서 실업해소를 위해 명목임금이 하락하게 되면 단기 AS곡선은 다시 왼쪽으로 이동(㉡)하게 되어 다시 A점으로 되돌아올 수 있다(②).

- 통화량을 증가시키거나 정부지출을 증가시키면 AD곡선이 오른쪽으로 이동(ⓒ)하여 C점에서 장단기 동시 균형을 달성할 수 있다. 이 수준에서 이전 A점에서의 총생산량을 회복하게 되지만(③), 물가수준은 A점에서보다 높아지게 된다(④).

[정답 | ④]

응용 TEST _8
- 문제에서 "갑작스러운 국제유가 상승으로 A국에서 총생산이 줄어들고 물가가 높아지는 스태그플레이션(Stagflation)이 발생하였다"는 내용을 '$AD-AS$ 모형'을 이용하여 〈그림〉으로 나타내면 다음과 같다.

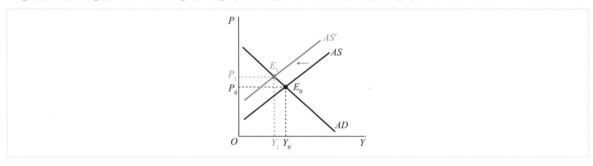

- 위의 〈그림〉은 국제유가 상승으로 인해 총공급(AS)이 감소하게 되어 물가가 상승하고, 실제 산출량이 감소하는 변화를 보여 준다.
- 이 경우 물가를 안정시키고자 하는 중앙은행 총재의 입장을 반영하기 위해서는 다음 〈그림〉에서 나타난 것처럼 이자율의 상승을 통해 소비와 투자와 같은 총수요(AD)를 감소시켜야 한다.

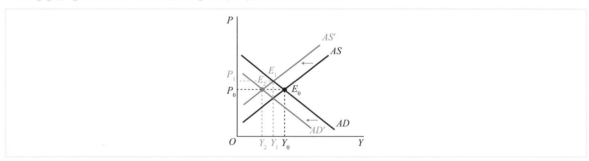

- 이에 따라 새로운 균형점(E_2)에서 물가는 이전 수준(P_0)으로 안정시킬 수 있지만, 산출량은 이전 수준(Y_1)에 비해 더욱 감소(Y_2)하게 되어, 결과적으로 실업률이 더 높아지게 된다(①).
- 국제유가 상승으로 인한 경기침체에서 벗어나고자 하는 재무부장관의 입장을 반영하기 위해서는 아래 〈그림〉에서와 같이 정부지출 증가를 통한 총수요(AD)를 증가시켜야 한다.

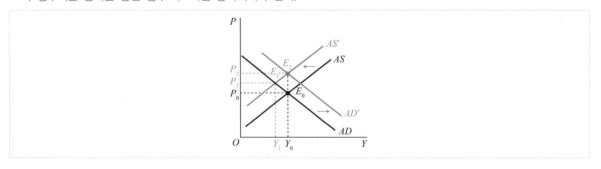

- 이에 따라 새로운 균형점(E_2)에서 산출량 수준은 이전 수준(Y_0)으로 안정시킬 수 있지만, 물가 수준은 이전 수준(P_1)에 비해 더욱 상승(P_2)하게 되는 문제를 감수해야 한다(③). 다만, 이 경우 변화하는 산출량은 '실제' 산출량이지 '자연' 산출량이 아님을 주의해야 한다(②).
- 국제유가 상승으로 인한 경제침체를 해결하기 위해 앞에서 제시했던 총수요 관리정책을 사용하지 않게 되면 AS곡선 이동을 통해 문제가 해결될 때까지 경기침체 문제가 장기화된다(④).

[정답 | ②]

응용 TEST _9

- 단기 균형에서 실질 GDP가 장기의 완전고용 산출량보다 크므로 현재 경기는 과열 국면에 있다. 경기 과열을 해결하기 위한 경기안정화 정책으로 긴축적 금융—재정정책이 필요하다.
- 시간이 경과함에 따라 경기과열에 따른 기대물가의 상승으로 단기 총공급곡선이 좌측으로 이동하여 장단기 동시 균형을 달성하게 된다. 이러한 과정은 노동력부족에 따른 임금 상승을 논거로 하여도 동일한 결과에 도달하게 된다.

[정답 | ④]

14 물가-실업이론

응용 TEST _1

- 기준연도인 2022년도의 거래량을 가중치로 하는 Laspeyres 지수로 측정한 2023년의 물가지수는 다음과 같이 도출된다.

$$P_L = \frac{\sum P_{비교년도} Q_{기준년도}}{\sum P_{기준년도} Q_{기준년도}} = \frac{\sum P_{2023} Q_{2022}}{\sum P_{2022} Q_{2022}} = \frac{80 \times 500 + 500 \times 40}{100 \times 500 + 250 \times 40} \times 100 = \frac{60,000}{60,000} \times 100 = 100$$

응용 TEST _2

- 주어진 설명 내용을 각각 살펴보면 다음과 같다.
- ㉠ 인플레이션이 예측된 경우라도 현금보유에 따른 구매력 저하를 조금이라도 막기 위해 현금보유를 줄이고 이것을 은행에 예금해 두었을 때. 필요한 현금을 인출하기 위한 구두창 비용(Shoeleather cost)이 발생한다. 여기서 구두창 비용(= 구두가죽 비용)은 "인플레이션이 예상될 때" 화폐가치의 하락을 예상하여 화폐보유를 가능한 한 줄이기 위해 빈번하게 은행을 방문함으로써 발생하는 비용을 의미한다.
- ㉡ 인플레이션이 예측되지 못할 경우, 채권자는 불리하게 채무자는 유리하게 부가 재분배된다.
- ㉢ 인플레이션이 안정적이고 예측 가능한 경우에도 인플레이션에 따라 상품가격을 변경시킴으로써 감수해야 할 손실에 해당하는 메뉴비용(Menu cost)이 발생한다.
- ㉣ 인플레이션은 모든 상품가격이 동일한 비율로 상승하는 것이 아니기 때문에 절대가격은 물론이고 상대가격까지 변화시키게 된다. 이것은 자원배분 왜곡의 원인이기도 하다.

[정답 | ㉠, ㉡]

응용 TEST _3

• 주어진 자료를 이용하여 경제활동인구와 경제활동참가율 그리고 실업자 수와 취업자 수는 다음과 같이 도출된다.

• 노동가능인구 = 경제활동인구 + 비경제활동인구 ⇒ 4,000 = 경제활동인구 + 1,500 ⇒ 경제활동인구 = 2,500(만 명)

• 경제활동참가율 = $\dfrac{경제활동인구}{노동가능인구}$ = $\dfrac{2,500}{4,000}$ = 0.625 = 62.5%

• 실업률 = $\dfrac{실업자\ 수}{경제활동인구}$ ⇒ 0.04 = $\dfrac{실업자\ 수}{2,500만\ 명}$ ⇒ 실업자 수 = 100만 명, 취업자 수 = 2,400만 명

• 현재 고용률과 최대가능 고용률은 다음과 같다.

• 현재 고용률 : $\dfrac{취업자\ 수}{생산가능인구}$ = $\dfrac{2,400만\ 원}{4,000만\ 원}$ = 60%

• 최대가능 고용률 : $\dfrac{경제활동인구}{생산가능인구}$ = $\dfrac{2,500만\ 원}{4,000만\ 원}$ = 62.5%

이에 따라 현재 상태에서 고용률은 최대 2.5% 포인트 증가할 수 있다. 이 경우 고용률의 최댓값은 경제활동참가율과 일치한다.

[정답 | ③]

응용 TEST _4

• 주어진 〈표〉를 이용하여 필요한 자료를 다음과 같이 얻을 수 있다.

구분	2013년	2023년
생산가능인구(A)	3,000만 명	3,600만 명
경제활동인구(B)	2,400만 명	3,000만 명
비경제활동인구(C=A−B)	600만 명	600만 명
경제활동참가율($\frac{B}{A}$)	80%	83.3%
취업자(D)	1,800만 명	2,250만 명
실업자(E=B−D)	600만 명	750만 명
실업률($\frac{E}{B}$)	25%	25%
고용률($\frac{D}{A}$)	60%	62.5%

[정답 | ⑤]

응용 TEST _5

• 희생비율이 3이므로 A국 정부가 인플레이션율을 4.0%에서 2.0%로 2%p만큼 떨어뜨리면 GDP는 6%만큼 감소하게 된다. 따라서 1,000조 원의 6%인 60조 원만큼 감소하게 된다.

응용 TEST _6

• 비자발적 실업은 임금이 (하방)경직적일 때 발생한다.

- 효율성 임금과 최저임금은 시장 균형임금보다 높은 수준에서 결정되는데, 이때 결정된 임금이 하방경직이어서 노동시장에서는 노동의 비자발적 실업을 야기하게 된다.
- 내부자-외부자이론에서는 내부자와 기업의 일치된 이해관계로 인해 시장 균형임금보다 높은 수준에서 실질임금이 결정되고, 이로 인한 노동시장에서의 초과공급으로 인해 비자발적 실업이 발생한다고 주장한다. 따라서 경제활동인구 중 노동조합원의 비율이 증가할수록 실질임금이 상승하게 되어 비자발적 실업은 더욱 증가하게 된다.

[정답 | ②]

15 경기안정화이론

응용 TEST - 1

- 예상치 못한 화폐공급의 감소는 총수요곡선을 왼쪽으로 이동시켜 새로운 단기균형점은 'B'점으로 이동하게 된다.
- 새로운 단기균형점인 B점은 이전에 비해 물가가 하락하고, 국민소득이 감소(=실업 증가)하게 되어 단기 필립스곡선을 따라 '2'점으로 이동하게 된다.
- 여기서 단기 총공급곡선이 불변이므로 단기 필립스곡선도 이동하지 않는다는 것에 유의한다.

[정답 | B와 2]

응용 TEST - 2

- 단기 총공급곡선의 기울기가 급하여 단기 필립스곡선의 기울기가 급할수록 인플레이션율 하락에 따른 실업률 증가가 상대적으로 작게 나타난다.
- 실업률의 증가는 GDP 감소를 수반한다. 결국 단기 필립스곡선의 기울기가 급할수록 인플레이션율 1%p를 낮추기 위해 필요한 GDP의 %p 감소분으로 표시되는 희생비율은 낮아지게 된다(③, ④).
- 단기 필립스곡선은 예상인플레이션율의 변화에 의해 이동하게 된다. 만약 부(-)의 공급충격의 발생으로 예상물가가 상승하게 되면 단기 총공급곡선은 좌상방으로 이동하게 되고, 이에 따라 예상인플레이션율의 상승으로 단기 필립스곡선 역시 우상방으로 이동하게 되어 인플레이션율 상승과 실업률 증가가 동시에 나타나는 스태그플레이션이 나타나게 된다(①, ②).

[정답 | ③]

응용 TEST - 3

- 기대를 반영한 필립스곡선은 다음과 같다.

$$\pi = \pi^e - \alpha(u - u_N)$$

(π는 실제인플레이션율, π^e는 기대인플레이션율, u는 실업률, u_N은 자연실업률)

- 주어진 필립스곡선은 다음과 같이 정리할 수 있다.

$$\pi = \pi^e - 0.5u + 2.2 \Rightarrow \pi = \pi^e - 0.5(u - 4.4) \quad \text{또는} \quad \pi - \pi^e = -0.5(u - 4.4)$$

잠재 GDP에 해당하는 실업률이 곧 자연실업률이며, 그 크기는 4.4%임을 알 수 있다.

$$\pi = \pi^e - 0.5u + 2.2$$

① 기대인플레이션율의 변화 없이 실제인플레이션율(π)이 전기에 비하여 1%p 감소하면 실업률(u)은 2%p만큼 상승한다.

② 기대인플레이션율(π^e)이 상승할 때 오른쪽으로 이동하는 것은 '단기' 필립스곡선이다.

④ '$\pi - \pi^e = -0.5(u - 4.4)$'에서 실제 실업률이 5%이면 '$\pi - \pi^e = -0.3$'이 되므로 실제인플레이션율($\pi$)은 기대인플레이션율($\pi^e$)보다 '0.3'만큼 낮다.

[정답 | ③]

응용 TEST _4

- 기대부가 필립스곡선은 다음과 같다.

$$\pi = \pi^e - \alpha(u - u_N)$$

(π: 실제인플레이션, π^e: 기대인플레이션, α: 반응계수 u: 실제실업률, u_N: 자연실업률)

- 〈보기〉의 내용을 차례대로 살펴본다.

ㄱ. 실제인플레이션(π)이 기대인플레이션(π^e)과 동일하면 위 식이 성립하기 위해서는 실제실업률(u)은 4%가 되어야 한다.

ㄴ. 기대인플레이션(π^e)을 절편으로 이해하면 기대인플레이션(π^e)이 상승할 때 필립스곡선은 상방으로 평행이동한다는 것을 알 수 있다.

ㄷ. 잠재 GDP는 완전고용 GDP와 같은 개념이고 이때의 실업률을 자연실업률이라고 한다. 식에서 자연실업률(u_N)에 해당하는 실업률은 4%이다.

ㄹ. 만약 실제실업률이 5%라면 $\pi = \pi^e - 0.4$가 되므로, 실제인플레이션(π)은 기대인플레이션(π^e)보다 0.4%만큼 낮게 된다.

ㅁ. 기대인플레이션이 전기의 실제인플레이션과 동일하므로 '$\pi_t^e = \pi_{t-1}$'이 성립한다. 이에 따라 다음 식이 성립한다.

$$\pi_t = \pi_t^e - 0.4(u_t - 4) \Rightarrow \pi_t = \pi_{t-1} - 0.4(u_t - 4) \Rightarrow \pi_t - \pi_{t-1} = -0.4(u_t - 4)$$

또한 다른 조건이 일정할 때, 실제인플레이션(π)이 전기에 비해 2%p 감소한다는 것은 다음 식을 만족한다는 의미이다.

$$\pi_t - \pi_{t-1} = -2\% \Rightarrow -2\% = -0.4(u - 4) \Rightarrow u = 9\%$$

[정답 | ⑤]

응용 TEST _5

- 경제주체들이 적응적 기대를 하게 되면 정책당국의 경기안정화 정책은 단기에서만큼은 효과가 나타나게 된다. 이에 따라 예상하지 못하게 화폐공급이 감소하게 되면 물가는 하락하고 실업률은 상승하게 된다. 이것은 경제가 '필립스곡선을 따라' A에서 C로 이동한다는 것을 의미한다.

- 경제주체들이 합리적 기대를 하게 되면 경기안정화 정책은 단기에서조차 효과가 나타나지 않으며, 물가만 변화시키는 것에 그친다. 이에 따라 정부 정책을 미리 알 수 있어 예상된 화폐공급의 감소는 물가만을 하락시킬 뿐 실업률은 변화가 없게 된다. 이것은 '필립스곡선 자체가 이동하게' 된다는 것을 의미하고, 이에 따라 경제는 A에서 B로 이동하게 된다는 것을 의미한다.

응용 TEST _6

- 인플레이션 진정정책의 사회적 비용은 희생률로 측정할 수 있다.

- 희생률이란 인플레이션을 1%p 감소시키기 위해 감수해야 할 실업률의 증가 또는 산출량의 감소로 측정될 수 있다. 이러한 희생률은 필립스곡선의 기울기가 가파를수록 작아진다.

- 합리적 기대하에 가격이 신축적인 경우 필립스곡선은 수직이며, 이 경우 정부정책에 대한 민간의 신뢰수준이 높으면 희생비용 없이, 즉 실업률의 상승 없이 인플레이션을 진정시킬 수 있다.

[정답 | ②]

응용 TEST – 7

- 노동시장이 안정상태(실업률이 상승하지도 하락하지도 않은 상태)라는 것은 실업률의 변화분(%p)이 '0%p'라는 의미이다. 곧 자연실업률 수준이라는 의미이다.
- 이러한 의미가 담겨 있는 자연실업률은 다음과 같이 도출된다.

$$\text{자연실업률} = \frac{\text{이직률}}{\text{구직률} + \text{이직률}} = \frac{1\%}{24\% + 1\%} = \frac{1}{25} = 4\%$$

응용 TEST – 8

- LM곡선이 완만할수록, IS곡선이 가파를수록 재정정책의 효과는 크게 나타난다. 즉 화폐수요의 이자율 탄력도가 탄력적일수록, 투자의 이자율 탄력도가 비탄력적일수록 재정정책의 효과가 크게 나타난다.

[정답 | ②]

응용 TEST – 9

- 화폐시장이 화폐수요의 이자율탄력성이 무한대인 '유동성 함정' 상태에 놓이게 되면, 중앙은행의 화폐공급 증가는 이자율을 전혀 하락시키지 못해 금융정책은 완전히 무력해진다.
② 소비에 실질잔고효과(혹은 피구효과)가 도입될 때, 물가의 하락은 실질자산의 크기를 증가시켜 이로 인한 소비가 증가하여 IS곡선이 우측으로 이동하게 된다.
③ 유동성 함정이란 경제주체들이 이자율이 더 이상 하락하지 않을 것으로 예상하는 경우이다. 이것은 곧 채권가격은 더 이상 상승하지 않을 것으로 예상하는 경우이다. 따라서 채권의 예상수익률은 '0'에 가까워져 채권구입을 포기하고 모두 화폐로만 보유하려고 한다.
④ 케인지안은 투자수요의 이자율탄력도가 작고 화폐수요의 이자율탄력도가 높다고 보는 반면, 통화주의자는 투자수요의 이자율탄력도는 크고 화폐수요의 이자율탄력도는 작다고 본다. 이에 따라 경기안정화를 위한 정책으로 케인지안은 재정정책, 통화주의자는 통화정책의 유용성을 주장한다.

[정답 | ①]

응용 TEST – 10

- 현재 명목이자율의 하한이 존재한다는 것은 명목이자율이 더 이상 하락하지 않는 '유동성 함정' 상태라고 이해할 수 있다. 이러한 경우에는 전통적인 통화정책은 완전히 무력하고, 재정정책이 유력하다(㉠, ㉡).
- 양적 완화정책은 '유동성 함정'과 같은 상황에서 '이자율 경로'를 중시하는 전통적인 통화정책이 더 이상 무력할 때, 중앙은행이 직접 채권의 종류에 구애받지 않고 다양한 채권을 매입하여 유동성 공급을 증가시키는 것을 주요 내용으로 한다(㉣).
- 양적 완화정책이 효과를 발휘하게 되면 경제주체들이 경기호전을 기대하게 되고, 이에 따라 인플레이션 기대를 상승시켜 명목이자율의 변화를 거치지 않고 실질이자율을 낮출 수 있게 된다(㉢).

[정답 | ③]

- 부정적인 수요충격과 일시적인 부정적 공급충격이 동시에 발생하는 경우의 단기 균형을 〈그림〉으로 나타내면 다음과 같다.

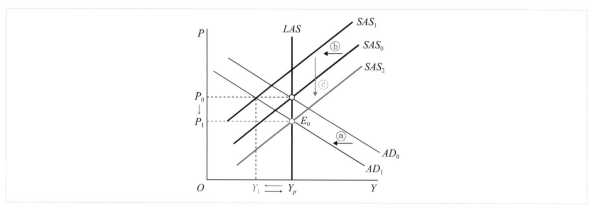

- 부정적 수요충격(ⓐ)과 일시적인 부정적 공급충격(ⓑ)이 발생할 경우, 단기적으로는 산출량은 감소하여 잠재생산량보다 작아져서 경기침체 국면에 들어가며, 물가수준은 알 수 없다. 물가수준은 부정적 수요충격과 부정적 공급충격의 상대적 크기에 따라 상승, 하락 또는 불변일 수 있기 때문이다. 위 〈그림〉은 수요충격과 공급충격의 크기가 동일하다는 가정하에 그린 〈그림〉이다.
- 장기적으로는 경기침체에 따른 기대물가의 하락으로 단기 총공급곡선이 하방으로 이동(ⓒ)하여 장기균형상태에 도달하게 된다. 그 결과 생산량은 다시 잠재생산량 수준을 회복하게 되고, 물가수준은 하락하게 된다.

[정답 | ④]

- 경제상황에 따라서 정부가 시장의 기대형성에 영향을 주기 위해서 사전에 정부의 정책의지를 천명하는 경우가 있다.
- 그런데 막상 발표된 정책이 시행될 것을 기대하고 있던 시장이 이에 따른 의사결정을 내린 후에는, 기존에 발표된 정책이 최선이 아니고, 이와 다른 정책이 오히려 더욱 효과적일 수 있다.
- 이 경우 기존에 발표된 정책과 다른 내용의 정책을 시행하는 경우가 발생하는데, 이를 동태적(시간적) 비일관성이라 한다.

[정답 | ②]

- 총생산 갭($\frac{(Y^*-Y)}{Y^*}$)이 0일 때 인플레이션율이 3%인 경우와 4%인 경우의 명목이자율(i)은 다음과 같이 결정된다.

- 인플레이션율이 3%인 경우 : $i=5\%+3\%+0.5(3\%-\pi^*)=9.5\%-0.5\pi^*$
- 인플레이션율이 4%인 경우 : $i=5\%+4\%+0.5(4\%-\pi^*)=11\%-0.5\pi^*$

- 중앙은행은 명목이자율을 1.5%포인트(%p)만큼 인상한다.
- 인플레이션율은 목표치와 같고($\pi-\pi^*=0$), 총생산 갭($\frac{(Y^*-Y)}{Y^*}$)이 0%인 경우와 1%인 경우의 명목이자율(i)은 다음과 같이 결정된다.

- 총생산 갭이 0%인 경우 : $i=5\%+\pi$
- 총생산 갭이 1%인 경우 : $i=4.5\%+\pi$

중앙은행은 명목이자율을 0.5%포인트(%p) 인하한다.

• 인플레이션율이 목표치와 같고($\pi - \pi^* = 0$), 실제 GDP가 잠재 GDP와 같다($\frac{(Y^* - Y)}{Y^*} = 0$)면, '$i = 5\% + \pi$'이 성립한다. 피셔방정식에 의해 실질이자율(r)은 '$r = i - \pi$'이므로 실질이자율(r)은 5%가 된다.

[정답 | ③]

응용 TEST – 14

• 확장적 통화정책을 실시하면 화폐시장에서 이자율이 하락하고 이로 인한 민간지출의 증가가 총수요를 증가시켜 경기를 부양할 수 있게 해 준다.
① 투자와 같은 총수요 증가를 통한 경기회복을 위해서는 확장적 통화정책을 사용하여 이자율을 낮추는 것이 효과적이다.
② 확장적 통화정책은 이자율의 하락을 가져 오고, 이자율의 하락으로 자본유출이 일어나 외환시장에서 환율이 상승(원화 가치의 하락)하여 수출에 긍정적인 영향을 주게 된다.
③ 확장적 통화정책은 확장적 재정정책과 비교할 때 집행(실행)시차가 상대적으로 짧아 정책집행에 짧은 시간이 소요된다. 다만, 외부시차가 상대적으로 길어 정책의 효과는 확장적 재정정책에 비해 늦게 나타나게 된다.

[정답 | ④]

응용 TEST – 15

③ 통화주의자(Monetarist)는 신화폐수량설, 자연실업률 가설을 들어 재량적인 경제안정화정책을 반대하고 '준칙'에 의한 경제안정화정책을 주장한다.
① 고전학파는 재정정책은 구축효과에 의해, 통화정책은 화폐의 중립성에 의해 무력하다는 점을 들어 경제안정화정책을 쓸 필요가 없다고 주장한다.
② 케인스 경제학자(Keynesian)는 투자의 이자율 탄력도가 비탄력적이어서 IS곡선이 가파르고, 화폐수요의 이자율 탄력도가 탄력적이어서 LM곡선은 완만하다고 한다. 이에 따라 통화정책에 비해 적극적인 재정정책이 경제안정화정책으로 바람직하다고 주장한다.
④ 새 고전학파(New Classical School)는 비록 경제주체들이 합리적 기대를 한다고 하더라도 예상치 못한 경제안정화정책만큼은 일시적으로 유효할 수 있다는 점을 인정한다.
⑤ 새 케인스 학파(New Keynesian School)는 임금과 물가가 경직적인 경우에는 비록 경제주체들이 합리적 기대를 한다고 하더라도 여전히 단기에서만큼은 경제안정화정책이 유효하다고 주장한다.

[정답 | ③]

16 경기변동과 경제성장론

응용 TEST – 1

• 수출주도형 발전전략은 자원이 부족하고 내수시장이 협소한 국가들이 내수시장보다는 해외의 수출시장을 역점으로 두는 전략을 의미한다.
• 수출주도형 발전전략은 해외 경기에 많은 영향을 받게 되어 경제자립도가 위협을 받을 수도 있고, 단기적인 수출성과에 치중하여 장기적인 성장 동력을 상실할 수도 있게 된다.

[정답 | ④]

응용 TEST _ 2

- 소비성향이 0.7이므로 저축성향(저축률)은 0.3 = 30%이다.
- Harrod 경제성장론에 따른 경제성장률과 1인당 경제성장률은 다음과 같이 측정된다.

> - 경제성장률 $= \dfrac{\text{저축률}}{\text{(한계)자본}-\text{산출비율}} = \dfrac{30\%}{2} = 15\%$
> - 1인당 경제성장률 $=$ 경제성장률 $-$ 인구증가율 $= 15\% - 2\% = 13\%$

응용 TEST _ 3

- 솔로우(Solow)의 성장모형에서 정상상태(균제상태) 성립조건은 다음과 같다.

> $$s \times f(k) = (n+g+d) \times k$$
> (단, s : 저축률, k : 1인당 자본량, $f(k)$: 1인당 산출량, n : 인구증가율, g : 기술진보율, d : 감가상각률)

- 문제에서 감가상각이나 기술진보가 없다고 했으므로 문제에서 나타난 내용들을 균제상태 성립조건에 대입하면 다음과 같이 1인당 자본량을 구할 수 있다.

> $$0.2 \times k^{0.5} = (0.05 + 0 + 0) \times k \ \Rightarrow\ 4 = k^{0.5} \ \Rightarrow\ 4 = \sqrt{k} \ \Rightarrow\ k = 16$$

- 앞의 결과를 1인당 생산함수에 대입하면 다음과 같이 1인당 생산량이 도출된다.

> $$y = k^{0.5} = \sqrt{k} = \sqrt{16} = 4$$

- 한편, 저축률이 20%이므로 1인당 저축은 0.8, 1인당 소비는 3.2가 된다.

[정답 | 1인당 생산량=4, 1인당 소비량=3.2]

17 국제무역론

응용 TEST _ 1

• 주어진 〈표〉를 전제로 각국의 1단위의 노트북과 전기차 생산에 따른 상대가격(기회비용)을 구하면 다음과 같다.

구분	노트북 1단위 생산에 따른 상대가격	전기차 1단위 생산에 따른 상대가격
A국	전기차 $\dfrac{10}{120} = \dfrac{1}{12}$	노트북 $\dfrac{120}{10} = 12$
B국	전기차 $\dfrac{20}{400} = \dfrac{1}{20}$	노트북 $\dfrac{400}{20} = 20$

• 비교우위는 동일한 상품 중에서 상대가격(기회비용)이 작은 상품에서 갖게 된다. 따라서 노트북에 대해서는 B국, 전기차에 대해서는 A국이 비교우위를 갖게 된다.
• A국은 노트북과 전기차 생산 모두에서 B국보다 낮은 노동소요량(= 생산비)으로 생산이 가능하므로, 두 재화 모두에서 절대우위를 갖게 된다.

[정답 | ②]

응용 TEST _ 2

• 주어진 〈표〉를 각 재화의 상대가격(기회비용)으로 정리해보면 다음과 같다.

(단위 : 시간)

국가＼재화	X재 상대가격 $\left(= \dfrac{X재\ 노동투입시간}{Y재\ 노동투입시간} \right)$	Y재 상대가격 $\left(= \dfrac{Y재\ 노동투입시간}{X재\ 노동투입시간} \right)$
A	$\dfrac{1}{2}$	2
B	$\dfrac{3}{7}$	$\dfrac{7}{3}$

• 양국 사이에서 무역이 발생하기 위한 교역조건(TOT)은 양국의 X재 상대가격 범위 내에서 결정된다.

$$\frac{3}{7} < TOT < \frac{1}{2}$$

따라서 X재 1단위가 Y재 $\dfrac{1}{3}$단위와 교환되는 교역조건은 교역이 가능한 교역조건 범위에 벗어나 있으므로 양 국 사이에서는 무역이 발생하지 않는다(①).
• 절대우위는 재화를 생산하기 위해 투입되는 노동시간이 작은 나라에게 있다. 따라서 X재에 대해서는 절대우위를 판단할 수 없고, Y재에 대해서는 A국이 절대우위를 갖는다(③).
• 비교우위는 재화 생산을 위한 상대가격(= 기회비용)이 작은 상품에 대해 성립하게 되어 X재에 대해서는 B국, Y재에 대해서는 A국이 비교우위를 갖는다(②, ④). 이에 따라 B국은 X재에 특화하고 A국은 Y재에 특화하여 무역에 참여하게 된다.

[정답 | ①]

응용 TEST – 3

- 문제에서 주어진 〈표〉를 기초로 양국의 생산가능곡선을 〈그림〉으로 그리면 다음과 같다.

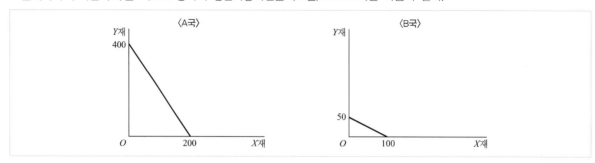

- 위 〈그림〉에서 A국의 X재 기회비용(=상대가격)은 2, B국의 X재 기회비용(=상대가격)은 $\frac{1}{2}$이므로 교역이 발생했을 때의 교역조건($(\frac{P_X}{P_Y})^T$)은 $\frac{1}{2}$과 2 사이가 된다.

응용 TEST – 4

- 양국 모두에게 이익이 발생할 수 있는 교역조건 범위를 묻는 문제이다.
- 교역조건은 두 재화의 국제 상대가격으로 $(\frac{P_X}{P_Y})_i$ 또는 $(\frac{Y}{X})_i$로 나타낼 수 있다. 두 재화의 (절대)가격이 주어지면 전자의 방법으로, 두 재화의 수량이 주어지면 후자의 방법으로 나타낸다. 이것은 모두 X재 1단위당 교환되는 Y재의 수량으로 정의된 것이다.
- 문제에서는 생산가능곡선이 주어져 있으므로 각국의 생산가능곡선의 (접선의) 기울기가 곧 Y재 수량으로 나타낸 X재의 상대가격이다.
- A국의 생산가능곡선을 Y로 정리하면 '$Y=10-5X$'이므로 상대가격은 '$(\frac{Y}{X})_A=5$', B국의 생산가능곡선을 Y로 정리하면 '$Y=40-20X$'이므로 '$(\frac{Y}{X})_B=20$'이 된다.
- 양국 모두에게 이익을 주게 되는 교역조건의 범위는 '$5<(\frac{Y}{X})_i<20$'이다.

응용 TEST – 5

- 요소시장의 균형조건이 '$VMP_L(P \times MP_L)=w$'이므로 주어진 〈표〉의 빈 칸을 채우면 다음과 같다.

A국		B국	
wage = 12		wage* = 6	
$MP_옷 = 2$	$MP_쌀 = 3$	$MP_옷^* = 2$	$MP_쌀^* = 1$
$P_옷 = 6$	$P_쌀 = 4$	$P_옷^* = 3$	$P_쌀^* = 6$

- 무역 이전 옷 생산의 경우 B국의 $MP_옷^*$과 A국의 $MP_옷$은 같으며(②), 쌀 생산의 경우 B국의 $MP_쌀^*$이 A국의 $MP_쌀$보다 낮다(③).
- A국과 B국의 상대가격($\frac{P_옷}{P_쌀}$)은 $(\frac{P_옷}{P_쌀})_A=\frac{3}{2}$, $(\frac{P_옷}{P_쌀})_B=\frac{1}{2}$이 되어 $(\frac{P_옷}{P_쌀})_A>(\frac{P_옷}{P_쌀})_B$이 성립된다. 이에 따라 A국은 쌀에 대해, B국은 옷에 대해 비교우위를 갖게 되어 각각 자국의 비교우위 상품을 수출하게 되는 무역이 발생하게 된다(①, ④).

[정답 | ①]

• 주어진 조건에 따른 갑과 을의 각각의 생산가능곡선을 〈그림〉으로 나타내면 다음과 같다.

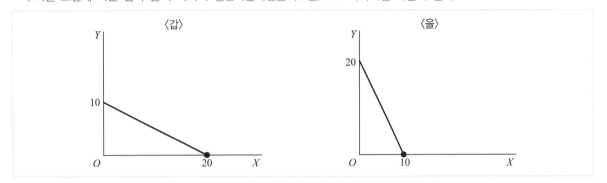

• Y재 수량으로 나타낸 X재의 상대가격(기회비용 $= \dfrac{Y \text{재 수량}}{X \text{재 수량}}$)은 갑은 $\dfrac{1}{2}$, 을은 2이 된다. 따라서 갑은 X재에, 을은 Y재에 비교우위를 갖게 된다(⑤).

• 앞의 두 그래프를 합하여 그리면 A국 전체의 생산가능곡선을 다음과 같이 나타낼 수 있다.

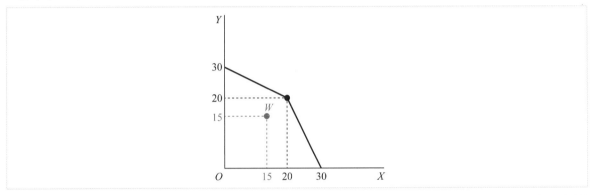

• A국의 생산가능곡선은 (X재 생산량, Y재 생산량) $=$ (20, 20)에서 꺾이는 모습을 보이며, 20단위 이상의 Y재를 생산할 때의 기울기는 $\dfrac{1}{2}$, 20단위 이상의 X재를 생산할 때의 기울기는 2가 된다(③).

• 두 사람 모두 하루에 5시간씩 X재와 Y재를 생산하면, (X재 생산량, Y재 생산량) $=$ (15, 15)인 〈그림〉의 W점에서 생산하게 된다. 이것은 생산가능곡선 안쪽에서 생산이 이루어는 것이므로 비효율적인 생산이 된다(④).

[정답 | ③]

• 사과 가격을 바나나 가격으로 나눈 상대가격이란 다름 아닌 바나나의 수량으로 나타낸 사과의 상대가격(= 기회비용)을 의미한다.

• 한 상품에 대하여 상대가격이 작은 국가가 그 상품에 대해 비교우위를 갖고 수출을 하게 된다. 따라서 A국은 사과를 수출하고 바나나를 수입하고, B국은 사과를 수입하고 바나나를 수출한다. 이때 양국 사이에 교역이 가능한 조건(TOT)은 '사과 1개당 바나나가 2개에서 5개' 또는 '바나나 1개당 사과가 0.2(= 1/5)개에서 0.5(= 1/2)'사이이다.

• 교역조건 범위 내에서 다음 〈표〉와 같은 조건을 만족하면 교역이 가능하다.

구분	내용
A국의 사과 수출업자	사과 1개당 바나나를 최소한 2개 이상만 받으면 된다.
A국의 바나나 수입업자	바나나 1개당 사과를 최대한 1/2(=0.5)개 이하만 주면 된다.
B국의 바나나 수출업자	바나나 1개당 사과를 최소한 1/5(=0.2)개 이상만 받으면 된다.
B국의 사과 수입업자	사과 1개당 바나나를 최대한 5개 이하만 주면 된다.

① 교역조건이 사과 1개당 바나나 4.3(650/150)개이다. 교역이 가능하다.
② 교역조건이 바나나 1개당 사과 0.2(20/100)개이다. 교역이 가능하다.
③ 교역조건이 바나나 1개당 사과 0.3(30/100)개이다. 교역이 가능하다.
④ 교역조건이 바나나 1개당 사과 0.5(100/200)개이다. 교역이 가능하다.
⑤ 교역조건이 사과 1개당 바나나 1.5(150/100)개이다. 따라서 사과 1개당 바나나 2개에서 5개 범위를 벗어나므로 교역이 불가능해진다.

[정답 | ⑤]

응용 TEST –8

• 주어진 문제는 동일한 자동차 산업에서의 산업 내 무역에 관한 문제이다.
• 비교우위를 기초로 무역의 발생을 설명하는 이종 산업 간 무역과 달리 동종 산업 내 무역은 독점적 경쟁시장의 특징인 상품차별화와 규모의 경제 등에 의해 무역이 발생한다는 것을 설명하며, 이를 통해 소비자들의 다양한 기호를 충족할 수 있게 됨을 보인다(㉠).
• 산업 내 무역은 시장의 확대로 인한 규모의 경제의 장점을 살림으로써 생산량 증대를 통한 생산자 잉여의 증가는 물론이고, 가격의 하락과 다양한 소비를 가능하게 해줌으로써 소비자 잉여 또한 증가시킨다(㉢).

[정답 | ③]

응용 TEST –9

• 주어진 조건을 〈그림〉으로 그리면 다음과 같다.

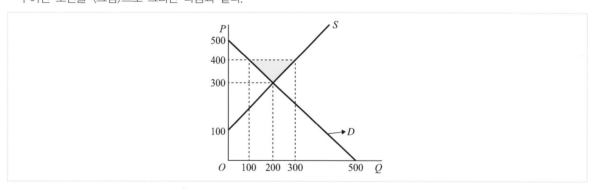

• 국제가격 400은 개방 전의 국내가격인 300에 비해 높은 수준이다. 따라서 A국가가 경제를 개방하게 되면 국내에서는 400의 가격에 100만큼 거래되어 이전 거래량인 200보다 감소하게 된다.
• 400의 가격에서 국내공급량은 300으로 증가하여 200만큼의 초과공급이 발생하고, 이 수량만큼을 400의 가격으로 수출할 수 있게 된다.
• 소비자 잉여는 '$100 \times 100 \times \frac{1}{2} = 5,000$'이 되고, 사회적 총잉여는 색칠한 부분의 크기인 '$200 \times 100 \times \frac{1}{2} = 10,000$'만큼 증가하게 된다.

[정답 | ⑤]

응용 TEST – 10

- A와 B의 개별수요곡선을 수평으로 합하면 '$P = 5,000 - Q$'라는 K국 국내시장수요곡선이 도출된다. 두 소비자의 수요곡선이 동일한 경우 시장수요곡선은 개별수요곡선에 비해 절편은 같고 기울기는 $\frac{1}{2}$배인 특성을 이용한 것이다.

- K국은 소국이므로 K국 국내시장에서는 주어진 국제시장균형가격 수준에서 '국내생산량과 수입량의 합'만큼 소비가 이루어진다.

- X재의 국제시장균형가격인 1.5달러를 현재의 환율로 환산하면 X재의 국내시장 판매가격은 단위당 1,800원이 된다. 이를 국내시장수요곡선에 대입하면 '$Q = 3,200$'을 구할 수 있다.

- X재 국내 공급곡선이 '$P = Q$'이므로 단위당 1,800원을 국내 공급곡선에 대입하면 '$Q = 1,800$'을 구할 수 있다.

- 결국 국제시장 균형가격인 1.5달러 수준에서 K국의 X재 시장에서는 1,400만큼의 초과수요가 발생하여 수입으로 충당하게 된다.

응용 TEST – 11

- 선택지를 각각 살펴보면 다음과 같다.
- 자유무역으로 수입을 하게 되면 소비자 잉여의 증가와 생산자 잉여의 감소가 나타나고, 수출을 하게 되면 생산자 잉여의 증가와 소비자 잉여가 감소가 나타나게 된다(①, ④).
- 선진국과 후진국 간에 자유무역이 이루어지는 경우에는 오히려 산업 간 무역이 산업 내 무역보다 더 많이 생길 수 있다(②).
- 무역이 확대될 때 수입국에서는 국내생산이 감소하게 되어 오히려 실업이 증가할 수 있다(③).

[정답 | ④]

응용 TEST – 12

- A국이 대국이면, 수출보조금 지급에 따라 국제시장으로 (수출)공급이 증가하여, 이로 인해 국제시장에서 수출재 가격이 하락하여 교역조건이 악화되지만(㉠), 소국인 경우에는 교역조건에 영향을 미칠 수 없다(㉢).
- A국이 소국이면 수출재의 수출가격은 수출재의 국내가격에서 수출보조금을 뺀 가격이 되므로 수출재의 국내가격이 수출재의 수출가격보다 높아지게 된다(㉡).

[정답 | ②]

응용 TEST – 13

- 대국의 관세부과 효과를 〈그림〉을 통해 살펴보면 다음과 같다.

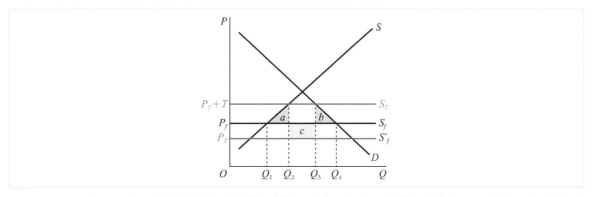

- 대국은 관세부과를 통해 국제시장가격(P_f)에 영향을 미칠 수 있다. 대국이 수입재에 관세(T)를 부과하면 수입이 감소하고, 이로 인해 국제시장에서 수요 감소로 인해 수입재의 국제시장가격 자체가 'P_f에서 P_T'로 하락하게 된다. 이에 따라

관세부과 후 대국의 소비자가 지불하는 가격($P_T + T$)은 관세부과 이전 국제시장가격(P_f)에 관세(T)를 더한 금액보다 낮아지게 된다(②).

- 대국이 관세를 부과하게 되면 경제적 순손실(Deadweight loss)의 발생으로 사회후생이 반드시 감소하는 소국과는 달리, 대국에서는 관세부과에 따른 경제적 순손실($a+b$)보다 재정 수입의 증가분(c)의 크기가 더 커지면 사회후생 자체도 증가할 수 있게 된다(④).
- 물론 관세부과의 결과 소비자 잉여는 감소하고 생산자 잉여는 증가하지만 두 가지 잉여의 합은 소국과 마찬가지로 대국에서도 감소한다(①, ③, ⑤).

[정답 | ②]

응용 TEST _ 14

- 주어진 국내 수요－공급곡선하에서 10달러의 가격으로 개방이 이루어지면 국내수요량은 3,000, 국내공급량은 1,000이 되어 초과수요량인 2,000만큼의 수입이 이루어진다.

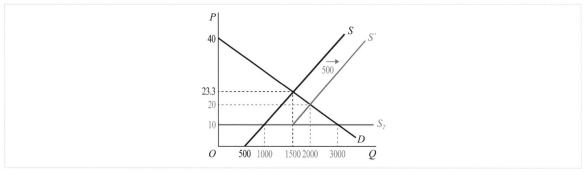

- 500kg만큼의 수입할당을 실시하게 되면 국내공급곡선은 가로축으로 500만큼 이동한 '$Q_S - 500 = 500 + 50P$'가 된다. 이에 따라 기존의 국내수요곡선과 새롭게 도출된 국내공급곡선을 연립해서 풀면 국내균형가격은 20달러가 된다.
- 이 결과는 수입상이 10달러에 500kg을 수입하여 국내에서 20달러에 판매할 수 있음을 보여준다. 이에 따라 수입업자는 5,000달러만큼의 할당지대를 얻을 수 있게 된다.

응용 TEST _ 15

- 현재의 국제가격(P_W) 수준에서 단위당 2의 관세를 부과하면 이 재화의 국내 판매가격(P_W')은 8로 상승하게 된다.
- 문제에서 주어진 내용을 〈그림〉으로 나타내면 다음과 같다.

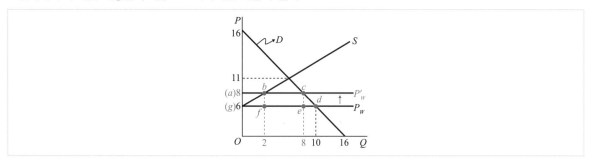

- 소비자잉여는 사다리꼴 $acdg$에 해당하는 $[(8+10) \times \frac{1}{2} \times 2 = 18]$만큼 감소하고(①), 생산자잉여는 삼각형 abg에 해당하는 $(2 \times 2 \times \frac{1}{2} = 2)$만큼 증가하게 된다(②).

- 관세부과에 따른 사회후생은 삼각형 bfg와 삼각형 αde에 해당하는 $(2\times2\times\frac{1}{2}+2\times2\times\frac{1}{2}=4)$만큼 감소하게 되고(④), 이 재화의 국내 수요량은 10에서 8로 2만큼 감소하게 된다(③).

[정답 | ③]

응용 TEST – 16

수입관세와 수입할당제의 공통점은 수입품의 국내가격 상승, 국내 생산량의 증가, 국내 소비량의 감소 등이다. 이에 따라 생산자잉여의 증가, 소비자잉여의 감소, 경제적 순손실의 발생 등을 수반한다.

[정답 | ②]

응용 TEST – 17

- 수출자율규제(VER)란 특정 수출상품의 수출량을 수입국의 암묵적인 요구에 의해서 자발적으로 일정한 한도에서 제한하는 것을 의미한다.
- 수출국 정부는 VER에 해당하는 수출물량을 각 기업에게 할당하게 되고, 이러한 조치가 수출국 생산자들 간의 불필요한 경쟁을 막아 수출국 생산자들에게 쿼터 렌트(Quota rent)가 돌아가게 된다.
- 수출자율규제는 현재의 교역조건하에서 자발적으로 '수출량'을 감소시키는 방식으로 이루어지는 것이므로 관세나 수입 수량제한으로 규제를 받는 경우에 비해 교역조건이 악화될 수 없다.

[정답 | ④]

응용 TEST – 18

- 국가 A가 모든 국가의 재화에 대해 20%의 관세를 부과하는 경우 각 재화별 단위 생산비용은 다음과 같이 변화된다.

	국가 A	국가 B	국가 C
신발	13	11 → 13.2	10 → 12
의류	15	18 → 21.6	20 → 24
컴퓨터	17	15 → 18	16 → 19.2

따라서 국가 A는 자국 재화보다 가격이 낮은 신발만을 국가 C로부터 수입한다.

그런데 국가 A가 모든 재화에 대해 20%의 관세를 부과하는 정책에서 국가 B에 대해 모든 관세를 철폐하는 자유무역협정 (FTA)을 체결하는 경우, 〈표〉로 정리하면 다음과 같다.

	국가 A	국가 B	국가 C
신발	13	11	10 → 12
의류	15	18	20 → 24
컴퓨터	17	15	16 → 19.2

이 결과 국가 A는 그동안 수입되지 않았던 컴퓨터를 자국보다 가격이 낮아진 국가 B로부터 새롭게 수입하는 무역창출효과가 발생하게 된다.

- 주의할 것은 국가 B로부터 신발도 수입이 되는데, 이것은 무역창출효과가 아니라 신발 수입국이 기존의 국가 C에서 국가 B로 수입국만이 바뀌는 '무역전환효과'에 해당한다.
- 무역전환효과는 생산비용이 오히려 높은 국가에서 비효율적인 생산을 하게 만듦으로써 세계 후생을 감소시키는 역기능을 발생시킨다.

[정답 | ③]

응용 TEST _1

* 4월에 발생한 경상거래를 분류하면 다음과 같다.

〈2024년 4월 경상거래〉
• 상품 수출 250억 달러, 상품 수입 50억 달러 ⇒ 상품수지
• 특허권 사용료 30억 달러 지급 ⇒ 서비스수지
• 해외 투자로부터 배당금 80억 달러 수취 ⇒ 본원소득수지
• 국내 단기체류 해외노동자의 임금 20억 달러 지불 ⇒ 본원소득수지
• 지진이 발생한 개도국에 무상원조 90억 달러 지급 ⇒ 이전소득수지
• 외국인 여객 수송료 10억 달러 수취 ⇒ 서비스수지

* 이를 전제로 4월에 발생한 경상거래를 〈표〉로 정리하면 다음과 같다.

경상수지 (2024년 4월)	상품수지	서비스수지	본원소득수지	이전소득수지
150억 달러	200억 달러	−20억 달러	60억 달러	−90억 달러

* 본원소득수지는 흑자폭이 3월 대비 50억 달러에서 60억 달러로 10억 달러만큼 증가하였다.
① 3월 자료에서 상품수지는 60억 달러만큼 흑자라는 것을 알 수 있을 뿐, 상품수출액과 상품수입액의 구체적인 크기는 알 수 없다. 따라서 3월 대비 4월의 상품수출액의 증감 크기는 알 수 없다.
② 경상수지 흑자폭이 3월 대비 100억 달러에서 150억 달러로 50억 달러만큼 증가하였다.
③ 서비스수지는 3월에는 흑자였으나 4월에는 적자로 전환되었다.

[정답 | ④]

응용 TEST _2

* 미국에 자회사를 가지고 있는 한국의 모기업은 투자수익을 달러로 얻게 된다. 이러한 투자수익을 원화로 환산할 때 한국의 모기업은 1달러당 550원만큼씩 이익을 얻게 된다(②).
* 환율의 상승으로 수출상품의 달러표시 가격이 하락하여 수출 가격경쟁력이 높아지고(①), 수출 증가와 수입 감소로 순수출이 증가하여 총수요가 증가하고 이로 인해 물가가 상승하게 된다(④).
* 환율 상승은 수입품의 원화표시 가격의 상승을 가져오는데 이때 상승한 가격분을 독점적인 수입업자가 독점적인 지위를 이용해서 국내 소비자에게 전가할 수 있다(③).

[정답 | ②]

응용 TEST _3

* 〈그림〉과 같이 국내 통화의 실질 절하(=환율 상승)가 수출과 수입에 즉각적으로 반영되지 못하여 초기에는 오히려 무역수지를 악화시키고, 어느 정도 시간이 흐른 후부터 비로소 무역수지를 개선시키는 효과가 나타난다. 이러한 추이를 'J-곡선(J-curve)'이라고 한다.
* 국내 통화의 실질 절하(Real depreciation)가 무역수지를 개선시키기 위해서는 수출수요 탄력성과 수입수요 탄력성의 합이 1보다 커야 된다는 것이 마샬-러너 조건(Marshall-Lerner condition)이다.

[정답 | ④]

응용 TEST _ 4

· 교차환율을 이용하여 현재의 100엔당 원화 환율과 향후 1달러당 엔화 환율을 다음 같이 구할 수 있다.

· 현재의 1엔당 원화 환율($\W/\Y$) = $\dfrac{원}{달러} \times \dfrac{달러}{엔}$ = $1,100 \times \dfrac{1}{110}$ = 10 ⇒ 현재의 100엔당 원화 환율은 1,000원

· 향후 1달러당 엔화 환율($\Y/\$$) = $\dfrac{원}{달러} \times \dfrac{엔}{원}$ = $1,080 \times \dfrac{1}{9}$ = 120

· 앞의 결과들을 전제하여 주어진 〈표〉를 다시 정리하여 비교하면 다음과 같다.

현재 환율	향후 환율
1달러당 원화 환율 1,100원	1달러당 원화 환율 1,080원
100엔당 원화 환율 1,000원	100엔당 원화 환율 900원
1달러당 엔화 환율 110엔	1달러당 엔화 환율 120엔

· 100엔당 원화 환율이 하락하여 한국에 입국하는 일본인 부담이 커져서 일본인 관광객 수는 감소할 것이다(①).
· 1달러당 엔화 환율이 상승하여 일본의 가격경쟁력이 강화되어 일본 자동차의 대미 수출은 증가하고, 달러 가치의 상승으로 미국에 입국하는 일본인 관광객 수가 감소할 것이다(② · ③).
· 1달러 및 100엔당 원화 환율이 하락하게 되어 달러 및 엔화에 대한 원화 가치가 상승할 것이다(④).

[정답 | ②]

응용 TEST _ 5

· 우리나라 채권에 대한 미국 투자자들의 수요가 증가하면, 달러가 우리나라에 유입되어 달러 공급이 증가하고 이에 따라 환율은 하락하게 된다.

[정답 | ④]

응용 TEST _ 6

· 국제수지 흑자가 발생하면 외환시장에서는 외화의 초과공급으로 인해 환율의 하락 압력이 존재하게 되고, 외환당국이 이러한 압력을 해소하기 위해서 외화를 매입하게 된다. 이에 따라 국내 통화공급이 증가한다(㉠). 반대로 국제수지 적자가 발생하면 외환시장에서는 외화의 초과수요로 인해 환율의 상승 압력이 존재하게 되고, 외환당국은 이러한 압력을 해소하기 위해서 외화를 매각하게 된다(㉡). 이처럼 고정환율제도하에서는 해외에서 발생한 충격을 스스로 해소할 수 없게 되어(㉢), 그 충격을 해소하기 위해 통화당국이 외환시장에 개입하게 되고, 그 과정에서 통화량이 내생적으로 변화하게 되어 통화정책이 제약을 받게 된다(㉣).
· 여기서 통화량이 내생적으로 변화하게 된다는 의미는 고정환율제도하에서 일정수준의 환율을 유지하기 위한 중앙은행의 외환시장에 대한 개입이 중앙은행이 '의도하지 않은' 통화량의 변화를 발생시킨다는 것을 말한다.

[정답 | ⑤]

• 각국의 빅맥 가격을 현물 환율로 나누어 구한 빅맥 지수와 미국의 빅맥 가격을 비교하면 다음 〈표〉와 같다.

국가	빅맥 가격	현물 환율	빅맥 지수	미국 빅맥 가격
일본	250엔	107엔/달러	2.34달러	3달러
인도네시아	14.6루피아	9.5루피아/달러	1.54달러	3달러
영국	1.9파운드	0.6파운드/달러	3.17달러	3달러
스위스	6.3스위스 프랑	1.3스위스 프랑/달러	4.85달러	3달러
캐나다	3.3캐나다 달러	1.2캐나다 달러/달러	2.75달러	3달러

• 빅맥 지수가 미국의 빅맥 가격에 비해 높은 나라에서는 달러화가 저평가(자국 화폐 고평가)되어 있는 상태이다.
• 따라서 영국, 스위스에서는 달러화가 저평가되어 있고, 일본, 인도네시아, 캐나다에서는 달러화가 고평가되어 있음을 알 수 있다.

[정답 | ④]

• 일물일가의 법칙이란 동일한 상품은 언제든지 어디에서든지 동일한 가격으로 거래가 된다는 의미이다.
① 서비스와 같은 비교역재의 경우에는 국가 간에 가격차이가 발생하더라도 상품의 성격상 차익거래가 발생할 수 없으므로, 일물일가의 법칙이 성립하지 않는다.
② 일물일가의 법칙은 완전경쟁시장 간에 자유로운 차익거래(arbitrage)가 가능할 때 성립한다. 이를 위해서는 관세 등과 같은 무역장벽과 거래비용이 존재하지 않아야 한다.
④ 국가 간 일물일가의 법칙이 성립할 때 구매력 평가설도 성립한다. 이에 따르면 만약 미국에서 50달러에 판매되는 가방이 국내에서 6만 원에 판매된다면 원/달러 환율은 1,200원이 된다.

[정답 | ③]

• 구매력 평가설은 양국의 동일한 상품을 동일한 가격으로 구매할 수 있는 수준에서 환율이 결정된다는 이론이다. 이에 따라 다음과 같은 구매력 평가식이 성립한다.

• $P_{갑국} = E \times P_{을국}$
• 여기서 $P_{갑국}$은 갑국의 물가수준, $P_{을국}$은 을국의 물가수준, E는 을국 통화 1단위와 갑국 통화의 교환비율을 의미한다.

① 교역재인 자동차만을 대상으로 하는 경우에는 자동차 가격이 곧 물가수준을 대표한다. 이에 따라 구매력 평가식은 다음과 같다.

$$P_{갑국} = E \times P_{을국} \implies 10 = E \times 10 \implies E = 1$$

이에 따라 을국 통화 1단위와 갑국 통화 1단위가 교환된다.
② 교역재는 물론 비교역재까지 포함된 표준적 소비바구니를 대상으로 하는 경우 구매력 평가식은 다음과 같다.

• 갑국에서 표준적 소비바구니 구입을 위해 필요한 금액 $= (1 \times 10 + 10 \times 2) = 10 + 20 = 30$
• 을국에서 표준적 소비바구니 구입을 위해 필요한 금액 $= (1 \times 10 + 10 \times 1) = 10 + 10 = 20$
• $P_{갑국} = E \times P_{을국} \implies 30 = E \times 20 \implies E = \frac{3}{2} = 1.5$

이에 따라 을국 통화 2단위와 갑국 통화 3단위가 교환된다.

③ 교역재만을 대상으로 하는 경우 을국 통화 1단위와 갑국 통화 1단위가 교환된다. 또한 갑국의 1인당 GDP는 300 ($=10\times10+100\times2$)이고, 을국의 1인당 GDP는 20($=1\times10+10\times1$)이다. 따라서 교역재만을 대상으로 한 환율을 적용하면 을국 1인당 GDP는 갑국 1인당 GDP의 $\frac{1}{15}$이다.

④ 표준적 소비바구니를 대상으로 한 구매력평가 반영 환율을 적용하면 을국 통화 1단위와 갑국 통화 1.5단위가 교환된다. 이에 따라 을국의 GDP를 갑국의 통화로 환산하기 위해서는 을국의 GDP에 1.5를 곱하면 된다. 한편 갑국의 1인당 GDP는 300($=10\times10+100\times2$)이고, 을국의 1인당 GDP는 20($=1\times10+10\times1$)이다. 이에 따라 표준적 소비바구니를 대상으로 한 구매력평가 반영 환율을 적용할 때 을국의 1인당 GDP는 30이 된다. 따라서 을국 1인당 GDP는 갑국 1인당 GDP의 $\frac{1}{10}$이다.

[정답 | ③]

응용 TEST – 10

· 지출전환정책은 국제수지의 적자가 확대되는 경우에 국제시장에서 수출품의 상대가격을 인하하고 수입품의 상대가격을 인상시킴으로써 자국민의 수입을 위한 지출의 일부와 외국의 자국 및 제3국에 대한 지출의 일부를 국내생산물에 대한 지출로 전환시켜 국제수지 균형을 달성하고자 하는 정책이다. 즉 총지출의 구성에 영향을 끼치는 것을 내용으로 한다. 여기에는 환율인상, 관세부과, 수입할당제, 수출보조금제도 등의 정책수단이 사용된다.

· 지출변동(조정)정책은 국제수지의 적자가 확대되는 경우에 국민경제의 총지출 크기를 직접적으로 억제함으로써 수입을 감소시키고, 수출상품에 대한 국내 수요를 줄여 수출을 증대시킴으로써 국제수지 균형을 달성하고자 하는 정책이다. 재정정책과 금융(통화)정책이 대표적 정책수단이다.

[정답 | ②]

19 개방경제 거시균형이론

응용 TEST – 1

· 개방경제 국제수지는 다음과 같은 구성을 보인다.

> · 국제수지 = 경상수지 + 자본수지 + 준비자산 증감 + 오차 및 누락 = 0

· 준비자산의 증감이 없고, 오차 및 누락이 0이므로 다음 식이 성립한다.

> · 국제수지 = 경상수지 + 자본수지 = 0

· 경상수지(순수출)와 같은 재화 및 서비스수지가 흑자(+)이므로 자본수지는 적자(−)이다(㉠ · ㉣). 이에 따라 순자본유출은 양(+)의 값을 갖게 된다. 이러한 관계를 다음 〈표〉와 같이 정리할 수 있다.

> · 경상수지(순수출) (+) ⇒ 자본수지 (−) ⇒ 순해외투자(순자본유출) (+)
> · 경상수지(순수출) (−) ⇒ 자본수지 (+) ⇒ 순해외투자(순자본유출) (−)

· 개방경제 국민소득 균형식은 다음과 같다.

> · '경상수지($X-M$) = −해외저축($M-X$)'
> · '민간저축(S_P) + 정부저축($T-G=S_G$) + 해외저축($M-X$) = 국내투자(I)'

- 경상수지($X-M$) 흑자 ⇒ 경상수지($X-M$) > 0 ⇒ 해외저축($M-X$) < 0
- '해외저축($M-X$) = 국내투자 – (민간저축 + 정부저축 = 국내저축) < 0'

결국 '국내투자 < 국내저축'이 성립해야 하므로 국내저축의 크기는 국내투자의 크기보다 커야 한다(ⓒ).
- '국민소득(Y) = 소비(C) + 투자(I) + 정부지출(G) + 순수출($X-M$)'에서 '순수출($X-M$) > 0'이므로 국민소득의 크기는 소비, 투자, 정부지출의 합보다 크다(ⓒ).

[정답 | ㉠, ㉢, ㉣]

응용 TEST _ 2

- 확대금융정책의 실시는 화폐시장에서 이자율의 하락을 가져와 자본유출로 인한 자본수지 적자가 국제수지 적자를 오히려 확대시킬 수 있다(②). 이자율 하락으로 인한 투자 증가로 국민소득이 증가하여 이로 인한 경상수지 악화도 예상할 수 있다(③).
- 확대재정정책의 실시는 화폐시장에서 이자율의 상승을 가져와 자본유입이 이루어진다. 이로 인해 자본수지가 개선되어, 결과적으로 국제수지 적자문제를 부분적으로 해결할 수 있는 것이다. 다만 자본유입으로 인한 화폐시장에서의 환율하락(= 자국통화의 평가절상)은 순수출의 감소로 인한 경상수지를 악화시킬 수 있다(④).

[정답 | ②]

응용 TEST _ 3

- 외부에서 발생한 디플레이션 충격은 국내에서 순수출의 감소를 초래하여 국내 총수요의 감소를 가져온다. 이에 따라 이자율이 하락하고 국민소득이 감소하게 된다. 여기서 확장적 통화정책을 실시하면 이자율은 더욱 하락하게 되고, 이자율 하락에 따라 투자가 증가하게 된다(①).
- 만약 자본시장이 완전히 자유로운 소규모 개방경제모형에서 중앙은행이 고정환율을 유지하기 위해 외환시장에 개입하게 되면 중앙은행의 의도와 무관하게 내생적인 통화량의 변동을 초래하게 한다. 이러한 이유로 인해 고정환율제도하에서는 중앙은행이 독립적인 통화정책을 사용할 수 없게 된다(②).
- 만약 외환시장에서 변동환율제를 채택하는 경우 이자율 하락은 자본유출을 가져오고 이에 따른 환율상승으로 순수출이 증가하게 된다(③). 이것에 대해 교역상대국에서도 순수출 증가를 위해 확장적 통화정책으로 이자율을 떨어뜨려 자국통화 가치를 하락시키고자 하는 시도가 이루어질 수 있어 '환율전쟁'의 가능성이 대두된다(④).

[정답 | ③]

응용 TEST _ 4

- 고정환율제하에서의 확장적 화폐금융정책의 효과가 나타나는 경로를 다음과 같이 정리할 수 있다.

- 통화량 증가 ⇒ 이자율 하락 ⇒ 자본유출에 따른 국제수지 악화
- 통화량 감소 ⇒ 이자율 상승 ⇒ 자본유입에 따른 국제수지 개선 ⇒ 외환시장에서 환율하락 압력 발생 ⇒ 환율 안정을 위해 중앙은행의 외화 매입 ⇒ 통화량의 내생적 증가 ⇒ 긴축적 화폐금융정책 효과가 사라짐

① 통화량 등의 정책변수의 변화가 이자율을 변화시켜 이로 인한 효과가 실물부문에 파급되는 경로를 화폐금융정책의 전달경로라고 한다.
② 확장적 금융정책의 전달경로를 다음과 같이 정리할 수 있다.

- 폐쇄경제 : 통화량 증가 ⇒ 이자율 하락 ⇒ 투자 증가 ⇒ 총수요 증가
- 변동환율제도(개방경제)
 1) 통화량 증가 ⇒ 이자율 하락 ⇒ 투자 증가 ⇒ 총수요 증가
 2) 통화량 증가 ⇒ 이자율 하락 ⇒ 자본유출에 따른 환율 상승 ⇒ 순수출 증가 ⇒ 총수요 증가
 ※ 결과적으로 변동환율제하의 개방경제에서는 투자증가에 따른 총수요 증가와 더불어 순수출 증가로 인한 총수요 증가가 더해져 폐쇄경제에서보다 총수요 증대효과가 더 크게 나타난다.

④ 물가안정 목표제는 중앙은행의 목표를 '물가안정'으로 단일화하고, 또한 이를 구체적인 수치로 제시하므로 중앙은행의 책임감과 통화정책에 대한 신뢰도를 높일 수 있다.

[정답 | ③]

응용 TEST _5
- IS−LM 모형에 따를 때, A국의 경제 불황으로 인하여 B국과 C국의 A국에 대한 수출이 감소하게 되면, B국과 C국에서는 수출 감소로 총수요가 감소하게 되고, 이에 따라 이자율이 하락하게 된다. 이러한 이자율의 하락은 B국과 C국으로부터 A국으로의 자본유출을 발생시킨다(③).
- 고정환율제도를 채택하고 있는 B국에서는 자본유출로 인한 환율상승 압력이 존재하고, 이를 해소하기 위해 B국 중앙은행은 보유 외환을 매각하여 외환시장을 안정시키려 할 것이다(①). 그 결과 화폐시장에서는 통화량이 감소하게 되고, 경기는 더욱 침체 국면에 빠지게 된다.
- 변동환율제도를 채택하고 있는 C국에서는 자본유출로 인한 환율이 상승하고(②), 이에 따른 순수출의 증가로 총수요는 다시 증가하게 되어 경기는 회복국면을 맞게 된다. 결국 C국은 B국보다 A국의 경제 불황의 영향을 상대적으로 적게 받을 것이다(④).

[정답 | ④]

응용 TEST _6
- 주어진 조건들을 〈그림〉으로 나타내면 다음과 같다.

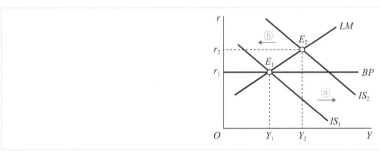

정부의 재정지출 증가 ⇒ IS곡선 오른쪽으로 이동(ⓐ) ⇒ 일시적 대내 균형점(E_2)에서 국민소득 증가로 경상수지 악화, 이자율 상승으로 자본유입에 의한 자본수지 개선 ⇒ 높은 자본이동성으로 자본수지 개선의 효과가 경상수지 악화의 효과를 압도하여 국제수지 개선(흑자) ⇒ 환율 하락 ⇒ 순수출이 감소하게 되어 내생적으로 IS곡선 왼쪽으로 이동(ⓑ) ⇒ 원래의 균형점(E_1)으로 되돌아감

[정답 | ①]

MEMO

MEMO